XINGSHIFA YANJIU

DIWUJUAN

JIANCHAXUE

刑事法研究

第五卷
检察学

张智辉 著

中国检察出版社

作者简介

张智辉，男，陕西武功人，1954 年 10 月生。法学博士，国务院政府特殊津贴享有者，首批"当代中国法学名家"。现任湖南大学教授、博士生导师，最高人民检察院咨询委员，国家检察官学院教授。兼任国际刑法学协会中国分会副主席、中国廉政法制研究会副会长、中国刑法学研究会学术委员会副主任。曾任最高人民检察院检察理论研究所所长，中国检察官协会秘书长，中国检察学研究会秘书长，最高人民检察院司法体制改革领导小组办公室主任。

自　序

　　人到了老年往往会怀旧，喜欢回忆曾经的辉煌和趣事。一个学者，当学术思想枯竭的时候，也会追溯以往的成就，一方面是总结学术研究之路，宽慰自己的一生没有白过；另一方面也是给自己的家人、同行、亲友及弟子一个交待，留下一生劳苦的瞬间喜悦。

　　我与大多学者有所不同。一方面，我不是一个专门从事学术研究或教学的学者。自1984年从中国人民大学刑法专业硕士研究生毕业之后，在中国人民公安大学学报编辑部（后来并入中国人民公安大学出版社）当编辑、编辑部主任、副总编辑，到1996年调入最高人民检察院检察理论研究所（亦称"中国检察理论研究所"）担任编译部主任、《检察理论研究》副主编、《中国刑事法杂志》主编（2012年卸任），我一直从事"为他人作嫁衣裳"的工作。同时，在最高人民检察院检察理论研究所和司法体制改革领导小组办公室工作期间，我的"主业"是科研管理和行政管理工作。直到2014年退休以后被湖南大学聘为全职教授，才算专门从事法学教学研究工作。所以，我的理论研究，在很大程度上是一种业余爱好。另一方面，我虽然学的是刑法，但研究的范围并不全是刑法。围绕着刑法学的研究，我把自己的视野扩展到与刑法学密切相关的国际刑法学、犯罪学、犯罪被害者学、刑事诉讼法学、检察学、司法制度及其改革等多个领域，形成刑事一体化的研究领域。《刑事法研究》中所汇集的就是我这些年来围绕刑事法学进行研究所取得的部分成果。这些成果，对于现今的学者是否有参考意义我不敢断言，但对我个人而言，毕竟是值得珍视的。

（一）关于刑法学的研究

在大学读书时，我虽然每一门功课都是优秀，但自己还是比较喜欢刑法，觉得刑法是惩恶扬善、伸张正义的法律。大学三年级选择学年论文时，我写了"论过失犯罪"，其中第二部分以"试论过失犯罪负刑事责任的理论根据"为题发表在《法学研究》1982年第2期。1982年2月，我提前毕业，考入中国人民大学，跟随高铭暄、王作富教授攻读刑法专业硕士学位。硕士学位论文《我国刑法中的流氓罪》，由群众出版社1988年出版（1991年获北京市高等学校第二届哲学社会科学中青年优秀成果奖），成为新中国成立以来第一部以单个罪名为题出版的学术著作。1999年，我重返中国人民大学跟随高铭暄教授攻读博士学位。博士学位论文《刑法理性论》（2003年获中国人民大学优秀博士学位论文，2004年获教育部和国务院学位委员会颁发的"全国优秀博士学位论文"），由北京大学出版社2006年出版。

在刑法学研究中，我针对当时刑法立法中"宜粗不宜细"的指导思想，首次提出了刑法立法的明确性原则（1991年）；针对不同地方的不同定罪标准，首次提出了刑法的公平观（1994年）；针对刑法适用中存在的问题，把刑事司法引入刑法学研究的视野，首次指出了刑事司法中的地方化、行政化、大众化对刑法适用的负面影响（2002年）；作为大陆学者，首次在我国台湾地区出版了"学术著作·大专用书"之《刑事责任比较研究》（1996 年）。

作为一个业余的刑法学者，我未能参加每年的全国刑法学年会，但在 30 年来的历届刑法学年会优秀论文评选中，我都获得了一等奖或特别奖，成为最幸运的学者：《论刑法的公平观》一文，2000 年获中国法学会"海南杯世纪优秀论文"（中国法学会刑法学研究会 1984—1999 优秀年会论文）一等奖；《论贿赂外国公职人员罪》一文，2006 年获中国法学会"西湖杯优秀论文"（中国法学会刑法学研究会 2000—2005 优秀年会论文）一等奖；《社会危害性的刑法价值》（与我的博士研究生陈伟强联合撰写）一文，2011 年获中国法学会"马克昌杯优秀刑法论文"（中国刑法学研究会 2006—2010 优秀年会论文）特别奖；《网络犯罪：传统刑法面临的挑战》一文，2016 年获中国刑法学研究会（2011—2016）优秀年会论文一等奖；《刑事责任通论》一书（警官教育出版社 1995 年版），1999 年获全国检察机关精神文明建设"金鼎奖"图书奖一等奖第一名；《刑法改革的价值取向》一文（载《中国法学》2002 年第 6 期），2003 年获全国检察机关精神文明建设"金鼎奖"文章类一等奖第一名，并被收入《改革开放三十年刑法学研究精品集锦》（中国法制出版社 2008 年版）。

此外，我有幸参与了高铭暄教授主编的系统总结新中国成立 30 年刑法学研究的代表作《新中国刑法学研究综述》（河南人民出版社 1988 年版）和高铭暄、王作富教授联合主编的代表新中国成立 30 年来刑法学研究最高水平的著作《新中国刑法的理论与实践》（河北人民出版社 1989 年版）的撰写；参与了中国与法国刑法合作研究项目（该项目的研究成果以中文版三卷本在中国人民公安大学出版社出版、法文版四卷本在法国巴黎第一大学出版社出版）；参与了香港城市大学与中国人民大学为香港回归所做的香港法律中文文本的编撰工作。我还有幸作为最高人民检察院刑法修改研究小组成员参加了1997年刑法修改的相关工作。这些学术活动对我研究刑法问题提供了极好的机会和很大的帮助。

（二）关于国际刑法学的研究

我在1983年就与大学同学刘亚平携手翻译了巴西奥尼代表国际刑法学协会起草的《国际刑法及国际刑法典草案》（译稿全文经夏登俊、杨杜芳老师审校，西南政法学院《国外法学参考》以1983年增刊的形式印发），部分内容收录在群众出版社1985年出版的《国际刑法与国际犯罪》和四川人民出版社1993年出版的《国际刑法概论》等著作中，是中国大陆最早出现的国际刑法学译文。1991年应邀撰写了《中华法学大辞书·刑法学卷》中国际刑法部分的全部词条。1993年出版了《国际刑法通论》（中国政法大学出版社1993年版），1999年出版了《国际刑法通论》（增补版），2009年出版了《国际刑法通论》（第三版）。20多年来，该书一直被许多大学作为刑法专业研究生的教材或必读参考书。

我从1990年加入国际刑法学协会以来，参加了一系列国际刑法学方面的会议、论坛及活动。1995年起担任国际刑法学协会中国分会秘书长，2002年起担任国际刑法学协会中国分会副主席，2009—2014年担任国际刑法学协会理事。2002年起草了中国分会向国际刑法学协会提交的国别报告《国际经济交往中的贿赂犯罪及相关犯罪》；2003年带领中国法学会代表团出席了在东京大学召开的第17届国际刑法大会专题预备会；

2004 年全程参与了国际刑法学协会第 17 届世界刑法大会的筹备和会务工作，并担任了第三单元大会讨论的联合主持人；2005 年参加了在北京召开的第 22 届世界法律大会，并作为中方代表作了题为"惩治腐败犯罪应加强国际合作"的大会发言。这些活动，促使我不得不关注国际刑法问题，也为我研究国际刑法提供了素材和灵感。

（三）关于刑事诉讼法学的研究

尽管在大学读书时就学习过刑事诉讼法学，但对这门科学只是初步的了解。1984 年研究生毕业后分配到中国人民公安大学学报编辑部继而并入出版社工作期间，因为负责法学方面的稿件，我开始学习有关刑事诉讼法学方面的知识。在检察院工作期间，经常接触到刑事诉讼方面的问题，于是便开始了对刑事诉讼法学的研究。特别是 2000 年，我带领最高人民检察院代表团应香港保安局的邀请赴香港对内地与香港的刑事诉讼制度进行比较研究，为香港市民撰写了宣传内地刑事诉讼制度的小册子，这件事进一步激发了我研究刑事诉讼法学的兴趣。2000 年，我协助主编完成了国家哲学社会科学研究规划基金资助的重点课题"庭审改革后的公诉问题研究"，并撰写了该项目的结题报告；2003 年主持召开了"预防超期羁押与人权保障研讨会"；2006 年主持完成了国家哲学社会科学基金项目"刑事非法证据排除规则研究"；2009 年主持完成了福特基金会资助项目"辩诉交易制度比较研究"；2011 年主持完成了丹麦人权研究中心资助项目"附条件不起诉制度研究"。此外，我还主持完成了"认罪案件程序改革研究""强制措施立法完善""简易程序改革研究"等刑事诉讼方面重要课题的研究。作为最高人民检察院刑事诉讼法修改研究的职能部门负责人，我有幸参与了2012年刑事诉讼法修改后期的部门协商工作。

在刑事诉讼法学研究领域，我不仅是一个业余研究人员，而且是一个后学者，对刑事诉讼的许多问题都缺乏深入的研究。值得一提的是，2001年最高人民检察院检察理论研究所最早把"量刑建议"作为研究课题，我有幸主持召开了检察机关量刑建议研讨会，先后在《检察日报》和《法制日报》上组织发表了两版有关量刑建议的文章，促进了检察机关量刑建议工作的开展和最高人民法院对量刑问题的重视。从2007年起，检察理论研究所就协同全国8个地方的公检法机关开展认罪案件从简从轻处理试点研究，2009年在我主持召开的"认罪案件程序改革试点"总结会议上，我提出的对犯罪嫌疑人认罪的案件在程序上应当从简、在实体上应当从轻的观点，受到与会的全国人大法工委刑法室的领导和其他刑事诉讼法学界专家们的认同。这个观点与2012年修改后的刑事诉讼法关于简易程序的规定高度契合，即对认罪案件，除特殊情况外，都可以适用简易程序审理，对不认罪案件适用普通程序审理。此外，我在1999年就提出了刑事司法的理性原则，2005年提出了检察机关有权介入死刑复核程序的观点，2006年提出了"二审全面审理制度应当废除"的观点等，都受到了有关领导机关和刑事诉讼法学界的广泛关注。

（四）关于犯罪学与犯罪被害者学的研究

在读研究生期间，我翻译了《经济犯罪学》（载北京政法学院1984年编印的《犯罪学概论》），和同届研究生一起翻译了《新犯罪学》（华夏出版社1989年版）。此后，我出版了个人著作《犯罪学》（四川人民出版社1993年版）。1992年，中国犯罪学研究会成立时，我有幸成为第一批理事（以后担任常务理事，后来由于工作繁忙未能坚持参加研究会的活动而脱离了中国犯罪学研究会）。我参与了《美国犯罪预防的理论实践与评价》（中国人民公安大学出版社 1993 年版）的翻译，参与了《中国劳改法学百科辞书》（中国人民公安大学出版社 1993 年版）犯罪学部分的联合主编和部分词条的撰写，参与了《犯罪学大辞书》（甘肃人民出版社 1995 年版）部分犯罪被害者词条的撰写，参与了国家哲学社会科学"九五"规划重点科研项目《中国预防犯罪通鉴》（人民法院出版社 1998 年版）第一编的联合主编和部分章节的撰稿。1997 年参与了司法部法学教材编辑部编审的高等学校法学教材《犯罪学》（法律出版社 1997 年第一版）的撰写，该书此后曾多次再版，成为普通高等教育"十一五"国家级规划教材和教育部普通高等教育精品教材。2009 年，我与国务院法制办副主任张穹联合主持完成了国家社会科学基金重点项目"权力制约与反腐倡廉"，提出了制度链理论。

在犯罪学与犯罪被害者学的研究方面，我首次提出了犯罪的制度性原因；首次把日本学者宫泽浩一的《犯罪被害者学》三卷本编译成中文；针对国内学者多数运用第二、第三手资料研究西方犯罪学的状况，邀请从国外留学回国的学者，首次运用不同国家的第一手资料共同编写了《比较犯罪学》；首次提出了治安预防、技术预防、刑罚预防三位一体的犯罪预防思路。

（五）关于检察学的研究

我调入最高人民检察院检察理论研究所（原称"中国检察理论研究所"）工作后，研究重心转向了检察学的研究。特别是在我主持检察理论研究所工作期间，我力主检察机关的研究机构要把研究检察理论作为自己的中心工作，并身体力行地带领研究人员从事检察理论研究。幸运的是，这期间的三任检察长和主管领导都非常重视检察理论研究，最高人民检察院还专门下发了《关于加强检察理论研究的决定》。据此，我主持筹备了12届全国检察理论研究年会（2000—2011年），主编了《中国检察》（1—20卷），创办了《中国检察论坛》，先后主持完成了加拿大刑法改革与刑事政策国际中心资助项目"检察官作用与准则比较研究"（2001年）、最高人民检察院重点研究课题"检察改革宏观问题研究"（2004年）、国家社会科学基金重点项目"检察权优化配置研究"（2014年）等课题，主持编写了最高人民检察院教材编审委员会审定的《拟任检察官培训教程》（2004年），与朱孝清副检察长联合主编了《检察学》。我独立撰写的《检察权研究》（中国检察出版社2007年版）于2008年获得了最高人民检察院2007年度检察基础理论研究优秀成果特等奖，同年获得了中国法学会首次评审的"中国法学优秀成果奖"三等奖。此外，我主持了《法制日报》"检察话语"专栏52期（2004—2005年）。

在检察学研究领域，我重点论证了中国把检察机关作为国家的法律监督机关来建设的历史必然性和现实合理性，论证了法律监督的基本内涵及其与其他类型监督的异同，论证了检察权的基本构造和运行机制，提出了检察权优化配置的指标体系。

（六）关于司法改革的研究

1997年党的十五大报告提出司法改革的任务之后，我与国内的多数学者一样，对中国的司法制度及其改革投入了较大的热情，一直关注司法改革的进程，并就司法改革中的问题进行研究。2000年，在与刘立宪联合主编的《司法改革热点问题》一书中，我提出了把理想与现实结合起来，理性地对待司法改革的观点。同年，我在《检察日报》上分期介绍了法国、澳大利亚、日本、德国的司法改革，希望借鉴国外司法改革的经验，冷静地思考和对待中国司法制度与司法实践中存在的问题。由于工作原因，我对司法改革的研究重点在检察制度的改革方面，先后提出了检察改革的宏观目标和切入点。特别是2012年担任最高人民检察院司法体制改革领导小组办公室主任以后，我有幸参与了第四轮司法体制改革的顶层设计，并主持完成了司法部重点课题"司法体制改革问题研究"（2014年）和国家哲学社会科学基金重点项目"优化司法职权配置研究"（2018年），就司法体制改革中的一些重大问题提出了自己的看法。

马克思说过"人是最名副其实的社会动物"。[1] 人的一生，都与他所处的社会有着千丝万缕的联系，既离不开前人所创造的物质财富和精神文明而独自生存，也不能摆脱社会环境的羁绊如天马行空。一个人的学术道路和学术思想总是不可避免地印着他所处时代的烙印。我们这一代人处在新旧交替的改革年代，我们的学术研究无论在内容上还是在深度上都难以避免地带有这个时代的特殊性和局限性。就个人而言，我是在农村长大的孩子，骨子里有着吃苦耐劳的精神，从不吝惜自己的体力和智力，但是学术上的每一个成就，一方面离不开部队的锤炼、老师的教诲、领导的要求、同学同事的帮助、家人的支持，另一方面离不开改革开放的时代所提出的研究课题、所提

---

[1]《马克思恩格斯全集》（第12卷），人民出版社1962年版，第734页。

供的学术环境，以及研究空间供给的学术资源。加之我本人又是在工作与生活的夹缝中进行学术研究的，难以进行深入的思索和系统的考证。在个人的学术生涯中，我虽然奉行刑事一体化的思路，倡导理性地对待犯罪问题，力图多视角地研究犯罪及其对策，但仍未能把这些方面有机地结合为一个整体，所研究的成果也未必都是自己的理想之作。但它毕竟是时代的产物，是自我思考的成果。诚望《刑事法研究》能给后来的学者提供一些研究的线索和批判的笑料。

需要说明的是，为了反映研究的历史足迹，《刑事法研究》中收集的文章基本保留了发表时的原貌，只是为了减少重复，对个别文章作了删节。原文中引用的法律条文，也是以当时有效的法律为蓝本。由此给阅读带来的不便，敬请读者见谅。

张智辉

2019 年 9 月 12 日于北京广泉小区

目　录

检察学研究的学科使命与理论体系

贾春旺检察长指出："做好新时期检察工作，更好地推进中国特色社会主义检察事业，必须加强检察理论研究，努力建构中国特色社会主义检察理论体系。"[1] 构建中国特色的检察学理论体系，是检察理论研究的必然要求，是中国特色社会主义检察制度自我完善的现实需要。检察理论研究是检察机关提高法律监督能力的内在推动力，也是正确履行各项检察职能的思想基础。从我国目前检察理论研究的现状看，关于检察学的研究大多比较零散，还没有将检察学作为一门独立的学科，鲜有从宏观上探讨这门学科应当承担的学科使命和赖以存在的理论体系。为明确检察学研究的方向和论证的重点，本文拟就检察学研究的学科使命和理论体系作以探讨，以期对我国未来的检察学研究有所裨益。

一、检察学研究的学科使命

检察学作为一门独立的学科，其学科使命在于对检察制度的基本问题进行科学阐述，对检察工作的实践经验进行理论概

---

[1] 最高人民检察院贾春旺检察长在全国检察理论研究工作会议暨第六届年会上的讲话。

括，使之成为系统的学问，以确立检察学在法学研究领域的学科地位，为完善和发展中国特色社会主义检察制度，为促进检察工作，提供理论支撑。

检察学研究的学科使命，是与检察机关的法律监督权必然结合的，应当积极探索中国检察机关的特色和优越性，为中国检察机关作为法律监督机关的优越性和历史必然性提供理论上的支撑。检察学研究的学科使命，还与检察职能的合理配置，检察工作的顺利开展密不可分，需要为检察职权合理配置和检察工作顺利开展提供必要的智力支持。而且，检察学作为一门学科的研究，应当以制度创新为使命，推动检察机关领导体制、工作机制方面的创新，研究新时期新形势下应对新问题的新方法、新思路。归纳起来，检察学的学科使命主要包括以下内容。

第一，检察学研究应当从宪政的、比较研究的和历史发展的角度深刻论证我国现代检察制度存在的历史必然性和现实合理性，为完善中国特色社会主义检察制度提供理论依据。

中国的检察机关是以马克思列宁主义为指导的、中国共产党领导下的法律监督机关。因此，检察学的研究，首先要从宪政的角度对中国特色社会主义检察制度的内在规律性进行探讨，结合人民民主专政、人民代表大会制度、民主集中制、法律监督理论，充分论证社会主义检察制度的必然性和合理性。例如，从我国检察机关在国家权力结构中的定位出发，探讨我国人民民主专政的国体决定了检察监督不仅包括对职务犯罪的监督，还包括对执法和守法的监督，如检察机关对公安机关侦查的监督，对人民法院审判的监督。再如，从我国人民代表大会议行合一的政治体制出发，以人民代表大会制度理论为指导，强调检察制度是"由人民代表大会制度决定和产生的一项法律监督制度"，"是在人民代表大会制度下，从其他国家职能中彻底分离与专门化"的一项国家制度。[1]

检察学应当从比较研究的角度对检察机关的性质问题做出积极的回应，反驳中国应当走三权分立道路、检察机关应当作为单纯的起诉机关的观点，深入剖析中国检察机关在现行政治体制下的合理性和必要性。运用比较研究的方法对国外检察机关相关经验的研究不能机械照搬、套用国外的某一制度或者规定，还应当对国外的检察制度进行深入的研究。例如，有些学者提出，世界各国的检察机关都没有法律监督权，因此，中国检察机关作为法律监督机关是政治上的怪胎。其实，如果深入考察各国的检察制度，就会发现，各国的检察机关都需要遵循客观义务，并不以追求案件的胜诉为唯一目的，也不是单纯的公诉机关。再如，西方国家并非没有行使监督职能的机关，有些国家在缺乏监督机关导致警察违法、专横的情况下，设立一定的监督机构保障司法的公正。例如，英国 2004 年公布的《警察改革方案》决定成立"英国投诉警方独立监察委员会"，负责处理所有对警方的投诉，并负责该类案件的侦查起诉。在加拿大，也设有类似的警察执法监督机构。因此，应当采用比较的方法，将检察制度与该国的国体、政体，与该国的历史传统和现实国情结合起来，在引用、研究国外检察制度的时候，力争全面、系统化的研究，从比较法的角度深层次地检讨各国检察制度的得失成败，从中找出真正有利于中国检察制度发展的先进经验，不能因为国外的检察机关不是法律监督机关，就机械地做出中国的检察机关也不能具有法律监督性质的武断

---

[1] 王桂五主编：《中华人民共和国检察制度研究》，法律出版社 1991 年版，第 165 页以下。

结论。

检察学研究还应当从历史的角度入手，加强对检察机关法律监督属性的历史研究，探讨现行检察机关的法律监督属性对中国古代御史制度、新民主主义革命时期检察制度、新中国检察制度的一脉相承和批判继承问题，从中深入论证中国检察机关法律监督机关地位的历史合理性。从我国古代社会监察御史产生、发展的轨迹以及担负的职能看，御史制是适应封建统治的需要而产生的，在巩固封建统治、监督封建官吏保持清廉方面发挥了重要作用。御史制度对皇权的制约、对朝中官员的监督、追诉犯罪以及对审判活动的监督，虽然与现代检察制度的制度基础具有本质上的差异，但是其所反映的权力制约原理和思想理论基础，对现代检察制度的基本原理具有诸多相同或相似之处，特别是作为中国法律文化传统，具有许多值得继承的借鉴的地方。从我国近现代检察机关发展的历史看，我国检察机关经历了新民主主义革命时期、1949 年初新中国检察机关的设立、20 世纪 50 年代后期因"左"的思想影响受到波折、"文化大革命"期间被撤销、"文化大革命"结束后拨乱反正被重建、改革开放新时期勃兴的曲折发展历程，与社会主义法制具有同兴同衰的命运。五十多年的经验教训证明，我国什么时候重视法律监督，什么时候社会主义民主法制就发展，什么时候削弱以至取消法律监督，什么时候社会主义民主法制就受到损害以至破坏。[1] 因此，从历史的角度进行深入剖析，加强中国检察机关法律监督地位的论述，也应当是检察学研究的重要学科使命。

第二，检察学研究要从国家权力配置的角度论证检察权配

---

〔1〕 朱孝清：《中国检察制度的几个问题》，载《中国法学》2007 年第 2 期。

置的科学性及其具体内容，为保障检察权的正确运行提供智力支持。

检察机关行使法律监督职能的核心和基本出发点是正确履行宪法和法律赋予的各项职责，维护法律的统一正确实施。检察学研究应当从国家权力配置的角度，阐明法律赋予我国检察机关的各项法律监督职权的合理性和必要性。首先，对检察学合理内涵的研究，应当以宪法和法律为依据，从检察机关的法律监督地位出发，探讨中国检察机关为有效履行其法律监督职能应当依法享有的权力。检察机关依法履行审查批准和决定逮捕、公诉、职务犯罪侦查以及对刑事诉讼、民事审判和行政诉讼实施法律监督等职能，是检察机关法律监督属性的必然要求。其次，对检察权合理内涵的研究，还应当立足于检察机关的基本职能，研究如何强化检察机关的各项职能，通过各项具体职能的完善和强化，增强检察机关履行法律监督职责的能力。检察权的合理内核在理论界有着不同的声音，如检察机关是否应当行使职务犯罪侦查权、检察机关是否应当批准逮捕等。对于这些质疑，需要检察学的深入研究，从检察机关的法律监督职能入手，加强对检察权合理配置的研究，并应当研究如何完善检察权的配置，以便检察机关能够更好地行使检察权，履行法律监督职能。

法律赋予检察机关的检察权，在检察机关内部应当如何科学配置，也是检察学需要重点研究的问题。从检察权科学运行的角度看，检察学的研究不仅应当考察中国检察机关应当具有哪些权力，还需要研究这些权力在检察机关内部如何配置。例如，检察机关的职务犯罪侦查权由几个部门行使更为适宜，审查批捕部门和审查起诉部门到底应当采用捕诉一体的模式还是捕诉分离的模式，检察一体的体制下检察长的领导与检察官依法行使职权的关系问题，检察长与检察委员会在重大案件和重要事项决策中的关系问题等，都需要从检察权合理配置的角度进行研究。从履行法律监督职责的现实需要看，我国检察机关作为法律监督机关，其全面履行法律监督职责的现实需要也要求检察学的研究关注检察权的科学配置。检察机关对整个诉讼活动都享有法律监督的权力，但在检察权的实际运行中，确实存在着一定程度的法律监督不到位或者法律监督不力的问题。究其原因，在于法律监督权在检察机关内部还需要更为科学的配置。而如何现实地解决这些问题，就需要从检察权科学配置的角度，研究检察机关的法律监督权应当由哪些内设机构具体行使，如何通过诉讼的手段具体落实检察机关的法律监督权，检察机关各内设机构在法律监督权行使上的相互配合和相互制约等。检察学的研究要能够从理论上回答这些问题。

第三，检察学研究要着力研究制约检察事业发展的制度性、机制性问题，为完善相关立法，推动检察体制和工作机制改革提供理论支撑。

检察体制和工作机制，是相互联系的两个概念。检察体制是工作机制的前提和基础，工作机制是对检察体制的落实和深化。党的十六大报告指出，从制度上保证审判机关和检察机关依法独立公正地行使审判权和检察权。改革和完善检察体制和工作机制，能够提高检察机关工作的效率，增强检察机关工作的权威性，对于强化检察机关的法律监督职能，推动检察工作创新发展具有非常重要的作用。但是，检察体制和工作机制的研究往往容易被理论研究所忽视，被认为是理论含量不高的问题。同时，由于检察体制和工作机制的问题不属于实体法或者程序法的范畴，更多的是工作改革和制度创新的问题，因此也是从事实体法或者诉讼法的学者不太轻易涉足的领域。但是，在检察权的实际运行中，确实存在着诸多制约检察事业发展的制度性、机制性问题，而这种实践需要与理论研究的脱节性和不相匹配性，更需要我们对检察体制和工作机制问题在检察学的学科体系下进行理论性、系统性的研究，为完善相关立法服务。

对于检察实践中存在的制约检察权行使的检察体制和检察工作机制问题，应当从立法的角度进行深入论证，配合人民检察院组织法和刑事、民事、行政诉讼法等法律的修改，加强理论研究，积极提出立法意见和建议。一方面，要从法律上细化有关检察体制和工作机制的相关问题，使检察权的行使真正落到实处。例如，检察机关行使法律监督权的具体程序和方式、方法，检察长列席审判委员会的效力和作用，检察机关有没有必要设立地方的派出检察机构，人员编制较少的基层检察院是否有必要设立目前的十几个内设机构，检察机关如何科学地进行管理案件等。另一方面，要从立法层面构建检察权运行的保障机制。例如，在检察机关立案监督权的行使上，立法上仅仅规定检察机关具有立案监督权是不够的，还需要从加强被监督对象的义务角度着手，由立法明确规定公安机关不接受立案监督的法律后果，为检察权的运行提供制度保障。类似这样的问题，都需要进行深入地研究和充分地论证，才有可能在立法中得以规定。而对这类制约检察权行使的体制性、机制性问题的研究，正是检察学研究的重要使命。

第四，检察学研究要加强对检察工作实践经验的理论概括，探索检察工作的基本规律，提供解决实践问题的新方法、新思路。

任何法学学科的研究，都应当理论与实践相结合。检察学作为以检察制度和检察实践为主要研究对象，以检察机关的检察职能为主要依托的学科，更应该关注学科研究的实践性。在检察学的研究中，除了从理论的层面进行分析、论证之外，还应当从鲜活的检察实践出发，研究检察实践中遇到的疑难问题和重点问题，探索检察工作的基本规律，为检察改革提供理论支撑。这是因为，检察改革都是源自检察工作的实际需要，甚至是实践中迫切需要解决的问题。检察实践中对各项工作改革的有益探讨，如果不加以归纳总结，只能对某一特定地区的检察机关的执法情况有所改善，而如果将检察改革的成果进行理论上的概括，探索检察工作的基本规律，就会对整个检察机关的执法能力和执法水平产生广泛的、深远的影响。例如，检察学研究应当进一步研究总结人民监督员试点工作的得失，提出在我国解决对检察权的运行进行监督的可行办法；总结我国目前检察机关进行的检察工作机制改革，探讨如何更加科学地构建检察机关业务、队伍与信息化"三位一体"机制建设等。

同时，检察学研究应当在我国目前转型期的新形势下，探讨应对新形势下出现的新问题、新思路和新方法。例如，在党中央提出构建社会主义和谐社会和实施宽严相济的刑事司法政策的新形势下，检察学研究就应当深刻把握构建社会主义和谐社会的要求，认真研究和思考如何加强和改进检察工作。例如，如何正确对待检察机关独立行使职权与服务大局关系问题；如何在认真履行法律监督职责的过程中正确处理同有关机关之间的关系；检察机关是否应当借鉴恢复性司法的合理内涵进行适当的和解、调解工作，是否应当引进暂缓起诉制度，如何适用轻缓的刑事政策等，都是需要检察学研究和回答的问题。

二、检察学研究的理论体系

检察学研究的理论体系，是检察学研究的基本纲要。检察学是对检察制度和检察实践进行理论概括的学科。从一般意义上说，检察学的研究对象就是检察制度和检察实践。检察学的研究范围就是对这一对象的展开或具体化。一个国家的检察立法确立了该国的检察制度，并且通过检察活动的实践加以体现。因此，检察学研究的理论体系，应当紧紧围绕检察制度和检察实践，通过严密、周全的理论体系，贯彻检察学研究的基本指导思想，坚持检察学研究的基本原则，完成检察学研究的学科使命。可以说，检察学研究的理论体系，是检察学学科使命的具体归纳和理论展示，是检察学学科使命这一根本性、抽象性命题的具体化。

检察学应当着眼于制约检察事业和检察工作的重点和难点问题，从检察权基本原理到检察制度，再到检察具体工作，以及域外检察、历史研究的不同层面，进行分层次、系统化的研究。

1. 检察权的基本原理

检察权的基本原理，是检察学学科体系赖以存在的基础，是检察学作为一门学科所必须解决的基本问题。研究检察权的基本原理，需要研究以下问题：检察权的概念、特征、内涵问题，厘清检察权的基本内涵，检察权与其他权力的区别和联系，检察权的内在要求；检察权在国家权力体系中的地位，将对检察权的研究放在国家权力体系之中，从个体与整体的关系角度进行研究检察权的功能；结合我国国情研究中国特色社会主义检察权在我国产生的合理性、必要性问题；在我国人民民主专政和人民代表大会制度下探讨我国检察权存在、运作的基础等。

2. 检察制度

检察制度是检察权行使的载体，是检察权的具体化。检察制度的研究，应当着重从以下几个方面进行：从检察机关与其他国家机关的关系入手，考察检察机关作为法律监督机关的权力配置；检察机关内部的权力分解，即如何在检察机关内部具体落实法律赋予检察机关的各项职权；检察人员的遴选、管理、晋升、培训问题，如何培养廉洁、高效的检察官队伍；检察机关领导体制问题，包括检察机关内部各级人民检察院之间、人民检察院内部各部门之间、检察机关负责人与检察官之间的权力配置问题；检察工作制度，包括检察机关办案流程、案件分流、管理机制，检察权行使的具体程序等；检察保障体制，包括检察机关的经费配给、技术、设备的配置、检察官的福利保障等。

3. 检察工作

检察工作是检察机关依法行使检察权，在具体检察制度之下所开展的各项工作。检察工作以检察权基本原理为基础，检察制度为前提。检察工作的研究，主要包括如下内容：检察工作的政策，包括事关检察工作全局的基本政策和各项具体的检察工作应当遵循的政策，例如宽严相济的刑事司法政策，对未成年人教育、感化、挽救的政策，执法效果与社会效果相统一的政策等；检察执法的理念，需要在社会主义法治理念的大背景下研究检察机关工作中应当遵循的理念，例如，尊重和遵守法律的理念，服务大局的理念，依法独立行使职权的理念，实体公正与程序公正并重的理念，保障人权的理念等；各项检察具体业务的有效开展，以及在检察工作中遇到的具体问题的探索和解决；各项检察具体工作的操作规程、技术要求及相关的配套措施建设等。

4. 域外检察的研究与检察制度史的研究

检察学的理论体系，不仅应当研究我国当代的检察制度，还应当采用历史的和比较的方法，批判地继承和吸收国外和我国古代的检察制度，以丰富和发展我国检察学的理论。检察学研究应当包括国外检察机关的相关立法和检察工作的实践。大陆法系国家的检察制度对中国检察制度具有深远的影响，中国的检察制度与大陆法系国家的检察制度在基本理念、制度建构方面具有很多的相通性和制度亲和性，[1] 当然应当成为检察学研究的对象。英美法系的检察制度，在二十世纪中后期以后对中国检察制度产生了很多的影响，因此也应当作为研究的对象。苏联的检察制度是社会主义检察制度的重要模式，也应当在检察学的研究中占有一定的地位。检察学的研究应当包括对国际条约，尤其是我国签署或加入的国际公约的相关规定的考察，一方面能够促使我国检察学的研究与国际标准相吻合，另一方面也有助于中国履行条约所规定的国际义务，维护中国检察机关在国际社会的形象和声誉。检察学研究还应当考察我国检察制度的发展历史，如我国古代的御史制度、中国近现代检察制度的历史发展，改革开放后检察机关的发展和改革等。

以上四个方面，都是检察学需要研究的内容，检察学作为一门科学，应当围绕这些内容，分层次地深入进行理论研究。当然，检察学的学科建设并不是一个包罗检察学研究所有内容的、事无巨细的体系。检察学作为一个学科，具体如何构建，还需要从中进行筛选，以符合学科建设的基本要求。

三、检察学研究应当坚持的原则

为了保证检察学研究的正确方向，检察学的研究，应当坚

---

〔1〕 孙谦主编：《中国检察制度论纲》，人民出版社 2004 年版，第 12 页。

持以下原则：

1. 检察学研究应当坚持立足中国国情原则

发展和完善我国检察学的研究，最根本的是要立足于国情，立足于实际，坚持中国特色的发展道路，不能盲目照搬照抄西方的政治体制和检察制度。例如，我国对检察机关基本属性的研究，就要立足于中国一元分立的权力架构，阐明中国宪政体制与西方的三权分立制度具有本质的不同。在我国一元多立的权力架构之下，人民代表大会下分出立法权、行政权、审判权、检察权、军事权，检察机关作为专司检察权的机关，应当成为专门的法律监督机关。[1] 也就是说，立足于中国国情，立足于中国一元分立的权力架构，就能够在检察学研究中充分论证检察机关的法律监督地位。

2. 检察学研究应当坚持立足检察职能，强化法律监督的原则

检察机关依法履行审查批准和决定逮捕、公诉、职务犯罪侦查以及对刑事诉讼、民事审判和行政诉讼实施法律监督等职能，而这些职能内在地统一于检察机关的法律监督属性。检察学的研究，不应仅限于理论层面对于检察机关法律监督属性的探讨，还应当立足于检察机关的基本职能，研究如何强化检察机关的各项职能，通过各项具体职能的深入完善加强检察机关的执法能力和法律监督能力。

3. 检察学研究应当贯彻落实社会主义法治理念和宽严相济的刑事政策

社会主义法治理念是社会主义法治内在要求的一系列观念、信念、理想和价值的集合体，是指导和调整社会主义立

---

〔1〕　朱孝清：《中国检察制度的几个问题》，载《中国法学》2007年第2期。

法、执法、司法、守法和法律监督的方针和原则。宽严相济是我党在新时期的历史形势下提出的适应我国现阶段国情的刑事司法政策，强调当宽则宽、当严则严，宽严相济。在检察学的研究中，应当牢固树立社会主义法治理念和宽严相济的刑事政策在工作中的领导和指向地位，将检察基础理论研究、检察业务研究与社会主义法治理念的基本内涵、宽严相济刑事司法政策的基本要求结合起来。尤其是在对具体检察制度建构和检察职能完善方面，应当充分考虑社会主义法治理念和宽严相济刑事司法政策的要求，实现法律监督职能实现的最大化和效果最佳化。

（原载《人民检察》2007 年第 15 期）

检察学研究与检察改革[*]

近年来，随着检察工作的稳步发展和检察改革的不断深化，检察学的研究取得了长足的进展。这不仅表现为有关检察制度和检察实践的研究成果不断涌现，其数量之多、所及范围之广是前所未有的，而且表现为检察理论研究走出了单一的、碎片式的研究方式，出现了一些系统思维的、有一定理论体系的研究成果。这些研究成果，对检察制度的发展历史、检察制度的基本原理、检察机关的组织结构、检察权理论、检察活动的基本规律、检察管理等内容进行了系统深入的研究，构建了检察学的理论体系，使检察理论研究逐渐地从工作研究转向学术研究，从微观问题的解决方法到对整个检察制度构建的整体性思维，从对现存制度的简单论证到对未来发展的综合分析。这些研究，不仅促进了检察学的学科建设，而且对指导和促进检察制度的发展完善，对促进检察工作的科学开展，甚至对有关立法的完善，都起到了很好的作用。

但是，科学是无止境的。特别是像检察学这种刚刚起步的学科，需要研究的问题还很多，已有的研究还需要进一步深

---

   * 原题为《立足司法体制改革　检察学应重点研究四个问题》。

14

化。目前，我们国家正处在一个新的历史发展时期，中国特色社会主义检察制度在自我发展完善过程中将面临许多来自理论和实践的新挑战，检察工作在新形势下也会不断遇到新的情况和问题。要全面认识检察制度和检察工作发展的规律，不断地破解检察工作中的难题，回应各种质疑和挑战，巩固和发展中国特色社会主义检察制度，就必须不断加强检察学的研究，不断推出新的研究成果。尤其是在当前，随着党的十八大精神的贯彻落实，新一轮司法体制改革已经启动。在新一轮司法体制改革中，与检察制度有关的许多重大的、深层次的问题需要进一步研究论证，检察学研究面临着许多新的课题。

为了发展完善中国特色社会主义检察制度，为了给新一轮司法体制改革提供理论支撑，我个人认为，检察学当前应当重点研究并从理论上回答以下问题：

一、如何从制度上保证检察机关依法独立公正行使检察权

检察学不仅要研究静态的检察制度，而且要研究动态的检察制度。所谓动态的检察制度，实质上就是检察制度具体运行的样态。从我们国家检察制度运行的实际情况看，目前所面临的最大问题，可以说是不能很好地依法独立公正行使检察权的问题。这个问题，应当成为新一轮司法体制改革重点解决的一个重大问题。

仔细分析党的十五大以来中央关于司法体制改革的提法，可以清楚地看到，保证审判机关、检察机关依法独立公正行使审判权、检察权，始终是中央十分关心的问题，也是希望通过司法体制改革所要重点解决的问题。十五大政治报告提出："推进司法改革，从制度上保证司法机关依法独立公正地行使审判权和检察权。"十六大政治报告在论及推进司法体制改革时指出："按照公正司法和严格执法的要求，完善司法机关的机构设置、职权划分和管理制度，进一步健全权责明确、相互配合、相互制约、高效运行的司法体制。从制度上保证审判机关和检察机关依法独立公正地行使审判权和检察权。"十七大政治报告进一步提出："深化司法体制改革，优化司法职权配置，规范司法行为，建设公正高效权威的社会主义司法制度，保证审判机关、检察机关依法独立公正地行使审判权、检察权。"十八大报告则提出："进一步深化司法体制改革，坚持和完善中国特色社会主义司法制度，确保审判机关、检察机关依法独立公正行使审判权、检察权。"连续四次党的代表大会政治报告，几乎用了相同的话来提出司法体制改革的任务，这说明：第一，改革的精神一以贯之，坚定不移。中央高度重视司法体制改革问题，把它作为建设社会主义法治国家的突破口，始终坚持不断推进。第二，改革的目标始终如一，重在制度。中央提出司法体制改革，其目标就是要从制度上保证司法机关依法独立公正行使审判权和检察权。依法独立公正行使审判权和检察权，是宪法确立的一项重要原则，是中国特色社会主义司法制度的重要特征之一。从制度上保证司法机关依法独立公正地行使审判权和检察权，从根本上讲，就是落实宪法的规定，保证宪法原则的贯彻执行。第三，这个问题是我们国家的司法制度中存在的一个十分突出的问题，以至引起了连续四届中央委员会的高度关注。审判机关不能依法独立公正行使审判权、检察机关不能依法独立公正行使检察权，是中国特色社会主义司法制度自我发展过程中面临的一个突出问题。否则，党中央就不会把这样一个问题作为司法体制改革的任务，更不会一而再、再而三地提及。第四，这个问题并没有解决。十五年前，党中央提出这个问题的时候，可以说这是司法制度中存在的一个严重问题，也是司法体制改革所要解决的一个重大问题。当十七大政治报告重提这个问题时，说明前两轮的司法改革并没有真正解决这个问题。那么，现在看来，可以说，十七大以来的司法改革仍然没有解决这个问题。这说明，解决这个问题，存在着一定的难度。第五，中央下决心要解决这个问题。如果说，前三次政治报告提的是"从制度上保证"审判机关和检察机关依法独立公正行使审判权、检察权，只是客观地表达了司法体制改革的目标，那么，十八大政治报告中使用了"确保"审判机关和检察机关依法独立公正行使审判权、检察权，就不能不承认，这个提法不仅表达了司法体制改革的目标，而且表明了中央在这个问题上的坚定决心。

但是从另一方面看，这个问题之所以中央三次提出都没有解决，是因为解决这个问题确实有一定的难度。其中最大的难度恐怕是制度性障碍，以及与传统观念的冲突。一方面，司法机关依法独立公正行使职权与司法机关地方化的制度设计（干部制度、财政体制、人员编制等）之间，是否存在着矛盾，如何在不改变宪法原则的前提下解决可能存在的矛盾，需要在理论上进行深入的研究论证。如果这些问题在理论上讲不清楚，就很难制定出解决它的方案。另一方面，我们国家在历史上就缺乏法治传统，审判权、检察权的特殊性没有被人们充分认识，包括新中国成立以来，人们通常都习惯于把审判机关、检察机关的工作人员与普通的国家机关工作人员同等看待，甚至还不如其他国家机关工作人员。这样的观念如果不能破除，司法机关的社会地位就难以树立，依法独立公正行使审判权、检察权的问题，也就难以受到人们包括领导层的重视。而这些问题首先需要从理论上予以回答。只有从理论上充分说明审判机关、检察机关依法独立公正行使审判权、检察权的必要性，充分论证在现有法律框架下解决这个问题的可能性，并能够用正确的理论说服更多的人民群众和领导干部，在社会上形成一种共识，才能为这个问题的解决排除障碍，才能真正推进司法体制改革，从制度上解决这个问题。

当然，"审判机关和检察机关依法独立公正行使审判权、检察权"本身包含了三个彼此独立而又密切联系的价值，即"依法""独立""公正"。如何正确理解这些价值及其相互关系，也是只有从理论上深刻阐述，才能为人们所接受，进而作为改革所追求的目标。如果片面强调其中的某一个方面，就容易使人们产生误解，更不利于这个问题的解决。

二、如何构建科学的检察权运行机制

检察权作为一项国家权力，虽然与其他国家权力之间存在着许多共同的特点，需要遵循权力运行的一般原理，但是检察权之所以能成为国家权力架构中一项独立的权力，并且在宪法中强调它的独立行使，则是因为它本身具有一定的特殊性。正是这种特殊性，决定了它的独立性，决定了它能够成为国家权力中一项独立的权力发挥着其特有的功能作用。因此，要科学认识和准确揭示检察权自身的特殊性，按照权力运行的一般原理和检察权自身的特殊性，设计符合检察权内在要求的运行机制。运行机制不合理，就很难充分发挥检察权的功能作用。

但是，多年来，我们对检察权的运行规律研究得不够深入。检察权的运行实际上是在行政权运行模式下自发地进行，既缺乏经过科学论证的理论支撑，也缺乏经验基础上的制度安排。至今，我们没有对检察权运行的基本单元进行界定，更谈不上规范；没有对检察权行使主体之间的相互关系进行深入分析和制度安排；没有对检察权运行的资源进行需求性分析和整合性研究，甚至对目前流行的办案模式也缺乏合理的阐述和深入的研究。这些都在一定程度上影响了检察权运行机制的科学构建。新一轮检察改革如果要进一步完善检察权运行机制，就需要通过检察学的研究，为其揭示规律，探寻道路。

三、如何科学调整检察机关的内设机构

检察机关的内设机构目前存在着"三乱"（即内部机构设置乱、内设机构名称乱、派出机构乱）的现象[1]，需要通过进一步深化检察改革来理顺。但是，如何改革完善检察机关内设机构的设置，涉及深层次的理论问题。首先是如何对检察权进行科学分解的问题。检察机关的内设机构设置的基础和根据，是法律赋予检察机关的职权在检察机关内部如何进行二次分配。因此要科学合理地设置检察机关的内设机构，其前提是对检察权进行科学的分解。如果没有对检察权的属性和内涵的深入研究，没有对法律赋予检察机关的职权进行科学的归类和分析，就很难提出更好的分解检察权的方案。其次是对现存的内设机构的认识问题。要对检察机关的内设机构进行改革调整，就必须对检察机关目前流行的内设机构，包括各地在检察改革过程中自行设置的内设机构和派出机构，进行深入的研究，对其设置的合理性或不合理性进行分析比较，甚至需要进行利害权衡。没有对检察机关现有的内设机构及其职责权限的实证考察和利害权衡，就很难讲清楚哪些内设机构是必要的和必需的，哪些是可有可无的，哪些是可以整合的，哪些是无以替代的。最后是对内设机构各自职责权限的科学界定。如果要对内设机构进行调整，就不仅需要对应当设置的内设机构包括名称进行科学论证，而且需要对不同机构之间的职责权限进行

---

[1] 张智辉：《应当重视检察机关内设机构改革》，载《检察日报》2011年8月19日第3版。

科学界定，彼此之间的职责权限既不能相互交叉重合，又不能互不衔接、出现检察权的真空地带。

四、如何完善检察机关的内部管理问题

既要保证检察权依法独立公正地行使，充分发挥其应有的功能作用，又要防止检察权的滥用，保证检察机关的清正廉洁，始终是检察改革在制度设计中必须牢记的两大重点。而这两个重点最终要通过检察机关的内部管理来实现。制度设计虽然是检察权正确行使的先决条件和基本保障，但是如果没有科学的管理，制度就可能被束之高阁。因为任何制度都不是自行运行的，而是通过组织起来的人来发挥作用的。人的问题没有解决好，再好的制度也难以实现制度设计者预想的目标。人的问题实际上包含两个方面：一是对人本身的管理问题，就检察机关而言，就是检察人员的录用、使用、考核、晋升以及职业保障等方面的管理，即所谓干部人事管理；二是对人所从事的工作的管理问题，在检察机关就是检察业务管理问题。这两个方面的管理，对于保证检察权依法独立公正地行使具有十分重要的意义，因而始终是检察改革的重要内容。

目前在检察机关的内部管理方面，无论是干部人事管理还是检察业务管理，都还存在着不够完善甚至不够合理的地方，存在着管人与管事严重脱节的问题。这些问题，需要通过进一步深化检察改革来完成。但是如何改革，就需要理论上的论证和指导。

以上这些问题，既是检察改革中需要着力解决的重要内容，也是检察学研究中面临的重大课题。检察学研究要抓住新一轮检察改革乃至整个司法体制改革的机遇，围绕改革中希望解决的重大问题，进行脚踏实地的实证研究和理性分析，揭示检察制度发展中体制性、机制性障碍表象背后的深层次问题，总结和论证检察制度发展的规律，为坚持和完善中国特色社会主义检察制度提供理论向导和科学支持，促进检察改革沿着党的十八大确定的目标推出科学的举措。这是检察学研究的当前使命，也是检察学走向成熟的重要标志。

（原载《人民检察》2013 年第 9 期）

中国特色检察制度的理论探索

——检察基础理论研究三十年述评

1978 年，伴随着检察机关的恢复重建，检察理论也在拨乱反正中开始了新的探索。三十年来，在老一辈法学家和年轻一代法学理论工作者的积极参与下，在广大检察人员的努力下，检察理论研究取得了丰硕的成果，其中有关中国特色社会主义检察制度基本理论的探索，在中国检察制度的发展史上，具有历史性的意义。回顾总结三十年来检察理论研究特别是检察基础理论研究的历程，对于构建科学的中国特色社会主义检察理论体系，对于发展和完善中国特色社会主义检察制度，无疑是十分有益的。

一、回顾：三十年检察基础理论研究的概况

综览三十年来检察基础理论的研究，我们可以清晰地看到，检察理论研究经历了三个发展阶段：

（一）恢复期

1978—1987 年是检察理论研究的恢复期。这一时期以王桂五 1978 年 11 月 7 日发表在《人民日报》上的《政法战线也要冲破禁区》一文为标志。该文对五十年代后期以来被"左"的

思想搞乱了的一些重大理论问题，如法律监督是把专政矛头对准人民内部、检察机关实行垂直领导是摆脱和反对党的领导、强调法律监督是以法抗党等，进行了深刻的反思，提出了正确认识社会主义检察制度的任务。此后，一些法学家和检察人员，围绕检察机关在恢复重建过程中遇到的重大思想观念和制度建设方面的问题，开始了理论上的探索，出现了一系列检察基础理论研究的文章和著作。

这一时期的主要代表作有：王桂五：《人民检察制度概论》，法律出版社 1982 年版；王洪俊：《检察学》，重庆出版社 1987 年版；孙静贞：《检察机关的性质和任务》，《北京政法学院学报》1979 年第 1 期；金默生：《论独立行使检察权》，《法学研究》1981 年第 3 期；孙谦：《论检察机关法律监督的几个问题》，《当代法学》1987 年第 4 期；徐益初：《论全面充分发挥检察机关法律监督职能的作用》，《中国法学》1987 年第 4 期等。

这一时期检察基础理论研究的主要问题有：检察机关的性质、地位、任务、作用，检察机关的领导体制，法律监督的概念、范围，马克思主义经典作家有关法律本质以及法制统一的论述，检察机关的活动原则特别是依法独立行使检察权，创建检察学的必要性以及检察学的理论架构，以及对国外检察制度的介绍等。这一时期关于检察基础理论的研究特别值得一提的是老一辈著名法学家对检察学学科构建的关注和对检察机关监督民事诉讼的论述。如刘家兴等在《法学研究》1981 年第 1 期上发表的《试论人民检察院参加民事诉讼》；柴发邦在《北京检察》1984 年第 2 期上发表的《关于人民检察院监督民事诉讼问题的探讨》；孙国华撰写的《民主、法制与检察学》[1]；王洪俊出版的《检察学》著作等。

这一时期检察基础理论研究的特点，一是吸取历史的教训，对五十年代后期以来搞乱了的一些检察制度基本理论是非进行清理，对中国检察制度的研究侧重于正面论述，少有对宪法和法律的规定提出批评意见的观点；二是对涉及检察制度的一些重大理论问题的研究刚刚起步，研究的深度不够；三是法学界专家学者参与检察基础理论研究的热情很高，法学刊物也对检察基础理论给予了较大的关注，发表有关这方面的理论文章较多。

（二）发展期

1988—1998 年是检察理论研究的发展期。这一时期以中国检察学会的成立（1988 年 6 月）为标志。中国检察学会成立后大力倡导和积极组织检察理论研究，创办《检察理论研究》杂志（1991 年），每年召开全国性检察理论研讨会，吸引了一批检察人员研究检察理论，促进了检察理论研究的开展，出现了许多检察理论研究成果。

这一时期的主要代表作有：李士英等：《当代中国的检察制度》，中国社会科学出版社 1988 年版；赵登举等主编：《检察学》，湖南人民出版社 1988 年版；张穹等：《检察制度比较研究》，中国检察出版社 1990 年版；王桂五主编：《中华人民共和国检察制度研究》，法律出版社 1991 年版；程荣斌主编：《检察制度的理论与实践》，中国检察出版社 1992 年版；樊凤林：《关于完善检察制度的几个问题》，《法学杂志》1992 年第

---

[1] 该文在 1986 年 8 月召开的"检察学理论研究问题座谈会"宣读并收入沈阳市检察学会编印的《检察学研究论集》。该文提出："建立一门检察学，专门研究法律监督问题，研究检察工作应当遵循的规律性问题，是完全必要的。"

4 期；徐益初：《对建设中国特色社会主义检察制度的几点思考》，《检察理论研究》1992 年第 1 期；李桂茂、张国吉：《我国法律监督制度的改革与完善——论监督法律关系》，《中国社会科学》1997 年第 2 期；唐生、陈冰如：《关于检察权的几个问题》，《人大研究》1998 年第 6 期等。

这一时期的检察基础理论研究，除了继续围绕检察机关的性质、地位、检察机关的领导体制、检察机关活动原则等问题进行之外，有关检察制度历史发展和国外检察制度介绍方面的研究进一步深入，对检察官制度的研究和检察机关职权特别是职务犯罪侦查权的研究成为理论探讨的热点。

这一时期检察基础理论研究的特点：一是研究的广度有所扩展，检察制度发展中遇到的一些新问题如检察活动中的人权保障问题、检察机关的内部制约与外部监督等开始纳入检察基础理论研究的视野；二是研究的深度有所增加，在检察制度的一些基本问题上出现了有一定深度的新的研究成果；三是出现了对我国现行检察制度进行质疑的观点，形成检察理论研究的一些热点；四是在检察理论研究中开始触及检察改革的问题。

（三）繁荣期

1999—2008 年是检察理论研究的繁荣期。以 1999 年 7 月最高人民检察院作出《关于加强检察理论研究的决定》为标志，检察理论研究工作纳入全国各级检察机关的工作重点，出现了研究检察理论的繁荣发展的新时期。十五大政治报告提出了司法体制改革的任务。学术界在司法体制改革的研讨中十分关注检察机关在司法体制中的定位问题，出现了一些对检察机关法律地位和检察权性质的研究成果，对检察制度的发展完善提出了许多有益的建议。2003 年最高人民检察院作出了《关于进一步加强检察理论研究工作的意见》。特别是 2005 年，最高人民检察院在南京召开了全国检察理论研究工作会议暨第六届检察理论研究年会，贾春旺检察长在这次会议上发表了关于加强检察理论研究工作的重要讲话，提出了一系列建立健全检察理论研究工作机制的举措。此后的三年，全国各级检察机关充分调动各个方面的积极性，有组织地开展检察理论研究，出现了前所未有的发展态势，涌现出一大批高水平的研究成果。

这一时期的主要代表作有：龙宗智：《检察制度教程》，法律出版社 2002 年版；孙谦：《检察：理念、制度与改革》，法律出版社 2004 年版；孙谦主编：《中国检察制度论纲》，人民出版社年 2004 年版；韩大元主编：《中国检察制度宪法基础研究》，中国检察出版社 2007 年版；张智辉：《检察权研究》，中国检察出版社 2007 年版；张穹：《当代检察官的职权》，《检察日报》1999 年 6 月 2 日；邱学强：《论检察体制改革》，《中国法学》2003 年第 5 期；朱孝清：《中国检察制度的几个问题》，《中国法学》2007 年第 2 期等。

这一时期检察基础理论研究的突出特点，一是理论研究的思辨性、论辩性显著增强，不同学术观点的争鸣成为理论研究关注的热点；二是检察基础理论研究的成果显著增多，有关检察基础理论的学术著作不断涌现，并且理论层次逐渐提升；三是对检察制度的宏观思考、对检察制度改革完善的研究成为检察基础理论的主流；四是对检察制度中的一些重大问题的认识逐渐趋于一致。

三十年来检察基础理论的研究，从研究问题的角度看，大致上是从四个视角展开的：一是从检察制度的视角进行研究，系统论述中国特色社会主义检察制度的基本理论及其理论基础；二是从检察权的视角进行研究，重点研究检察权的性质、构造、权能及其运作机制；三是从检察学的视角进行研究，探讨检察制度的基本理论和检察活动的规律，构建检察制度的理论体系；四是从检察改革的视角进行研究，着力探讨检察制度在实践中遇到的困难和问题，以完善中国特色社会主义检察制度为目的，提出改革完善的建议。从研究的内容上看，关于检察基础理论的研究，主要是围绕检察机关的法律定位、检察权的性质、法律监督、检察机关的职权、检察机关的组织体系与活动原则等检察制度的基本问题展开的。下面将对这些问题作简要的评述。

二、检察机关的法律定位

检察机关的法律定位是检察制度的核心问题之一。确立一个什么样的检察制度，按照什么样的模式来进行检察改革，首先面临的必须回答的问题就是检察机关在国家权力架构中居于什么样的地位。检察机关在国家权力架构中的定位，不仅直接关系到建设一个什么样的检察机关，而且关系到检察机关的职权配置、机构设置、人员选择等一系列基本要素的制度安排。三十年来，与检察机关和检察改革有关的争论，绝大多数都涉及对检察机关法律定位的不同认识。因而对这个问题的研究，始终是检察基础理论研究中的一个热点问题。

（一）检察机关是国家的法律监督机关

1. 实然的法律定位

1979 年 7 月 1 日第五届全国人民代表大会第二次会议通过的《人民检察院组织法》明确规定："中华人民共和国人民检察院是国家的法律监督机关。" 1982 年修改后的宪法进一步确认了检察机关的法律定位。八十年代和九十年代初的检察基础理论研究，紧紧围绕宪法和人民检察院组织法的这个规定，从理论上阐述了检察机关法律地位的基本内涵和理论基础。

许多学者认为，我国的检察制度是根据列宁的维护国家法制统一的指导思想结合我国实际情况建立的；检察机关在国家领导体制中居于重要地位并且在权力机关的领导和监督下自成体系；检察机关始终以法律监督为己任；检察机关由权力机关产生，主要人员由权力机关任免。这是中国检察制度的法律基础。有些学者详细论述了检察机关法律定位的理论基础，认为辩证唯物主义和历史唯物主义是建设人民检察制度的根本指导思想，人民民主专政理论是建设人民检察制度的政治思想基础，列宁关于法律监督思想是人民检察制度的重要思想渊源，社会主义初级阶段理论是改革我国检察制度的根本依据。[1] 亦有学者认为，人民检察院既是国家的法律监督机关，又是人民民主专政的工具。在行使法律监督权的同时，人民检察院捍卫人民民主专政的制度，而捍卫人民民主专政的制度，则是人民检察院行使法律监督权的根本归宿。在我国，公安机关、检察机关和人民法院都是国家的司法机关，都是人民民主专政的工具。公安、检察和法院都从不同的角度执行特定的司法职能，完成特定的诉讼任务。人民检察院的特殊性质，就在于它是国家的法律监督机关，是行使国家赋予的检察权，对法律的遵守和统一实施进行监督的专门机关。之所以要把检察机关作为国家的法律监督机关来规定，是因为法律监督体现了立法与司法之间的协调；只有实行检察监督，才能实现我国法治的最优效果；实行检察监督有助于公、检、法三机关互相配合、互相制约，各司其职，各负其责，准确、及时地揭露犯罪，惩罚犯罪分子。从我国历史传统来看，实行检察监督有助于克服"以言代法""以权代法"的封建法制观念。[2]

---

〔1〕 王桂五主编：《中华人民共和国检察制度研究》，法律出版社 1991 年版，第 179—231 页。

〔2〕 陈卫东、张弢：《检察监督职能论》，群众出版社 1988 年版，第 31—38 页。

2. 应然的法律定位

早在二十世纪八十年代末九十年代初，在理论上就有对检察机关法律定位的不同认识。有些学者将其归纳为四个方面：一是混淆法律监督与其他监督特别是行政监督的界限，认为行使其他监督职权的机关也是法律监督机关，从而模糊检察机关法律监督的专门属性；二是弄不清法律监督与公诉权的关系，认为我国的检察机关是单纯的公诉机关；三是认为没有必要赋予我国检察机关以法律监督的性质和地位，主张检察机关应定位为单纯的公诉机关；四是认为我国检察机关没有也不可能担负起专门的、普遍的法律监督职责，并对这些观点进行了系统的反驳。[1] 有的学者针对把检察机关规定为法律监督机关是名不副实的观点[2]，回顾新中国成立以来检察机关的发展历程，强调指出，把我国的检察机关确定为法律监督机关，是加强社会主义法制的客观需要，是人民群众的迫切要求，是我国社会主义检察制度的一大特色。如果削弱或者取消检察机关的法律监督职能，只限于行使诉讼职能，那样就会回到公诉机关的老路上，这种改革的设想，不是什么进步，而是倒退。[3]

二十世纪九十年代末以来，一些学者对宪法规定的检察机关法律地位进行批判性反思，认为不应当把检察机关定位为国家的法律监督机关。[4] 有的认为，宪法和法律把检察机关规定为国家的法律监督机关，是反科学的、不公正的、非理性的。在其看来，检察机关与专门的法律监督机关之间并不具有必然

---

〔1〕 王桂五主编：《中华人民共和国检察制度研究》，法律出版社 1991 年版，第 123—129 页。

〔2〕 蔡定剑：《国家监督制度》，中国法制出版社 1991 年版，第 226 页。

〔3〕 徐益初：《对建设中国特色社会主义检察制度的几点思考》，载《检察理论研究》1992 年第 1 期。

〔4〕 陈卫东：《我国检察权的反思与重构》，载《法学研究》2003 年第 2 期。

的内在的联系，也无从反映诉讼规律的客观要求，并不具有普遍意义。因此将检察机关定性为专门的法律监督机关或其他类似的表述都是缺乏科学的理论根据的。将法律监督的国家权力"拉郎配"般地赋予检察机关这种权力配置模式是反科学性的，因为它与法治社会国家权力配置的基本原理相悖；使得刑事诉讼中的辩、诉、审三方的法律地位和相互关系失去了公正和理性基础，本来十分合理的诉讼结构就会陷入不稳定或无序状态运作；与诉讼职能区分理论相悖；强调法律监督的必要性和重要性与检察机关必须享有法律监督权在逻辑上完全是两个范畴的问题。因此，检察机关在我国宪政体制以及在刑事诉讼中都不应该定位为国家法律监督机关，更不应该具有国家法律监督权的主体资格，同时，检察机关成为司法机关的观念也是没有任何法律和法理根据的。[1]

对于这种观点，许多学者提出了不同的看法，从不同的方面指出了这种观点的伪科学性，澄清了理论是非。

首先，关于检察机关与法律监督之间的联系。早在二十世纪八九十年代，有些学者就在研究检察制度发展史的基础上明确指出：古今中外各种类型的检察制度在不同的范围内和不同的程度上以不同的形式具有法律监督的性质，因而法律监督是检察制度的本质属性。[2] 针对"检察制度从无到有，乃至逐步丰富完善的演进历史，并没有体现出检察机关与专门法律监督之间的任何必然联系"，"检察机关与专门的法律监督机关之间并不具有必然的内在的联系"[3] 等观点，一些学者在对各个法系主要国家检察制度进行历史分析和比较考察的基础上，

---

〔1〕 郝银钟：《检察权质疑》，载《中国人民大学学报》1999 年第 3 期。

〔2〕 王桂五主编：《中华人民共和国检察制度研究》，法律出版社 1991 年版，第 251 页。

〔3〕 郝银钟：《检察权质疑》，载《中国人民大学学报》1999 年第 3 期。

客观系统地分析了现代检察制度产生发展过程，进一步指出："检察职能具有一种与生俱来的监督性"，"检察机关自始就具有监督的功能"。东西方的检察制度，具有共同的设立目的，即维护国家法制。欧洲大陆法系国家普遍强调检察机关的护法功能，认为检察机关以维护法制、严守法制原则为其行为的出发点和归宿。检察机关对法制的维护，主要是通过三个方面来实现的：一是行使公诉等诉讼职能，维护法制；二是坚守客观公正的法制立场，维护公民权利；三是实施司法监督，保证依法办案。检察机关担当着控制警方侦查、制约法院审判并监督判决执行的监督功能。[1] 有的学者指出：在人类文明史中，司法权从行政权中分离出来，实行司法独立；在司法制度中，审判职能与公诉职能分开，形成公诉制度，这是政治体制、司法制度的两大进步。而检察权上升为国家的一项基本权力，专门的法律监督机关与行政机关、审判机关处于并行地位，是人类法制文明发展到社会主义新阶段的又一重大进步。[2] 这些观点，通过对历史事实的分析，论证了检察机关与法律监督之间的内在联系，说明把检察机关定位为国家的法律监督机关具有深刻的历史根源，并不存在什么反科学性的问题。

其次，关于检察机关宪法定位的价值合理性。许多学者指出，把检察机关定位为国家的法律监督机关，是植根中国国情的理性选择，具有历史的必然性和价值上的合理性。有的学者在论证法律监督机关存在的价值合理性的基础上，紧密结合中国的实际，指出在中国把检察机关作为国家的法律监督机关来设置，具有坚实的宪政基础，是在人民代表大会统一行使国家

---

〔1〕 龙宗智：《检察制度教程》，法律出版社 2002 年版，第 4—7 页。
〔2〕 童建明：《关于我国检察机关法律监督问题的若干思考》，孙谦、刘立宪主编：《检察论丛》（第 1 卷），法律出版社 2000 年版，第 71 页。

权力的宪政下实现权力制衡的必然要求，符合权力运作的普遍规律；具有深厚的社会基础，是在缺乏法治传统、法制还不够健全、司法不公还在不同程度上存在的社会环境下推行依法治国方略，保障法律统一正确实施的客观需要，符合人民的根本利益；具有广泛的实践基础，是保障权力行使的有效性和经济性的最佳选择。[1] 有的学者系统地论证了把检察机关定位为国家的法律监督机关的历史必然性，认为现代检察制度是政治文明和司法文明发展的必然产物。检察制度从无到有，再到普及于各国，其中包含着一种"历史的必然"即通过诉讼分权，使检察官担当起守护法律的职责。在现代化过程中，法院职能从"全能法院"向"裁判法院"的转变、追诉制度由"私诉制度"向"公诉制度"的转变、司法由"任意司法"向"程序司法"的转变，使在警察权与审判权两大权力之间产生的检察权适应了近现代国家对警察和法官的权力双重制约的需要。"努力将公正客观地进行活动的检察官发展成为诉讼活动的核心"，是欧洲近一个半世纪以来刑事诉讼程序向更为正义和人道的方向发展的主要成果之一。新中国成立后，借鉴苏联的检察制度模式是必然的选择，因为它与人民民主的国家观契合，并且当时所面临的境遇和任务需要建立一个中央集权的制度，而设立强有力的法律监督机关有利于中央法令的统一。[2]

许多学者论证了检察机关作为国家的法律监督机关来定位的必要性。有的学者指出：我国实行的是一元多立的权力架构，即在一元权力——人民代表大会下，分出立法权、行政权、审判权、检察权、军事权。在这种权力架构下，人民代表

〔1〕 张智辉：《法律监督机关设置的价值合理性》，载《法学家》2002年第5期。
〔2〕 孙谦：《检察：理念、制度与改革》，法律出版社2004年版，第62—77页。

大会及其常委会固然有权对由其产生与下辖的诸权能实施监督，但这种监督只能是宏观的监督和对国家、社会重大事项的监督，而不可能是经常的具体的监督。这种制约监督与多元分立权力架构下的制约监督相比，是不普遍、不充分的。为了弥补制约监督的不足，防止权力腐败和被滥用，保证国家权力在法治的轨道上正确运行，就必须在人民代表大会下设立专司监督的法律监督权能，并将该权能赋予某一机关，使其成为专门的法律监督机关。如果说中国实行共产党领导和人民代表大会制度是历史的必然、人民的选择，那么，中国设立法律监督机关同样具有历史的必然性和现实的合理性。在我国，由国情所决定，在相当长时期内，还存在诸多影响法律统一正确实施、损害法律权威和尊严的因素，如封建思想残余影响；"潜规则"的存在；经济、文化不发达且不平衡；地方和部门利益；执法犯法等多方面的因素严重影响着法律的统一正确实施，设立专门的法律监督机关，用以监察、督促国家权力的依法运行，保证法律的统一正确实施，就成了当然的制度选择。[1]

最后，关于诉讼结构与检察机关宪法定位的合理性。有的学者从刑事诉讼构造的角度，提出"在刑事诉讼中，检察机关既承担控诉职能又承担法律监督职能，使中国刑事诉讼程序失去了最低限度的程序公正的保障机制"[2]；检察机关集法律监督职能和公诉职能于一身，不符合控辩平等、控审分离和审判独立等诉讼规律的基本要求和法治国家权力配置的基本原理，是一种过时的、带有根本缺陷的法律制度形态，[3] 从而主张废除检察机关作为法律监督机关的定位，"应该按照检察机关就

---

〔1〕 朱孝清：《中国检察制度的几个问题》，载《中国法学》2007 年第 2 期。

〔2〕 郝银钟：《检察权质疑》，载《中国人民大学学报》1999 年第 3 期。

〔3〕 郝银钟：《评"检诉合一"诉讼机制》，载《法制日报》2006 年 8 月 3 日。

是公诉机关的思路去改革司法制度"[1]。

对此，一些学者提出了相反的观点，认为检察机关的公诉职能与法律监督机关的定位并不矛盾。第一，检察机关的公诉职能本身就具有监督的属性。有的学者指出，那种认为检察机关既行使公诉权又承担法律监督职责会造成诉讼角色错位的观点，既不符合公诉权与法律监督权的形式与内容的辩证关系，也不符合我国刑事诉讼法的规定和实际情况。公诉权的各项权能都在不同程度上具有保障法律统一正确实施的监督作用，不同程度、不同侧面、不同方式地体现着法律监督的性质，从而也就从整体上决定了检察机关公诉权在本质上具有法律监督属性。公诉权只是法律监督权的一种实现形式，法律监督是公诉权的内在属性，而不是与公诉权并列的另一种权能，二者是一体的，具有共生关系。法律监督需要在公诉活动中实现，公诉则是体现法律监督的形式和载体。法律监督为公诉权规定了本质，公诉权则为法律监督提供了实现平台。那种认为只有控诉而无监督的公诉是根本不存在的。有的学者认为，各国检察机关之所以要对警察侦查权和法官审判权实施监督，是因为在大陆法系国家，检察机关是"法律的守护神"，在英美法系国家，检察机关是"国家和公共利益的代表"，为了法律利益或者国家和公共利益实施监督，是其职责所在。而在公诉之外的其他职权如指挥、监督侦查权，监督判决执行权，监督监所权，对涉及公共利益的民事、行政诉讼提起和参与诉讼权等，更是具有监督的性质。各国检察制度中公诉及其他职能所具有的监督属性，是我国将检察机关定位为法律监督机关的合理性基础。第二，检察机关享有法律监督权并不必然破坏控辩平等的诉讼

---

[1] 陈卫东：《我国检察权的反思与重构》，载《法学研究》2003 年第 2 期。

机制。法律监督与控辩平等的目的是一致的，都是保障裁判结果的公平性和正确性；控辩平等与法律监督的指向不同，不存在非此即彼的对立；对审判活动的监督并不是检察机关独有的权力，而是控辩双方对等的权力或权利。在审前程序中，检察机关作为法律监督机关，其履行公诉职能就必须恪守法律监督性质，以维护法律统一正确实施和社会公平正义为宗旨和价值追求，客观全面地审查案件，以避免不当起诉。这只能更有利于控辩平等和保护犯罪嫌疑人的合法权益。在审判程序中，检察机关的法律监督对被告人来说是中性的。公诉人在法庭上不仅负有指控犯罪之责，而且还负有根据事实和法律公正地阐述被告人罪轻或法定从轻、减轻的事实和情节以及对法庭损害被告人合法权益的问题进行法律监督的职责。庭审后，公诉人不仅要对有罪判无罪、重罪轻判的判决提出抗诉，而且要对轻罪重判的判决或损害被告人合法权益、违反程序的判决提出抗诉或者提出违法纠正意见，从而确保司法公正，维护被告人的合法权益。因此从诉讼机理上看，检察机关对法庭活动是否合法提出意见，对其认为错误的裁判有权抗诉，是其承担的诉讼职能所要求，并不能因此就认为检察机关的诉讼地位优越于辩护方或凌驾于辩护方之上。[1]

3. 宪法文本的再解读

在关于检察机关宪法定位的研究中，特别值得一提的是，一些宪法学者在回顾分析我国宪法确立检察机关宪法地位的历史过程，特别是 1982 年宪法修改过程中有关检察机关宪法地

〔1〕 宋英辉：《刑事诉讼法原理导读》，法律出版社 2003 年版，第 171 页；张智辉、黄维智：《控辩平等与法律监督》，载《法学》2006 年第 8 期；朱孝清：《中国检察制度的几个问题》，载《中国法学》2007 年第 2 期；万春、高景峰：《论法律监督与控、辩、审关系》，载《法学家》2007 年第 5 期。

位的讨论情况的基础上，强调宪法是检察机关行使职权与进行活动的权力来源和基本出发点，也是分析检察机关性质与地位的基本依据，要全面理解宪法文本，正确认识检察机关的宪法地位。通过对我国现行宪法文本的分析，这些学者指出：第一，应当从宪法的整体规定而非断章取义地理解"国家法律监督机关"的含义。检察机关作为国家的法律监督机关有两个前提，即检察机关是在国家权力机关之下与行政机关、审判机关和军事机关并列的法律监督机关；检察机关不是全面监督法律实施的机关，检察机关的法律监督权是由权力机关授予并受权力机关领导和监督的。第二，检察机关是"专门"的法律监督机关。按照宪法的规定，法律监督的主体只能是检察机关而不是其他机关；检察机关通过对职务犯罪进行立案侦查、批准逮捕、提起公诉、对公安机关的立案侦查活动实施监督、对人民法院的判决裁定予以抗诉等手段进行法律监督，而这些手段是其他任何国家机关所不具有的，也是保障检察机关法律监督权的行使所必需的、专门的手段。第三，检察机关是"国家"的法律监督机关。它是代表国家，并以国家的名义对法律的实施和遵守进行监督的。什么样的行为需要检察机关监督，是由法律予以规定而非由检察机关随意决定的。第四，检察机关是"法律"的监督机关。检察机关行使职权的依据是法律，即检察机关的职权在于依照法律的规定对法律的遵守和执行情况进行监督。第五，检察机关是"具体"的法律监督机关。检察机关的监督是针对具体案件的监督即个案监督，这使得检察监督与人大监督区别开来。第六，检察机关是"程序性"的法律监督机关。检察权的行使必须依照法定的程序进行；检察权的行使仅仅具有程序的意义。检察机关法律监督权的本质在于以程序性的制约权来实现对实体的监督，这是检察权与行政权和审判权的重要区别。这些情况表明，宪法对检察机关的定性是独特、准确和符合实际情况的。人民检察院组织法和刑事诉讼法等法律对检察职权的规定，是宪法关于"国家的法律监督机关"的体现。[1] 有的学者则指出：从宪法第三章国家机构关于国家各种机构的性质、构成及其职权的规定包括宪法第129、131条的规定看，在解释检察机关的权力来源时，我们可以把法律赋予检察机关的各项职权概括地称为"检察权"，在讨论检察机关的独立性时，我们应当称之为"司法权"，而在研究检察机关的功能及其与行政机关、审判机关的关系时，我们应当称之为"法律监督机关"。只有作这样的区分性理解，才是符合宪法原意的，才是对检察机关法律地位的准确、全面的揭示。[2]

（二）检察机关是国家的司法机关

在我们国家，传统观点认为，检察机关和审判机关都是国家的司法机关。因为宪法第三章第七节对人民法院和人民检察院一并加以规定，并且在第126条和第131条分别规定了审判机关和检察机关独立行使职权的原则，这说明它们具有相同的性质。在中央文件中也都是把人民法院和人民检察院一并作为国家司法机关看待的。但是在司法改革的研讨中，有的学者对检察机关作为司法机关的定位提出了不同的看法，认为称检察机关为司法机关是完全缺乏法理根据的，是一种极不科学、不规范的法律观念。将这种观念用之于司法体制的设计，必将贻

---

〔1〕 韩大元主编：《中国检察制度宪法基础研究》，中国检察出版社2007年版，第38—42页。

〔2〕 万毅：《一个尚未完成的机关——底限正义视野下的检察制度》，中国检察出版社2008年版，第37页。

害无穷。[1]

　　针对这种观点，一些学者强调指出，检察机关既是国家的法律监督机关，也是国家的司法机关。有的学者认为，检察机关的法律监督是通过司法性的活动来实现的，所以它理应属于国家的司法机关之一。肯定检察机关的司法性质，一方面有利于保障检察权行使的独立性，最重要的意义在于防止行政干预，贯彻法制原则，同时也有利于确认其法律维护者的地位，防止其"当事人化"，以促进检察活动的客观公正。另一方面，即便是在贯彻"检察一体制"的上命下从的情况下，检察官也要恪守其客观性义务，以法律的正确实施为其行为的根本目的，以维护公平和正义为其基本追求。将检察机关定位为司法机关，也有利于解决检察官的任职、罢免、停职、转任、升迁等人身保障问题。采用司法性人身保障制度，禁止随意罢免、调任检察官，才能消除检察官执行职务的"后顾之忧"，促使其客观公正地履行职务。[2] 有的学者认为，检察机关之所以应当被视为司法机关，是因为检察机关以司法的方式行使着司法性权力，因此而被国家和社会所确认为司法机关，并且将检察机关定位为司法机关从总体上看利大于弊。这种定位，有利于保障检察权行使的独立性；有利于检察机关严格执法和有效监督；有利于解决检察官的人身保障问题。我国宪法和法律对检察权的保障为其司法化定位提供了条件和依据。检察机关在法律上被确认为法律监督机关，这种司法职能尤其是对法院审判活动进行监督的职能，进一步促成了检察权的司法化，因为司法是公民权利的最后防线，它检验和约束行政权，行政权应受

〔1〕 郝银钟：《检察权质疑》，载《中国人民大学学报》1999 年第 3 期。
〔2〕 孙谦：《检察：理念、制度与改革》，法律出版社 2004 年版，第 112—113 页。

司法权的监督，如果说检察机关作为行政机关对审判实施监督，在法理上是难以成立的；检察机关在体制上脱离行政系统，成为独立的另一类国家权力；国家法律对检察人员及检察权的保障与审判人员及审判权的保障没有质的区别，这种一致性或一体化的特征，正是检察权与审判权同样被定位于司法权的重要依据。[1] 也有学者认为，法律监督是检察机关的本质属性，司法性、行政性是检察机关兼有的属性。[2]

（三）检察机关与其他国家机关的关系

在论证检察机关法律定位的过程中，许多学者注意到检察机关与其他国家机关的关系，并对之进行研究，提出了一系列有益于正确理解检察机关法律定位的见解。

1. 关于检察机关与国家权力机关的关系

许多学者指出：检察机关是由国家权力机关即人民代表大会产生并向人民代表大会负责的国家机关。国家最高权力机关依照法定程序规定检察机关的职权、任免检察机关的人员，监督检察机关行使职权的活动；人民检察院根据国家最高权力机关的授权行使检察权，并接受人民代表大会的监督。但是如何看待人大监督与检察机关法律监督的关系，一些学者提出了不同的看法。

有的学者认为，国家权力机关的监督和检察机关的监督都是法律监督，同属国家监督，都是能直接产生法律效力的监督，但是，二者又具有明显的区别。这种区别主要表现为：监督的目的及其地位不同；监督对象不同；监督内容不同；监督措施不同。国家权力机关依法行使国家最高权力，对国家行政

---

〔1〕 龙宗智：《检察制度教程》，法律出版社2002年版，第100—103页。
〔2〕 孙谦、樊崇义、杨金华主编：《检察改革、检察理论与实践对话录》，法律出版社2002年版，第128页。

机关、审判机关、检察机关及其工作人员执行法律、遵守法律的情况实行的全面、高层次的监督，其特征是国家最高权力从体制上对其他国家权力的一种权力制约，这种监督一般不介入其他国家机关执行法律的具体过程和具体案件。检察机关的法律监督以国家司法权之一的检察权为依据，其明显特征是直接参与并在司法诉讼活动中实行法律监督，是以打击犯罪、维护法律尊严为目的的。[1] 也有学者认为，不能把人大的监督与检察机关的监督都称为法律监督，因为如果认为检察机关的监督是法律监督，人大的监督也是法律监督，那就无意间把检察机关与人大相并列。这在逻辑上是讲不通的。因为在我们国家的权力架构中，人大是国家权力机关，检察机关只是由人大产生并向人大负责的一个国家机关，不可能具有与人大并行的权力。人大对法律实施情况的监督与检察机关对法律实施情况的监督，并不是同一个层次上的监督。把人大的监督等同于检察机关的监督，就降低了人大监督的权威地位；而把检察机关的监督等同于人大的监督，则会有抬高检察机关的监督之嫌。因此，在理论上，不应该把人大的监督与检察机关的监督这样两个不同层次、不同类型的监督混为一谈。按照宪法和法律的规定，人大监督是权力监督，检察机关的监督是法律监督，二者之间在权力位阶、权力来源、监督方式等方面都具有不同的特点。[2]

2. 关于检察机关与行政机关的关系

按照宪法和法律的规定，行政机关和检察机关都是由人大产生并向人大负责的国家机关，二者属于同一位阶的国家机

---

[1] 田虎：《法律监督中的国家权力机关与检察机关》，载《人大研究》（月刊）1993年第2期。

[2] 张智辉：《法律监督三辨析》，载《中国法学》2003年第5期。

关，彼此独立，互不隶属。但是检察机关的法律监督包括对国家行政机关工作人员利用职权实施的犯罪行为的监督。而检察机关的经费保障则依赖于行政机关的供给。

在司法体制改革的理论研讨中研究较多的是检察机关与作为行政机关之一的公安机关的关系，即警检关系。由于宪法明确规定了"人民法院、人民检察院和公安机关在办理刑事案件中，应当分工负责、互相配合、互相制约"的原则，所以一般认为，人民检察院和公安机关在刑事诉讼中的关系可以概括为三个方面，即分工负责、各司其职；互相配合、目标一致；监督制约，防止出错。其中，检察机关对公安机关的侦查活动具有法律监督的职责；公安机关对检察机关的法律监督和诉讼活动具有制约作用。这种警检分立模式使检察机关与公安机关保持一定的距离，有利于发挥公安机关侦查的优势和积极性，也有利于检察机关对公安机关的侦查活动实行监督。[1]

但是亦有学者认为"分工负责""互相制约"的原则，存在着一些带有根本性的缺陷和种种弊端，不宜再用来调整公安机关和检察机关之间的相互关系，更不能作为构建我国刑事司法体制的指导性原则，应予废止。检察官的特殊法律地位体现在刑事司法体制中，就必然要求侦查机关摒弃侦查本位主义，全力服务公诉职能，使侦、检双方日益朝着一体化方向发展。由于检察官主导整个侦查、公诉程序，这就使得侦查权已经成为一种服务于公诉权的附属性司法权力，不再是一种分散独立的司法力量。这种侦、检一体化模式集中体现了诉讼规律的基本要求，顺应了当今世界刑事诉讼法学发展的历史潮流，所以

---

〔1〕 孙谦主编：《中国检察制度论纲》，人民出版社 2004 年版，第 90—92 页。

应该成为我国刑事司法体制改革的首选目标。[1]

对此，有的学者提出了不同的观点，认为检警一体化将损害刑事司法的合理性与效率。从现代检察制度设立的意义看，需要保持检警的适当分离以形成必要"张力"，从而维持对侦查进行"过滤"以及对侦查活动实施法律控制的机制。如果警检一体，检察官承担警察职能，成为所谓"高级的司法警察"，检察官将因深陷于侦查事务而带上浓厚的行政机关的色彩，丧失其司法机关的非偏倚品格和独立性，其"过滤"与制约的功能实际上也就丧失了。按照这些学者的主张，调整检警关系的关键是加强检察机关对刑事侦查活动的调控和监督，重点解决三个突出问题：一是调整检警关系模式，实行公安机关的侦查活动由其上级领导，同时服从检察机关监督的模式，强调将监督落在实处；二是扩大监督范围和完善监督措施，对公安机关的强制性侦查措施除强制性轻微的外，原则上全部交检察机关审批，并要求公安机关将全部发、破案以及立、撤案情况报检察院，以便检察机关能够有效实施立案监督；三是协调侦查分工，赋予检察机关以机动侦查权，同时规定对涉及两个侦查机关管辖的案件，可以由负责主罪的侦查机关并案侦查，也可以在作出一定限制的情况下，允许检察机关根据案件侦查需要确定侦查管辖。[2] 亦有学者认为，中国的检警关系应该是一种符合和谐社会需要与刑事司法规律而且能够自身保持和谐的检警关系，即检察指导警方侦查的模式。如果检察官可以在犯罪侦查的过程中而不是在犯罪侦查工作结束之后，就具体案件中证

〔1〕 陈兴良：《诉讼结构的重塑与司法体制的改革》，载《人民检察》1999 年第 1 期；陈卫东、郝银钟：《侦、检一体化模式研究》，载《法学研究》1999 年第 1 期；陈卫东、郝银钟：《实然与应然——关于侦检权是否属于司法权的随想》，载《法学》1999 年第 6 期。
〔2〕 龙宗智：《评"检警一体化"兼论我国的检警关系》，载《法学研究》2000 年第 2 期。

据的采纳标准和采信标准向侦查人员提供指导性意见，特别是就证据的合法性和证明的充分性提供指导性意见，则可以提高案件工作的质量，防止侦查工作步入违法的误区或者把案件做成"夹生饭"，从而更加准确高效地完成追诉犯罪的任务。[1]

3. 关于检察机关与审判机关的关系

一般认为，人民法院和人民检察院都是由人民代表大会产生、向人民代表大会负责的国家司法机关，其法律地位是平等的。一方面，在刑事诉讼过程中，检察机关的公诉活动具有启动法院的审判活动的功能，并且为刑事审判设定了范围，但是检察机关的公诉活动必须受到法院审判活动检验，必须服从人民法院经过审判程序作出的终局裁判。另一方面，在诉讼监督过程中，审判机关与检察机关又是一种监督与被监督的关系，检察机关对审判活动的法律监督，具有引起法院对自己的有关行为或裁判进行再审查的效力。

近年来在有关司法体制改革的研讨中，一些学者认为，检察机关对审判机关的法律监督破坏了法院的独立，影响了法院裁判的权威性，因而主张取消检察机关对审判活动的法律监督。其中，有的认为，检察机关实际拥有了高于审判机关的法律地位和权力效能，检察官成为"法官之上的法官"，直接导致审判不独立、裁判不终局，司法权威先天受到贬抑。[2] 有的认为，我国现行"两大司法机关"的格局，与现代法治理论和诉讼原理难以协调，有必要在司法权力配置上进行根本性的改革，下决心革除检法并列的体制，将检察机关合并到司法部，

---

〔1〕 何家弘：《构建和谐社会中的检警关系》，载《人民检察》2007 年第 23 期。

〔2〕 郝银钟：《评"检诉合一"诉讼机制》，载《法制日报》2006 年 8 月 3 日第 7 版。

由司法部长兼任总检察长，取消检察机关对审判活动的法律监督。[1] 有的学者认为，检察机关的审判监督有悖于基本的诉讼法理，陷入了一个案件只有一个唯一正确判决的错误理念，妨碍了审判独立。[2]

对此，许多学者提出了不同的看法，认为检察机关对法院审判活动的监督不但不应取消或限制，反而应当进一步加强。其理由主要是：第一，检察机关对审判活动的法律监督只是一种同级机关之间的程序性的监督，而不是像国家权力机关对行政、审判、检察机关的上位对下位的具有实体效力的监督，不存在谁高于谁的问题。在审判程序中法官始终处于主导地位，是否确认错误和如何纠错的实体性决定权仍在法院，检察官的活动始终受法官的控制和约束，根本不存在检察官权力、地位高于法官的情形；检察机关的法律监督并不会影响法院应有的权威。第二，从诉讼规律上看，案件事实是复杂的而且是过去发生的，认定案件事实要受诸多主客观因素的限制，这就决定了司法人员在办理案件的过程认识产生错误的可能性以及由这种认识导致的裁判错误的可能性。为了防止和纠正可能出现错误的判决和裁定，就有必要在刑事诉讼中建立审判监督制度以督促审判机关纠正错判。第三，认为法律监督会损害审判权威的观点，是以绝对权力观即"要监督就难以树立权威，要树立权威就不允许有监督"为基础的。其实，这种绝对权力只有在专制国家才有，在民主法治国家根本不可能有。第四，审判权威来自审判公正，不公正的审判决无权威可言。检察机关通过法律监督，督察法院纠正已然的审判程序不公和审判结果不

---

〔1〕 参见崔敏：《论司法权力的合理配置——兼谈检察制度改革的构想》，载信春鹰、李林主编：《依法治国与司法改革》，中国法制出版社1999年版，第368—382页。

〔2〕 黄松有：《检察监督与审判独立》，载《法学研究》2000年第4期。

公，正是为了维护审判权威。检察机关的法律监督更重要的是有利于防止未然的审判程序不公和审判结果不公的出现。第五，从理论到实践，我们还无法证明中国的审判机关可以排斥外部监督的可能性，无法证明法院的权力是不会被滥用的。从我国的司法实践看，法院审判活动中的违法现象还比较严重，司法腐败和司法不公的问题，仍然是人民群众反映强烈的问题之一。对于违法的审判和不公正的判决，检察机关通过提纠正意见或抗诉促使法院依法予以纠正，既有利于维护司法公正和法律权威，也有利于维护法院应有的权威。当然，检察机关对审判机关的监督和制约毕竟与其对公安机关的监督和制约有所不同，应当尊重审判规律和裁判权威，在维护法制统一和司法公正的前提下，保持必要的克制和谦抑。[1]

三、检察权的属性

与检察机关的法律定位密切相关的是检察权的属性问题。如果认可检察机关是国家的法律监督机关和司法机关，那么在逻辑上就必然会承认检察权是一种法律监督权和司法权。反过来，否认检察权具有法律监督权和司法权的属性，也就不会承认检察机关是法律监督机关和司法机关。因此在有关检察机关法律定位的研究中往往都涉及检察权的性质问题，或者在检察权性质的研究中都必然提及检察机关的法律定位问题。

我国在二十世纪八十年代和九十年代的检察理论研究中，通常都把检察权直接称为法律监督权，似乎这是检察机关宪法定位中理所应当的结论。如一些著作中直接使用"检察机关的

〔1〕 孙谦主编：《中国检察制度论纲》，人民出版社 2004 年版，第 94 页；朱孝清：《中国检察制度的几个问题》，载《中国法学》2007 年第 2 期；万春、高景峰：《论法律监督与控、辩、审关系》，载《法学家》2007 年第 5 期。

法律监督权"，[1] 有的学者则指出，法律赋予检察机关的职权是检察权的具体体现，行使这些职权，"都是为了实现法律监督权"[2]。

二十世纪九十年代末以来，有些学者对检察权性质的传统观点提出了质疑，从而引发了有关检察权性质的理论探讨。[3] 这种理论探讨形成了五种关于检察权性质的不同观点：

（一）行政权说

一些学者认为，检察权具有行政权的属性和特点，应归入行政权。理由主要有：（1）体制的行政性。我国检察机关建立了"阶层"分明、结构严密的组织体系，实行上级领导下级的领导体制，是典型的行政模式。（2）权力行使方式的行政性。检察机关采取的是"检察一体制"，上下形成一个整体，统一行使检察权。上级对下级有指挥监督权，职务收取和移转权，变更决定权，人员替换权。具有明显的上命下从的行政属性。（3）检察权的行使，最终要接受审判权的裁判，不具司法权的终局性。（4）检察权中的侦查权、公诉权行使具有主动性，不具有司法权的被动性。（5）检察官提起、支持诉讼，站在追诉犯罪的立场上，不具有司法权的中立性。[4]

但是也有学者认为，在我国，把检察权定位为行政权既无

---

〔1〕 陈卫东、张弢：《检察监督职能论》，群众出版社 1988 年版，第 32 页；王桂五主编：《中华人民共和国检察制度研究》，法律出版社 1991 年版，第 252 页。

〔2〕 王洪俊：《检察学》，重庆出版社 1987 年版，第 63 页。

〔3〕 有的学者把中外有关检察权性质的研究归纳为四种学说，即行政权说、司法权说、双重属性说和法律监督权说。参见龙宗智：《检察制度教程》，法律出版社 2002 年版，第 91—98 页。

〔4〕 夏邦：《中国检察院体制应予取消》，载《法学》1997 年第 7 期；郝银钟：《检察权质疑》，载《中国人民大学学报》1999 年第 3 期；陈卫东：《我国检察权的反思与重构——以公诉权为核心的分析》，载《法学研究》2002 年第 2 期；徐显明：《司法改革二十题》，载《法学》1999 年第9期。

宪政基础，也无法理依据。因为行政权说的立论基础是西方国家传统的三权分立制，而人民代表大会制下的"一府两院"与"三权分立制"在权力的构成、配置、内容上迥然有别；检察机关在组织和活动方面的某些行政化色彩以及内部管理上的某些行政化措施，是司法改革所要解决的问题，不能代表检察权的本质属性；认为检察权不具有司法权的基本特征的根据是立论者预设的狭义司法权的特征，而不能代表广义司法权的特征；检察权的性质问题归根结底是宪政问题，而绝非一个简单的诉讼程序问题，更不可能仅仅是刑事诉讼问题。即使在实行三权分立制的西方各国，行政权说亦非通说，相反，司法权说倒在某些国家成为通说，是值得发人深省的。[1] 也有学者指出：以"三权"作为一种不言而喻的前提预设，在这个意义上争论检察权到底是一种什么样的权力，完全脱离了我国人民代表大会制度的政制架构。[2]

（二）司法权说

有的学者认为，检察权在本质上属司法权。其理由主要有：（1）司法的定义是指司法机关依司法程序就具体事实适用法律的活动。检察机关参加司法活动，在办理有关案件中采取措施、作出决定，是对个案具体事实适用法律的活动，符合司法权特征。（2）诉讼是行使司法权的基本方式。检察机关是诉讼活动的主要参加者，检察权较多采取诉讼的形式进行。（3）检察官与法官具有同样目的（在查明案件事实和法律适用判断方面），即实现法律和维护公共利益。（4）检察机

---

〔1〕 石少侠：《论我国检察权的性质——定位于法律监督权的检察权》，载《法制与社会发展》2005 年第 3 期。

〔2〕 孙谦、樊崇义、杨金华主编：《检察改革、检察理论与实践专家对话录》，法律出版社 2002 年版，第 11 页。

关依法独立行使检察权，并且在国家体制上是独立的，其独立地位与法院相同。检察官享有较大的自由裁量权，具有接近甚至等同法官的独立性。（5）检察权的效力接近或等同与司法权效力。检察官决定是否提起公诉，尤其是作出的不起诉决定，与法官的免刑和无罪判决具有相似的效力，如具有裁断性、终局性、法律适用性等司法特征。（6）检察权具有中立性。公益原则是检察活动的基本原则，检察官在诉讼中不是一方当事人，而是代表公益的国家机关，其职责既包含指控犯罪，又要维护被告人权，地位具有中立性。（7）在许多国家，检察官的身份保障与法官等同或接近，被当作司法官看待。（8）检察权定位为司法权，对于摆脱行政权的不当干预，十分必要。[1]

（三）双重属性说

有的学者认为，从法律上讲，当代检察权具有行政权的本质特征，却又具有明显的司法属性，检察权是行政权与司法权的集中体现。在资本主义制度的发展过程中，作为行政制衡司法的主要力量之一的检察权，具有行政权的本质属性，但是资本主义进入垄断时代以后，检察权逐渐拥有了司法权的特征，表现为行政权与司法权并具：公诉权与审判权密不可分的关系使检察权带有强烈的司法色彩；司法权的本质内涵即依法对某一行为或争议的合法性进行评断的权力在检察机关或检察官依法享有的自由裁量权中得以表现；检察机关或检察官在许多国家都拥有刑事司法监督权和民事、行政司法监督权，也使检察权带有大司法权的色彩。从检察官的法律地位来看，其所行使的权力具有司法权的特点也是必然的。[2] 检察机关是国家专门

---

〔1〕 徐益初：《论检察权的性质及其运用》，载《人民检察》1999 年第 4 期；倪培兴：《论司法权的概念与检察机关的定位》，载《人民检察》2000 年第 3 期。

〔2〕 洪浩：《检察权论》，武汉大学出版社 2001 年版，第 93—102 页。

的法律监督机关，在其法律监督职权的具体行使过程中，具有行政与司法的双重属性。[1] 有的学者认为，在我国的国家权力结构中，检察权是一种兼具行政性与司法性的特殊权力。在上述两种属性当中，检察权所表现出的行政特性更为突出。[2]

（四）法律监督说

多数学者认为，单纯地将检察权的属性定位于行政权或司法权都存在一些理论与实践上的悖论，检察权既不是完全意义上的行政权，也不是通常意义上的司法权，而是一种具有法律监督性质的权力，法律监督是检察权在国家权力体系中的基本定位，反映了检察权的宗旨、功能及其与其他国家权力之间的关系。首先，从检察权在国家权力结构中的定位来看，检察权是独立于立法权、行政权、审判权的第四种权力。其次，从检察权的内容来看，检察权本身具有监督法律实施的特点。我国法律赋予检察机关的权力，与其他国家机关所享有的权力相比，最根本的区别就在于它本身具有法律监督的功能。这种特有的功能表明法律监督是检察权的本质属性。最后，从检察权的宗旨来看，检察权行使的目的是维护宪法和法律的统一正确实施。按照法律关于检察权具体权能的规定，检察机关对国家机关工作人员的职务犯罪进行立案侦查和对审判机关审判活动过程和裁判结果进行监督，是实现其监督和制约行政权和审判权的重要途径。[3] 有的学者认为，无论是西方国家的检察权还是中国的检察权，都承载了维护人民主权和防范、监督权力滥

〔1〕 周永年：《关于当前检察改革的若干理性思考》，载《政治与法律》2003 年第 5 期。
〔2〕 彭勃：《检察权的性质与“检警一体化”理论试析》，载《当代法学》2002 年第 8 期。
〔3〕 张智辉：《论检察权的性质》，载《检察日报》2000 年 3 月 9 日；谢鹏程：《论检察权的性质》，载《法学》2002 年第 2 期；石少侠：《论我国检察权的性质——定位于法律监督权的检察权》，载《法制与社会发展》2005 年第 3 期；王戬：《法律监督权：我国检察权的本质属性》，载张智辉主编：《中国检察》（第 14 卷），北京大学出版社 2007 年版，第 2—3 页。

用的双重使命，在国家权力构架中，检察权代表了一种监督制约的力量，直接体现了"主权在民、分权制衡"的宪政精神。这种宪政精神才是现代国家检察权设置与运作的灵活，是检察权具有实质合理性的根本标志。[1] 有的学者指出，检察权虽然在某些内容上和运作方式的某些方面兼有行政性质和司法性质，而且司法性质相当显著，但是，无论是行政性还是司法性，它们都是检察权的局部的、从属性的、次要方面的和非本质的特征，而法律监督反映了检察权的根本属性和基本功能，尤其是在中国，宪法和法律明确规定了检察机关在国家权力架构中的独立地位，检察权在本质上更应当定位为法律监督权。[2]

（五）多元化权力说

有的学者认为，从国家制度结构即宪政结构上分析，中国的检察机关被宪法定位为法律监督机关，检察权因此而具有法律监督权的属性；检察机关的法律监督主要是一种司法监督，检察机关承担着重要的司法职能，同时需要遵循司法机关建设的一些基本要求，对检察官也应采用司法官的制度性保障，因此检察权同时具有司法权的基本特点，应当将其作为司法权来定位；从权力行使的方式和特征上看，检察机关的组织与活动包括检察权行使方式中不可避免地采用行政化的组织方式以及具有一定行政性的活动方式，因此中国检察权仍具有司法与行政的双重属性。这种多元性的性质确定，有助于我们全面认识检察权的特性以及检察建设的规律，为我国检察制度建设提供

---

〔1〕 梁玉霞：《强化法律监督的制度设计》，载张智辉主编：《中国检察》，2004 年版，第 271—277 页。

〔2〕 刘立宪、张智辉等：《检察机关职权研究》，载孙谦、刘立宪主编：《检察论丛》，法律出版社 2001 年版，第 83—106 页。

深厚而合理的理论基础。[1]

也有学者认为，把握检察权的性质，关键在于摈弃定性的本位主义倾向，正视将检察权定性为某种单一性质权力所带来的片面性和局限性，承认检察权具有行政权、司法权、法律监督权等多元化的属性。可将检察权定性为以公诉权和法律监督权为其权力内核，以自侦权、逮捕权、司法解释权等权能为其权力外延的自体性权力。[2]

四、法律监督的科学内涵

新中国的检察制度从诞生之日起就与法律监督结下了不解之缘。从 1949 年中央人民政府组织条例到 1954 年宪法，都规定了检察机关的监督职能。1978 年人民检察院恢复重建以后，1979 年人民检察院组织法和 1982 年宪法都明确规定中华人民共和国人民检察院是国家的法律监督机关。因此，如何理解"法律监督"的科学内涵，是正确认识和深刻理解检察机关法律地位的关键，也是在中国特色社会主义检察制度的理论研究中许多争论的缘由。一些学者认为检察机关不应该是法律监督机关，甚至主张取消检察机关的一个重要理由，就是认为检察机关具有法律监督权就意味着检察机关可以凌驾于法院之上，检察官就成了法官之上的法官。如认为检察机关既作为公诉机关对被告人提起公诉，又要对法院的审判活动进行监督，"检察机关的法律地位明显高于审判机关"，"检察权大于审判权"[3]；"在权力位阶上，监督者的法律地位必须高于被监督

---

〔1〕 龙宗智：《检察制度教程》，法律出版社 2002 年版，第 98—104 页。

〔2〕 吴峤滨：《论检察权的性质及其优化设置》，载《福州大学学报（哲学社会科学版）》2002 年第 4 期。

〔3〕 崔敏：《论司法权力的合理配置——兼谈检察制度改革的构想》，载信春鹰、李林主编：《依法治国与司法改革》，中国法制出版社 1999 年版，第 379 页。

者，此乃一项基本的法律原则；在权力效能方面，监督者的权威高于被监督者，也是毋庸置疑的"[1]。一些学者认为，检察机关的法律监督缺乏"刚性"，甚至认为是"橡皮图章"，也是出自对法律监督的片面理解，以为检察机关既然是国家的法律监督机关，就应当有"说了算"的权威。这些观点，在很大程度上都可以说是出自对"法律监督"的误读。正是在回答这些问题的过程中，检察基础理论研究不断得以提升，深化了对法律监督科学内涵的认识。

二十世纪八十年代以来，法学界对法律监督通常是从广义和狭义两个方面来定义的。一些学者认为，广义的法律监督泛指一切国家机关、社会团体和组织、公民对各种法律活动的合法性所进行的检查、监察、督促和指导以及由此而形成的法律制度。狭义的法律监督专指有关国家机关依照法定权限和法定程序，对法的创制和实施的合法性所进行的检查、监察、督促和指导以及由此而形成的法律制度。[2] 多数学者对法律监督的解释侧重于监督的对象范围,[3] 以致难以把法律监督与其他监督区别开来。

针对传统法学理论中把法律监督分为"广义"与"狭义"的二元论和法律监督主体多元化的观点，一些学者提出了法律监督一元化的主张，认为法律监督就是由法定的机关对遵守和执行法律的情况实行的国家监督，强调在我国的权力结构中只能有一个专门行使国家法律监督权的系统即检察系统，并且检察机关的各项职能都应当统一于法律监督。按照这些学者的观

---

〔1〕 郝银钟：《评"检诉合一"诉讼机制》，载《法制日报》2006年8月3日第7版。
〔2〕 孙国华主编：《法理学教程》，中国人民大学出版社1994年版，第523页；乔克裕主编：《法学基本理论教程》，法律出版社1997年版，第316页。
〔3〕 赵登举等主编：《检察学》，湖南人民出版社1988年版，第94—96页。

点，法律监督具有国家性（即以国家权力为特征，区别于民主监督、社会监督）、专门性（专门机关行使，区别于非法律性质的监督）、广泛性（监督的对象包括有关国家机关、国家工作人员和全体公民，涉及的法律包括宪法和各部门法，区别于行政监督）、强制性、监督权与处分权分离五个特征。但是这种观点认为法律监督的主体包括国家权力机关和检察机关，国家权力机关的监督与检察机关的监督都是法律监督（尽管承认二者有区别），并且国家权力机关的法律监督与检察机关的法律监督具有纵向的隶属关系，[1] 以致难以使法律监督一元论的观点坚持到底。与这种观点相联系，有的学者认为，全国人大常委会在法律监督中处于主导地位，检察机关不可能监督人民代表大会和行政机关的违法行为，而只能对司法机关的违法行为进行监督，所以检察机关应当摘掉"法律监督机关"这顶沉重的帽子，定性于"国家的公诉机关和司法监督机关"。[2]

有的学者考察了"监督"一词在不同语境下的含义，指出"监督"主要有四种不同的用法，即（1）上级对下级的监督；（2）平等主体之间的监督；（3）下级对上级的监督；（4）外界的监督。按照法律的规定，检察机关对行政机关和审判机关的法律监督，是作为平等主体所进行的一种外部监督，而不是上级对下级的监督，不具有命令性的特点，法律监督的强制性只是强制有关机关启动纠错程序，而不是强迫有关机关按照检察机关的意见作出实体性的决定。所以，检察机关的审判监督丝毫不存在凌驾于法院之上的问题。检察机关依法享有审判监督权并不意味着人民检察院的权力大于人民法院的权力，也不

---

〔1〕 王桂五主编：《中华人民共和国检察制度研究》，中国检察出版社 2008 年版，第 165—168、234—271 页。
〔2〕 蔡定剑：《司法改革中检察职能的转变》，载《政治与法律》1999 年第 1 期。

意味着人民检察院的法律监督对人民法院具有"命令性"，即不影响人民法院依法独立行使审判权。那种认为检察机关有法律监督权就意味着可以凌驾于法院之上的观点，是对法律监督的误解。在中国，"法律监督"是特指检察机关根据法律的授权，运用法律规定的手段对法律实施情况进行监察、督促并能产生法定效力的专门工作。法律监督与"监督法律的实施"，虽有一定的包容关系，但却是两个不同的概念。法律监督的主体是唯一的，只有宪法明文规定的机关才是法律监督机关，法律监督机关只能在法律规定的范围内运用法律规定的手段进行监督，而监督法律实施的主体是广泛的，监督的范围是全方位的、手段是多样的。对于法律监督机关来说，监督法律的实施是其必须履行的法定职责，对于监督范围内的违法行为不进行监督就是失职；但是对于有权监督法律实施的其他多数监督主体来说，监督法律的实施只是其依法享有的民主权利，是否行使这种权利，取决于监督主体的个人意愿。因此，混淆"法律监督"与"监督法律的实施"的区别，把监督法律实施的所有活动都视为法律监督，必然导致理论上的混乱。[1]

有的学者认为，法律监督是国家权力机关赋予检察机关的一种专门权力，它与其他各种类型的监督相比，具有专门性、权威性、准确性和有效性。[2] 有的学者把法律监督的基本属性概括为四个方面：一是"法律性"：法律监督的对象是违法行为即行为人所实施的能够发生法律上的效力并产生一定法律效果的行为；法律监督的主体和职权具有法定性，针对不同的监督对象所行使的监督权都是由法律规定的；作为监督行为的判

〔1〕 张智辉：《法律监督三辨析》，载《中国法学》2003年第5期。
〔2〕 王然冀主编：《当代中国检察学》，法律出版社1989年版，第111—119页。

断标准是法律。二是"程序性"：法律监督是程序意义上的而非终局意义上的，监督所指向的违法行为是否存在，需要由相关职能部门的裁决、判决来做出终结；法律监督本身要遵循程序。三是"事后性"：只有在法律规定的属于法律监督的情形出现以后，才能启动法律监督程序。四是最低保障性：法律监督中的公诉、职务犯罪侦查以及诉讼监督都是法律统一实施的最低标准的保障，即只对达到一定程度的违法行为启动法律监督权。[1] 一些学者还专门研究了法律监督的原理，提出了有关法律监督的系统的学说。[2]

五、检察机关的职权

检察机关的职权是检察制度的核心内容之一，因此有关检察机关职权配置的研究在检察理论研究中占有十分重要的地位。

在二十世纪八十年代中期，一些学者根据宪法和法律的规定把检察机关的职权归纳为五项职权，即法纪监督、经济监督、侦查监督、审判监督、监所监督，[3] 或者对刑事法律实施的监督，职务犯罪监督，对民事法律实施的监督，对行政法律实施的监督，对监管改造法规实施的监督。[4] 这些观点都突出了检察机关法律监督的属性，是从法律监督的角度对法律赋予检察机关的各项职权进行的分类。有的学者对世界范围内检察机关的职权进行研究，从检察官职权的角度，指出检察官一般享有侦查权、公诉权和监督权，并从这三个方面对中国检察机

---

〔1〕 孙谦：《中国的检察改革》，载《法学研究》2003 年第 6 期。
〔2〕 向泽选：《法律监督原理》，群众出版社 2005 年版；甄贞等：《法律监督原论》，法律出版社 2007 年版。
〔3〕 王洪俊：《检察学》，重庆出版社 1987 年版，第 63 页。
〔4〕 参见王桂五主编：《中华人民共和国检察制度研究第二编：职能论》，法律出版社 1991 年版。

关的职权进行了论证。[1]

九十年代以来，一些学者对法律赋予检察机关的某些职权提出了异议，一些学者则进一步论证了检察机关享有这些职权的必要性，并就法律赋予检察机关的各项职权与法律监督的关系进行了分析。这方面的争论主要集中在以下三个问题上：

（一）关于批捕权

有的学者认为，在刑事诉讼中承担控诉职能的检察机关如果再享有批捕权，不但直接打破了作为现代刑事诉讼核心机制的控辩平等原则，致使诉讼机制失去了最低限度的公正性，而且使得检察权的运行表现出极强的主观随意性，整个刑事诉讼结构在实践中时常呈现无序状态，极有可能在司法实践中使被告人、犯罪嫌疑人的诉讼地位呈客观化趋势，其权利保障机制受到弱化和侵害，封建社会遗留下来的黑暗的司法痼疾，如刑讯逼供等社会公害就会沉渣泛起，刑事诉讼法保障人权的目的也就成了空洞的承诺。批捕权由法院行使是一种世界潮流，中国也应当由法院来行使批捕权。[2]

对于这种观点，有的学者指出：它忽视了中国法院组织机构和职能的实际情况，对于保护被告人的人权，是有百害而无一利的。由法院行使批捕权，一是与庭审改革的宗旨相悖。我国庭审改革的宗旨是维护司法公正、保护被告人的人权，而庭审改革的具体措施正是减少法院在庭审前对案件进行实质审查的职权。但是如果由法院来行使批捕权，法院必然要在法庭审理之前对案件进行实质审查，以确认"有证据证明有犯罪事实"并且对犯罪嫌疑人"可能判处徒刑以上刑罚"，进而作出

〔1〕 张穹：《当代检察官的职权》，载《检察日报》1999年6月2日第2版。
〔2〕 郝银钟：《批捕权的法理与法理化的批捕权》，载《法学》2000年第1期。

逮捕的决定。法院的这种庭前对案件的实质审查，正是庭审改革所要改掉的。二是与审判权的中立性相悖。如果由法院来行使批捕权，就使法院在审判之前陷于与审判结果的利害关系之中，法院一旦经过审判宣告被告人无罪，就很可能意味着批捕权的不当行使，从而可能引起赔偿责任。在犯罪嫌疑人或被告人已被法院批准逮捕的案件中，法院为了避免承担赔偿责任，必然要尽可能地不宣告被告人无罪。这对保护犯罪嫌疑人或被告人的人权显然是极为不利的。三是与权力制衡的原理相悖。由于法院的裁判权具有终极性，如果由法院行使批捕权，这种批捕权的行使就难以进行有效的监督，被告人认为批捕权行使不当时就无处申诉。这些学者指出，认为西方国家批捕权是由法院行使的，所以我国也应当把批捕权交给法院的观点，是建立在对西方刑事诉讼制度望文生义的理解基础上的。一些西方国家的批捕权由法院行使，实际上是由"治安法官"或者"预审法官"行使的。而这种治安法官或预审法官并不负责对需要逮捕犯罪嫌疑人的犯罪的审判，也没有共同的上级，从而遵循了批捕权与审判权相分离的原则。但是在我国，刑事审判并没有实行预审法官与审判法官分离的制度，即使成立一个专门机构，也是在同一个审判委员会的领导下行使权力，无法摆脱法院行使批捕权的实质。把批捕权交由法院行使，实际上必然导致批捕权与审判权合二为一的结果。这与西方国家批捕权与审判权分设的法理恰恰是相反的。我国实行的由检察院来行使批捕权的制度，正是为了贯彻批捕权与审判权分离的原理，防止批捕权的滥用。[1]

有的学者指出，批捕权归属的关键不在于批捕权的行使者

[1] 张智辉：《也谈批捕权的法理》，载《法学》2001年第5期。

是个什么机关，而在于这个机关能否符合批捕权的法理要求，即行使批捕权的主体应当独立和中立；通过批捕权的行使，能够实现对侦查权的控制；行使批捕权的主体与行使审判权的主体应当互相独立，以使审判权对批捕权进行有效制约。世界上多数国家的批捕权之所以不由检察机关行使而由法院行使，是因为检察院不完全符合行使批捕权的要求，而法院却全部符合。但是，我国检察机关由于其在国家权力架构中的地位及性质不同于世界上多数国家，因而能够符合或基本符合批捕权的法理要求。首先，我国检察机关是独立于行政机关和审判机关并与之相并列的法律监督机关，有权依法独立行使权力而不受行政机关、团体和个人的干涉，因而符合逮捕权主体必须独立的要求。其次，我国司法制度是警检分立和检审分立，由检察机关行使批捕权，既能实现对侦查权的有效控制，又能实现审判权对批捕权的有效控制，并由此在批捕中形成检察机关、警察机关、犯罪嫌疑人的三角关系和在刑事诉讼中形成侦查权、检察权、审判权互相制约的格局。最后，检察机关基本符合批捕权主体应当中立的要求。[1]

（二）关于职务犯罪侦查权

有的学者认为，检察机关的侦查权应当交给公安机关行使。这样可以使侦查工作做到统一管理、统一指挥，向专业化方向发展，并且检察机关是国家的法律监督机关，与其为自侦案件耗资耗力，不如集中力量搞好法律监督工作。[2] 有的学者甚至认为，检察机关应当彻底放弃直接的侦查权。因为检察机关过多地去直接立案侦查，会影响它基本职能的行使；检察机

---

〔1〕 朱孝清：《中国检察制度的几个问题》，载《中国法学》2007年第2期。
〔2〕 王洪宇：《试论我国检察制度的改革》，载《政法论坛》1995年第2期。

关自行立案侦查的案件缺少监督制约，不符合我国刑事诉讼中的分工负责、互相制约原则；将公职人员犯罪与普通公民犯罪区别开来没有必要，也不符合公平对待原则；公安机关有比检察机关更先进的装备和侦查技术，能更好地同各种犯罪行为包括国家机关公职人员犯罪行为作斗争。[1]

多数学者认为，检察机关应当具有职务犯罪的侦查权。有的学者指出，检察官的侦查权是与生俱来的，检察官的历史雏形起源于法国的"国王代理官"，其一个主要职能就是代表国家查纠官员；检察官拥有侦查权也是国际通例，联合国《关于检察官作用的准则》明确规定检察官应当对公务人员所犯罪行进行调查，许多国家的法律都规定检察官有权指挥侦查或自行侦查；尤其是在当前的反腐败斗争中，检察官的侦查权不仅不能削弱而且应当加强。[2] 有的学者认为，我国立法关于检察机关与公安机关侦查权的分配，并非是以侦查能力为依据，而是与各机关的性质直接相关。检察机关拥有公务犯罪侦查权，符合其法律监督机关的性质。公务人员的职务活动，从一定意义上讲都是管理国家的活动，是行使国家权力的活动。公务人员依法履行其职责、秉公执法，是维护国家和社会秩序的根本保证。人民检察院对公务犯罪实施侦查，本身就是对公务人员实施的一种刑事强制性质的监督，与其法律监督机关的性质是完全相符的，也体现了权力制衡的一般原理。[3] 有的学者进一步指出：检察机关行使职务犯罪侦查权，是发现职务犯罪的必要手段，是惩处职务犯罪人的有效保障，是保证国家工作人员正

---

〔1〕 蔡定剑：《司法改革中检察职能的转变》，载《政治与法律》1999 年第 1 期。

〔2〕 张穹：《当代检察官的职权》，载《检察日报》1999 年 6 月 2 日第 2 版。

〔3〕 刘立宪、张智辉等：《检察机关职权研究》，载孙谦、刘立宪主编《检察论丛》，法律出版社 2001 年版，第 112—115 页。

确行使职权的重要措施，它与公安机关的侦查权具有明显不同的性质：公安机关侦查权的设置在于维护国家和社会的秩序和稳定，保护公民的权利，因而具有社会管理和保护功能；检察机关侦查权的设置是为了防止国家权力的滥用，纠正国家权力的异化，体现着以法治权、以权治权的现代权力制约精神，具有法律监督的本质属性。因此不能把检察机关的职务犯罪侦查权与公安机关的一般侦查权混为一谈。[1] 也有学者指出：职务犯罪侦查权由检察机关行使是适宜的，在保留检察机关职务犯罪侦查权的同时加强外部监督制约，比其他方案更为可取。[2]

（三）关于检察机关的审判监督权

有的学者认为，检察机关具有公诉人和监督者的双重身份，这种双重身份，好比是运动员又兼任最终的裁判者，这就完全违背了诉讼原理。[3] 有的甚至认为，检察机关的法律监督权"具有命令性、强制性、扩张性和绝对性，被监督者必须无条件服从是其最重要的制度特性"，"检察官身兼运动员和裁判员两种相互矛盾的法律角色于一体，完全背离了正当程序中'任何人不能成为自己案件的法官'核心思想，不仅使检察权的法律分工紊乱不明，而且也使其成为难以控制的绝对权力"[4]。

对此，许多学者提出了尖锐的批评，认为这种观点有意或无意地混淆了视听，违背了客观存在的法律事实，即检察机关的法律监督特别是对审判活动的法律监督丝毫不具有最终的裁

〔1〕 邓思清：《检察权研究》，北京大学出版社 2007 年版，第 161—169 页。
〔2〕 邱学强：《论检察体制改革》，载《中国法学》2003 年第 5 期。
〔3〕 崔敏：《论司法权力的合理配置——兼谈检察制度改革的构想》，载信春鹰、李林主编：《依法治国与司法改革》，中国法制出版社 1999 年版，第 372 页。
〔4〕 郝银钟：《评"检诉"合一诉讼机制》，载《法制日报》2006 年 8 月 3 日。

判性质。检察机关"认为"法院的判决裁定确有错误因而提起抗诉，并不意味着法院就必须按照检察机关的要求改变自己的裁判，检察机关的法律监督所具有的强制性只是启动法院再审程序的效力，并不具有强迫法院改变自己裁判的"命令性"特征。对于检察机关提出的抗诉，法院是否改变自己的裁判，最终的裁判权无论是法律上还是事实上，都掌握在法院的手中。有的学者指出：按照宪法和法律的规定，人民检察院和人民法院都是由人民代表大会产生并向人民代表大会负责的国家机关，其法律地位是完全相等的，根本不存在谁命令谁的问题。对于检察机关提起公诉的案件，唯有人民法院的判决才是绝对的、终局性的，因此唯有法院才是诉讼的裁判员。没有任何法律规定人民法院的审判活动要听命于检察机关，也没有任何法律规定人民法院一定要按照人民检察院的监督意见来决定案件的处理结果。从司法实践的实际情况看，人民检察院提起抗诉的案件，人民法院并没有因为检察机关是国家的法律监督机关就完全按照检察院的意见而改判。[1] 有的学者指出：法律监督不会损害审判权威，也不会使检察官成为裁判员。检察院对法院的监督是平等主体间的监督，而非"上对下"的监督。那种认为检察院对法官实施法律监督使得检察官成为"法官之上的法官"的观点，是把监督的角度和功能单一化了的结果，因而是站不住脚的。检察机关对法院实施法律监督的作用直接体现在两个方面：（1）启动程序。如对案件提起公诉是启动一审程序；提起抗诉则是启动二审程序或审判监督程序。（2）提出意见。即当发现审判活动违法时提出纠正意见。而这两种作用，都只具有程序的意义，检察机关启动程序后法院怎么判决，提

---

〔1〕　武功：《常识错误还是混淆视听》，载《检察日报》2006 年 8 月 11 日第 3 版。

出纠正违法意见后法院是否接受、是否纠正及怎样纠正，都由法院自己依法独立自主地作出决定，检察机关无权要求法院必须怎么判和怎么纠正。因此，刑事诉讼中的裁判员始终都是法院，而不是检察院。[1]

此外，有的学者将近年来主张取消检察机关民事行政抗诉权的观点主要归纳为七个方面：一是认为国家公权力对私权不应干预，抗诉破坏了民事诉讼当事人平等原则，损害了诉讼结构的平衡；二是认为抗诉将中止生效裁判的效力，从而损害了裁判的既判力和稳定性；三是认为民事裁判认定事实和适用法律具有不确定性，民事抗诉违反这一诉讼原理，陷入了一个案件只有唯一正确答案的错误理念；四是认为审判独立本身隐含着司法公正，检察机关的抗诉会损害审判独立，影响法院作出公正裁判；五是认为抗诉降低了诉讼效率，提高了诉讼成本，浪费了司法资源；六是认为民事抗诉制度无视当事人对权利的自由处分权，违背了当事人处分原则；七是认为民事抗诉体现了对法院的不信任，不利于树立审判权威。在对这些观点进行一一分析的基础上，认为这些观点往往带有比较明显的片面性，难以作为取消检察机关民事行政诉讼法律监督的理论根据，并指出：片面强调抗诉制度的缺陷，夸大它的消极一面，不是马克思主义的科学态度，也不符合司法工作实际。裁判不公问题突出的现状，决定了对民事、行政诉讼加强外部监督的必要性和重要性。实践中，相当一部分错案是一些法官不遵守职业道德、故意违背事实和法律，甚至收受贿赂、徇私舞弊、枉法裁判造成的，许多错案经过两审乃至多次审理仍得不到改判，说明法院内部制约、上下级法院之间监督的作用都具有相

---

〔1〕 朱孝清：《中国检察制度的几个问题》，载《中国法学》2007年第2期。

当的局限性，外部监督必不可少。无论从实践还是理论的角度分析，都应该在坚持这一制度合理内容的基础上加以改革和完善。因此主张加强检察机关对民事行政诉讼的法律监督，改革和完善民事行政抗诉制度乃至整个再审制度，使其在具体设计上更加符合诉讼规律和法理，更加具有可操作性。[1]

在有关检察机关职权的研究中，一些学者还对检察机关是否应当享有违宪审查提请权、司法解释权、公益诉讼、民事裁判执行监督等职权的问题进行了探讨，提出了一些建设性的观点，并针对实践中遇到的问题就如何更好地发挥法律已经赋予检察机关的职权的作用，发表了各自的看法。

关于检察机关职权的争论，涉及一个深刻的理论问题，即检察机关应该享有哪些职权、不应该享有哪些职权的根据是什么。围绕这个问题，一些学者从检察机关的宪法定位和检察机关担负的历史任务出发，研究了中国检察权的构造。有的学者指出：检察权作为一种法律监督权，其本身应当包括四个基本的构成要素，即调查权包括一般调查权和采取法律强制手段的调查权、追诉权、建议权和法律话语权。其中，调查权是检察机关各项职权的基础，因而是检察权中最基本的构成要素。检察机关要履行法律监督的职能就必须具有发现违法行为的权力和能力，不能及时发现违法情况的存在，法律监督就不可能进行。而发现违法最基本的手段就是调查。追诉权在检察机关的各项职权中居于核心的地位。追诉违法是法律本身的内在需求，是保障法律被遵守的根本保证，从而也是法律监督的根本使命。因此，追诉权是检察机关的一项最重要的职权，是检察权最本质的一种功能性权力。建议权是中国检察权中独具特色

---

〔1〕 邱学强：《论检察体制改革》，载《中国法学》2003 年第 5 期。

的一个功能性权能。提出建议，督促纠正这种手段，是在不能或不必追究法律责任的情况下，进行法律监督的一个有效手段，是追诉权的必要补充，它既可以达到法律监督的目的，也可以降低追诉违法的成本。法律话语权是检察权的重要组成部分。作为法律监督机关，检察机关在制定、修改法律的过程中，在解释法律应用问题的过程中，应当具有发言权。特别是对于违反宪法和法律的规范性文件，检察机关更应当具有指出其违法性并要求有关国家机关修改或者废除其规定的权力。检察权中的调查权、追诉权、建议权和法律话语权都是法律监督的内在需求，都是履行法律监督职能本身所需要的。缺少这些职权，检察机关就无法担当起法律监督的重任；缺少其中的任何一项职权，检察机关履行法律监督职责的效果就会大打折扣。构成检察权基本要素的这四项权能，是中国特色社会主义检察制度的核心内容，也是检察权科学配置的根据。[1]

六、检察机关的组织结构

检察权作为一项国家权力，需要通过一定的载体来实现。检察机关的组织结构就是检察权有效运行的组织载体，因而是检察制度的主要表现形式。三十年来，在检察工作和检察改革的研讨中，一些学者对检察机关的组织结构给予了高度的重视和深入的研究，提出了许多具有建设性的改革思路。特别是近年来，围绕检察权的科学配置和高效有序运作，一些学者对检察机关的组织结构进行了深入的探讨。

（一）检察机关的领导体制

检察机关的领导体制是由国家的政治体制所决定的检察制度的重要组成部分，是检察权有效行使的组织保障。检察机关

---

〔1〕 张智辉：《检察权研究》，中国检察出版社 2007 年版，第 106—123 页。

的领导体制对于检察机关职能作用的发挥以及检察机关在国家
生活中的地位具有重要的影响，因而历来是检察基础理论研究
的重要内容。新中国成立以来，检察机关的领导体制先后实行
过垂直领导、双重领导、上级检察院监督下级检察院的领导体
制。现行的领导体制是 1982 年宪法确定的监督与领导相结合
的体制，即人民检察院由同级人民代表大会产生、对同级人民
代表大会负责、受同级人民代表大会监督与最高人民检察院领
导地方各级人民检察院和专门人民检察院的工作、上级人民检
察院领导下级人民检察院的工作相结合。

　　如何理解我国检察机关现行的领导体制，学者们提出了不
同的看法。有的认为，现行的领导体制是"双重领导"即上级
检察机关的领导和同级地方党委的领导；有的认为是单一领导
即最高人民检察院领导地方各级人民检察院和专门检察院的工
作，上级人民检察院领导下级人民检察院的工作，这是有法可
依的，至于地方党委、人大及其常委会与检察机关的领导关系
无据可查；有的认为是一重领导、一重监督，即同级人大及其
常委会的监督和上级检察院的领导；也有的认为是双重领导、
一重监督，即地方检察机关要接受上级检察院和同级地方党委
的领导，接受同级人大及其常委会的监督。[1] 有的学者对现行
领导体制进行了系统的研究，认为这种领导体制不仅具有宪法
和法律上的根据，而且具有理论上的根据，是由我国的政治制
度决定的。[2] 有的学者在比较研究各国检察机关领导体制的基
础上，认为我国应当适当扩大上级检察机关领导下级检察机关

---

〔1〕　童建明等：《上级检察机关领导下级检察机关的范围和程序》，载张智辉主编：《中
国检察》，北京大学出版社 2006 年版，第 59—61 页。
　　〔2〕　王桂五主编：《中华人民共和国检察制度研究》，法律出版社 1991 年版，第 689—
724 页。

的范围，并通过组织法等法律规范加以明确：一是明确上级检察院对下级检察院进行业务领导的范围；二是体现上级检察院对下级检察院领导与同级党委领导的合理分工；三是实现上级检察机关领导监督权与人大监督权的有效衔接，并提出了完善上级检察机关领导下级检察机关的程序。[1]

关于检察机关领导体制的改革完善，一些学者从实际运行情况的分析中提出了自己的看法，认为在现行的领导体制下，地方检察机关的人财物几乎完全掌握在地方党委和政府的手中，检察机关难免成为地方保护主义的工具。有的认为，宪法和法律关于检察机关上下级领导关系的规定以及中央的有关决定和要求，在实践中并没有完全落实，上级人民检察院对下级人民检察院的干部管理权缺乏有效保障、上级人民检察院对下级人民检察院实行业务领导缺乏制度保障、检察机关领导体制缺乏相应的经费保障，以致检察机关的人财物主要受制于地方，依附于地方，造成国家检察权的地方化，难以抵制地方保护主义的干扰；严重影响高素质专业化检察队伍的建设，使一些不具备法律专业知识和政法干部素质的人员进入检察机关甚至领导班子；经费保障机制的不健全，是制约检察工作发展的一个重要因素，甚至导致一些检察机关为钱办案、越权办案等违法行为的发生。因此，改革完善检察机关领导体制势在必行[2]。

至于如何改革，有的学者认为，检察机关应当实行垂直领导体制。为了保证检察机关依法独立行使检察权，必须建立一种全国统一的、自上而下的、具有抵抗和排除干扰机制的检察领导体制，这就是垂直领导体制〔1〕。这种体制可以避免双重领导体制的种种弊端，保证检察机关能够依法独立地、有效地行使检察权。〔2〕有的学者认为，应当在现行领导体制的基础上进行改革，即在保留最高人民检察院和省级人民检察院领导体制的基础上，省级以下人民检察院的人员、编制、经费和业务实行由省级人民检察院直接领导、统一管理，省级财政保障供给的体制。有的学者主张，在现行领导体制下，加大上级检察院党组对检察人员的协管力度，正副检察长的人选由上一级检察院党组提名，并征得同级党委同意，双方意见不一致时由上一级检察院党组报本级党委决定；加大检察业务领导力度，建立下级检察院向上级检察院报告工作和检察长述职制度，规范上级检察院对下级检察院实行业务领导的程序，健全重大事项和重大案件报告制度。

（二）检察机关的内部结构

关于检察机关的内设机构，在二十世纪九十年代初，就有学者提出遵循有利于全面履行检察职责、有利于实行严格分工和专业管理、有利于实现机构健全和人员精简等原则，改革业务机构的设置和分工的建议，并主张将四级检察院按等级分为最高、高级、中级、基层检察院，将各级检察院设置的业务机构统一称"厅"。〔3〕

在此后的理论研讨中，有些学者在对各国检察机关组织机构设置模式进行比较研究的基础上，深入分析了我国检察机关

---

〔1〕 近年来许多学者把这种领导体制称为"检察一体化"。

〔2〕 王桂五：《简析检察机关领导体制问题的争论》，载《法苑》1989年第1期。

〔3〕 王桂五主编：《中华人民共和国检察制度研究》，法律出版社1991年版，第616—621页。

内设机构存在问题，并认为组织机构问题已经成为检察工作和检察改革发展的瓶颈，是推进检察改革的关键。他们认为，检察机关的内设机构是检察职能的分解形态和检察官行使职权的行政组合，在连接检察机关的组织体系与检察官之间承载着重要的联系纽带，但是目前我国检察机关内设机构还存在着功能定位不清、整体结构不合理、内设机构设置与检察机关编制规模及业务工作量脱节等问题，因而有必要进行改革。内设机构的改革应当遵循全面履行法律监督职能、保障检察官相对独立行使检察权、依检察院层级分别设置内设机构以及精简、高效、优化检察人员的原则，结合不同层级的实际情况进行改革。[1]

在内设机构中，检察委员会（简称检委会）的改革，一直是研究的重要内容之一。在检察机关内部设立检委会，实行集体领导，是我国检察制度的一个特色，也是从抗日根据地时期就形成并一直保留下来的一个传统。检察机关恢复重建以来，检委会在检察机关重要事项和重大案件的决策中发挥了非常重要的作用。二十世纪九十年代以来，一些学者对检委会制度运行中存在的问题进行研究，提出了加强和完善检委会制度的建议，包括规范检委会的议事程序和设置专职检委会委员的建议。[2]

（三）检察官制度

检察官是行使检察权的基本主体，检察官制度是检察制度的重要组成部分。新中国成立以后，我们过多地强调检察院的

〔1〕 徐鹤喃、张步洪：《检察机关内设机构设置的改革与立法完善》，载《西南政法大学学报》2007年第1期。

〔2〕 李明清：《完善和发展检察委员会制度》，载《检察理论研究》1991年第2期；王桂五主编：《中华人民共和国检察制度研究》，法律出版社1991年版，第665—687页。

作用，而把检察官视为普通的国家干部，以致对检察官制度几乎没有什么研究。从二十世纪八十年代末开始，一些学者对建立检察官制度进行了理论探索，提出了建立检察官资格制度、检察官衔级制度、检察官考核培训制度的构想，并认为检察官制度对于建立和完善中国特色社会主义检察制度具有重要作用。[1] 1995 年《中华人民共和国检察官法》颁布实施。该法明确了"检察官"的法律称谓和法律地位，规定了检察官的任职条件、权利义务、任免、考核、奖惩和保障，初步建立了我国的检察官制度。此后，对检察官制度的研究逐渐增多，从而成为检察基础理论研究的一项重要内容。

关于检察官制度的研究主要是围绕检察官法的规定进行的，在一定程度上可以说是对检察官法规定内容的理解和解释。除了诠释检察官法的内容之外，近年来在这方面研究的主要问题有：

1. 关于检察官的独立性

一些学者对检察官的独立性与检察一体化的关系进行了研究，认为应当在坚持检察一体化的体制下增强检察官的独立性。其中有的认为，检察一体制并不意味着检察官在处理检察事务时都是集体作业。检察官的独立性通常是在检察一体化的框架内行使的，受检察一体化原则的限制，检察官独立性的前提在于上级检察官不对履行职务的该检察官行使指挥、调取等权力。当检察官与其上级检察官在检察事务上发生分歧的时候，检察一体化原则要求承办案件的检察官接受上级检察官的指令或者服从上级检察官行使事务调取权和事务转交权。认

---

[1] 宋寒松：《中国的检察官制度》，载张永恩等：《检察理论与实践》，中国政法大学出版社 1988 年版，第 106—116 页；郑德昌、王伦轩：《关于建立检察官管理制度的思考》，载《检察理论研究》1991 年第 2 期。

为：现行刑事诉讼法凸显了人民检察院的地位，而作为实际操作者的检察官在刑事诉讼法中却隐而不显。在刑事诉讼中应当保障检察官独立行使检察权。当然，这种独立是与作为检察体制建构基础原理的检察一体原则相调和的产物。对于检察事务，应当贯彻法定主义，规定检察官独立行使职权的范围，严格防范上级对于下级权力的侵分与限制；对于检察行政事务，应当贯彻检察一体、上命下从的原则。[1] 有的认为："检察一体制"无疑限制了检察官执行职务的独立性，但并未否定检察官的独立性。有的认为：没有检察官独立的检察一体制是一种纯粹的行政体制，没有检察一体的检察官独立是一种纯粹的司法体制，都不符合工作的特点和要求。但是，在制度安排上如何协调检察一体与检察官独立之间的关系，在两个极端之间确定适当的平衡点，则是由政治、社会和文化等因素所综合决定的。在当代中国，实行检察一体与检察官独立相结合并略侧重于检察一体的体制可能是一种比较现实的选择。[2]

2. 关于检察官选任和管理

有的学者认为，应当改革检察官选任制度，实行司法官从业资格一体化制度。一是建立统一司法考试、遴选、培训一体化的制度，使之与司法考试制度和司法职业培训制度紧密衔接。二是严格检察官任职资格。应当根据不同类型法律职业特点，采取不同的从业资格标准和资格授予程序和方式，实行市级检察院以上各级检察官逐级选拔晋升制，即上一级检察官应从下一级具有一定年限的优秀的检察官中选任。这种严格的资格选拔晋升制度是各级检察官的素质和权威的保障，也是抵制

---

〔1〕 杨瑞：《论检察官的独立》，载《广西政法干部管理学院学报》2004 年第 2 期；陈卫东、李训虎：《检察一体与检察官独立》，载《法学研究》2006 年第 1 期。

〔2〕 谢鹏程：《论检察官独立与检察一体》，载《法学杂志》2003 年第 3 期。

其他机关利用任免制度对检察机关的不当干预的制度性保障。应当建立检察人员分类管理制度，科学规范检察官职位。为实现司法资源的有效配置和利用，必须根据司法管辖的人口数量和业务量科学设置检察官人数。要改变检察院人事编制中仅有总数而没有明确检察官职数规定的现状，通过立法对各级检察院的检察官数量作出明确规定，并且只有在现任的检察官退休、辞职、辞退或被免职时，才能相应予以补充。这些学者还认为，实现检察监督职能与管理职能的分化，是检察机关的机构科学设置和人员科学分类管理的一个前提。根据行使检察权的主体不同，可将检察机关的人员分为检察官、检察事务官、检察书记官和法警。检察官能独立行使检察权，司法性较突出。[1] 一些学者分析了现行检察官管理制度的弊端，认为目前实行的完全行政化和属地化的管理模式，使检察官与一般行政人员之间的界限模糊，忽视了检察官的司法性，不能突出检察官在检察院内部的主体地位，不利于增强检察官的荣誉感和责任心，阻碍了检察官职业化的进程，难以成为责权利相统一的检察权行使主体。因此应当对检察人员实行分类管理，提高检察官的物质待遇和保障条件，实现检察官的"司法官化"，并在实现检察机关的检察职能与行政管理职能逐步分离的基础上改革对检察活动的单纯行政化管理方式，建立检察官独立办案的工作机制。[2]

3. 关于检察官的职业责任

有的学者认为，为了保证检察机关独立公正地行使检察权，提高办案质量，保护公民的合法权益，建立错案责任追究

---

〔1〕 孙谦：《中国的检察改革》，载《法学研究》2003 年第 6 期。

〔2〕 孙谦、郭立新、胡卫列：《中国检察官管理制度研究》，载孙谦、刘立宪主编：《检察论丛》，法律出版社 2001 年版，第 15—51 页。

制和办案责任制是必要的。但是，在追究检察官的错案责任和对检察官进行惩戒处分时，应当充分注意检察官职权的特点，正确理解和掌握有关法律中关于对检察官的权利保障的规定精神，合理解决在处理一些具体问题上发生的矛盾和冲突的问题。要兼顾检察官错案责任追究制和检察官依法独立行使职权的保障问题。一是明确错案的标准和错案与检察官的责任的关系；二是明确检察官受惩戒处分应以检察官有无违法行使职权行为为条件，而不能一律以有无错案或办案中有无错误为标准；三是明确检察官在法律上享有免责权。[1]

七、检察机关的活动原则

检察制度并不只是一种静态的制度安排，而且包括它的实际运行。为了保证检察制度在实际运行中保持制度设计的初衷，就必须对检察权的行使设置一系列活动准则包括检察机关内部管理的基本要求。检察机关的活动原则就是保障检察权正确行使和高效运作的基本准则。因此，在检察基础理论的研究中，检察机关的活动原则占有一席之地。

三十年来，为了保证检察权的正确行使，许多学者对检察机关的活动原则给予了充分的研究，提出了各种不尽相同的观点。先后提出的原则有：依法独立行使检察权原则，或依法独立原则；在适用法律上一律平等原则；同公安机关和人民法院实行互相配合、互相制约原则；坚持实事求是、贯彻群众路线原则；以事实为根据、以法律为准绳原则；依靠群众原则，或依靠群众，专门工作与群众路线相结合原则；法律原则（法治原则），或正确执行法律，严格依法办事原则；检察长领导制原则；实事求是，重证据、重调查研究，严禁刑讯逼供原则；

---

〔1〕 徐益初：《司法公正与检察官》，载《法学研究》2000年第6期。

既要考虑被告人的不利因素，又要考虑被告人的有利因素原则；及时、准确、合法原则；坚持真理、刚直不阿原则；客观公正原则；公益原则；公开原则；检察一体原则，或检察权一体化原则；正当程序原则；保障人权原则；接受监督原则；无罪推定原则；合理性原则；诉讼经济原则等。在这些原则中，有些是被反复提及、认识比较一致的，有的具有时代的局限性，有的只是检察权行使过程中某个方面或某项工作应当遵循的准则，有的只是一般性的要求，很难成为检察权行使的基本准则即基本原则。

针对检察机关活动原则研讨中的众说纷纭，有的学者提出了确立检察机关活动原则的标准应当是：具有一定的法律渊源，反映检察制度的特点、对检察工作具有普遍的指导意义。检察机关的活动原则是历史的、具体的，既有一定的专门性，也有一定的时代性，应当在原有原则的基础上补充新的原则以适应时代的进步和要求。[1] 有的学者指出，行使检察权的基本原则，是检察机关和检察人员在行使检察权的过程中必须遵循的基本准则，它是从检察权运行的角度概括出的一些规律和要求。行使检察权的基本原则并不排斥和代替检察机关作为国家机构应当遵循的宪法原则和作为诉讼主体应当遵循的诉讼原则，但是它们毕竟是不同层次的原则，应当将它们加以区别。其中，依法独立行使检察权原则、客观公正原则、检察一体原则、正当程序原则、保障人权原则和接受监督原则，集中体现了检察权运行的基本规律和法律监督职能的基本特点，以及党和国家对检察工作的基本要求，综合反映了人们对特定历史条

---

〔1〕 谢鹏程：《论检察机关的活动原则》，载孙谦、张智辉主编：《检察论丛》，法律出版社 2003 年版，第 104—106 页。

件下检察机关的性质、地位、职能和组织方式等特征的理性认识，对检察机关和检察人员开展检察工作具有普遍的指导意义，也是检验检察机关和检察人员行使检察权的合法性和合理性的基本标准，因此应当成为行使检察权的基本原则。[1] 有的学者认为，检察权的行使原则，体现和保障检察活动的程序价值，决定和影响诉讼的基本结构，指导立法机关有关检察的立法活动，指导检察机关的司法活动，对于整个检察活动具有极其广泛的重要作用。这些原则应当包括指导整个司法权行使的原则和专门指导检察权行使的原则两个方面。[2]

在研究检察机关活动原则的同时，许多学者对检察权行使的制约机制给予了高度关注，提出了许多制约检察权以保证其正确行使的理论构想。一些学者对检察官的自由裁量权、对检察机关执法活动中的人权保障等问题进行了专门的研究。

八、展望：检察基础理论研究面临的课题

三十年来，检察基础理论的研究始终是围绕要不要坚持检察机关是国家的法律监督机关的宪法定位、如何认识和理解检察机关的宪法定位展开的。而在要不要坚持检察机关宪法定位的争论中，在回应不同理论观点的过程中，许多学者紧紧围绕中国的国情和在中国现实的历史发展阶段推进依法治国的客观需要论证了宪法和人民检察院组织法把检察机关规定为国家的法律监督机关的历史必然性、价值合理性及其现实意义。

三十年来，广大法学研究人员和检察理论工作者在检察基础理论的研究领域不断耕耘，对中国特色社会主义检察制度进行了深入理论探索，科学地论证了中国特色社会主义检察制度

---

〔1〕 孙谦主编：《中国检察制度论纲》，人民出版社 2004 年版，第 193—194 页。

〔2〕 邓思清：《检察权研究》，北京大学出版社 2007 年版，第 86—91 页。

的重要特征，回答了什么是中国特色社会主义检察制度、为什么要建立中国特色社会主义检察制度以及如何发展完善中国特色社会主义检察制度的基本问题，初步形成了中国特色社会主义检察理论体系。

检察基础理论研究三十年的历程表明，对中国特色社会主义检察制度的认识，是在不同观点的争议中、在研究检察制度发展中、实际问题的探索中逐渐深入的。如果说，检察应用理论的研究是伴随着对检察实践不断总结而丰富和发展的，那么，检察基础理论研究的一个显著特点，就是对中国特色社会主义检察制度的合理性、必然性的论证，对检察制度基本原理的认识，总是伴随着不同理论观点的争鸣，并在争鸣中不断提升。因为不同的理论观点，总是可以促使人们从一个新的视角去思考问题，或者发现自己原有认识的谬误，或者弥补现有理论的不足，或者更加坚信原有认识或现有理论的正确性。对不同理论观点的反驳，也会使论者从更多的方面、更深的层次审视原有的理论基础和基本观点，补充和发展原有的理论，从而使原有的理论得以修补或者丰富。

检察基础理论研究三十年的历程同时也表明，对中国特色社会主义检察制度的理论探讨，只有立足于中国的历史、文化、社会和宪政制度，才会有生命力。基础理论的研究，需要有宽广的胸怀，广阔的视野，探索的勇气，需要学习借鉴世界各国的先进文化和制度经验。但是，照搬照抄并不能解决中国的现实问题，完全参照国外的某一种制度模式来改造中国的检察制度，也不能称之为理论创新。当然，完全无视国外检察制度发展中的文明成果和趋向，完全无视中国检察制度在实践中存在的制度性问题，完全沉醉于现行检察制度的赞美之中，都不是理论研究应有的科学态度。检察基础理论的研究，只有在汲取世界各国检察制度发展的文明成果和破解中国检察制度发展面临的难题中寻找切合点，才能完成理论创新的使命，才能站在世界检察制度文明的巅峰引领中国特色社会主义检察制度的发展方向。

理论研究是一个过程，理论上的探索和争论是永无止境的。在我们回顾三十年来检察基础理论研究历程的时候，应当清醒地认识到，三十年取得的检察基础理论研究成果，并不意味着有关中国特色社会主义检察制度的所有重大理论问题都迎刃而解了，更不意味着对中国特色社会主义检察制度的质疑就从此销声匿迹了。应当承认，由于中国社会发展和法治发展的阶段性特征所决定，中国特色社会主义检察制度基本理论，仍然面临着某些有待研究或者有待深入研究的课题，有关检察制度某些重大问题的争论也将会在新的更高的层次上展开，检察基础理论研究仍然是任重而道远。就检察基础理论研究的现状而言，笔者认为，以下几个方面应当着力研究：

（一）法律监督的范围问题

承认检察机关是国家的法律监督机关，并不意味着对法律实施中的所有问题一律由检察机关来监督。为了防止国家权力的滥用，保障国家宪法和法律的统一正确实施，我们已经建立了庞大的监督机制。除了检察机关的法律监督之外，还有国家权力机关的权力监督、执政党内部的党内监督、各民主党派的民主监督、行政机关和司法机关内部的行政监督、人民群众的监督和舆论监督等各种形式的监督。检察机关作为宪法规定的唯一的法律监督机关，检察机关的法律监督与其他主体的各种形式的监督在范围上要不要有所区分、如何认识不同类型监督互相区别的根本点、如何界定不同监督的范围和效力、如何协调不同主体对同一事项的监督，这些问题，既涉及检察机关与其他国家机关和社会主体的关系，也涉及整个监督体系的有效运作，当然更涉及中国特色社会主义检察制度的发展完善，是一个必须深入研究和科学回答的问题。

（二）检察机关的职权配置问题

受社会发展的阶段性和法治发展的阶段性的制约，检察权配置中不可避免地存在着某些不尽科学合理的成分，需要在研究论证的基础上，随着法治的发展而不断解决。

宪法和法律在规定检察机关是国家的法律监督机关的同时，给检察机关配置了一系列职权以保证检察机关能够有效地对法律实施中的严重违反法律的情形进行法律监督。但是从三十年来的实践情况看，在检察机关职权配置上仍然存在着四个方面的问题亟待解决：

1. 监督空白

从法律实施的情况看，行政机关承担着最大量的法律实施任务。但是检察机关除了查办行政机关工作人员的职务犯罪之外，无权对行政机关实施法律特别是行政处罚过程中存在的严重违法情况进行监督。从制度设计上看，也许是考虑到行政诉讼可以解决司法权对行政权的监督问题。但是一方面，从行政诉讼法实施近二十年的实际情况看，能够进入审判机关审查的行政违法行为是十分有限的。因为行政诉讼只限于对具体行政行为的诉讼，并且原告的主体身份受到一定的限制，从而大大缩小了行政违法行为进入审判程序的范围。即使是对于可以提起行政诉讼的行政违法行为，基于中华文化传统所形成的思维定势、诉讼的成本和证据要求以及所耗费的时间和精力等因素，在实践中绝大多数公民都是宁愿采取上访的方式来请求纠正而不愿采取行政诉讼的方式来满足自己的诉求。因而目前的司法权对行政权的监督是十分有限的。另一方面，大量的行政行为难以进入司法权制约的领域。特别是对于行政机关自己设定行政处罚的权限、自己制定行政处罚的范围和标准、自己实施行政处罚这种没有外部监督的状况，无论是审判机关还是检察机关都难以对其进行监督。因此，为了保障法律的正确实施、为了保障公民权利不受行政违法行为的侵犯，促进法治政府建设，有必要将其纳入检察机关法律监督的领域。

2. 监督无效

由于法律规定的不完备，检察机关的法律监督在某些方面存在着难以有效进行的问题。第一，关于职务犯罪侦查权。法律规定检察机关具有对职务犯罪进行立案侦查的职权，并且这个职权是检察机关履行法律监督职责所必需的和重要的监督手段。但是随着科学技术的发展，最有效的侦查手段即技术侦查手段，既能防止侦查机关采取过分限制人身权利的讯问方式对当事人权利的限制，又能保证侦查的有效进行。然而这种侦查手段目前并没有赋予检察机关，这在很大程度上限制了职务犯罪侦查职能的发挥，导致对具有职务犯罪嫌疑人的国家工作人员的人身权利造成某些不必要的限制。如何解决这个问题，具有重大的现实意义。第二，关于职权冲突的解决方式。在实践中，检察机关在行使法律赋予的职权时，有时会与其他国家机关的职权发生冲突，例如检察机关对职务犯罪行使侦查权的时候时常会与其他侦查机关行使侦查权的活动发生冲突。对职务犯罪与其他犯罪交织在一起的案件、对于案件性质在立案时难以确定的案件等容易发生冲突的情况如何处理，法律也没有明确规定，容易造成司法资源的浪费，也不利于法律监督的开展。第三，关于监督对象的义务。从法律规定上看，检察机关的监督职权，除了启动审判程序具有强制性之外，法律通常都没有对监督对象作出任何约束性的规定，这就使检察机关的法律监督在一定程度上依赖于监督对象的接受程度，如果监督对象不接受监督，检察机关的法律监督就是一纸空文。这种状况严重影响了法律监督的效果。因此，如果法律认为某个事项应当设定为检察机关法律监督的对象，那就应当同时规定监督对象对检察机关的监督意见作出反应的义务。没有这样的规定，就可能使法律监督的检察机关的职权陷于难以有效行使的境况。

3. 监督过剩

在现行的人民检察院组织法赋予检察机关的职权中，除了对直接受理的案件进行侦查、对刑事案件提起公诉等职权之外，检察机关还拥有"对于叛国案、分裂国家案以及严重破坏国家的政策、法律、法令、政令统一实施的重大犯罪案件，行使检察权"的职权。这个规定中的"检察权"，在理论上是一个值得研究的问题。一些学者认为，这是法律赋予检察机关的一项特别的职权。然而，在职务犯罪侦查权和公诉权之外，这个职权还包括哪些内容？既没有理论上的说明，也没有实践上的经验。实际上是一种虚设的职权。检察机关难以在职务犯罪侦查权和公诉权之外对这类案件行使职权。人民检察院组织法还规定：人民检察院依法保障公民对于违法的国家工作人员提出控告的权利，追究侵犯公民的人身权利、民主权利和其他权利的人的法律责任。但是事实上，除了对国家机关工作人员实施的构成犯罪的侵犯公民人身权利、民主权利和其他权利的行为追究刑事责任之外，并没有对国家工作人员实施的侵犯公民人身权利、民主权利和其他权利的其他行为追究法律责任的权力。这种职权实际上也是一种虚设的职权。人民警察法规定：人民警察执行职务，依法接受人民检察院的监督。可是，除了职务犯罪侦查之外，法律并没有对检察机关监督警察职务行为的范围和程序作出任何规定。这种监督也形同虚设。是否需要保留这些职权，就是一个值得研究的问题。

4. 监督过渡

按照现行法律的规定，检察机关对在侦查过程中需要逮捕的犯罪嫌疑人以及在审查起诉过程中需要逮捕的被告人行使批准逮捕的职权。这种职权，应该说是一种过渡性的职权。尽管许多学者已经指出了这个职权赋予检察机关的现实合理性，但是应该承认，这是我国法治发展的阶段性所决定的，是在我国目前的司法体制下不得已而为之的一种制度选择。其本身确实存在着如某些学者所说的自己侦查的案件自己批准逮捕的弊端。随着依法治国进程的推进和司法体制改革的深化，这个问题也需要得以解决。但是解决这个问题的时机何时成熟，需要什么样的配套制度支撑，就是一个值得研究的问题。

（三）检察机关行使职权的规范化问题

对检察机关行使职权的制约问题历来是理论研究的一个热点问题。应该说这个问题目前还没有找到理想的解决方案，因而仍然是理论研究的一个课题。笔者认为，这个问题的解决在很大程度上依赖于检察机关行使职权的活动的规范化。如何通过严格的程序设计，确实有效地制约检察权的行使，保证检察机关能够依法正确行使职权，消除人们对检察机关在行使职权的过程中可能滥用权力的疑虑，是解决这个问题的根本出路。这比寻求在监督者的背后再设置一个监督机关的循环监督，似乎更合乎解决问题的逻辑。这样的程序设计，在理论上，应当包括两个方面：一个是检察机关自身行使职权的程序问题；另一个是如何引进外部制约的程序问题。检察机关目前试行的人民监督员制度能否为外部监督提供制度范式，还有待进一步研究论证。

（四）检察机关的领导体制问题

检察机关现行的领导体制是一个值得进一步研究的重大理论问题。十五大政治报告中就提出"推进司法改革，从制度上保障司法机关依法独立公正地行使审判权和检察权"的任务；十六大政治报告中进一步提出，要推进司法体制改革，"从制度上保障审判机关和检察机关依法独立公正地行使审判权和检察权"；十七大政治报告中再次提出："深化司法体制改革，优化司法职权配置，规范司法行为，建设公正高效权威的社会主义司法制度，保证审判机关、检察机关依法独立公正地行使审判权、检察权。"然而，这个任务依然任重而道远。原因在于：在宪法定位上，检察机关被确定为"国家的法律监督机关"，并且明确规定"最高人民检察院领导地方人民检察院和专门人民检察院的工作，上级人民检察院领导下级人民检察院的工作"；但是宪法同时规定地方各级检察机关都由同级人大产生、向同级人大负责。这就使最高人民检察院对全国各级人民检察院的领导和上级人民检察院对下级人民检察院的领导，难免与地方各级人民检察院向同级人大负责的制度发生冲突。这种领导体制上的冲突必然影响到检察机关履行法律监督职责的职能活动，存在着检察机关是按照"国家的"还是"地方的"法律监督机关来建设、来运作的理论问题。这个问题，对于建设什么样的检察机关领导体制具有直接的影响，是"从制度上保障"检察机关依法独立行使检察权的瓶颈。

（五）检察机关行使职权的保障问题

宪法和法律都规定："人民检察院依照法律规定独立行使检察权，不受其他行政机关、团体和个人的干涉。"实际上，检察机关依法独立行使检察权的问题始终没有得到制度上的保障。检察机关与行政机关虽然在法律上是地位平等的国家机关，但是由于检察机关的机构设置、人员编制完全控制在行政机关手中，检察机关的经费也一直是由行政机关供给的，这就使检察机关行使职权的保障机制在很大程度上不得不依赖于行政机关，客观上形成对行政机关的依附关系。如何解决检察机关在机构设置、人员编制和经费保障方面的独立性，一直是困扰检察机关依法独立行使检察权的一个重大问题。尽管是党的十五大、十六大和十七大政治报告中都把从制度上保障检察机关依法独立行使检察权作为司法体制改革的任务之一明确提出，但是真正解决这个问题，仍然需要进一步的理论探索和充分的论证。检察机关既然是由人大产生、向人大负责并且独立于行政机关的国家机关，检察机关的机构、人员和经费就应当由人大来供给和控制，而不应该由受检察机关监督的行政机关来保障。因此，能否由检察机关根据国家社会经济发展的状况和行使职权的实际需要，自行设置机构、录用人员和编制经费预算，直接由全国人大批准、由行政机关保障供给并接受国家审计，是保障检察机关依法独立行使检察权的重大体制问题，需要在进一步深入研究论证的基础上，提出解决方案。

（六）检察学的学科体系

三十年来，检察基础理论的研究，可以说已经就涉及检察制度的重大基本理论问题进行了比较深入的研究，对外国的检察制度也进行了许多比较研究，初步形成了关于中国特色社会主义检察制度的一整套理论观点。但是对这些理论观点的科学概括还没有形成一个公认的学科体系，还缺乏一整套能够达成共识的基本范畴。对检察学的研究虽然从二十世纪八十年代初中期就已经开始并有多部检察学的著作问世，近年来中国法学会检察学研究会也组织了多次理论研讨，取得了一定的成果，但是时至今日检察学还没有能够成为法学界认可的一门学科。

因此，构建中国特色社会主义检察学的学科体系，仍然是检察基础理论研究的重要任务。

中国的检察制度与中国的法治一样，尚处在发展进程中，仍然存在着某些不尽完善的方面，需要通过改革进一步发展完善。在这个过程中，检察理论研究担负着重要的使命。既要在充分地客观地深入研究现行制度利弊得失的基础上，为现行制度的改革完善提供理论先导和改革方案，又要站在中国社会发展和世界法治发展的前沿，展望未来走向，进行前瞻性的理论探索，谋划检察制度的发展蓝图。这不仅需要造就一批有精湛的理论修养和乐于献身检察制度研究的理论家，而且需要从事检察理论研究的法学家和检察人员具有高度的政治责任感和历史使命感。

（原载《中国法学》2009 年第 3 期，
《新华文摘》2009 年第 6 期转载）

检察机关的宪法地位

　　检察权是一种国家权力，因而必然要有一系列的制度安排来设定检察权的范围、保障它的有效行使并防止它被滥用。这些有关检察权的制度安排，构成检察制度的基本内容。

　　检察制度所要解决的首要问题是检察机关的法律地位问题。因为行使检察权的主体是检察机关，检察机关的法律地位，不仅反映检察权的性质，而且决定检察机关的职权范围。

　　在中国，检察机关的法律地位首先是由宪法加以规定的。这既表明中国的检察制度是宪政制度的一个组成部分，也表明中国的检察机关是国家权力架构中一个享有独立权力的国家机关。

　　除了宪法的规定之外，全国人民代表大会及其常务委员会制定的其他有关法律也对检察机关的法律地位和职权范围作出了相应的规定。这些规定都是检察制度的法律基础。

一、检察机关的性质

　　《宪法》第 129 条规定："中华人民共和国人民检察院是国家的法律监督机关。"现行宪法的这个规定，与新中国第一部宪法即 1954 年宪法中关于检察机关宪法地位的规定，是一脉相承的。这个规定，明确了中国检察机关的性质，即中国的检察机关是代表国家行使职权的"法律监督机关"。这也意味着法律赋予检察机关的权力即检察权，在性质上是一种法律监督权。因此，要正确理解中国检察机关的性质，就离不开对法律监督的认识。只有正确理解法律监督的深刻内涵，才有可能正确认识检察机关的性质和地位，才有可能准确把握检察权的功能和作用，进而保证检察权行使的正确性。

（一）法律监督的基本含义

在中国，"监督"是一个广泛使用的术语，在不同的用法中可能会有不同的含义。如上级对下级的监督；平等主体之间的监督；下级对上级的监督；外界的监督等。监督的主体不同，监督的目的和功能也就不同。[1]

但是，"法律监督"作为我国法制中经常使用的一个专门术语，并不是泛指任何一种监督，不能包括监督的所有含义。特别是在宪法中，虽然多次使用了"监督"的用语，如"受人民监督"（第 3 条）、"接受人民的监督"（第 27 条）、"监督宪法的实施"（第 62、67 条）、"监督国务院、中央军事委员会、最高人民法院和最高人民检察院的工作"（第 67 条）、"监督本级人民政府、人民法院和人民检察院的工作"（第 104 条）等，但是在所有这类场合都没有使用"法律监督"的用语。唯独在第 129 条规定检察机关的性质时使用了"法律监督机关"的用语。这表明，"法律监督"一词在我国宪法中的使用极为谨慎，是用来特别指称检察机关依法进行的监督的。

从宪法和法律的有关规定看，法律监督是指运用国家权力，依照法定程序，检查、督促和纠正法律实施过程中严重违

---

〔1〕 那种认为监督就必须是居高临下、监督者一定要凌驾于被监督者之上的观点，是把监督中的一种含义绝对化的结果。它否定了现实社会政治生活中其他监督形式客观存在的事实，因而在理论上具有片面性。

法的情况以维护国家法制的统一和法律正确实施的一项专门工作。"法律监督"的基本含义是：

1. 法律监督是对法律实施中严重违反法律的情况所进行的监督

法律监督不包括对立法活动的监督，而只是对法律实施情况的监督，并且是以监督严重违反法律的情况为主。监督的具体范围是由法律规定的。

法律监督并不是对法律实施中的所有部门、所有问题进行监督，而是对法律规定的、与法律的正确实施密切相关的事项进行监督。检察机关只能在法律规定的范围内行使法律监督权，不能逾越自己的权力范围。从法律的有关规定看，检察机关的法律监督，在内容上受到严格的限制，即对法律执行情况的监督只限于对国家工作人员职务活动中构成犯罪的行为进行立案、侦查和公诉，对法律遵守情况的监督只限于对严重违反法律以至构成犯罪的行为进行追诉，对法律适用情况的监督只限于对三大诉讼活动中确有错误的判决、裁定以及违反法定程序的情况进行监督。随着依法治国进程的推进，根据法治建设的需要，法律可能扩展或者缩小检察机关法律监督的范围。但是在任何情况下，检察机关都必须在法律规定的范围内行使法律监督权，而不能任意扩大或者缩小监督的范围，特别是不能任意对法律没有规定的事项进行法律监督。

法律监督在内容上的这种局限性，是由法律监督机关的特定性和法律实施的广泛性决定的。我们国家是单一制国家，这就意味着国家最高权力机关制定的法律在全国范围内具有一体遵行的效力。为了保证法律在全国范围内的统一正确实施，法律监督权只能交由一个国家机关统一行使。但是从另一方面看，随着社会主义法制建设的健全，法律调整的对象不断增加，法律实施的领域和范围不断扩大，法律监督机关不论是在人员配备上还是在监督手段上，都不可能，也没有必要对法律实施的各个领域、各个方面、各种问题统统进行法律监督，而只能作为保障法律实施的最底线，选择法律实施中的一些重大问题作为法律监督的对象。至于哪些问题作为法律监督的对象，要由法律来规定。这是防止法律监督的范围任意扩张的法治限制。

2. 法律监督是一种专门性的监督

在我国，对法律实施情况的监督是通过多种途径实现的。党的监督、人大监督、行政监察监督、民主党派监督、社会舆论监督、群众监督、法律监督以及其他各种形式的监督，构成了一个完整的社会主义监督体系。检察机关的法律监督只是这个监督体系中的一个重要组成部分。与其他各种形式的监督相比，检察机关的法律监督是一种专门性的监督。

法律监督的专门性突出表现在两个方面：一是法律监督权作为国家权力的一部分，由人民检察院专门行使，法律监督是检察机关的专门职责。检察机关如果放弃对严重违反法律的行为进行监督，就是失职。因而它不同于其他一切社会活动主体都能进行的一般性监督。二是法律监督的手段是专门的。按照宪法和法律的规定，检察机关进行法律监督的手段是由法律特别规定的。如对职务犯罪立案侦查、对刑事犯罪提起公诉，以及对诉讼过程中违反法律的情况进行监督等，都是只有检察机关才有权使用的监督手段。

3. 法律监督是一种程序性的监督

法律监督必须严格遵守法律规定的程序。法律对检察机关的法律监督规定了一定的程序规则，这些程序规则可能因监督的对象不同而有所不同。如对职务犯罪立案侦查有立案侦查的程序，对刑事犯罪提起公诉有提起公诉的程序，对人民法院已经生效的判决裁定提起抗诉有提起抗诉的程序，纠正违法有纠正违法的程序。检察机关在进行法律监督的时候，必须严格遵守这些程序性的规定。

程序性的另一层含义是法律监督的效果在于启动追诉程序或者救济程序。对于严重违法构成犯罪的，法律监督的功能是启动追诉程序，提请有权审判的法院进行审判；对于构成违法的，法律监督的功能是提请对行为人有管辖权的主体追究责任；对于违反法律的判决、裁定或决定，法律监督的功能是提请作出决定的机关启动救济程序以纠正已经出现的错误。至于最终的结果，则必须由有关机关依法处理，而不是由检察机关说了算。

4. 法律监督是一种事后性的监督

法律监督虽然是一种主动查究的法律行为，但是这种监督行为的启动必须是在法律规定的属于法律监督范围的情形出现以后。只有当法律规定的属于法律监督的情形出现以后，检察机关才能启动法律监督程序，实施监督行为。并且，司法活动、行政活动、国家工作人员的职务活动中可能出现的各种违法，在程度上是不同的，只有在违法行为达到一定程度之后，检察机关才能启动法律监督程序实施监督。

法律监督的事后性并不排除检察机关开展某些预防性的活动。例如，检察机关根据已经发生的职务犯罪的特点、原因和规律，进行预防职务犯罪的宣传教育，帮助有关部门或单位建章立制。这类活动本身并不是法律监督的行为，而是按照法律监督的要求合目的地延伸。再如，检察机关提前介入公安机关侦查重大刑事案件的活动，其目的是及时了解案情，防止在审查批准逮捕的环节上耽误时间，以配合公安机关对重大刑事案件的侦破。因此检察机关在提前介入的过程中只是了解情况，并不干涉公安机关的侦查活动。只有在发现公安机关侦查过程中已经出现严重违法行为时，检察机关才能启动法律监督程序，提请公安机关纠正违法行为。

上述四个特点表明，法律监督是一种受到严格限制的监督。检察机关作为法律监督的主体，绝不是也绝对不能想监督谁就监督谁，想什么时候监督就什么时候监督，想怎样监督就怎样监督。

在此，需要澄清两个理论观点：

第一，法律监督既然是专门的国家机关运用国家权力实施的行为，它就不可能是包罗万象的"对各种法律活动的合法性"所进行的监督，而只能是就某些特定的行为或情况进行的监督。同时，确定法律监督的内容，不能脱离中国的国情，空泛地谈论监督什么。如前所述，我们国家的实际情况是，人民代表大会制是国家根本的政治制度，一切国家权力由人民通过人民代表大会统一行使，国家行政机关、司法机关由人民代表大会选举产生并向人民代表大会负责，不存在西方国家的那种"三权分立"的政治制度。在这种政治制度下，全国人民代表大会具有最高国家权力，全国人民代表大会制定法律的活动，即法律的制定或称创制，不可能也不应当纳入法律监督的范围。那种认为不监督立法活动就不是名副其实的法律监督的观点，是不切实际的纯逻辑推理的结果。

此外，法律监督既然是运用国家权力实施的行为，它就必须受到国家权力分配的严格限制。法律监督机关只能在国家权力机关授权的范围内按照法律规定的程序和方式进行监督，而不能逾越自己的权力范围。无论是法律监督的范围、法律监督的手段，还是实施法律监督的程序规则，都必须受到法律规定的严格限制。

第二，法律监督权不是终极裁判权。应当看到，法律监督无论在范围上还是在作用上都是有限的。首先，在社会主义监督体系中，各种监督尽管对象、范围和方式不同，但是互相促进、互相补充，构成了一个有机统一的整体。检察机关法律监督的作用不能被其他监督所替代，同样也不能替代其他监督的作用。只有综合运用各种监督，才能有效地保证法律的统一正确实施。其次，由于检察机关法律监督的范围是由法律规定的，因而对超出法定范围的违法现象，检察机关无权进行监督。同时由于法律监督具有规范性的特点，法律关于监督程序和手段的规定是否完备，也会影响法律监督的效力，制约法律监督的作用。另外，检察机关对诉讼活动的法律监督基本上是一种建议和启动程序权。对诉讼中的违法情况提出监督意见，只是启动相应的法律程序，建议有关机关纠正违法，不具有终局的或实体处理的效力。诉讼中的违法情况是否得以纠正，最终还是要由其他有关机关决定。特别是要解决人民群众反映强烈的司法不公问题，不仅需要检察机关依法履行监督职责，也需要有关机关认真接受监督，自觉纠正违法现象。否则，检察机关法律监督的效力就会大打折扣，甚至起不了作用。因此，对检察机关法律监督的作用要全面、正确地认识，既不能夸大，也不能忽视和否定。

（二）法律监督与其他监督的异同

1. 检察机关的监督与人大监督的异同

我国宪法明确规定，全国人民代表大会及其常务委员会有"监督宪法和法律实施"的职权。宪法同时规定，"中华人民共和国人民检察院是国家的法律监督机关"。于是，有相当一部分人认为，检察机关的监督是法律监督，人大及其常委会的监督也是法律监督，所以检察机关不能以法律监督机关自居。

这种观点，有意或无意地混淆了检察机关的监督与人大及其常委会的监督之间的区别，导致理论上的缺憾。因为在我们国家的权力架构中，人大是国家权力机关，检察机关只是由人大产生并向人大负责的一个国家机关，不可能具有与人大相同的、并行的权力。人大对法律实施情况的监督与检察机关对法律实施情况的监督，并不是同一个层次上的监督。把人大的监督等同于检察机关的监督，就降低了人大监督的权威地位；而把检察机关的监督等同于人大的监督，那就无意间把检察机关与人大相并列，有抬高检察机关的监督之嫌。因此，正确区分人大的监督与检察机关的监督，对于丰富和完善监督理论，发挥不同性质监督的功能，具有重要的意义。

应当看到，人大的监督与检察机关的监督之间，确实具有某些共同特点。这两种监督的目的都是维护国家法制的统一，保障宪法和法律的正确实施，具有目的的同一性。这两种监督都是运用国家权力所进行的监督，都具有国家强制性，因而不同于一般社会主体的监督。并且，这两种监督都是作为"职权"行使的，因而监督主体本身负有一定的责任，不履行这种职责，就是失职。这也不同于一般社会主体作为"权利"可以任意行使的监督。

同时也应当看到，这两种监督之间存在着明显的差别，不能把它们混为一谈。这种区别主要表现在以下几个方面：

第一，从监督的对象看，人大监督的范围是广泛的、不特定的，而检察机关监督的对象是具体的、特定的。

人大作为国家权力机关，可以对法律实施的一切主体、一切行为进行监督。人大及其常委会可以随时检查其他所有国家机关执行宪法和法律的情况。但是由于国家机关之间权力分工的宪法约定，人大及其常委会并不直接办理任何具体案件，因而这种监督具有不确定性和不特定性。人大及其常委会的监督，应当以其他国家机关实施的违反宪法和法律的抽象行为为主，因为这类行为难以进入检察机关和其他国家机关的监督范围，只有人大及其常委会有权进行监督。与人大的监督相反，检察机关作为特定的国家机关，就不能任意对任何国家机关或公民的活动进行监督，而只能在法律授权的范围内对特定事项进行监督。例如，法律规定检察机关有权对刑事诉讼、行政诉讼和民事审判活动进行法律监督，检察机关就可以对这些活动中的违法行为进行监督，但是法律没有规定检察机关有权对行政审批行为进行监督，行政审批活动中即使存在着违反法律的情况，只要没有构成犯罪，检察机关就无权进行监督。

第二，从监督的方式及其性质上看，人大的监督是一种权力监督，而检察机关的监督是一种法律监督。

从宪法规定的全国人大及其常委会的职权上看，人大的监督主要是五个方面的监督：（1）权限监督，即通过立法形式，规定行政机关和司法机关的职权范围和行为模式，设定和授予其他国家机关的权限；（2）人事监督，即通过选举、决定、任命和罢免国家行政机关、审判机关和检察机关的领导干部及工作人员，考核其任职资格和履行职责的情况，保障其正确实施宪法和法律；（3）工作监督，即通过审议和听取工作报告，组织专项检查和执法检查等方式，监督国家行政机关、审判机关和检察机关的工作情况；（4）财政监督，即通过审查批准国家预算，决定有关国家机关的经费供给并监督国家财政使用情况；（5）质询监督，即通过对具体问题或个别案件的质询，监督国家行政机关、审判机关和检察机关执行宪法和法律的情况。从这些具体内容中可以看出，人大的监督，是就关系宪法和法律实施中的重大问题，从宏观上、权源上进行监督。这种监督方式，与人大作为国家权力机关的性质是相适应的。

与人大监督相反，检察机关的监督具有就事论事的性质。检察机关既不能笼统地对违法行为进行监督，也不能运用政治民主的方式或行政手段来进行监督。检察机关只能在法律授权的范围内，按照法律规定的程序，对已经发生具体的违法行为进行监督，并且这种监督必须遵守一定的法律规则，必须以法定的方式收集证据并按照证据所能够证实的案件事实为基础。因而这种监督被称为"法律监督"，是一种法律程式化的监督。

第三，从监督的效果上看，人大的监督具有决策的性质，而检察机关的监督只具有请求建议的性质。

在现代汉语的语境中，"监督"有三种情况：一是自上而下的监督。这种监督具有"上命下从"的性质。由于上级的权力大于下级并及于下级，因而当上级发现下级的行为不当时，可以直接命令下级纠正。这种监督具有决策的性质，监督主体的监督意见对于监督对象直接具有确定的拘束力。二是自下而上的监督。这种监督既包括同一单位或系统内部下级对上级的监督，也包括不具有国家权力的人民群众或当事人对国家机关的监督。在这种监督关系中，由于监督主体对于监督对象不具有拘束力，监督的效果就不取决于监督者的意志，而是取决于被监督者的意志。被监督者愿意接受监督意见时，监督就有效果；被监督者不愿意接受监督意见时，监督就没有效果。三是平等主体之间的监督。在这种监督关系中，由于监督主体与监督对象处在同一或大致相同的阶层上，因而监督意见是否能够被监督对象接受，具有一定的或然性。

在上述三种类型的监督中，人大的监督显然属于第一种情况。人大及其常委会可以直接罢免国家行政机关、审判机关和检察机关违反宪法和法律的领导成员，可以直接撤销一切与宪法和法律相抵触的行政法规、规章、决定、命令和地方性法规。这种监督的效果具有不容置疑的决策性质，监督行为一经实施，被监督者就必须坚决执行。而检察机关的监督则没有也不能具有这样的效果。检察机关的监督作为法律监督，也要产生一定的法律效果，因而不同于一般主体的监督。但是这种效果并不是能够使监督对象必须服从的效果，不是直接纠正违法的效果，而是必然导致一定法律行为的效果。检察机关的监督有三种情况：一是对于违反法律构成犯罪的行为，通过立案侦查，在查清事实真相的基础上，检察机关提请审判机关追究其刑事责任。这种监督必然引起审判机关的审判程序。但是审判的结果如何，并不取决于检察机关的要求，而是取决于审判机关审判的结果。审判机关依照法定程序进行审判，其结果可能是追究被告人的刑事责任，也可能是认定被告人无罪而不予追究，还可能是认定被告人有罪但不像检察机关所指控的那么严重而从轻追究。二是对于人民法院已经生效的判决、裁定，检察机关认为确有错误而提起抗诉。这种监督必然引起审判机关再审的程序。但是再审的结果同样不取决于检察机关的再审请求，而是取决于人民法院的审判。三是对于审判机关和执法机关在审判活动或执法活动中的违法情况，检察机关提出纠正意见。这种监督必然引起有关机关进行审查的义务。但是，有关机关审查的结果如何，也不取决于检察机关的意志。因此检察机关的监督与人大及其常委会的监督之间具有一个根本性的区别，即人大的监督是实质性的监督，具有终局裁判的性质，可以决定被监督者的命运，而检察机关的监督只是程序性的监督，不能最终决定案件的处理结果，不能最终决定被监督行为的命运。

以上情况表明，人大的监督与检察机关的监督，虽然具有某些共性，但从根本上讲，二者的性质和功能是不同的，不应把二者混为一谈。既不能把检察机关的监督等同于人大的监督，也不能用人大的监督来取代检察机关的监督。因此有必要合理界定二者的范围，将二者区别开来，以便保证更好地发挥各自的职能作用。

我们认为，人大作为国家的权力机关，其监督的范围应当限定在"权力监督"的领域。人大及其常委会对法律实施情况的监督，重点应当是权力运作过程中发生的违反宪法和法律的决策性行为。由于人大的监督不宜也难以进入具体的诉讼程序，因而对于具体案件的监督，应该留给检察机关。人大及其常委会可以指令或要求检察机关就个别影响较大的案件的处理情况进行监督，但不宜直接进行监督。对于检察机关则可以通过人事任免制度控制其监督职权的行使。如果检察机关不能切实履行法律监督的职责，或者滥用职权危害宪法和法律的实施，人大及其常委会可以及时罢免检察机关的领导，保障检察权的正确行使。另外，由于宪法明确规定检察机关是国家的法律监督机关，而且在规定人大及其常委会的职权时有意避免使用"法律监督"的用语，因而只有检察机关的监督才能称为"法律监督"，监督的范围仅限于法律规定的领域，以区别于人大的权力监督。

2. 检察机关的监督与纪律检查、行政监察的异同

纪律检查是纪检部门对本组织的单位和个人违反组织纪律行为的监督；行政监察是监察部门对本单位或本系统的单位和个人违反行政法规行为的监督。纪律检查和行政监察都是运用行政管理手段对其权力所及范围内的单位和个人进行监督控制的一种方式。

　　检察机关的法律监督与纪律检查、行政监察，作为一种"监督"，都具有检查和督促纠正违反预先设定的规则而实施的不当行为的功能，都是为了保障已有规范的严格遵守，维护正常的管理秩序。

　　但是，法律监督与纪律检查、行政监察之间也存在着明显的区别。这种区别主要表现在三个方面：

　　第一，纪律检查和行政监察都是一种内部监督，而法律监督是一种外部监督。纪律检查和行政监察是在一个组织系统或者一个单位内部进行的。这种内部监督的特点有三：一是在监督的范围上，监督者是在本单位或本部门的领导管辖和控制下实施监督行为的，因而只能监督自己的下级而不可能监督自己的上司，这就容易使本单位或本部门的领导成员处于无人监督的真空地带；二是在监督的视角上，监督的主体与客体处在同一权力运作的过程中，受"当局者迷"规律的支配，对某些明显违法的"习惯做法"可能产生认同感而难以发觉其违法性；三是在监督的心理上，由于监督者与被监督者处于同一个"命运共同体"之中，彼此之间"低头不见抬头见"，其监督行为容易受感情因素的影响而张弛参半。与之相反，法律监督是一种来自被监督者活动范围之外的监督，监督者与被监督者之间没有组织上的或行政上的隶属关系，可以避免内部监督的局限，独立公正地进行监督。并且由于法律监督是运用法律规定的方式、按照法律规定的程序行使法律监督权的，因而对于被监督者具有一定的拘束力，能够起到纪律检查和行政监察难以达到的效果。

　　第二，纪律检查和行政监察是一种上级对下级的监督，而法律监督是平等主体对平等主体的监督。纪律检查和行政监察作为内部管理的一种手段，总是表现为上级对下级的监督，即纪律检查部门和行政监察部门总是代表着本级组织的管理机关进行监督的。尽管具体行使监督权的部门可能作为一个内设机构与其他被监督的部门处于同一等级，或者监督者个人与被监督的个人处在同一行政级别上，但是这种监督始终是"代表组织"即对监督对象具有管理权的机构实施的，因而具有一定的"权威性"，不容被监督者对监督的权威提出质疑。与纪律检查和行政监察的这种居高临下的态势不同，法律监督是检察机关对与其处于平等的法律地位的其他国家机关的监督，因而不可能具有纪律检查和行政监察那种"上命下从"的效力。即使是对违反法律的国家机关工作人员和构成犯罪的公民个人所进行的监督，检察机关与监督对象之间也不存在行政上的隶属关系，不可能出现监督者说什么就是什么的效力。

第三，纪律检查和行政监察具有实体处分权，而法律监督不具有实体处分权。上述两个区别本身就实质性地决定了纪律检查和行政监察具有实体处分权而法律监督不可能具有实体处分权。例如，按照党的十六大修改后的《中国共产党章程》第44条的规定，党的纪律检查委员会作为党内监督机构，除了对党员领导干部行使权力进行监督之外，还有权"检查和处理党的组织和党员违反党的章程和其他党内法规的比较重要或比较复杂的案件，决定或取消对这些案件中的党员的处分"。又如，按照1988年9月9日国务院发布的《国家行政机关工作人员贪污贿赂行政处分暂行规定》第18条的规定，"行政监察机关认为必要时，可以直接对案件进行调查并作出处理"。这种由监督机关自己调查、自己处分的权力，是行政监督的一个重要特点。而在有关法律监督的任何法律中都没有规定检察机关可以对自己调查的案件进行实体处分的权力。检察机关在依法调查有关违法情况的基础上，只能提出监督意见，而不能直接对违反法律的行为作出处理。并且这种监督意见对于监督对象来说，只具有启动追究程序的功能，而不是一种实体性的处分。这是法律监督与行政监督的一个十分明显的区别。

3. 检察机关的监督与社会监督的异同

法律监督不同于人民群众的监督。在中国，一切权力属于人民。人民对于法律的实施当然享有监督权。人民群众除了通过人民代表大会和人民代表监督法律的实施情况之外，还可以通过党派的民主监督、媒体的舆论监督以及采取举报、投诉等方式来监督法律的实施情况；案件当事人还可以通过上诉、申诉或自诉等方式监督法律的实施情况。但是就各个个体而言，人民群众对法律实施情况的监督是作为权利而不是作为权力来行使的。这种监督，一方面具有一定的随机性。作为人民群众中的各个个体，他可以行使这种权利，也可以不行使这种权利；可以在这个问题上行使这种权利，也可以在那个问题上行使这种权利；即使是明显违法的情况，他也可以不予监督。因而这种监督不具有制度性的特点，难以保证对法律实施情况进行全面的经常性的监督。另一方面，这种监督没有拘束力。新闻媒介可以通过报道执法机关的工作情况和具体案件，披露执法活动中存在的问题，但是不能要求司法机关按照新闻媒介的意见处理该行为；当事人可以不同意司法机关的处理结果甚至可以向作出决定的司法机关的上级机关进行反映，但是不能阻止或妨碍司法机关对案件的处理。

与人民群众的监督相比，法律监督具有法定性和强制性。法律监督是检察机关的法定职责，检察机关如果放弃对法律实施情况的监督就是失职。作为必须履行的法定义务，监督法律的实施是检察机关全部工作的出发点和着眼点。这就在制度上保障了法律监督的经常性和必为性。与法律监督的法定性相联系，法律监督的行为一经实施，就会生产一定的法律效果，不接受法律监督则构成违法。例如，检察机关对犯罪行为的追诉活动必然引起国家审判机关对有关犯罪人的审判；对公安机关应当立案而不立案情况的纠正意见，必然产生公安机关必须立案的法律效果；对侦查活动和刑事判决执行中的违法情况提出纠正意见，有关机关必须及时审查。这个特点，也是法律监督与其他形式监督的一个重要区别。

二、检察机关宪法定位的合理性与必要性

把检察机关作为国家的法律监督机关，是中国检察制度的基本特色。这个特色是植根于中国国情的理性选择，是实现依法治国的必然要求。

（一）人民代表大会的宪政制度

我国《宪法》第 2 条规定："中华人民共和国的一切权力属于人民。人民行使国家权力的机关是全国人民代表大会和地方各级人民代表大会。"第 3 条进一步规定："国家行政机关、审判机关、检察机关都由人民代表大会产生，对它负责，受它监督。"这表明，人民代表大会制度是我国的根本政治制度，人民代表大会拥有一切国家权力，国家行政机关、审判机关和检察机关都是由人民代表大会产生并对人民代表大会负责的国家机关，是根据人民代表大会的授权行使部分国家权力。这样一种宪政制度，就决定了法律监督机关存在的必然性。

首先，全国人民代表大会作为统一的最高的国家权力机关，享有广泛的权力。按照《宪法》第 62 条的规定，全国人民代表大会享有 15 项职权；按照《宪法》第 67 条的规定，全国人民代表大会常务委员会享有 21 项职权。如此广泛的职权，在客观上就决定了人民代表大会对于由它产生并对它负责的其他国家机关的监督只能是宏观的监督，只能是就影响重大的事

项的监督，而不可能是一种经常性的、对遵守和执行法律的具体情况的监督。如果让人大来行使对具体的执法活动和违法案件的监督，就有把国家权力机关降格为具体的办案部门之嫌，就可能削弱人大在国家权力结构中作为国家权力机关的宪法地位，就可能使国家权力机关陷入具体的案件审理之中而分散其抓国家大事的精力。如是，既有损于国家政权建设和法治建设，也不利于法律监督权的充分行使。在这种情况下，行政机关和审判机关的日常事务即具体的执法活动，必然处于国家权力机关无力监督的状态。但是按照权力运作的一般规律，缺乏制约的权力必然导致权力的滥用。为了防止其他国家机关滥用国家权力，就有必要设置一个专门机关，承担常规性的监督职责，来检查督促其他国家机关正确执行全国人民代表大会制定的法律，以防止权力的滥用。

其次，我国的其他国家机关都是由人民代表大会产生并直接对人民代表大会负责的。这些国家机关之间，相互独立，互不隶属，难以形成某些西方国家的那种权力制衡关系。在这样一种国家结构中，就有必要设置一个其本身不享有实体性权力的专门机关来监督其他国家机关执行法律的情况，发挥以权力制约权力的作用。可以说，法律监督机关的设置，是分权制衡原理在人民代表大会制下的具体运用，是根据国家最高权力机关的授权对行政权、审判权的制衡，但不是对国家最高权力的制衡。

最后，我国的法律监督机关是由人民代表大会产生并直接向人民代表大会负责的一个国家机关，因此它所具有的法律监督权只是人民代表大会统一行使的国家权力的一部分，是根据人民代表大会的授权代行部分监督权，法律监督机关行使法律监督权，不仅其本身要受到人民代表大会的监督，而且行使法律监督权的范围和方式要由人民代表大会通过法律来规定。

这种情况说明，法律监督机关和法律监督权的设置，在人民代表大会制度下，具有存在的合理性，是权力制衡的必然要求，符合权力运作的普遍规律，而这种权力本身又不是一种不受监督制约的权力，不是独立于国家最高权力之外的可以任意行使的权力。因此，从宪法制度上看，法律监督机关的设置，在中国的权力架构中，有其存在的必然性和合理性。它是保障国家行政机关、审判机关按照国家权力机关制定的宪法和法律正确行使行政权和审判权的有效措施。特别是在依法治国的过程中，法律监督机关的独立设置和法律监督权的高效运作，对于督促国家机关严格依照法律的规定管理各项公共事务，防止权力的滥用，具有极为重要的不可替代作用。

如果无视我国的宪政制度，如果按照"三权分立"的国家权力结构模式，就看不到法律监督机关设置的必要性和重要性。有的学者正是由于忘记了我国宪政与西方某些国家宪政的根本区别，仅仅从诉讼的角度甚至仅仅从刑事诉讼的角度，考察把检察机关作为法律监督机关设置的必要性，自然无法认识法律监督机关与我国根本政治制度之间的内在联系，因而也就不可能真正认识到法律监督机关在中国存在的宪政基础。

（二）历史文化传统中的重人治、轻法治思想

几千年来，中国一直是一个权力本位的国家，权力不仅支配着社会资源的配置，而且支配着社会主体的实践活动。一方面，使人们把权力看作法律的本源，把法律视为当权者手中的工具。与法律相比，人们更崇尚个人手中的权力及其影响力。另一方面，人们对权力的期望值很高，而对法律的期望值较低。许多人认为有权的人无所不能。人治传统深深地扎根于国民意识之中。在这种社会心态下，不论是行政管理人员、执法

人员，还是普通老百姓；不论是文化程度较高的知识分子，还是文化程度较低的工人、农民和其他劳动者，人们无论遇到什么事，往往首先想到的是"关系"而不是"法律"，都希望通过"关系"找个有权的人"说说情"，希望通过有权的人的影响力促成自己想办的事或者阻止不利于自己的事。即使是明知触犯了法律，也希望通过"关系"使执法人员对自己"网开一面"。在国家大力倡导依法治国的社会环境下，许多公民特别是一些领导干部，仍然认为依法治国是用法律来管理社会、管理别人，而不是甚至不愿意用法律来管自己。这种淡漠法律的社会心态，给自觉地遵守法律和严格地执行法律造成了很大的思想障碍，使法律的遵守和执行在很大程度上不能不依赖于强有力的法律监督机制。从另一方面看，这种对权力的崇尚又反过来刺激着权力的膨胀，加剧了权力的滥用。在现实生活中，确实有一些有权的人"神通广大"，能够在法律规定之外办成许多事情；确实有一些人通过有权的人的说情，使某些按照规定不能办或不该办的事办成了，或者使某些应该受法律处罚的人没有受到法律处罚或减轻了处罚。这种社会现实，使有权的人更加意识到权力的重要，以为有了权就可以不受法律的约束，使没有权力的人或者权力较小的人更加仰慕他人手中的权力，乐于屈从权力而不是屈从法律。

在这样一个缺乏法治传统的社会里，要推行法制，实现依法治国，单纯依靠人们自觉遵守法律，单纯依靠宣传和普及法律知识，是远远不够的。这种社会现实，也就迫使国家要实行法治就不得不设置一个专门的法律监督机关来监督和保障法律的实施，防止权力对法制的破坏。正如列宁指出的，"究竟用什么来保证法令的执行呢？第一，对法令的执行加以监督；第二，对不执行法令加以惩办"[1]。

(三) 市场经济的客观需要

我国经历了二十多年从计划经济到市场经济的过渡，社会主义市场经济体制基本建立。市场经济是法治经济，要求用法律来规范经济主体的活动。正如江泽民同志指出的，世界经济的实践证明，一个比较成熟的市场经济，必然要求并具有比较完备的法制。市场经营活动的运行，市场秩序的维系，国家对经济活动的宏观调控和管理，以及生产、交换、分配、消费等各个环节，都需要法律的引导和规范。在国际经济交往中，也需要按国际惯例和国与国之间约定的规则办事。这些都是市场经济的内在要求。我们要实现经济体制和经济增长方式的根本性转变，也必须按照市场的一般规则和我们的国情，健全和完善各种法制，全面建立起社会主义市场经济和集约型经济所必需的法律体系。[2] 依法治国正是适应市场经济的要求而提出的。

市场经济所要求的法律体系必然是统一的法律体系。法制的统一是市场经济一体化的基础。市场经济是没有地域界限的，特别是随着经济全球化趋势的出现，市场经济更要求经济主体遵守统一的游戏规则。

市场经济要求规范经济行为的法律规则在全国范围内统一实施，特别是像中国这样地域辽阔、各地经济发展很不平衡、市场经济的规则还没有成为经济主体的自觉行为规范的国度，市场经济对法制的统一要求更为强烈。另外，各地有着自己独立的经济利益，这在客观上又妨碍着统一法制的实施。如果没

---

[1] 列宁：《新工厂法》，《列宁全集》第 2 卷，人民出版社 1984 年版，第 358 页。

[2] 中共中央文献研究室编：《江泽民论有中国特色社会主义》，中央文献出版社 2002 年版，第 331 页。

有强有力的法律监督机关来监督人们遵守法律，维护法制的统一实施，市场经济所要求的统一的市场规则就不可能建立，市场经济体制的建立和完善就将是一句空话。

（四）法律规范本身的疏漏

随着社会主义法制建设的不断深入，我国陆续制定了许多法律，在社会生活的各个方面，基本上改变了无法可依的状况。但是由于缺乏法治实践经验的积累，我国在立法的粗疏与严密方面把握得还不够精当，使法律本身留下了太多的可以任意解释适用的空间。

第一，法律的含义不明确。法律的基本功能是规范人们的行为，因此法律的含义必须明确，能够为人们准确地理解，进而才能成为人们行动的指南。法律本身的规定不明确，就难以被人们准确地把握，因而也就难以为人们所遵守。所以，法律在规定具体事项之前，首先应当对该法律所使用的关键性术语进行定义，以明确它的含义。例如，加拿大刑法，第一条是关于法典的名称，第二条就是"定义"，其中对法典涉及的56个术语进行了定义。联合国制定的所有国际刑法公约，第一条几乎毫无例外的都是"定义"。但是我国的法律中几乎没有关于定义的规定，这就导致了对法律解释的随意性。

第二，法律条文的伸缩性太大。我们的许多法律规范都是弹性条款，以至就同一问题作出的相去甚远的决定都不违反法律的规定。就连刑事法律这种制裁性质非常严厉的法律，仍有许多条款把行为是否构成犯罪的标准留给了执法者。如在刑法分则中大量使用"情节严重""情节特别严重"，"情节恶劣""情节特别恶劣"，"数额较大""数额巨大""数额特别巨大"等难以界定的程度性词语，作为是否构成犯罪或者在哪个刑罚档次内适用刑罚的标准。而整部刑法中并没有对这些决定特定行为是否构成犯罪、是否应当从重处罚的要件加以任何限制性或解释性规定，以至在相当一部分犯罪中，虽然有刑法条文的规定和"罪刑法定原则"的限制，是否构成犯罪仍要取决于司法机关和司法人员对何为"情节严重"或"数额较大"等程度性词语的理解和适用。这种理解及其在具体案件中的适用正确与否，直接关系到刑法适用的正确性。

第三，法律的运行机制不健全。由于法律文化传统上的差异，我国没有西方国家的那种陪审团制度，对于决定案件命运的案件事实，其证据的审查和认定完全取决于司法人员的认识。如果司法人员有意或无意地采信有利于一方当事人的证据，而无视有利于另一方当事人的证据，那么，即使"严格依法"来判决，也会导致案件处理的结果丧失实质公正。

我们国家法律规范本身存在的这些问题，在客观上就需要设置一个专门的法律监督机关来监督和制约执行和适用法律的活动，以防止司法权的滥用，保证法律的正确实施。

可以说，中国的国情是把检察机关作为法律监督机关来设置的宪政基础、法律基础和社会基础。要理解中国的检察机关为什么是法律监督机关而不是单纯的公诉机关，就必须了解中国社会的现实。

三、检察机关在宪政结构中的定位

在"三权分立"的宪政结构中，国家权力被人为地分割为三种权力，即以议事、决策和立制为特征的立法权，以命令、统筹为特征的行政权，以协调、中立和裁判为特征的司法权。在这三种权力中，检察权究竟属于其中的哪一种权力，往往存有争议。所以在"三权分立"的宪政结构中检察机关没有独立的宪法地位。

在中国，人民代表大会制度是我国的根本政治制度。在人民代表大会制度中，人民代表大会即国家权力机关在整个国家机构体系中居于主导和支配地位，国家行政机关、审判机关和检察机关都由它产生，对它负责，受它监督。如果说在"三权分立"的宪政结构中国家权力呈现出一个平面三角形的话，那么在人民代表大会制的宪政结构中，国家权力则呈现出一个立体三角形。人民代表大会居于三角形的顶端，统一行使国家权力以保证国家权力的完整性。在人民代表大会之下，分别设立国家的行政机关、审判机关和检察机关，分别行使国家的行政权、审判权和法律监督权。在这样的宪政结构中，检察机关就有了独立的宪法地位。检察机关作为国家的法律监督机关，在人民代表大会制中，属于人民代表大会统一领导下，与国家行政机关、审判机关并行的国家机关，享有独立的法律地位。

在人民代表大会制度中，行政机关、审判机关和检察机关都由国家权力机关产生，并对它负责，受它监督。这是一个必要的监督机制。但是，仅有这一个监督机制是不够的。人民代表大会作为国家的权力机关肩负着繁重的任务，它对行政权和审判权的监督，主要是通过人事任免、听取和审议工作报告、就重大事项作出决定等方式进行的，不可能全面、具体地进行日常的监督，也不宜直接介入、取代或启动行政处罚程序和司法审查程序。因此，设立检察机关作为与行政机关、审判机关平行的法律监督机关，专门行使法律监督权，是加强国家权力机关监督职能必要的制度安排。从这个意义上说，法律监督职能是国家权力机关监督职能的延伸，是其派生的、执行性的监督职能。换言之，我国检察机关的法律监督职能是从人民代表大会的监督职能中分离出来的。这就决定了检察机关与国家权力机关的关系。这种关系集中表现在三个方面：

（一）检察机关是由人民代表大会产生的法律监督机关

按照《宪法》第3条的规定，检察机关由人民代表大会产生。这意味着检察机关的机构设置必须由人民代表大会批准，检察机关的领导成员必须由人民代表大会及其常委会选举或任命产生。正如宪法中规定的，全国人民代表大会选举最高人民检察院检察长；全国人民代表大会常务委员会根据最高人民检察院检察长的提请，任免最高人民检察院副检察长、检察员、检察委员会委员和军事检察院检察长，并且批准省、自治区、直辖市的人民检察院检察长的任免；县级以上的地方各级人民代表大会选举并且有权罢免本级人民检察院检察长，选出或者罢免人民检察院检察长，须报上级人民检察院检察长提请该级人民代表大会常务委员会批准。检察机关的这种产生机制，就决定了检察机关与国家权力机关的关系和检察机关在宪政结构中的地位，即检察机关是一个隶属国家权力机关的国家机关，其法律地位永远都不能凌驾于人民代表大会之上，其职权和活动永远都不能超越人民代表大会的授权范围。

（二）检察机关必须向人民代表大会负责，接受人民代表大会的监督

检察机关既然是由人民代表大会产生的，它就理所当然地要向人民代表大会负责并受人大的监督。宪法在规定检察机关依法独立行使检察权的同时，也规定：全国人大常委会的职权之一是"监督国务院、中央军事委员会、最高人民法院和最高人民检察院的工作"。因此人民代表大会及其常委会对检察机关的工作具有监督权也是一项毋庸置疑的宪法原则。全国各级检察机关和全体检察人员要树立接受人大监督的意识，自觉地把自己的工作置于人大的监督之下。

人大监督检察机关的工作，除了审议检察机关的工作报

告、任免检察机关的组成人员之外，一个很重要的方面就是对检察机关所办理的案件提出质询。这种质询并不是要干涉检察机关办理案件，并不意味着检察机关必须按照人大的意见来办理具体案件，而是为了提示检察机关对具体案件进行审查，以保障检察机关严格依法办理案件。

（三）检察机关是独立的国家机关，依法独立行使检察权

检察机关虽然隶属国家权力机关，但是它又具有一定的独立性。这种独立性突出地表现在两个方面：一是机构设置上的独立性；二是行使职权时的独立性。

由于检察机关在宪政结构中享有独立的法律地位，所以检察机关作为国家结构中一个独立的系列，设立了统一的机构并具有完整的组织体系。《宪法》第130条规定："中华人民共和国设立最高人民检察院、地方各级人民检察院和军事检察院等专门人民检察院。……人民检察院的组织由法律规定。"这就从组织结构上保障了检察机关在机构设置上的独立性。

除了组织结构上的独立性之外，宪法还确立了检察机关依法独立行使检察权的原则，强调检察权行使的独立性。1954年9月20日第一届全国人民代表大会通过的《中华人民共和国宪法》第83条规定："地方各级人民检察院独立行使职权，不受地方国家机关的干涉。"1982年12月4日第五届全国人民代表大会通过的《中华人民共和国宪法》第131条再次专门规定："人民检察院依照法律规定独立行使检察权，不受行政机关、社会团体和个人的干涉。"这些规定，以根本大法的形式，确立了人民检察院依法独立行使检察权的宪法原则。

为了强调检察机关依法独立行使检察权的重要性，1954年《人民检察院组织法》和1979年颁布、1982年修订的《人民检察院组织法》，1979年颁布、1996年修订的《刑事诉讼法》

和 1995 年颁布、2002 年修订的《检察官法》都重申了依法独立行使检察权的宪法原则。

当然,依法独立行使检察权绝不意味着检察机关可以为所欲为。独立行使职权是有前提的,即必须符合法律的规定,必须在法律规定的范围内活动。

全面理解检察机关的宪法地位,必须正确理解检察机关依法独立行使检察权与党的领导的关系。我国宪法总纲中明确规定:"中国各族人民将继续在中国共产党领导下,在马克思列宁主义、毛泽东思想指引下,坚持人民民主专政,坚持社会主义道路,不断完善社会主义的各项制度,发展社会主义民主,健全社会主义法制……"因此坚持党的领导是我国宪法确立的一项根本性原则,一切国家权力包括检察权的行使必须在中国共产党的领导下进行。这是依法独立行使检察权的基本前提和根本保证。中国共产党不仅要领导人民制定宪法和法律,而且要领导人民遵守和执行宪法及法律。由于党作为国家和社会的领导力量而非国家机关,要保证宪法和法律的实施,不能直接参与执法和司法过程,需要通过专门的国家机关来进行,而法律监督机关就是党实现其监督法律实施,维护法制统一的必要途径。正如邓小平所说:"纠正不正之风、打击犯罪活动中属于法律范围的问题,要用法制来解决,由党直接管不合适。党要管党内纪律的问题,法律范围的问题应该由国家和政府管。"[1] 同时,我们党是执政党,绝大部分国家工作人员是共产党员,检察机关对国家工作人员特别是党员干部职务犯罪的监督是党纪监督的延伸,既是对党员干部公务活动的监督,也是强化党纪监督的法律形式,是维护党的纯洁性和权威性从而

---

[1]《邓小平文选》(第三卷),人民出版社 1993 年版,第 163 页。

巩固其执政地位的重要监督机制。列宁曾经指出，检察机关应当受党中央的统一领导，党中央是反对地方影响和个人影响最可靠的保证，建立一个受党中央密切监督的中央检察机关，才能做到充分行使检察权。

因此，检察机关在独立行使检察权的过程中，要自觉地把自己的一切活动置于党的领导之下，自觉地服从党的路线方针和政策，紧紧依靠党的领导来保证检察工作的政治方向，解决检察工作中面临的困难。

四、检察机关在诉讼结构中的定位

检察机关作为法律监督机关的地位，不仅表现在国家政治体制中，而且表现在司法体制和各种诉讼程序中。在刑事诉讼中，检察机关负有对职务犯罪立案侦查、对公安机关的侦查活动进行监督、提起公诉和出庭支持公诉、对确有错误的判决裁定进行抗诉、监督刑罚的执行等职责。在民事诉讼和行政诉讼中，按照现行的法律规定，检察机关负有对民事审判活动和行政诉讼活动实行法律监督的职责以及对人民法院已经发生效力但确有错误的判决、裁定提出抗诉的权力。随着社会主义市场经济的发展和法制建设的推进，检察机关在民事、行政诉讼中的作用还会进一步加强。

我们必须清醒地看到，诉讼程序属于司法的范畴，只是社会主义法制的一个环节。检察机关在诉讼程序中的职能和地位只是检察机关在国家政体中的地位的一个方面的表现，与检察机关在政体中的地位有一定的相关性甚至存在内在的联系。但是，检察机关在诉讼中的具体角色和作用毕竟具有一定的特殊性。首先，检察机关在诉讼程序中的地位和角色要适应诉讼结构合理化的趋势和需要，也只有在合理的诉讼结构中，检察机关才能更好地发挥职能作用。其次，我们应当认识到政体结构与诉讼结构是两个不同层面的问题（诉讼制度从属于司法制度，而司法制度又从属于政治制度）。它们之间既有联系，即诉讼结构是政体结构的派生物，从属于政体结构，也有区别，即诉讼结构和政体结构分别调整不同性质和不同内容的权力关系，因而必须遵循不同的规律和要求。因此，我们不能以检察机关在政体中的地位代替或者否定检察机关在各种诉讼程序中的地位，也不能以检察机关在诉讼程序中的地位代替或者否定检察机关在国家政体中的地位。同时，我们也要看到检察机关在政体中的地位与其在诉讼程序中的地位之间的内在联系，即法律监督是检察机关一切职能活动的共同特点和基本要求。

正确认识检察机关在诉讼结构中的定位，关键是正确认识检警关系和检法关系。近年来，法学理论界对检警关系和检法关系进行了许多思考，提出了一些构想。其出发点都是为了进一步理顺公检法三机关在诉讼中的关系，更好地实现司法公正。但是，我们认为，探讨检警关系和检法关系，不能脱离我国的根本政治制度和法治建设的实际情况，不能离开宪法的规定。其中，宪法关于检察机关法律地位的规定和关于"人民法院、人民检察院和公安机关办理刑事案件，应当分工负责，互相配合，互相制约，以保证准确有效地执行法律"（第135条）的规定，是理解和理顺检警关系和检法关系的宪法基础。我们必须遵循宪法的规定和精神来探讨和解决检警关系和检法关系方面存在的问题。

（一）检警关系

检察机关与公安机关的关系，可以说是多方面的。但是人们在讨论检警关系时，往往主要是指在刑事诉讼的审前程序中如何解决警察的侦查活动与检察官的公诉活动之间的关系。

从国外有关检警关系的制度设计上看，警察与检察官的关系主要有两种模式：一是警检分立模式，即警察机关与检察机关各自独立，分工负责，互不干涉，警察机关全面负责刑事案件的侦查工作，检察机关不得过问侦查活动；警察侦查完毕，将案件移送检察机关审查起诉。二是警检合一模式，即警察机关的侦查活动原则上被视为检察机关公诉活动的一个组成部分，警察的侦查活动，在法律上完全听命于检察官，在侦查活动的任何阶段，只要检察官出现，警察的侦查活动就要受检察官的指挥，从而形成一个统一而不可分割的控方阵营。

在我国，按照《宪法》第 135 条的规定和《刑事诉讼法》第 7 条的规定，人民检察院和公安机关在刑事诉讼中的关系，可以概括为三个方面：

1. 分工负责，各司其职

检警关系的基础是分工负责。在我国，公安机关与检察机关是两个各自独立、互不隶属的国家机关，具有明确的分工。特别是在刑事诉讼中，法律对公安机关和检察机关的职责权限作了明确规定。检警双方都应当按照法律规定的职责权限，认真履行各自的职责，不能混淆各自在刑事诉讼中的角色定位。如果任何一方放弃自己的法定职责，不能按照分工完成诉讼任务，检警关系就丧失了联系的基础。

2. 互相配合，目标一致

在刑事诉讼中，公安机关的侦查活动与检察机关的公诉活动具有相同的目标，都是为了有效地揭露和证实犯罪，将真正犯罪的人绳之以法，使无辜的人不受追诉，都是为了维护社会的稳定，伸张法律正义。因此，检警两家应当互相配合，共同完成刑事诉讼的任务。但是这种配合是以分工负责为前提和基础的，而不是相互融为一体，不分彼此。

3. 监督制约，防止出错

按照法律的规定，检察机关对公安机关的侦查活动具有法律监督的职责。检察机关应当依法履行法律监督的职责，对公安机关侦查活动中可能存在的违反法律的情况特别是违法侵犯犯罪嫌疑人合法权益的情况，要认真审查，及时提出纠正意见，防止错误的发生或持续。另外，公安机关对检察机关的监督行为和诉讼活动也具有制约作用。不仅侦查活动的质量直接影响到检察机关公诉活动的效果，而且公安机关对检察机关作出的与公安机关侦查活动有关的决定，有权提请作出决定的检察机关或其上级机关重新审查该决定的正确性，从而防止错误决定。

从制度设计上看，我国检警关系具有两个特点：一是吸收了检警分立模式的优点，检察机关与公安机关保持一定的距离，两机关分工负责，相互独立，这有利于发挥侦查机关的优势和积极性。二是吸收了检警结合模式的优点，注重检察机关对侦查活动的参与和控制，尤其是检察机关对公安机关的侦查活动予以监督，有利于防止侦查权的滥用。

（二）检法关系

关于检察院与法院之间的关系，我国法律作了明确的规定。按照宪法和法律的规定，检察院与法院的关系，在刑事诉讼中也是分工负责、互相配合、互相制约的关系。但是这种关系与检察机关与公安机关之间的分工负责、相互配合、相互制约关系略有不同。在审前程序中，检警关系是以检主警辅为特征的，而在审判程序中，检法关系是以法主检辅为特征的。检察机关的公诉活动，不仅具有启动审判程序的功能，而且具有为审判活动设定范围的功能，刑事审判的对象不能逾越公诉的事实。但是在另一方面，也要看到，毕竟是法院在主导审判程序，检察机关的公诉活动必须受到法院审判活动的检验，必须服从人民法院经过审判所作出的终局裁判。

检察机关除了在刑事诉讼中行使公诉权之外，在刑事诉讼、民事诉讼和行政诉讼过程中，还承担着对人民法院的审判活动是否合法实行法律监督的职责。在诉讼监督的过程中，检察机关与法院的关系，不同于公诉活动中的检法关系，而是一种监督与被监督的关系。检察机关对审判活动的监督，具有引起法院对自己的有关行为或决定进行再审查的效力。

对于检法关系中检察机关的法律监督权，近年来，有些人提出了一些不同看法。其中，有的认为，应当改变目前检法之间的关系，取消检察机关的审判监督权。其主要理由是：履行公诉权和部分案件侦查权的检察机关，同时担负着法律监督权，而这种监督权直接指向法院的审判活动，不利于审判权的独立行使，不利于维护司法权威，对审判所具有的终局性是一种威胁甚至破坏。有的认为，虽然目前检法之间的关系不应改变，但是应当对检察机关的审判监督加以限制。其具体理由是：为了树立法律的权威，必须维护法院裁判的稳定性，为此应当对检察机关的审判监督范围进行必要的限制。一是应当受一事不再理原则的限制，即对再审理由、时效和再审抗诉次数等进行限制。二是对审判监督的对象进行限制，即检察机关只能对法官个人的违法违纪等行为进行监督。三是对审判监督的方式进行限制，即检察机关只能对法院的审判活动实行事后监督，不能进行事中监督。

我们认为，检察机关对法院审判活动的监督不仅不应取消或限制，而且应当进一步加强。其理由主要是：第一，从诉讼规律上看，司法人员办理案件的过程，是一种对案件事实进行认识的过程，由于案件事实是复杂的而且是过去发生的，因而认识案件事实要受诸多主客观因素的限制。这就决定了认识产生错误的可能性，以及由这种认识导致的裁判错误的可能性。为了防止和纠正可能出现的错误判决裁定，就有必要在刑事诉讼中建立审判监督制度以督促审判机关纠正错判。第二，从权力制衡的角度看，任何权力都具有"善"与"恶"两重性，要防止权力的滥用，出现其"恶"的属性，就必须对权力进行监督和制约。这是被历史反复证明了的一条客观规律。具体到刑事诉讼活动来说，要保证国家审判权的正确行使、不被滥用，就必须建立起对审判权进行有效监督的机制。第三，从我国的司法实践看，法院审判活动中的违法现象还比较严重，司法腐败和司法不公的问题，仍然是人民群众反映强烈的问题之一。这既影响了法律在人民群众心目中的形象和审判的权威，也妨碍了司法活动的目标即公平和正义在全社会的实现。这种客观现实，要求在诉讼程序中必须有一种有效的救济途径，使不公正的裁判得以纠正。而检察机关通过提起抗诉的程序比其他任何程序都更为有效。因此，加强对审判活动的法律监督，是保证裁判的公正从而维护司法权威的客观需要，也是防止审判权滥用的现实需要。

（原载《中国检察制度论纲》，人民出版社 2004 年版）

检察官在刑事司法制度
中的地位和职能*

在现代社会，检察官在各国的法治建设中发挥着重要作用，特别是在刑事司法方面，随着检察制度的不断发展和完善，检察官的作用越来越重要。为此联合国于 1990 年 9 月 7 日通过了《关于检察官作用的准则》，对检察官在刑事司法方面的作用，作了明确的规定，该准则已成为世界各国发挥检察官作用的共同行动指南。但是，由于各国的政治体制和法律传统的不同，检察官在各国的地位和职能则不完全相同。为了促进相互了解，下面我简要介绍中国检察官在刑事司法制度中的地位和职能。

一、中国检察官在刑事司法制度中的地位

在中国，根据宪法规定，中国实行人民民主专政的国体，国家的一切权力属于人民，因而决定了中国的政体实行人民代表大会制度，即国家权力统一由人民代表大会行使。在这种新型的国家体制中，为了保证国家权力的有效行使，在人民代表

---

* 本文是作者 2006 年 4 月在澳门召开的国际检察官联合会亚太地区会议上的发言。

大会下，设立了"一府两院"，即人民政府、人民法院和人民检察院。为了实现对国家权力的制约，保证国家法律的统一正确实施，必须要有一个常设的机构，专门负责监督职能，于是宪法就将这种法律监督职能赋予了检察机关。这样，在国家体制中，中国检察机关是与法院和行政机关并列的、专司法律监督职能的、具有独立地位的国家机关。

在刑事司法制度中，根据中国刑事诉讼法的规定，检察机关履行法律监督职能，具有独立的诉讼地位，检察机关的这种地位决定检察官在刑事司法活动中的地位。具体来说，在刑事司法活动中，中国检察官的地位与其他国家检察官不完全相同，具有自己的特色，这种特色主要表现在以下三个方面：（1）检察官在刑事司法活动中具有独立的地位，代表国家行使法律监督职权，不受侦查人员、法官的领导和指挥；（2）检察官在诉讼中与侦查人员、法官的地位是平等的，与被告方也是平等的；（3）检察官是国家法律统一正确实施的维护者。检察官在刑事司法活动中通过对违法行为进行监督，保证国家法律统一正确实施，从而成为国家法律的维护者。

二、中国检察官在刑事司法制度中享有的职权

根据中国刑事诉讼法规定，中国检察官在刑事司法活动中，享有下列几方面的权力：

一是职务犯罪侦查权。1986 年《刑事诉讼法》第 18 条规定："贪污贿赂犯罪，国家工作人员的渎职犯罪，国家机关工作人员利用职权实施的非法拘禁、刑讯逼供、报复陷害、非法搜查的侵犯公民人身权利的犯罪以及侵犯公民民主权利的犯罪，由人民检察院立案侦查。对于国家机关工作人员利用职权实施的其他重大的犯罪案件，需要由人民检察院直接受理的时候，经省级以上人民检察院决定，可以由人民检察院立案侦查。"可见，该条赋予了检察官对国家工作人员的职务犯罪案件行使侦查权。检察官拥有对所有国家工作人员职务犯罪独立的侦查权，是中国检察官职能的一大特色，符合权力制约理论的要求，也符合反腐败斗争的世界发展趋势，具有重要的现实意义。

二是刑事案件的起诉权。1996 年《刑事诉讼法》第 136 条规定："凡需要提起公诉的案件，一律由人民检察院审查决定。"可见，所有刑事案件的起诉权统一由检察机关的检察官行使。中国实行起诉法定主义，凡是符合法定起诉条件的案件，检察官原则上都应当向法院提起公诉。检察官在行使起诉权前，应当对案件进行以下三方面的审查：（1）审查案件的证据是否合法和确实充分。审查证据的合法性，就是要审查警察在收集证据时，有无刑讯逼供等违法行为，如果发现有非法证据，根据中国的司法解释，非法的言词证据应当排除，不能作为起诉的根据；如果是非法的实物证据，是否排除由法官审查后决定。审查证据是否确实充分，就是要审查真实性和充分性，即根据现有的证据是否能够认定犯罪嫌疑人有罪。如果认为犯罪嫌疑人的行为构成犯罪，检察官还要进行第二方面的审查。（2）审查是否需要追究犯罪嫌疑人的刑事责任。为此检察官应当考虑证据以外的因素，包括犯罪嫌疑人的个人情况（如年龄、性格、经历、身体状况、职业、有无前科等）、犯罪情节的轻重、犯罪行为后的表现情况（如有无悔改表现、是否赔偿被害人的损失、逃匿、隐匿或毁灭证据等行为）。检察官综合考虑上述因素后，如果认为犯罪嫌疑人"犯罪情节轻微，依照刑法规定不需要判处刑罚或者免除刑罚的"，可以决定不起诉。否则就应当决定提起公诉。在中国，检察官作为法律的维护者，还要进行第三方面的审查。（3）审查警察的侦查行为是否合法。即检察官应当对警察的侦查活动、所采取的强制措施是否合法进行审查，如果发现警察有违法行为，检察官有权提出纠正意见。

三是刑事案件的不起诉权。虽然中国实行起诉法定主义，但同时辅以起诉便宜主义，赋予检察官一定范围内的自由裁量权。根据中国刑事诉讼法规定，检察官对刑事案件进行审查后，如果发现案件具有以下情形之一的，有权决定不起诉：（1）犯罪嫌疑人的行为不构成犯罪的；（2）犯罪嫌疑人的犯罪情节轻微，依照刑法规定不需要判处刑罚或者免除刑罚的；（3）证明犯罪嫌疑人犯罪的证据不足的。检察官行使不起诉权，对于实现司法的个别公正，发挥刑罚的最佳功效，起着重要的保障作用。

四是刑事诉讼活动的监督权。在中国，检察官作为护法使者，享有对刑事诉讼活动中违法行为的监督权。这种监督权主要表现为以下三个方面：（1）对警察侦查的案件行使批准逮捕权。即警察在对刑事案件的侦查过程中，如果认为需要对犯罪嫌疑人采取逮捕的强制措施时，根据刑事诉讼法规定，警察必须向检察官提出申请，由检察官审查后，决定是否批准逮捕。（2）对法院的判决行使抗诉权。即法院对案件作出判决后，如果检察官认为法院的判决在认定事实或者在适用法律方面确有错误的，或者量刑畸轻畸重的，有权向上一级法院提出抗诉，要求重新审判。（3）对警察和法官的违法行为建议纠正权。即在刑事诉讼活动中，检察官如果发现警察在侦查活动中有违法侦查行为，或者法官在审判活动中有违法行为，有权提出纠正意见或者建议，以维护国家法律的正确实施。

三、中国检察官职能在刑事司法制度中的发展趋势

中国检察官虽然在刑事司法活动中发挥着重要作用，但是由于中国经济条件、公众的素质等方面的限制，中国的法治建设还处在初级阶段，整体法治水平还较低，这些大的环境制约了检察官作用的发挥。为了较少制度性障碍，发挥检察官在维护国家法律统一正确实施中的作用，我们近年来进行了一系列司法改革措施，不断完善有关检察制度，推进中国的法治化进程。关于检察官在刑事司法活动中职能作用方面，我们主要进行了以下改革措施，这些改革措施也反映了今后检察官职能在刑事司法制度中的发展趋势。

1. 开展检察官证据展示制度试点工作。中国 1996 年刑事诉讼法修改时，吸收了英美法系国家对抗制的合理因素，建立了对抗式的庭审方式。要有效地发挥该庭审模式的作用，必须保证控辩双方对证据的平等占有，即所谓的"平等武装"。为了实现控辩双方的"平等武装"，中国部分省市开展了控辩双方证据展示的试点工作，经过一段时间的探索，目前已取得了一定的经验，这为今后检察制度的改革和完善，提供了重要的依据，也表明了中国检察官职能在刑事司法中的发展方向。

2. 探索扩大检察官的自由裁量权。在现代刑事司法中，刑罚报应主义已向刑罚预防主义发展，这是刑罚现代化的重要标志。为了适应这种世界潮流，各国都赋予司法官较大的自由裁量权，以保证实现司法的个别公正，达到刑罚最佳预防犯罪的作用，为此我国也正在探索扩大检察官自由裁量权的范围，例如对于未成年人犯罪较轻的，检察官有权决定不起诉。对于老年人、盲聋哑人和残疾人犯罪较轻的，法定刑在三年以下有期徒刑的，是否提起公诉，中国法学界建议赋予检察官以自由裁量权。

3. 建立简化审判程序。为了提高诉讼效率，中国在刑事诉讼法规定了简易程序的基础上，通过司法解释，确立了"被告人认罪"简化程序，即对于被告人认罪的案件，检察官可以建议法院简化普通审理程序，法院审查后认为被告人认罪是自愿的，且有一定证据的，法院就可以简化有关普通程序。这样，检察官就获得了建议简化普通审理程序的权力。除此之外，对于犯罪事实清楚的案件，中国许多学者建议赋予检察官提出简化普通程序的权力，以扩大检察官的自由裁量权。

4. 建议赋予检察官以秘密侦查权。在中国，根据刑事诉讼法规定，国家工作人员的职务犯罪由检察机关负责侦查。但是，随着职务犯罪的日益复杂化和智能化，再加上这种犯罪通常反侦查能力较强，检察机关查处难度较大。为了提高检察官侦破职务犯罪的能力，有效惩治腐败，有必要赋予检察官一定侦查措施，为此许多学者和司法机关提出建议，要求赋予检察机关以秘密侦查权。

5. 完善检察官的量刑建议权。在中国刑事诉讼法中，规定了检察官一定的量刑建议权，但是非常原则，实践中检察官也很少使用。随着中国法制的发展，人们对司法公正提出了更高的要求，全社会不仅更加关注法院审理程序的公开，而且开始关注法院量刑程序的公开。为了有效监督法院的量刑权，保证法院量刑的公开和公正，保护被告人的合法权利，有必要完善检察官的量刑权，使检察官的量刑权更加具体明确，这也是今后中国检察官职能在刑事司法制度中的发展趋势。

总之，我们相信，随着中国经济的高速发展和司法体制改革的不断深入，中国的刑事法律制度更加完善，中国检察官在刑事司法活动中，在维护国家法制统一正确实施，有效保障人权等方面，将发挥更大的作用。

检察机关在非刑事司法领域的作用[*]

这次会议的主题是检察机关在非刑事司法领域确保法律实施的作用。探讨这个主题并交流各国在这些方面的成功经验，对于更好地发挥检察机关在依法治国、保障人权中的职能作用，具有十分重要的意义。我想借此机会向各位朋友介绍中国检察机关在这些方面的职责，分享我们的经验。

一、检察机关在非刑事司法领域确保法律实施的职责

中国在推进依法治国的过程中，面临着许多特殊的困难，包括观念上的、制度上的、习俗上的、地域上的，以及司法人员素质等方面的障碍，保障法律统一正确实施的任务十分艰巨。所以，宪法把检察机关定位为国家的法律监督机关，专门负责监督法律的实施。

检察机关监督法律实施的职责，主要是在刑事司法领域，通过查办职务犯罪案件、对刑事案件提起公诉以及对刑事诉讼实行监督来实现的。但是在刑事司法领域之外，检察机关也扮演着重要的角色。

第一，在民事诉讼和行政诉讼中，检察机关担负着监督审

＊ 本文是作者 2011 年 10 月在国际检察官联合会中东和中亚地区会议上的发言。

判活动是否合法的职责。按照中国法律的规定，检察机关在民事诉讼和行政诉讼中确保法律实施的职责主要表现在三个方面：一是对审判结果进行监督。中国的民事诉讼法和行政诉讼法都明确规定，最高人民检察院对各级人民法院已经发生法律效力的判决、裁定，上级人民检察院对下级人民法院已经发生法律效力的判决、裁定，发现确有错误的[1]，或者有违反法定程序可能影响案件正确判决、裁定的情形，或者审判人员在审理案件时有贪污受贿、徇私舞弊、枉法裁判行为的，应当提出抗诉。地方各级人民检察院对同级人民法院已经发生法律效力的判决、裁定，发现有上述情形的，应当提请上级人民检察院向同级人民法院提出抗诉。人民检察院提出抗诉的案件，接受抗诉的人民法院应当自收到抗诉书之日起三十日内作出再审的裁定。二是对审判活动的监督。检察机关发现法院在民事审判和行政审判活动中存在违反法定程序的情况，可以向法院提出纠正违法的建议，要求法院予以改正，并引以为戒。三是对审判人员的监督。检察机关发现审判人员在审理案件时涉嫌渎职的，可以进行调查。如果经过调查确实存在贪污受贿、徇私舞弊、枉法裁判或者其他违反法律规定的诉讼程序的行为，可能影响案件正确判决、裁定的，除了依照法定程序提出抗诉之外，可以向被调查人所在机关发出纠正违法通知书，并建议有

---

〔1〕 确有错误，按照民事诉讼法的规定，是指有下列情形之一：有新的证据，足以推翻原判决、裁定的；原判决、裁定认定的基本事实缺乏证据证明的；原判决、裁定认定事实的主要证据是伪造的；原判决、裁定认定事实的主要证据未经质证的；对审理案件需要的证据，当事人因客观原因不能自行收集，书面申请人民法院调查收集，人民法院未调查收集的；原判决、裁定适用法律确有错误的；违反法律规定，管辖错误的；审判组织的组成不合法或者依法应当回避的审判人员没有回避的；无诉讼行为能力人未经法定代理人代为诉讼或者应当参加诉讼的当事人，因不能归责于本人或者其诉讼代理人的事由，未参加诉讼的；违反法律规定，剥夺当事人辩论权利的；未经传票传唤，缺席判决的；原判决、裁定遗漏或者超出诉讼请求的；据以作出原判决、裁定的法律文书被撤销或者变更的。

关机关停止被调查人执行职务，对其作出处理。如果构成犯罪的，检察机关可以立案侦查，依法追究其刑事责任。

第二，在行政执法领域，检察机关担负着监督行政执法活动是否合法的职责。按照中国法律的规定，行政执法机关在对行政违法行为进行处罚的过程中，如果发现违法行为构成犯罪，就应当移送有管辖权的司法机关依法追究刑事责任。但是如果行政执法机关对于构成犯罪的案件，不移送司法机关，检察机关就要对其不移送的行为进行监督。如果应当移送而不移送的行为比较轻微不构成犯罪，检察机关可以向行政执法机关或其上级主管部门提出纠正违法的建议，要求其纠正；如果应当移送而不移送的行为情节严重构成犯罪，检察机关就可以根据法律的规定追究有关行政执法人员的刑事责任。另外，按照人民警察法的规定，人民警察的执法活动，受检察机关的监督。

第三，在社会治安综合治理中，检察机关担负着重要的职责。在社会治安综合治理中，检察机关的职责主要有四个方面：一是开展法制宣传教育。按照人民检察院组织法的规定，检察机关负有通过检察活动，教育公民自觉地遵守宪法和法律，积极同违法行为作斗争的职责。检察机关要结合办理的案件宣传法律特别是新颁布的法律，教育公民自觉遵守法律，学会用法律维护自己的权利。二是受理申诉，化解矛盾。全国各级检察机关都设有专门的控告申诉部门，负责处理人民群众和案件当事人的来信来访，帮助当事人解决其所遇到的法律问题，进行说理和化解矛盾的工作。三是监督社会帮教和社区矫正的实施。对于未成年人实施的危害行为，不按照犯罪追究的，实行社会帮教；对于犯罪情节较轻不需要判处刑罚或者保外就医、假释的服刑人员实行社区矫正。社会帮教和社区矫正工作，由公安机关和司法行政机关实施，实施过程中存在侵犯被帮教或矫正人员合法权益情况或者放弃帮教、矫正职责情况的，检察机关可以提出纠正意见，监督执行机关依法履行职责。四是帮助行政机关、社会团体和企业事业单位完善管理制度。检察机关在办案过程中，发现有关单位的规章制度存在漏洞可能导致犯罪发生或者可能被犯罪所利用时，可以向有关单位提出检察建议，要求其改进工作，建立健全规章制度，堵塞漏洞，防止犯罪发生。

第四，在维护社会公共利益和促进经济发展方面，检察机关担负着打击犯罪、保障民生的职责。按照中国法律的规定，检察机关有权直接查办国家机关工作人员利用职权实施的侵犯公民人身权利和民主权利的犯罪，负责起诉侵犯公民人身权利、民主权利的犯罪，以保障公民的基本权利不受侵害；通过起诉破坏社会主义市场经济秩序的犯罪，保障社会经济发展。

二、检察机关在非刑事司法领域确保法律实施的具体实践

为了确保法律的正确实施，维护社会和公共利益，中国检察机关全面履行法律赋予的职责，在刑事司法领域积极发挥作用的同时，十分重视在非刑事司法领域监督法律的实施。

一是积极开展民事审判和行政诉讼法律监督，维护司法公正。依法受理和及时审查不服人民法院生效判决、裁定的申诉，重点加强对严重侵害国家和社会公共利益，侵害农民工、下岗职工等困难群众利益，因司法工作人员贪赃枉法导致司法不公等案件的监督。2010 年，最高人民检察院制定了《关于加强和改进民事行政检察工作的决定》，全国各级检察机关依法监督，对认为确有错误的民事、行政裁判提出抗诉 12139 件，对认为裁判正确的 44021 件申诉案件，耐心做好当事人的服判息诉工作。[1] 最高人民检察院会同最高人民法院等部门制定《关于对司法工作人员在诉讼活动中的渎职行为加强法律监督的若干规定》，明确规定对司法工作人员徇私枉法等12种渎职行为，检察机关可以通过调查核实违法事实、提出纠正违法意见、建议更换办案人等措施进行监督。检察机关通过监督诉讼活动的依法进行，维护司法公正，保障公民权利和公共利益方面，发挥了积极而重要的作用。

二是妥善处理申诉案件，努力满足人民群众的司法诉求。在坚持严格公正执法的前提下，检察机关倡导理性、平和、文明、规范执法，认真对待人民群众的来信来访，慎重稳妥地办理申诉案件，注意统筹兼顾各方利益诉求，把执法办案同化解矛盾相结合，千方百计解决群众的合法合理诉求，力求案结事了、息诉罢访。检察机关还推行民生服务热线和全国统一的12309举报电话，推行"一站式"受理接待中心和网上查询平台，进一步畅通群众控告申诉渠道。针对当事人的疑问加强释法说理，对生活困难的被害人协同有关部门给予救助，最大限度地减少社会矛盾，促进社会和谐。

三是建立和完善行政执法与刑事司法相衔接的机制。发现行政执法机关对构成犯罪的案件不移送司法机关依法追究刑事责任的，督促行政执法机关向司法机关移送案件，保障法律的正确实施[2]。发现公安机关动用刑事手段插手民事经济纠纷的，督促公安机关及时撤案，避免对不构成犯罪的当事人采取刑事强制措施，以保障公民的人身权利不受公权力的侵犯。对于涉及国家和社会公共利益的案件，有关主体没有或者不愿意

---

[1] 数据来源：最高人民检察院2011年工作报告。
[2] 2010年督促行政执法机关依法移送涉嫌犯罪案件3448件。

起诉的，检察机关督促或支持依法享有起诉权的主体提起民事或行政诉讼。2010 年督促起诉 33183 件，支持起诉 21382 件，防止侵害国有资产和公共利益。

此外，检察机关坚持把执法为民作为检察工作的根本出发点和落脚点，着力解决执法实践中涉及群众利益的热点难点问题。重视打击和查办发生在社会保障、劳动就业、征地拆迁、移民补偿、抢险救灾、医疗卫生、招生考试等民生领域的犯罪。积极参与食品药品安全专项整治，起诉制售有毒有害食品、药品的犯罪嫌疑人，关注民生，服务群众，努力维护社会公共利益。在四川、青海、甘肃等地发生重大自然灾害发生后，检察机关积极救助受灾群众，依法打击影响灾区稳定、侵害受灾群众利益的刑事犯罪，注重预防和查办侵吞、挪用救灾款物等职务犯罪，全力保障抢险救灾和灾后恢复重建。各级检察机关还围绕区域经济发展战略的实施，深入调研，改进工作，提供更加有力的司法保障。

三、完善检察机关在非刑事司法领域确保法律实施职责的改革措施

目前，中国正在讨论民事诉讼法和行政诉讼法的修改问题，并且正在进行司法体制和工作机制改革。根据社会各界、专家学者和司法工作者的意见，以及检察机关的某些实践探索，检察机关在非刑事司法领域保障法律统一正确实施的职能作用，在某些方面将会进一步扩大。

一是检察机关提起公益诉讼的职权。许多学者认为，对于涉及国家利益和社会公共利益的案件，在没有合适的当事人提起诉讼的情况下，法律应当赋予检察机关代表国家或受害人提起民事公诉的权力；如果被告人涉及行政机关通过行政权力实施的行为，应当赋予检察机关依法提请行政公诉的权力。特别是在环境污染等重大公害案件，以及侵害弱势群体或消费者权益案件中，一方面，由于危害具有的潜伏性、损害后果的复杂性以及侵害主体的多样性，受害人很难收集到充足的证据来证明侵害行为与侵害结果之间的因果关系以及侵害人的法律责任，另一方面，由于案件涉及不特定多数人的人身、财产损害，容易引起群体性事件的发生，并且难以统一受害人的意见而共同采取法律行动。因此需要一个适格的主体代表不特定多数受害的当事人来进行诉讼。而检察机关本身是共同利益的代表，有义务也有能力作为诉讼主体代表受害人提起公诉。

二是检察机关对民事执行实行法律监督的职权。人民法院发生法律效力的民事判决裁定，在实践中长期存在着两个方面的问题，一方面是执行困难，一些当事人千辛万苦打赢了官司，因为执行不了而无法维护其合法权益；另一方面是执行机关在执行民事判决裁定的过程中，或者渎职，有可执行的财产而不执行，使当事人的合法权益无法实现，或者乱执行，随意冻结、查封、扣押案外财产，低价变卖被执行人的财产，给被执行人造成巨大的经济损失。这些都严重侵犯了诉讼当事人的合法权益。因此社会各界呼吁检察机关对民事判决裁定的执行实行法律监督。在民事诉讼法的修改过程中，这种意见具有很强的说服力，有可能推动法律的修改。

三是检察机关参与社会管理的职责。近几年来，中国正在推行社会管理创新。检察机关也在积极探索如何发挥检察职能的作用来参与社会管理创新。一些地方检察机关开始向辖区内案件较多或人口密集的地方派驻检察室，以便延伸检察机关服务社会经济发展的触角，宣传法律，便于人民群众举报、申诉，目的是更好地保护社会共同利益和公民的基本权利。

以上，我从法律规定、检察实践和改革完善三个方面介绍了中国检察机关在非刑事司法领域确保法律实施的情况。不妥之处，敬请指正。如果各位同人有什么疑问，敬请提出，我将尽可能地回答。

检察机关的职能与职权：
变迁与转型*

职能是指职位应当具有的效能，即设置一个职位时希望它所能发挥的作用。职权是指因职位而赋予的权力。职能与职位设置的目的相联系，职权则是为了实现职位设置的目的而享有的手段。在国家权力架构中，设定一个机构，就要明确它的职能，就需要分配给它相应的职权，以便保证它有条件实现设置它的目的。

一、检察机关职权的历史变迁

一般认为，我国检察制度是清末修法后才出现的。有学者认为，我国古代的御史制度是检察制度的前身，但多数学者并不同意这种观点。因为御史制度是侦审合一的，这与现代检察制度是有很大差别的。另外，御史制度只是针对官员的，而不是面向普通人的。通常认为，御史制度与检察制度有相似之处，但毕竟是不同的制度，因而中国的检察制度还是从清末修法开始的。

---

　　* 本文根据作者 2014 年 6 月 5 日在中国政法大学"蓟门决策"论坛和 2015 年 6 月 24 日在贵州省人民检察院所做的专题讲座整理而成。

（一）清末初创

1906 年清政府在外国法学家的帮助下制定了《大理院审判编制法》（1910 年改为《法院编制法》），1907 年制定了《高等以下各级审判厅试办章程》，1910 年制定了《检察厅调度司法警察章程》。这些规定确立了近代中国检察制度的基本原则。按照这些规定，在各级审判厅内设检事局（法院内设检察厅）；全国四级，即设在初级法院的初级检事局、地方法院的地方检事局、高等法院的高级检事局、最高法院的最高检事局。

当时检察机关的职权，何勤华教授在其主编的《检察制度史》中将其归纳为两个方面：一是在刑事案件中的职权，包括 6 项：刑事侦查权；批捕权；提请并实行公诉权；对司法警察的调动权（包括逮捕人犯、搜索证据、护送人犯、取保证人、检验尸体、接受呈词等）；监督审判权；刑罚执行监督权。二是在民事案件中的职权，主要是对部分民事案件出庭监督（婚姻事件、亲族事件、嗣续事件，如审判官不待检察官莅庭而为判决者，其判决为无效）[1]

（二）民国定型

1911 年 10 月 10 日辛亥革命胜利，1912 年 1 月 1 日成立南京临时政府；1912 年 4 月袁世凯篡权登上临时大总统的宝座，在北京成立了北洋政府，恢复清末的司法制度（取消了初级法院，增加了军事法院）；1927 年 4 月 18 日蒋介石在南京成立国民政府，直到 1949 年 10 月 1 日中华人民共和国宣告成立。

民国时期至中华人民共和国成立前，出台了一系列法律制度，如，1927 年 12 月 26 日国民政府最高法院颁布了《最高法院办事章程》，1929 年 8 月国民政府"鉴核公布"了《最高法

---

[1] 何勤华主编：《检察制度史》，中国检察出版社 2009 年版，第 336—338 页。

院组织法草案》，1932 年南京国民政府立法院正式公布了《法院组织法》（自 1935 年 7 月 1 日起施行）；1928 年公布了《中华民国刑事诉讼法》（1935 年重新公布，1945 年修订）；1927年底至 1928 年初陆续公布了《最高法院检察官办事权限暂行条例》《各省高等法院检察官办事权限暂行条例》《地方法院检察官办事权限暂行条例》等。这些规定都对检察官的职权做了规定，当时检察院设置在法院内，并按照法院的等级分别设置检察院。以后有一些变化，民国时期设立了"五院"，法院是归其中的"司法院"，检察院在法院内部。1942 年以后，检察院从法院独立出来，划分到行政院。再以后，"国民政府"到了台湾，延续了民国时期的法律，并有一定变化。1980 年，把"行政院"内的"司法行政部"又改为"法务部"，实行检审分署，法院仍然属于"司法院"，检察院则隶属于"法务部"。

从南京国民政府时期起，检察官的职权相对固定：

1. 实行和指挥侦查的权力：1928 年《刑事诉讼法》规定："检察官因公诉、告发、自首或其他事情，知有犯罪嫌疑者，应即侦查人犯及收集证据。"《调度司法警察条例》规定："检察官有权命令司法警察协助侦查，或指挥司法警察侦查犯罪。"

2. 提起公诉的权力。

3. 审判监督权：检察官不在场时，法官不得讯问被告人；公诉案件中被害人没有独立上诉权，检察官有；检察官有声请再审的权力和提起非常上诉权。

4. 执行监督权：死刑的执行由检察官指挥并监督；拘役和徒刑的执行由检察官监督；训诫处分由检察官执行。

1946 年修正的《法院组织法》第 28 条规定检察官之职权包括："一、实施侦查、提起公诉、实行公诉、协助自诉、担当自诉，及指挥刑事裁判之执行。二、其他法令所定之职务。"

（三）新民主主义政权中的检察职权

1931年11月7—20日，中华苏维埃第一次全国代表大会在江西瑞金召开，宣告中华苏维埃共和国临时中央政府成立，并通过了《中华苏维埃共和国宪法大纲》规定在大会闭会期间中央执行委员会为权力机关，下设人民委员会和最高法院，人民委员会下设工农检察委员会，工农检察委员会主席负责日常检察工作。1932年成立裁判部，设检察员；1934年颁布《中华苏维埃共和国中央苏维埃组织法》，规定在中华苏维埃最高法院设检察长1人，副检察长1人，检察官若干人。1937年9月，按照国共两党联合抗日的协定，中华苏维埃共和国临时中央政府西北办事处改组为陕甘宁边区政府。1939年4月公布的《陕甘宁边区高等法院组织条例》规定：在高等法院设立检察处，检察处设检察长及检察员，独立行使检察职权。检察员的职权包括：侦查案件，裁定案件，收集证据，提起公诉，协助担当自诉，参与诉讼或担当公益代表人，监督判决执行等。

（四）新中国成立后检察机关的职权

1949年9月21日，中国人民政治协商会议第一届全体会议在北京召开，通过了《共同纲领》和《中央人民政府组织法》。组织法提出组织最高人民法院和最高人民检察署，以为国家的最高审判机关及检察机关。1949年12月20日中央人民政府批准了《中央人民政府最高人民检察署试行组织条例》。其中第3条规定，检察机关的职权是：（1）检察全国各级政府机关及公务人员和全国国民是否严格遵守人民政协共同纲领，以及人民政府的政策方针与法律、法令；（2）对各级司法机关之违法判决提请抗议；（3）对刑事案件实行侦查，提请公诉；（4）检察全国司法及公安机关犯人改造所及监所之违法措施；（5）对于全国社会与劳动人民利益有关之民事案件及一切行政诉讼，均有代表国家公益参与之；（6）处理人民不服下级检察署不起诉处分之声请复议案件。

1951 年 9 月 3 日中央人民政府通过了《最高人民检察署暂行组织条例》和《各级地方人民检察署组织通则》；1954 年 9 月 21 日通过了《中华人民共和国人民检察院组织法》。

1954 年的《人民检察院组织法》第 4 条规定，检察机关的职权包括：（1）对于国家机关的决议、命令和措施是否合法，国家机关工作人员和公民是否遵守法律，实行监督；（2）对于刑事案件进行侦查，提起公诉，支持公诉；（3）对于侦查机关的侦查活动是否合法，实行监督；（4）对于人民法院的审判活动是否合法，实行监督；（5）对于刑事案件判决的执行和劳动改造机关的活动是否合法，实行监督；（6）对于有关国家和人民利益的重要民事案件有权提起诉讼或者参加诉讼。

人民检察院组织法通过后不久，我们国家逐渐进入一种非正常的状态，如"反右"斗争、自然灾害、"文化大革命"等，检察机关的职能并未认真实施。到 1975 年，在宪法中规定，检察机关的职权由公安机关行使。1979 年后，国家通过一系列法律，其中包括人民检察院组织法。

1979 年 7 月 1 日通过的《人民检察院组织法》在明确规定"中华人民共和国人民检察院是国家的法律监督机关"的同时，对人民检察院规定了五项职权，即组织法第五条规定的："各级人民检察院行使下列职权：（一）对于叛国案、分裂国家案以及严重破坏国家的政策、法律、法令、政令统一实施的重大犯罪案件，行使检察权。（二）对于直接受理的刑事案件，进行侦查。（三）公安机关侦查的案件，进行审查，决定是否逮捕、起诉或者免予起诉；对于公安机关的侦查活动是否合法，实行监督。（四）对于刑事案件提起公诉，支持公诉；

对于人民法院的审判活动是否合法，实行监督。（五）对于刑事案件判决、裁定的执行和监狱、看守所、劳动改造机关的活动是否合法，实行监督。"1979 年的人民检察院组织法与 1954年人民检察院组织法相比，发生了很大变化：一是取消了检察机关一般监督的职权，改为对于叛国案、分裂国家案以及严重破坏国家的政策、法律、法令、政令统一实施的重大犯罪案件，行使检察权。根据彭真的解释，检察机关的监督权限定在刑事案件的范围内。二是限制了检察机关的侦查权，将其限定为直接受理的案件。三是取消了参与公益诉讼的权力。

1979 年 7 月 1 日通过的《刑事诉讼法》明确规定了检察机关在刑事诉讼中的职权。

1979 年颁布的国务院《关于劳动教养的补充规定》第 5条规定："人民检察院对劳动教养机关的活动实行监督。"（随着 2013 年劳动教养制度的废除，这项职权也就自然失效）

1981 年 6 月 10 日通过的《全国人民代表大会常务委员会关于加强法律解释工作的决议》第 2 条规定："凡属于法院审判工作中具体应用法律、法令的问题，由最高人民法院进行解释。凡属于检察院检察工作中具体应用法律、法令的问题，由最高人民检察院进行解释。最高人民法院和最高人民检察院的解释如果有原则性的分歧，报请全国人民代表大会常务委员会解释或者决定。"这也就意味着，最高人民检察院根据人大的授权具有解释法律的权力。

1989 年 4 月 4 日通过的《行政诉讼法》第 10 条规定："人民检察院有权对行政诉讼实行法律监督。"

1990 年国务院颁布的《看守所条例》第 8 条规定："看守所的监管活动受人民检察院的法律监督。"

1991 年通过的《民事诉讼法》第 14 条规定："人民检察

院有权对民事审判活动实行法律监督。"

1991 年 3 月 2 日通过的《全国人民代表大会常务委员会关于加强社会治安综合治理的决定》第 4 条规定："人民法院、人民检察院和政府的公安、安全、司法行政等职能部门，特别是公安部门，应当在社会治安综合治理中充分发挥骨干作用。要采取有效措施，充实维护社会治安的力量，改进预防和惩治犯罪活动的技术装备，切实提高国家执法队伍的素质。"

1994 年通过的《监狱法》第 6 条规定："人民检察院对监狱执行刑罚的活动是否合法，依法实行监督。"

1995 年通过的《人民警察法》第 42 条规定："人民警察执行职务，依法接受人民检察院和行政监察机关的监督。"

1996 年修改后的《刑事诉讼法》第 8 条规定："人民检察院依法对刑事诉讼实行法律监督。"明确了人民检察院对刑事诉讼实行法律监督的职权，并对人民检察院在刑事诉讼中的具体职权作了完善和调整，例如明确规定了立案监督权、完善对执行刑罚活动的监督、扩大不起诉的适用范围，不再使用免予起诉等。第 224 条规定："人民检察院对执行机关执行刑罚的活动是否合法实行监督。如果发现有违法的情况，应当通知执行机关纠正。"

2001 年国务院颁布的《行政机关移送涉嫌犯罪案件的规定》第 14 条规定："行政机关移送涉嫌犯罪案件，应当接受人民检察院和监察机关依法实施的监督。"

2005 年修改的《治安管理处罚法》第 114 条第 2 款规定："公安机关及其人民警察办理治安案件，不严格执法或者有违法违纪行为的，任何单位和个人都有权向公安机关或者人民检察院、行政监察机关检举、控告；收到检举、控告的机关，应当依据职责及时处理。"

2007 年国务院颁布的《生产安全事故报告和调查处理条例》第 22 条第 2 款规定："根据事故的具体情况，事故调查组由有关人民政府、生产安全监督管理部门、负有安全生产监督管理职责的有关部门、监察机关、公安机关以及工会派人组成，并应当邀请人民检察院派人参加。"

2012 年修改的《刑事诉讼法》，进一步明确规定了检察机关对刑事诉讼实行法律监督的具体规定。如：第 47 条规定："辩护人、诉讼代理人认为公安机关、人民检察院、人民法院及其工作人员阻碍其依法行使诉讼权利的，有权向同级或者上一级人民检察院申诉或者控告。人民检察院对申诉或者控告应当及时进行审查，情况属实的，通知有关机关予以纠正。"第 73 条（第 4 款）规定："人民检察院对指定居所监视居住的决定和执行是否合法实行监督。"第 115 条规定："当事人和辩护人、诉讼代理人、利害关系人对于司法机关及其工作人员有下列行为之一的，有权向该机关申诉或者控告：（一）采取强制措施法定期限届满，不予以释放、解除或者变更的；（二）应当退还取保候审保证金不退还的；（三）对与案件无关的财物采取查封、扣押、冻结措施的；（四）应当解除查封、扣押、冻结不解除的；（五）贪污、挪用、私分、调换、违反规定使用查封、扣押、冻结的财物的。受理申诉或者控告的机关应当及时处理。对处理不服的，可以向同级人民检察院申诉；人民检察院直接受理的案件，可以向上一级人民检察院申诉。人民检察院对申诉应当及时进行审查，情况属实的，通知有关机关予以纠正。"

2012 年修订的《民事诉讼法》第 14 条将原来规定的"人民检察院有权对民事审判活动实行法律监督"修改为"人民检察院有权对民事诉讼实行法律监督。"并增加规定："人民检察院有权对民事执行活动实行法律监督"（第235条）。同时还规定，人民检察院对人民法院的生效裁判除了抗诉之外，还可以提出检察建议（第209条）；人民检察院因履行法律监督职责提出检察建议或者抗诉的需要，可以向当事人或者案外人调查核实有关情况（第210条）。

此外，2000年通过的《立法法》第90条规定："国务院、中央军事委员会、最高人民法院、最高人民检察院和各省、自治区、直辖市的人民代表大会常务委员会认为行政法规、地方性法规、自治条例和单行条例同宪法或者法律相抵触的，可以向全国人民代表大会常务委员会书面提出进行审查的要求，由常务委员会工作机构分送有关的专门委员会进行审查、提出意见。"2006年通过的《各级人民代表大会常务委员会监督法》第32条规定："国务院、中央军事委员会和省、自治区、直辖市的人民代表大会常务委员会认为最高人民法院、最高人民检察院作出的具体应用法律的解释同法律规定相抵触的，最高人民法院、最高人民检察院之间认为对方作出的具体应用法律的解释同法律规定相抵触的，可以向全国人民代表大会常务委员会书面提出进行审查的要求，由常务委员会工作机构送有关专门委员会进行审查、提出意见。"

按照这些法律的规定，人民检察院可以实行法律监督的范围和职权是：（1）对直接受理的刑事案件进行侦查的权力；（2）对刑事案件提起公诉的权力；（3）对公安机关的侦查活动和人民警察执行职务的行为进行监督的权力；（4）对刑事诉讼、行政诉讼和民事诉讼进行监督的权力；（5）对监狱及其他机关执行刑罚的活动、看守所的监管活动进行监督的权力；（6）最高人民检察院发布司法解释的权力；（7）法律法规赋予检察机关的其他职权（如参与社会治安综合治理、参与事故调查、监督治安处罚等）。

最近，十八届四中全会决议中提出要进一步完善检察机关的职权，有两个方面：一是完善诉讼监督职权；二是完善对限制人身自由司法措施和侦查手段的司法监督，加强对刑讯逼供和非法取证的源头预防。四中全会决议中明确提出，要完善对涉及公民人身财产权益的行政强制措施的司法监督制度。检察机关在履行职责中，发现行政机关违法行使职权或不行使职权的行为，应当督促其纠正。另外，探索检察机关提起公益诉讼制度。

回顾检察职权的演变过程，从中我们可以得到一些启示：检察机关的职权是随着社会发展不断变化的。在社会发展的不同阶段，检察机关的职权都会有相应的变化。这种变化的规律受两个因素的制约：一是受社会环境的制约。社会发展需要法治时，检察机关的作用就会受到重视，检察机关的职权就会加强；当社会处于一种法治缺失的状态时，检察机关就不受重视，检察机关的职权就会大大地削弱。检察机关总是被界定为护法机关，因此国家法治受重视时，检察机关自然受重视。二是受自身努力的影响。检察职权的变化与检察机关自身的努力非常相关，新中国成立初检察机关具有一般监督权，但是由于当时种种原因，检察机关并未很好地行使其自身的很多职权，后来法律修改时就取消了检察机关的部分职权。1979年后，国家进行民主与法治建设。在这一过程中，检察机关得到加强，检察机关的职权也不断增加。但是，检察机关履行职责的情况并不理想，如免予起诉、机动侦查权存在滥用的问题。1996年修改刑事诉讼法时就取消了这两项职权。

在依法治国进程中，检察机关的职责进一步凸显。在四中全会之前，国家就提出依法治国的问题，要实施依法治国方略，建设社会主义法治国家。依法治国进程中检察机关监督职权不断加强。

个人认为，检察机关的职权以公诉为标志，公诉权是世界各国检察机关都有的权力，一般来说，有公诉权的机关就被称为检察机关。公诉权在新的历史时期对于公益诉讼的呼声非常高，过去检察机关提倡具有该项权力，并有部分学者支持，但是有相当一部分学者反对检察机关具有公益诉讼权。四中全会明确提出检察机关具有行政公益诉讼权，并且民事公益诉讼权的问题在推进依法治国过程中被进一步提出。另外，侦查是监督的重要手段，没有侦查的监督是无力的。诉讼监督权是检察机关的一项重要职权，从刑事诉讼扩大到民事诉讼、行政诉讼，再到民事执行、行政执行，现在检察权还在向非诉讼领域扩展。以上说明检察机关在依法治国中担任着非常重要的责任。

二、检察职权的基本内容

为了研究和表述方便，法律界往往把检察权的内容概括地分为几大项，但在具体项别和名称上不尽一致。根据法律规定并结合有关的法学理论，我们认为可以将检察权的内容大致分为五项：公诉权、检察侦查权、逮捕权、诉讼监督权、非诉讼监督权。

（一）检察权的内容之一：公诉权

公诉权应当包括对刑事案件提起公诉的权力即刑事公诉权、对民事案件提起公诉的权力即民事公诉权和对行政案件提起公诉的权力即行政公诉权。

刑事公诉权（以下简称"公诉权"），是指法定机关代表国家提起公诉，追诉犯罪的权力。行使公诉权的机关为公诉机关。从世界范围看，公诉机关一般是检察机关，但有些国家不限于检察机关。

在我国，行使公诉权的机关是人民检察院，公诉权是检察权的重要内容之一。新中国在设立检察机关伊始，就赋予其公诉权。1949 年 12 月 20 日，经中央人民政府毛泽东主席批准颁布的最高人民检察署试行组织条例规定，"对刑事案件实行侦查，提起公诉"，是检察机关的职权之一。1951 年 9 月，中央人民政府委员会通过的最高人民检察署暂行组织条例和各级地方人民检察署组织通则均规定：检察机关"对反革命及其他刑事案件，实行检察，提起公诉"。1954 年颁布的人民检察院组织法对检察机关的公诉权也作了明确规定。随着检察机关的普遍建立，到 1955 年底，检察机关已基本上全面行使对刑事案件的公诉权，新中国的公诉制度全面确立。"文化大革命"期间，检察机关被取消，公诉权一度交由公安机关代行。党的十一届三中全会以后，党和国家拨乱反正，恢复和健全了公诉制度。1979 年 7 月五届全国人大二次会议通过的人民检察院组织法明确规定公诉权属于检察机关的职权。同时通过的刑事诉讼法也明确规定，凡需要提起公诉的案件，一律由人民检察院审查决定。

根据法律规定，检察机关的公诉权包括以下几个方面的内容：（1）决定起诉权，即对公安机关侦查的案件[1]和检察机关直接立案侦查的案件进行审查，决定是否提起公诉的权力。人民检察院经过对刑事案件的审查，认为符合起诉条件的，应当作出起诉的决定。（2）提起公诉权，即对于决定起诉的案件，向人民法院提起公诉的权力。（3）支持公诉权，即出席一审和二审法庭，维护公诉主张和抗诉主张的权力。人民检察院

---

〔1〕 包括国家安全机关、海关等部门侦查的案件。

提起公诉，将被告人交付审判后，还要依法出席法庭支持公诉，维护自己的诉讼主张，实现追究犯罪的目的。（4）决定不起诉权，即对于符合法定条件的案件，依法作出不起诉决定、终止诉讼程序的权力。（5）抗诉权，即对尚未生效的一审判决和裁定，在认为其确有错误的时候，提出抗诉的权力。

（二）检察权的内容之二：检察侦查权

检察侦查权，是指依照法律的授权对从事公务的人员实施的与其职权有关的犯罪进行侦查的权力。检察侦查权是我国检察权的一项非常重要的内容。

新中国成立后，检察机关建立之初，我国立法便赋予了检察机关侦查权。从 1954 年开始，检察机关建立了专门的侦查机构，但立法上对检察机关侦查案件的范围并未具体规定。1962 年，公安部、最高人民检察院和最高人民法院制定了一个受理普通刑事案件的职责范围的试行规定，粗略地划分了公安机关和检察机关侦查管辖的范围。1979 年颁布刑事诉讼法，对检察机关侦查案件的范围作出了具体、全面的规定。根据 1979 年刑事诉讼法的规定，检察机关管辖的案件，主要是国家机关和企业、事业单位人员实施的职务犯罪案件。1996 年，我国立法机关对原刑事诉讼法进行了修正，修改的重要内容之一就是调整了检察机关直接立案侦查案件的范围，将其限定为从事公务的人员实施的与其职权有关的犯罪。根据修正后的刑事诉讼法规定，人民检察院侦查案件的范围是：（1）国家工作人员的贪污贿赂犯罪；（2）国家机关工作人员的渎职犯罪；（3）国家机关工作人员利用职权实施的非法拘禁、刑讯逼供、报复陷害、非法搜查的侵犯公民人身权利的犯罪以及侵犯公民民主权利的犯罪；（4）需要由人民检察院直接受理的国家机关工作人员利用职权实施的其他重大犯罪案件。这样，检察机关侦查的案件，全部属于公务人员犯罪案件，检察机关的侦查权，可以称之为"检察侦查权"或称"公务犯罪侦查权"。

（三）检察权的内容之三：逮捕权

逮捕权，是指检察机关在刑事诉讼中批准或者决定逮捕犯罪嫌疑人的权力。完整意义上的逮捕权，包括提请批准逮捕权、批准逮捕权、决定逮捕权、执行逮捕权等。根据我国法律规定，检察机关享有的逮捕方面的权力包括两个方面：对公安机关侦查的案件批准逮捕犯罪嫌疑人的权力和对自己立案侦查的案件以及所有在审查起诉阶段的案件决定逮捕犯罪嫌疑人的权力。

我国《宪法》第37条第2款规定："任何公民，非经人民检察院批准或者决定或者人民法院决定，并由公安机关执行，不受逮捕。"1996年《刑事诉讼法》第3条规定："检察、批准逮捕、检察机关直接受理的案件的侦查、提起公诉，由人民检察院负责。"第66条又规定："公安机关要求逮捕犯罪嫌疑人的时候，应当写出提请批准逮捕书，连同案卷材料、证据，一并移送同级人民检察院审查批准。"根据立法规定，公安机关对自己侦查的案件，认为需要逮捕犯罪嫌疑人的时候，无权径行逮捕，应当依法提请人民检察院审查批准。

（四）检察权的内容之四：诉讼监督权

诉讼监督权，是指检察机关对刑事、民事、行政等诉讼活动进行监督的职权。

诉讼监督权是各国检察机关普遍具有的一项职权，但由于各国具体情况的不同，检察机关诉讼监督权的范围也不尽相同。在法国，检察官在刑事诉讼中有监督预审法官和执行判决的权力，在民事案件中有监督裁判当否和陈述意见的权力，在司法行政方面有指挥、监督警察和法院辅助官吏的权力。在德国的刑事诉讼中，检察官认为法官判决是建立在违反法律的基础上的，例如审理法庭组成不符合规定、违反回避规定、违法缺席判决、错误地限制辩护等，有权提出上诉。在英美法系国家，检察官具有一定的刑事上诉权，并有权参加民事诉讼。在日本，检察官如果认为法院、裁判官或诉讼关系人的诉讼行为违法或不当时，可以对该法院提出适当的处理要求，即声明异议。声明异议包括对证据调查的异议与其他对审判长处分的异议两种。对证据调查声明异议后，法院必须及时作出裁定，不得延误，如果法官没有理由而作出驳回异议的裁定，则这种裁定有可能成为上诉审的审理对象；对审判长处分的异议是针对审判长处分违反法令的情况。

根据宪法和法律的规定，我国检察机关的诉讼监督权包括三个方面：刑事诉讼监督权、民事诉讼监督权和行政诉讼监督权。

1. 刑事诉讼监督权

刑事诉讼监督权，是指对刑事诉讼进行法律监督的职权。具体包括：（1）立案监督权。根据 1996 年刑事诉讼法第 87 条规定，人民检察院认为公安机关对应当立案侦查的案件而不立案侦查的，或者被害人认为公安机关对应当立案侦查的案件而不立案侦查，向人民检察院提出的，人民检察院应当要求公安机关说明不立案的理由；认为公安机关不立案理由不能成立的，应当通知公安机关立案，公安机关接到通知后应当立案。（2）侦查监督权。根据法律规定，人民检察院发现公安机关的侦查活动有违法情况的，应当通知公安机关纠正。（3）审判监督权。刑事审判监督权包括两个方面：一是人民检察院发现人民法院的审理案件违反法律规定的诉讼程序，有权向人民法院提出纠正意见；二是发现人民法院的判决、裁定确有错误的，依法提出抗诉。（4）执行监督权。刑事诉讼法明确规定了人民检察院对执行死刑的临场监督、对暂予监外执行的监督、对减刑、假释的监督的具体程序和措施，并在第 265 条专门规定："人民检察院对执行机关执行刑罚的活动是否合法实行监督。如果发现有违法的情况，应当通知执行机关纠正。"

2. 民事诉讼监督权

我国 1982 年颁布的《中华人民共和国民事诉讼法（试行）》规定检察机关有权对民事审判活动实行法律监督。由于规定得过于原则，以致在实践中难以执行。1991 年 4 月，《中华人民共和国民事诉讼法》正式颁布实施，该法对检察机关的民事诉讼监督权的规定更为具体，既在总则中作了原则规定，又在分则中规定了对民事判决、裁定提出抗诉的案件和程序。

3. 行政诉讼监督权

行政诉讼监督权，是指人民检察院对行政诉讼进行法律监督的职权。我国行政诉讼法关于行政诉讼监督的规定更为简单，但内容与民事诉讼法关于民事诉讼监督权的规定相似，即人民检察院对行政诉讼进行的监督是事后监督；监督的方式是对人民法院已经发生法律效力的判决、裁定，发现违反法律、法规规定的，依法提出抗诉。我们认为，我国立法关于行政诉讼监督权的范围规定过于原则，监督方式规定得过于单一，应当进一步完善。

（五）检察权的内容之五：非诉讼监督权

非诉讼监督权，是指检察机关对一些非诉讼活动进行监督的职权。检察权的前几项内容都是与诉讼活动直接相关的，要么是通过诉讼行为行使，要么是针对其他机关的诉讼活动行使。但根据法律规定，检察机关还拥有一些针对非诉讼活动的监督权，我们姑且称之为非诉讼监督权。

非诉讼监督权并非是针对所有非诉讼活动的，而是有其特定范围和内容的。检察机关的非诉讼监督权包括两个方面：

1. 对劳动教养活动的监督权[1]

劳动教养是一种强制性的教育改造的行政措施。我国政府组织劳动教养活动始于1957年。多年来，通过劳动教养把相当数量的劳教对象教育成为奉公守法、自食其力的公民。为了保证劳动教养的正确使用，1979年11月29日，第五届全国人民代表大会常务委员会第十二次会议批准的《国务院关于劳动教养的补充规定》第5条规定："人民检察院对劳动教养机关的活动实行监督。"这是立法关于检察机关劳动教养活动监督权的明确规定。检察机关对劳动教养活动的监督主要是监督劳教机关是否严格执行有关劳动教养的方针、政策和法律，是否依法办事。

2. 参与综合治理、预防犯罪权

参与综合治理、预防犯罪权，主要是指检察机关为了预防违法犯罪，参与社会治安综合治理和进行犯罪预防的权力。

人民检察院组织法规定，人民检察院通过检察活动，教育公民忠于社会主义祖国、自觉地遵守宪法和法律。1982年，中共中央提出对社会治安实行"综合治理"的方针，要求采取政治的、法律的、经济的、行政的、教育的等综合措施，防止和减少犯罪的发生；1991年全国人大常委会又通过了《关于加强社会治安综合治理的决议》，以立法的形式对综合治理进行了规定，而且该决议还包括了对贪污贿赂犯罪综合治理的内容。检察机关是国家专门的法律监督机关，在综合治理工作中担负着重要职责。人民检察院组织法的有关规定和国家关于综合治

---

[1] 该项职权已经因劳动教养制度的废除而丧失。

理的有关规定，是人民检察院参与综合治理、预防犯罪权力的法律依据。

人民检察院参与综合治理的活动是多方面的，但预防犯罪的重点则是对公务犯罪的预防，这是与检察机关的性质和检察机关行使侦查权的范围直接相关的。人民检察院参与综合治理和犯罪预防的主要措施是提出检察建议，即对于有关单位在工作上、制度上存在的问题，提出健全制度、堵塞漏洞的建议。目前，检察建议已成为检察机关规范的监督活动。

非诉讼监督权还包括法律赋予检察机关的其他监督权，如对人民警察职务活动的监督等。

三、从检察职能看检察职权的配置

关于检察机关的职能，可以追溯到新民主主义革命时期。1947 年 6 月，关东行署颁布的《关东各级司法机关暂行组织条例草案》中提出："关东所有各机关社团，无论公务人员或一般公民，对于法律是否遵守之最高检察权，均由检察官行使之。"

1949 年 9 月 21 日中国人民政治协商会议通过的《中央人民政府组织法》第 28 条规定："最高人民检察署对政府机关公务人员和全体国民之严格遵守法律，负最高的检察责任。"1954 年 9 月 20 日通过的《中华人民共和国宪法》第 81 条规定："中华人民共和国最高人民检察院对于国务院所属各部门、地方各级国家机关、国家机关工作人员和公民是否遵守法律，行使检察权。地方各级人民检察院和专门人民检察院，依照法律规定的范围行使检察权。地方各级人民检察院和专门人民检察院在上级人民检察院的领导下，并且一律在最高人民检察院的统一领导下，进行工作。"第 83 条进一步规定："地方各级人民检察院独立行使职权，不受地方国家机关的干涉。"

1979 年《人民检察院组织法》第 1 条明确规定："中华人民共和国人民检察院是国家的法律监督机关。" 1982 年宪法确认了 1979 年人民检察院组织法关于检察机关法律地位的规定。其中：第 129 条规定："中华人民共和国人民检察院是国家的法律监督机关"；第 131 条规定："人民检察院依照法律规定独立行使检察权，不受行政机关、社会团体和个人的干涉"；第 132 条规定："最高人民检察院是最高检察机关。最高人民检察院领导地方各级人民检察院和专门人民检察院的工作，上级人民检察院领导下级人民检察院的工作。" 这就意味着，检察机关的基本职能是法律监督。正如有的学者指出的：国家法律监督机关的本质特征和根本职能是法律监督。

法律监督是由专门机关即检察机关根据法律的授权、运用法律规定的手段，对法律规定的对象所进行的能够产生特定的法律效果的监督。

法律赋予检察机关履行法律监督职能的上述职权，与检察机关的职能，基本上是相符合的，保障了法律监督的进行。但是上述法律关于检察机关法律监督职权范围的规定，在具体实践中，逐渐暴露出授权方面存在的制约法律监督有效进行的一些问题。这些问题主要是：

1. 法律授权的范围不能满足维护法制统一的要求

第一，维护国家法制的统一，首先要求一切地方性法规和行政法规不得与作为国家根本大法的宪法以及全国人民代表大会制定的法律相抵触。但是检察机关作为国家的法律监督机关，却没有对违反宪法和法律的地方法规、行政法规及各种带有强制性的规范性文件进行法律监督的职权。2000 年通过的立法法第 90 条规定，国务院、中央军事委员会、最高人民法院、最高人民检察院和各省、自治区、直辖市的人民代表大会常务委员会认为行政法规、地方性法规、自治条例和单行条例同宪法或者法律相抵触的，可以向全国人民代表大会常务委员会书面提出进行审查的要求，由常务委员会工作机构分送有关的专门委员会进行审查、提出意见。但是这个规定并不是对检察机关法律监督的规定，不具备专门授权的要素，而是一种普遍授权的一般性规定。

第二，全国人民代表大会制定的法律和国务院制定的行政法规，在实践中有权或者有义务执行的机关和人员不执行法律法规的规定或者不履行执行职责的情况，非常严重。但是法律没有授权检察机关监督这些法律被遵守、被执行的职权。例如，对于假冒伪劣产品负有检查追究职责的机关和人员不切实履行职责，致使假冒伪劣产品长期严重危害人民群众的身体健康和生命安全的行为；对于国家税收负有征稽职责的机关和人员不征或者少征应征税款，妨害国家税收的行为等，除了构成犯罪的，由检察机关追究刑事责任之外，大量存在的尚未构成犯罪的情况，法律没有规定检察机关进行法律监督的权力，检察机关作为国家的法律监督机关，难以胜任法律监督的使命。

第三，行政执法机关在行政执法活动中的违法行为、渎职行为，严重危害了国家法制的实施，但是法律没有授权检察机关对这类行为进行法律监督的职权，使行政执法活动处于不受法律监督的状态。

第四，现行法律把批准逮捕的权力赋予检察机关，但是对于同样具有限制人身自由性质的其他强制措施，以及剥夺公民财产权利的强制措施，则仍然交由行政执法机关自己决定自己执行，处于不受法律监督的状态。这些情况，对于保障公民的人身自由和财产权利是极为不利的。

第五，尽管刑事诉讼法规定，对贪污贿赂犯罪案件，由检察机关负责立案侦查，但是实际情况是，党内的纪律检查委员会和行政机关的监察部门，都有对贪污贿赂犯罪案件进行调查的权力，并且相当一部分贪污贿赂犯罪案件，都是由纪检监察部门首先进行调查，然后移送检察机关提起公诉的。而纪检监察部门对于自己受理的案件线索和调查的案件是否移送检察机关，是检察机关所不能控制的。

2. 法律规定的监督手段不能适应法律监督的需要

按照法律规定，检察机关进行法律监督的手段主要有四个：一是侦查；二是公诉；三是抗诉；四是通知纠正。从实践中看，法律赋予检察机关的监督手段远远不能适应法律监督的需要。

第一，检察机关的侦查手段不完整。法律规定，国家机关工作人员实施的渎职、侵权犯罪案件由检察机关立案侦查。而在实践中，要想了解国家机关工作人员是否实施了渎职、侵权犯罪，就需要对其职务行为进行调查。只有通过调查了解到事实的真相，才能得出结论。但是法律并没有规定国家机关及其工作人员向检察机关如实提供有关情况的义务，以致面对检察机关的调查，有关机关和有关人员不提供情况时，检察机关就难以履行法律监督的职责。

第二，抗诉的阻力无法排除。抗诉是法律赋予检察机关对审判机关作出的确有错误的判决裁定进行法律监督的重要手段。对于刑事案件、民事案件和行政案件，如果人民检察院认为人民法院作出的生效判决裁定确有错误，即：裁判不公包括事实认定不清和法律适用不当、程序违法、审判人员贪赃枉法等，就可以提请上一级人民法院对案件进行再审。这既是维护司法的公平和正义的重要手段，也是纠正错误裁判、维护当事人合法权益的一种特殊救济途径。

抗诉的提起，依赖于检察机关对案件事实和审判过程的了解程度。如果检察机关并不了解案件的事实和审判过程，那就很难发现法院作出的判决裁定中存在着违反法律的情况，就无法有效地提起抗诉。但是目前的实际情况是，除了刑事案件是由检察机关直接参与诉讼的以外，对于民事案件和行政案件，由于检察机关并不直接参与案件的诉讼过程，根据当事人的申诉，检察机关认为法院的裁判可能有错误时，只有通过查阅案件的有关材料、走访法院的办案人员的方式，才有可能判断裁判是否确有错误。但是民事诉讼法和行政诉讼法在赋予检察机关法律监督权的同时，却没有规定有关机关和人员向检察机关如实提供相关情况和材料的义务。如果有关机关和有关人员法治观念不强或者对检察机关的法律监督有抵触情绪而不愿提供情况和材料，检察机关的法律监督就必然陷入僵局，无法有效地进行监督。在司法实践中，确有一些审判机关不让检察机关查阅已经审结的民事案件的卷宗，更不提供有关案件的审理情况，使检察机关一方面面对当事人看似有理的申诉、一方面面对法院不提供情况的阻力而处于无能为力的尴尬境地。这种状况，严重地损害了法律监督在人民群众心目中的地位。

第三，纠正违法没有制度保障。通知纠正是《人民检察院组织法》第 5 条和第 8 条赋予检察机关的一种监督手段。按照这些规定，检察机关发现有违法行为存在时，可以通过发出纠正违法通知书的方式，要求有违法行为的单位和人员纠正其职务活动中的违法行为。

但是除了人民检察院组织法中的这些原则规定之外，唯有 1996 年《刑事诉讼法》第 87 条（2012 年《刑事诉讼法》第 111 条）规定："人民检察院认为公安机关对应当立案侦查的案件而不立案侦查的，或者被害人认为公安机关对应当立案侦查的案件而不立案侦查，向人民检察院提出的，人民检察院应当要求公安机关说明不立案的理由。人民检察院认为公安机关不立案理由不能成立的，应当通知公安机关立案，公安机关接到通知后应当立案。"其他法律并没有对通知纠正作出具体规定。这种通知纠正对监督对象有没有或者有什么样的拘束力，就不得而知。法律既没有规定这种通知纠正的法律效力，也没有规定有关单位和有关人员不接受检察机关的纠正通知时对其产生什么样的法律后果。所以这种通知纠正的效力，完全取决于作为监督对象的有关机关和有关人员对它的态度。监督对象愿意接受监督的，这种通知纠正就可能起到督促其纠正违法的作用；如果监督对象不接受监督或者认为监督的没有理由，这种通知纠正就是一纸空文，起不到任何监督的作用。这种状况，严重地影响了法律监督的实际效果，导致法律监督难以发挥其应有的作用。

检察建议是检察机关在参与社会治安综合治理过程中创造的一种监督方式，民事诉讼法做了规定。但是它是不是检察机关的一项职权，有没有权力的一般属性，即有没有强制力，亦不得而知。

四、关于检察职权转型的若干思考

我们国家正处在一个社会转型的时代。自从国家实行经济体制改革和对外开放政策以来，公民的权利意识和法治意识极大地觉醒。这在客观上就迫使我们党的执政方式发生转型，由党直接领导一切逐渐转向党通过法律来管理社会。因此，我们党提出了"依法治国，建设社会主义法治国家"的基本方略。十八大报告进一步提出"要用法治思维和法治方法解决改革中遇到的矛盾和问题"。十八届三中全会决议提出："全面深化改革的总目标是完善和发展中国特色社会主义制度，推进国家治理体系和治理能力现代化。"要"紧紧围绕坚持党的领导、人民当家作主、依法治国有机统一深化政治体制改革，加快推进社会主义民主政治制度化、规范化、程序化，建设社会主义法治国家"。

在社会转型过程中，检察机关的职能和职权是否需要转型？

关于检察职权的转型，有的学者认为，目前，检察机关只有"诉讼型的检察权"，一方面，诉讼职权占据了检察业务的绝对主流，另一方面监督职权是以诉讼监督为主的。但是"检察机关绝不仅是一个承担诉讼职能的机关，更是一个承担宪政职能的机关"，"诉讼型的检察权只是阶段性的产物，检察职能的发展目标必然是宪政型"。[1] 所谓"宪政型检察权"是指"以法律监督职能为核心和价值导向的检察权"，其基本职能作用在于监督制约其他公权力，即检察权的法律监督职能向行政权、（地方）立法权、审判权而展开，尤其是要加强对行政权和（地方）立法权的监督，实现检察权在宪政层面上的"回归"。[2]

我认为，检察职能不需要转型：在建设社会主义法治国家的过程中，检察机关法律监督的职能不仅不能削弱，而且需要进一步加强。

其主要理由是：社会转型是要转向法治国家，而在我们国家，建设法治国家依然任重道远。不仅国家（政府、公务员、公民）缺乏法治传统、社会诚信没有体系尚未普遍建立、规则体系很不完备，而且法律实施主体的责任心尚未强化于心，执

---

〔1〕 王玄玮：《中国检察权转型问题研究》，法律出版社 2013 年版，第 129 页。
〔2〕 王玄玮：《中国检察权转型问题研究》，法律出版社 2013 年版，第 130—131 页。

行和适用法律的人员由于外在的原因和内心的信仰而未能取得社会普遍认可的公信力。在这样的社会环境下建设法治国家，需要有一个强有力的法律监督机关，用国家权力来监督法律的实施。

按照蒋德海教授的观点，国家法律监督机关的本质特征和根本职能是法律监督。法律监督机关有效地实现保障宪法和法律完整和统一实施最根本有效的方法就是实现对国家权力的控制。因此，控权自然成为中国法律监督最本质的表现。

在检察职能不变的前提下，讨论检察职权的转型，最主要的是围绕如何更好地发挥检察机关的职能作用来完善检察机关的职权配置。这涉及五个方面：

一是职权配置：应当赋予检察机关对行政执法活动的监督权（从审判监督转向执法监督）。将检察建议改为法律监督令。传统的检察建议缺乏刚性。之所以叫法律监督令，是为了突出法律监督的强制性，法律监督是对国家公职人员违法行为的预防和纠正，不是一个建议的问题，而是法律的强制性命令。凡是收到法律监督令的国家机关及国家公职人员，必须在监督令规定的时间内纠正违法行为。法律监督令的适用对象是国家机关及其国家公职人员，其使命是保障宪法和法律完整和统一的实施。法律监督令是法律监督机关的强制性措施，凡是收到法律监督令的国家机关及其国家公职人员，如果拒不履行法律监督令所规定的事项。人民检察机关可以就这一行为进一步升级，向该国家机关及其国家工人员的上级机关发出法律监督通告，并通过人民检察院的法律监督网站予以公告。

二是权力运行的外部环境：应当确保检察机关依法独立公正地行使检察权。

三是权力的运行模式：应当逐步实现遵循司法规律来管理

检察职权的运行，去行政化。

四是权力运行的保障机制：既要对行使检察职权的主体在身份上、待遇上给予必要的保障，更要对其行使职权的行为给予法律上的保障。特别是在强调司法责任的同时，防止任意追究检察职权行使主体的行政责任和纪律责任。

五是权力运行的监督机制：在保障检察职权依法独立行使的同时，要加强对检察职权行使的监督制约，防止检察职权的滥用。从实践中看，最重要的是如何正确处理保障与监督的关系，既要防止检察职权的滥用，又要保障检察职权的依法独立行使，不能片面强调监督而忽视依法独立行使检察职权的重要性，对检察职权的行使造成不必要的干预。

五、怎样行使好检察职权

从历史发展的长河中看，我国正处于转型期。首先是经济领域的改革促进了公民意识的觉醒。这些年来，公民的权利意识和法律意识都在大大地觉醒，在客观上促进党的执政方式必须转变，转向党通过法治思维和法律方式来治理国家，解决改革中遇到的矛盾和问题。国家提出全面深化改革的总目标就是，推进国家治理体系和治理能力的现代化，这意味着整个国家从传统社会向法治社会的转型。传统中国社会是一个个人权威非常浓厚的国家，从传统社会向法治社会的转型，首先是从个人权威向法治权威的转型。过去，我们主要是听命于领导，领导权威不可动摇。现在，还要尊重领导权威，但法律的权威正在凸显，而且在依法治国过程中越来越凸显。其次，我国还正在经历从关系社会向规则社会的转型。过去大家办事情非常重视人际关系，传统社会人际关系对于现代化的管理有很大的影响。法治国家是规则社会，规则逐渐成为支配人们行为的主导。最后，从社会本位向个人本位的转型。过去，我们都是把国家利益、集体利益放在首位。在法治社会建设过程中，个人权利越来越受到重视。国家尊重和保障人权写入宪法、写入刑事诉讼法。

在社会转型过程中，检察机关如何行使好职权，个人主要有以下几点思考：

（一）规范检察行为

今年高检院部署，在检察机关开展规范司法行为活动。关于该项活动的意义、目标等，高检院相关文件中有要求，我不多说。我强调一点，在规范司法行为中应处理好几个关系：

1. 把规范司法行为与公正司法结合起来。高检院制定了规范司法行为手册，对于每一项司法行为提出明确的规范要求。这些规范一定要遵守，但不能片面强调，要看到遵守规则的目的是保障司法公正，防止因为个人看法妨碍司法公正。如果没有公正公平地对待当事人的考虑，仅仅是考虑个人行为是否规范，这是不够的。要防止规范司法行为中的形式主义，离开司法公正，规范司法行为就失去了意义。如对于有的案件，我们只是追求法院的有罪判决，而没有考虑法院的判决是否公正，检察机关的公诉职责是否充分履行。

2. 把规范司法行为与能动司法结合起来。首先，检察职权具有特殊性，与审判权有区别，要代表国家积极主动地维护国家法治的统一。这一特殊性就要求我们不能被动地执法。高检院对于检察工作提出各项明确要求，其重要目的之一就是防止检察机关不作为。检察机关应主动地追究犯罪、起诉犯罪，这是检察机关的基本职能。一些对于法治的误解也妨碍了我们执法，如有人认为法治职能在法律有规定的时候才能作为，没有规定时就不能作为；私权利在法律有规定时才不能作为，这只是对法治某一方面的理解，并没有理解什么是法治。法治是公权力在侵犯到私权利时必须受法律的限制，法律有授权才可以作为，法律没有授权不可以作为，不能任意侵犯个人权利。在公权力不涉及私权利时，公权力是否可以主动作为？我认为是应该的。三大诉讼法对检察院的授权，其实就是一个非常明确的规定，三大诉讼法都规定检察院可以实行监督。如何实行监督，检察机关要有所作为，不能仅限于法律规定的几个方面，不能是法律没有规定就无所作为，那是对法律的误解。很多人有一个误解，就是总认为法律规定不具体、不明确，并认为案件不好办。法律永远是抽象概括的结果，是对类型化行为的规定，任何法律无论多么具体，总是不可能把社会所有情况都写进去。将法律的原则性规定适用于具体的案件，就得靠检察人员的水平和努力。为什么要求法官、检察官和律师要通过统一司法考试，要接受统一的司法训练，要有一定的经验，就是因为司法工作具有很强的技术性。在适用法律过程中，检察官有自己的判断，有能动性的发挥，不仅要确信适用法律是正确的，而且要说服别人，使他人相信检察官适用法律是正确的。所以，要能动地行使检察权，规范司法行为更要求能动地行使检察权。

3. 将强化监督和善于监督结合起来。现在法律规定检察机关的职权越来越多了，能不能行使好这些职权，就有一个善于监督的问题。个人认为，强化监督不是对任何一个违法行为都要进行监督，要分轻重缓急，对于严重违法一定要监督；对于轻微违法的，可以放弃。何时行使监督权，还要看是否有充分的证据和理由，监督准确了，对方才能心服口服，就是对方不接受，对方的上级领导也会接受。如果监督错了，对方肯定不能接受，这里就有一个善于监督的问题。

4. 将监督别人与接受监督结合起来。检察机关是法律监督机关，但不能以监督者自居，特别是别人给检察院提意见时，不能是只允许检察机关监督别人，不允许别人监督检察机关。法律规定在刑事诉讼中，三机关互相制约，这也是一种监督。特别是检察院办的案件，要接受法院的审查，这就是一种监督。

（二）进一步深化检察改革

十八届三中、四中全会对深化检察改革作了部署，中央政法委、高检院有明确的意见，贵州是全国第一批试点单位。这次深化改革是中央下了最大决心来推进改革，改革最终一定会朝着有利于建设公正高效检察制度这个目标前进的。本轮改革的大背景是全面推进依法治国，会对司法制度的完善非常有利。

要转变执法观念。规范检察行为是最基本的要求，深化检察改革是从体制上、机制上解决制约检察工作发展的问题，为检察职权的行使创造一个好的环境。转变执法观念是一个根本性的问题，观念不转变所有的改革措施都是无效。所有的制度设计都是靠人来完成的，人的观念没有变之前，改革很难有效。

第一，要正确认识检察职权。检察机关是国家的法律监督机关，检察机关的职权都是围绕着法律监督开展的。我们对于职务犯罪的侦查是和公安机关的侦查不一样的，检察机关的侦查是对特定主体的侦查，目的就是保障法律的正确实施。这些主体都在行使着法定职权，对于法律的正确实施具有重要的作用，对这些主体的监督当然是维护法律正确实施的重要方面。侦查权本身是没有性质的，本身只是调查的一个手段，谁来行使侦查权就会有怎样的性质，很难说侦查权具有独立的品格，它依附于一定的目的。检察机关行使侦查权就是为了保障法律正确实施，当然，侦查权的范围还有待于进一步研究。法律赋予哪些侦查权，我们就行使哪些侦查权。现在，我们开始对行政违法活动进行监督，也是为了保障法律正确实施。法律赋予检察机关的职权都有法律监督的性质，但是检察机关的职权是有层次的、有区别的，对于严重违法行为进行监督是带有强制性的，如批捕、公诉等职权；对于一般的违法行为，检察机关进行的监督不带有强制性，这是一种提醒性的权力，如检察建议等职权，这是第二个层次的职权，监督力度相对较弱。第三层次是救济性的权力，也是相对较弱的，如对于已经生效判决的监督。不能要求所有的检察职权都是强制性的，违法行为是有轻重之分的，所以，监督也相应有不同的层次。

第二，要增强职业荣誉。所谓增强职业荣誉，首先就是要敬畏检察权。法律赋予检察机关的职权，要敬畏它。自己首先不能违犯法律，不能认为检察监督可有可无，要看到检察监督权在国家建设中的重要性。要有责任心，国家赋予检察机关的职权，检察人员一定要行使好。

第三，要有职业信心。要理直气壮地行使检察权，认识到检察权行使的正当性。依法行使检察权有法律作后盾，有国家作后盾，要看到是为了国家发展而行使检察权。要增强职业荣誉感与司法保障是联系在一起的。本轮司法改革，中央明确提出，要建立不同于公务员、高于普通公务员的职业保障体系。

第四，要改变工作重心。表面上看是一个工作部署问题，这实际上是一个观念问题。检察机关到底是做什么的？应当做什么？这些年来我们没有认真思考这个问题。法律赋予检察机关很多职权，我们是否将精力都放在上面了？我觉得我们做得不够。从检察院人员配置方面看，并不是将主要力量放在行使检察职权上了。很多优秀检察人才，有的到综合岗位，有的到领导岗位，很多不在一线办案了，这是一个非常大的人才浪费。现在，检察机关参与很多任务和活动，这些内容往往和行使检察职权没有多大关系，但我们却耗费了大量的人力、物力。如果能转变观念，把工作重心和资源配置放在检察职权上，就会解决或缓解案多人少的矛盾。在工作部署中，是否将工作重点放在检察职权上，对于行使好检察职权至关重要。当然，客观上我们也受到管理体制的影响，所以，本轮改革要推进司法管理体制改革，要解决体制上的一些问题。还有，我们自己也要转变观念，淡化对于检察职权以外活动的关注，把更多的精力放在行使检察职权上。

第五，就是要培育职业伦理。伦理问题是一个更深层次的问题，国外包括台湾都非常重视培育检察官的职业伦理。过去，我们强调政治教育更多一点，职业伦理少一点。现在中央政法委提出政法干警核心价值观，结合实际如何贯彻落实，一个非常重要的问题是要建立检察人员自己的是非标准。因为我们是法律监督机关，如何评价是非曲直，就是法律。如果判断一个检察人员的好坏，就是看一个人的司法水平。检察人员应忠于党和人民，这是首要的政治标准，但如何通过实际行动体现出来？就是通过履行职责的行为体现的。忠于党不是忠于某个人，而是忠于党和人民意志结合并形成的法律，把遵守和执行宪法和法律作为评价检察人员的一个标准。检察机关的职能作用怎样，取决于检察职能行使的如何，只有充分认真行使检察职能，党和国家才能更加重视检察机关。每一个检察人员都要认真思考如何行使好检察职权，这是我们事业发展的根基。

检察侦查权的回顾、反思与重构

检察侦查权，即检察机关依法享有的侦查权，是检察权的重要组成部分，对于充分发挥检察机关的职能作用，促进依法治国的进程，具有十分重大的意义。在检察机关的反贪部门、反渎部门和职务犯罪预防部门整体移交给国家监察委员会之后，重新构建检察侦查权，既是深化司法体制改革中面临的一个重大而迫切需要解决的问题，也是关系到修改完善刑事诉讼法和人民检察院组织法、关乎法治中国建设进程的一个重大问题。

一、新中国检察侦查权的演变

随着新中国的成立，一个新型的社会主义检察制度逐步建立，并伴随着我国法制建设的进程不断改革发展。法律授予检察机关的职权也随之不断变化调整，特别是检察机关的侦查权，69 年来发生了重大变化。

从 1949 年 12 月 20 日中央人民政府主席批准的《中央人民政府最高人民检察署试行组织条例》开始，检察机关就享有侦查权。该条例第 3 条规定，检察机关行使下列职权：（1）检察全国各级政府机关及公务人员和全国国民是否遵守人民政协共同纲领及人民政府的政策方针与法律、法令；（2）对各级司法机关之违法判决提起抗议；（3）对刑事案件实行侦查，提起公诉；（4）检察全国司法与公安机关犯人改造所及监所之违法措施；（5）对于全国社会与劳动人民利益有关之民事案件及一切行政诉讼，均得代表国家公益参与之；（6）处理人民不服下级检察署不起诉处分之声请复议案件。1951年9月中央人民政府通过的《中央人民政府最高人民检察署暂行组织条例》和《各级地方人民检察署组织通则》，根据形势需要和司法机关的分工，将"对刑事案件实行侦查，提起公诉"改为"对反革命及其他刑事案件，实行检察，提起公诉"。

1954年颁布的第一部《中华人民共和国宪法》第81条，对于检察机关的职权作了原则性规定，即"中华人民共和国最高人民检察院对于国务院所属各部门、地方各级国家机关、国家机关工作人员和公民是否遵守法律，行使检察权。地方各级人民检察院和专门人民检察院，依照法律规定的范围行使检察权"。据此，同时颁布的第一部《中华人民共和国人民检察院组织法》第4条，规定地方各级人民检察院的职权是：（1）对于地方国家机关的决议、命令和措施是否合法，国家机关工作人员和公民是否遵守法律，实行监督；（2）对于刑事案件进行侦查，提起公诉，支持公诉；（3）对于侦查机关的侦查活动是否合法，实行监督；（4）对于人民法院的审判活动是否合法，实行监督；（5）对于刑事案件判决的执行和劳动改造机关的活动是否合法，实行监督；（6）对于有关国家和人民利益的重要民事案件有权提起诉讼或者参加诉讼。

由此可见，在新中国成立之初及以后的很长时间内，检察机关享有"对于刑事案件进行侦查"的权力。这种侦查权没有明确的范围限制，即意味着检察机关对所有刑事案件都可以进行侦查。为了保证侦查工作的开展，最高人民检察院于1956

年8月5日发布了《各级人民检察院侦查工作试行程序》。在总结实践经验的基础上，最高人民法院、最高人民检察院、公安部于1962年联合发布了《关于公、检、法三机关受理普通刑事案件的职责范围的试行规定》，对于公、检、法三机关各自的管辖范围做了划分，即（1）需要经过侦查的刑事案件，如凶杀、抢劫、盗窃、诈骗等危害社会治安的案件，应当由公安机关首先受理，按照公、检、法的工序进行处理；（2）属于国家机关工作人员、基层干部和企业的职工中贪污、侵吞公共财产、侵犯人身权利等严重行为已经构成犯罪需要依法处理的，由检察机关受理，提起公诉，法院审理判决；（3）有明确的原告和被告，不需要经过侦查，只用传讯调查的办法即可作出判决的，如妨害婚姻家庭、伤害、虐待、遗弃等案件，应当由法院直接受理。这就意味着，检察机关的侦查权，从这个时期起，开始局限于对国家机关工作人员、基层干部和企业职工实施的部分犯罪进行侦查。

从1978年开始，我国进入了改革开放、民主法制建设的新时期。1979年颁布的《人民检察院组织法》，根据新时期我国法制建设的客观实际和检察制度恢复重建后的发展方向，规定了我国检察机关的基本职权。该法第5条规定："各级人民检察院行使下列职权：（一）对于叛国案、分裂国家案以及严重破坏国家的政策、法律、法令、政令统一实施的重大犯罪案件，行使检察权。（二）对于直接受理的刑事案件，进行侦查。（三）对于公安机关侦查的案件，进行审查，决定是否逮捕、起诉或者免予起诉；对于公安机关的侦查活动是否合法，实行监督。（四）对于刑事案件提起公诉，支持公诉；对于人民法院的审判活动是否合法，实行监督。（五）对于刑事案件判决、裁定的执行和监狱、看守所、劳动改造机关的活动是否合法，实行监督。"同时通过的《刑事诉讼法》规定了检察机关在刑事诉讼中的职权。该法第 3 条中规定："批准逮捕和检察（包括侦查）、提起公诉，由人民检察院负责"；第 13 条第 2 款规定："贪污罪、侵犯公民民主权利罪、渎职罪以及人民检察院认为需要自己直接受理的其他案件，由人民检察院立案侦查和决定是否提起公诉。"从这个时候起，检察机关的侦查权被限定在"直接受理的刑事案件"范围之内。而"直接受理的刑事案件"包括两种情况：一是贪污罪、侵犯公民民主权利罪、渎职罪（按照 1979 年刑法的规定，贿赂犯罪被规定在渎职犯罪之中）；二是"人民检察院认为需要自己直接受理的其他案件"。后者虽然没有具体范围的限制，但在实践中，检察机关也仅限于在公安机关依法应当立案侦查而不立案侦查的情况下行使这种侦查权，所以理论上被称为机动侦查权。

1996 年修改的刑事诉讼法对检察机关的侦查权再次做了修改。该法第 18 条第 2 款规定："贪污贿赂犯罪，国家工作人员的渎职犯罪，国家机关工作人员利用职权实施的非法拘禁、刑讯逼供、报复陷害、非法搜查的侵犯公民人身权利的犯罪以及侵犯公民民主权利的犯罪，由人民检察院立案侦查。对于国家机关工作人员利用职权实施的其他重大的犯罪案件，需要由人民检察院直接受理的时候，经省级以上人民检察院决定，可以由人民检察院立案侦查。"这个修改，一方面是进一步明确了检察机关侦查权的范围；另一方面也进一步缩限了检察机关的机动侦查权，即检察机关只有对"国家机关工作人员利用职权实施的"其他重大的犯罪案件而不是对所有刑事案件，可以行使机动侦查权，并且不是各级人民检察院都有这种机动侦查权，而是必须经省级以上人民检察院决定，才能行使。2012 年修改的刑事诉讼法，即现行刑事诉讼法完全保留了 1996 年刑事诉讼法关于检察机关侦查权的规定。

按照人民检察院组织法和刑事诉讼法的规定，检察机关恢复重建以来，投入了大量的人力、物力履行职务犯罪案件侦查的职责。1989 年最高人民检察院把原设的经济检察厅更名为贪污贿赂检察厅，1995 年成立了反贪污贿赂总局；2000 年把原设的法纪检察厅更名为渎职侵权检察厅，2005 年更名为反渎职侵权局；2000 年成立了职务犯罪预防厅。全国各级检察机关陆续仿照最高人民检察院的做法，设立了相应的机构。检察机关从事职务犯罪案件侦查的部门从一个扩展到三个，人员占了检察机关的很大部分。最高人民检察院先后发布了一系列规范性文件，不断加强职务犯罪侦查队伍的建设，不断规范职务犯罪侦查工作。无论是最高人民检察院还是地方各级人民检察院每年向人民代表大会所做的工作报告，都把职务犯罪侦查工作的情况作为检察工作的重要部分，向人民代表大会汇报。这方面的工作也得到了人民代表和各级党政部门、人民群众的支持。

二、检察侦查权运行实践反思

2016 年 12 月 25 日，根据中共中央的决定，全国人大常委会作出了《关于在北京市、山西省、浙江省开展国家监察体制改革试点工作的决定》。按照该决定，试点地区人民政府的监察厅（局）、预防腐败局及人民检察院查处贪污贿赂、失职渎职以及预防职务犯罪等部门的相关职能整合至监察委员会。这项改革试点的目标是建立党统一领导下的国家反腐败工作机构，即成立国家监察委员会，作为行使国家监察职能的专责机关，以便"整合反腐败资源力量，扩大监察范围，丰富监察手段，实现对行使公权力的公职人员监察全面覆盖，建立集中统一、权威高效的监察体系，履行反腐败职责，深入推进党风廉洁建设和反腐败斗争，构建不敢腐、不能腐、不想腐的有效机制"。这项改革试点，实际上意味着，检察机关对职务犯罪案件的侦查权将整体移交国家监察委员会来行使。

成立国家监察委员会，可以说是在总结我们国家监督机制运行的实际状况的基础上作出的重大抉择。之所以会作出这种重大调整，在一定程度上意味着，检察机关行使职务犯罪案件侦查权，没有能够充分发挥这种侦查权的功能，没有达到国家和人民满意的效果，所以才有必要交给其他国家机关来行使；意味着由其他国家机关行使职务犯罪侦查权比检察机关行使更能发挥这种侦查权的作用。检察机关行使职务犯罪案件的侦查权未能充分发挥其功能作用，既有检察机关自身的原因，也有制度设计方面的原因。

如果要反思这方面的问题，首先恐怕不得不承认，检察机关的职务犯罪侦查权异化为反腐败的工具，检察机关充当反腐败的主力军之一，并不符合"人民检察院是国家的法律监督机关"的宪法定位。

首先，反腐败的重任在一定程度上超出了检察机关的宪法职能。尽管宪法规定"人民检察院是国家的法律监督机关"，但实际上，除了最高人民检察院之外，地方各级检察机关都是由地方同级国家权力机关产生并向其负责的检察机关。地方各级检察机关要在地方同级党委的领导下、在地方同级人大的监督下、在地方同级政府的制约下开展工作包括进行职务犯罪侦查工作，因而不可能形成对同级地方权力的有效监督。长期以来，我们国家存在着多种监督机制，如党内监督、民主监督、舆论监督、行政监督、社会监督、法律监督等。但是，所有这些监督并没有能够阻止腐败现象在各个领域、各个行业、各级党政机关的蔓延。这种状况说明，我们国家以往的监督机制并不能有效地遏制腐败，所以有必要探索新的更有效的监督机制，以便进一步加强反腐败工作。监察制度改革，就是为了进一步整合各方面的监督力量，形成全面覆盖、集中统一、权威高效的监察体制。我国以往的监督机制乏力的原因，确实是监督的种类很多，力量很强，但个个都难以充分发挥监督的作用。从表面上看，也确实是因为政出多门，各种监督机构之间协调配合不够，没有形成强有力的监督合力。但是，如果认真思考一下监督机制没有充分发挥作用的深层次原因，就会发现，其根本原因在于，所有的监督都难以形成对"一把手"的监督。在我们国家，各个地方、各个单位、各个领域的"一把手"，历来是不受同级监督机构监督的。因为所有的监督机构，不论是党内的还是行政部门的，甚至包括检察机关的，都是在本地区、本单位"一把手"的领导下开展工作的，只有"一把手"指挥自己的下属从事反腐败工作，监督其他主体的行为，没有哪个下属敢对自己的上级特别是本单位、本地方的"一把手"进行监督的。并且，各个地方、各个单位、各个领域的"一把手"要对自己管辖范围内的反腐败工作"负总责"，就难免要对反腐败工作发号施令，所有从事反腐败工作的部门或领导都要向他汇报反腐败工作的开展情况，接受其领导。在这样一种领导体制下，"一把手"实际上是不可能受到监督的。唯一的可能是他的上级机关，只有上级机关的监督机构才有可能对下级地方或下属单位的"一把手"形成监督。从过去查处的腐败案件看，所有领导人的腐败案件都是上级纪委发现和查办的。在一个地方、一个单位，所有的监督机制都不能形成对"一把手"的监督，也就不可能对"一把手"庇护下的其他领导干部形成有效的监督。这是我们国家监督机制失灵的根本原因。正因为如此，检察机关作为一个由地方同级人大产生并向同级人大负责的国家机关，既要受同级人大的制约，也要受同级地方党委的领导，检察机关查办职务犯罪案件还要向地方同级党委请示汇报。在这种状况下，检察机关未能充分发挥职务犯罪侦查权的功能作用，客观地说，根本原因并不在于检察机关自身。因为在现行领导体制下，检察机关的职务犯罪侦查权不可能形成对同级地方党委以及其他比自己级别高的部门和人员的有效监督[1]。检察机关把大量的人力、物力和精力花在查办职务犯罪案件方面，希望担负起反腐败的重任，从某种意义上，可以说是明知不可为而为之。

其次，职务犯罪侦查权所侦查的对象溢出了法律监督的范围。由检察机关来查办贪污贿赂犯罪案件的一个重要理由是这些犯罪的主体肩负着执行和实施法律的职责，他们利用职务上的便利实施贪污贿赂犯罪，必然影响到国家法律的正确实施。而检察机关作为国家的法律监督机关有责任保障国家法律的正确实施。但是在实践中，检察机关查办的职务犯罪案件，最多

---

〔1〕 新成立的监察委员会，如果要想真正发挥监督的作用，就需要认真研究如何才能解决有效监督"一把手"的权力配置问题。如果新成立的机构仍然是在本地方、本单位"一把手"的领导下，甚至只是在"三把手"的领导下开展监督工作，那么，无论其机构多么庞大，权力多么集中，就可能与以往的监督机制一样，不可能真正发挥监督的作用。因此，新成立的监察委员会应该是一个独立与任何地方国家机关的、自上而下的体系，它应该是由国家最高权力机关产生并直接向国家最高权力机关负责的国家机关。只有当监察委员会在体制上摆脱了地方权力的控制时，才有可能形成对地方权力的有效监督。从以往的经验看，监督机关虽然由上一级国家机关直接领导，但在体制上仍然是地方国家机构中的一个组成部分，那它就必然要受到地方权力的约束，就不能不听命于地方权力中的"一把手"，也就不可能形成对"一把手"的有效监督。

的是国有公司、企业、事业单位工作人员的贪污贿赂犯罪案件[1]。这一方面是因为，我国刑法规定的贪污贿赂犯罪的主体中包含了大量的非国家机关工作人员，不仅国有公司、企业、事业单位、人民团体的工作人员可以成为贪污贿赂犯罪的主体，而且受国家机关、国有公司、企业、事业单位、人民团体委托管理、经手国有财产的人员也可以成为贪污贿赂犯罪的主体；另一方面是因为这些主体实施的贪污贿赂犯罪相对于国家机关工作人员实施同类犯罪而言，更容易查处。但是，应当看到，这些人员所实施的贪污贿赂犯罪与法律的实施并没有直接的关系。过去，我们一直坚持一种理念，认为国有企业事业单位是国有资产的经管人，代表国家管理国有资产，就是在履行国家职能，因此其职务犯罪关系到国家法律的实施。这种观念，在计划经济体制下或许还有一定的根据。然而，随着社会主义市场经济的深入发展，国有企业的经营活动最主要的是通过市场调节来进行的，它与私营企业的经营活动在本质上并没有多大的区别，很难说私营企业的经营活动是纯粹的经济活动，而国有企业的经营活动就是法律实施行为。把国有企业事业单位工作人员的职务犯罪作为法律监督的对象，缺乏充分的理论根据和实践依据。

即使是查办国家机关工作人员贪污贿赂、滥用职权的犯罪

---

〔1〕 2013年最高人民检察院检察长曹建明在向全国人大作的《最高人民检察院工作报告》中提到：过去五年，全国各级检察机关"共立案侦查各类职务犯罪案件165787件218639人"，"严肃查处执法司法不公背后的职务犯罪，立案侦查行政执法人员36900人、司法工作人员12894人"。2014年《最高人民检察院工作报告》中也提到：2013年全国各级检察机关"共立案侦查贪污贿赂、渎职侵权等职务犯罪案件37551件51306人"，"深挖执法司法不公背后的腐败犯罪，查处以权谋私、贪赃枉法、失职渎职的行政执法人员11948人、司法人员2279人"。这两组数据表明：从2008年到2013年六年间，检察机关查办的职务犯罪案件中，行政执法人员和司法人员的职务犯罪案件只占其中的23.7%。

案件，其中的大多数也与法律的实施没有直接关系。从这些年来查办的职务犯罪案件看，国家机关工作人员收受贿赂，多数情况下都是在自己的职权范围内为他人谋取利益，少有公然违反法律规定给行贿人办事的。即使有滥用职权为行贿人谋取不正当利益的，也很少有涉及法律实施的，多数都是在工程承包、项目委托、人事任用等方面为请托人谋取利益。这些行为妨害了国家管理活动，损害了国家权力行使的廉洁性，但未必妨害了国家法律的正确实施。实际上，国家机关工作人员职务犯罪案件中真正涉及妨碍法律实施的案件，在检察机关承办的职务犯罪案件中，只是其中的一小部分。相反，大量存在的执法活动中的违法行为并没有完全纳入检察机关职务犯罪侦查权的视野，因为检察机关对行政机关的执法活动没有监督权（除了构成犯罪的之外），其中可能存在的违法行为，检察机关难以发现，也就谈不上进行侦查。

这种状况，与检察机关作为国家的法律监督机关，应当重点查办法律实施过程中发生的严重违反法律的行为，以维护国家法律的正确实施的宗旨，并不完全吻合。从这个意义上讲，把与法律的实施没有直接关系的职务犯罪案件交由其他国家机关去查办，并不影响检察机关作为国家的法律监督机关集中精力查办法律实施过程中严重违反法律的情况以维护法律尊严的使命。

三、检察机关享有侦查权的必要性

按照全国人大常委会关于开展国家监察委员会改革试点工作的决定，国家监察委员会成立以后，检察机关原有的反贪部门、反渎部门和职务犯罪预防部门将整体移交给国家监察委员会。这是否意味着检察机关不再享有侦查权？我们的回答是否定的。

首先，按照现行法律的规定，检察机关依然具有侦查权。反贪部门、反渎部门和职务犯罪预防部门的整体移交，只是意味着检察机关不再承担职务犯罪侦查和预防的工作任务，也就是说，检察机关不再行使对职务犯罪的侦查权，并不意味着检察机关就丧失了所有的侦查权。刑事诉讼法规定由检察机关行使的其他侦查权依然存在。

第一，《刑事诉讼法》第18条第2款中规定的"国家机关工作人员利用职权实施的其他重大的犯罪案件"，需要由人民检察院直接受理的时候，经省级以上人民检察院决定，还应当由人民检察院立案侦查。这里所规定的"其他重大的犯罪案件"，显然不应当是贪污贿赂犯罪案件和渎职侵权犯罪案件，而是刑法中规定的"其他"犯罪案件即贪污贿赂犯罪案件和渎职侵权犯罪案件以外的案件。对这些案件的侦查权，不能因为反贪部门、反渎部门的外移而丧失。

第二，按照《刑事诉讼法》第171条第2款的规定，人民检察院审查案件，对于需要补充侦查的，可以退回公安机关补充侦查，也可以自行侦查。该条所规定的人民检察院审查的案件包括了所有的公诉案件，对这些案件自行侦查的权力也不可能因为反贪部门和反渎部门的外移而丧失。

第三，按照人民检察院组织法的规定，检察机关"对于叛国案、分裂国家案以及严重破坏国家的政策、法律、法令、政令统一实施的重大犯罪案件，行使检察权"。这里规定的"检察权"包括了法律赋予检察机关的各项职权，其中当然包括法律赋予检察机关的侦查权。这种侦查权同样不能因为反贪部门和反渎部门的外移而丧失。

其次，从理论上讲，检察机关享有侦查权是十分必要的。这种必要性主要表现在以下几个方面：

1. 检察机关享有侦查权是由检察权的本质属性决定的

检察是以"检"为前提、为依托的。没有"检"，就没有检察，就没有现代检察制度。所谓"检"，就是调查了解情况。现代检察制度是在资产阶级革命中为了打破中世纪司法专横而从法官的权力中分离出来的。它从诞生的时候起就担负着维护国家法律统一正确实施的使命。为了维护法治的权威，保障法律的正确实施，就必须具有发现违法的手段。这种手段正是侦查权的行使。没有侦查权，检察机关就难以发现违法事实的存在，就难以保障法律的正确实施。

2. 检察机关享有侦查权是现代公诉制度的必然要求

现代公诉制度是建立在国家追诉主义理念基础之上的。追诉犯罪的权利，在历史上是由被害者个人及其家族享有的。国家之所以禁止被害人个人追诉，而要由国家来追诉犯罪，是因为在国家看来，犯罪不仅仅是侵害个人权利的行为，而且是危害国家利益和人类社会共同利益的行为，国家有责任让每一个实施犯罪行为的人都受到法律的追究。因此，公诉制度存在的价值就是为了保证使每一个犯罪都能受到应有的法律追究，以伸张法律正义。而要保证这一点，除了国家建立必要的侦查机关来侦查已经发生的犯罪案件之外，检察机关应当具有相应的职权，以便在应当追诉而侦查机关没有进行侦查的情况下，主动进行侦查，以发现和证实犯罪事实，使实施犯罪行为的人受到法律的追究。这是国家追诉权实施的制度保障。特别是在以审判为中心的诉讼制度改革之后，检察机关如果没有侦查权，在应当调查的犯罪事实没有充分调查的情况下，国家追诉主义的理念就不可能真正实现。从这个意义上讲，检察机关享有侦查权是国家追诉主义的必然要求。

3. 检察机关享有侦查权是权力制约的客观需要

从权力制约的角度看，我们国家设置了多个行使侦查权的国家机关，如公安机关享有对普通刑事案件的侦查权，国家安全机关享有对危害国家安全犯罪案件的侦查权，海关享有对走私犯罪案件的侦查权，即将成立的国家监察委员会享有对职务犯罪案件的侦查权。而这些部门之间互不隶属，也没有互相监督的机制。如果其中任何一个部门没有充分行使侦查权，导致有关方面的刑事案件没有被侦查，或者虽然进行了侦查但获取的证据难以达到追诉犯罪的要求，这方面的侦查权就可能被虚化，就难以实现该权力配置的目标。因此，赋予第三方即检察机关以特别侦查权，作为侦查机关没有充分行使侦查权的补充，就可以有效制约其他国家机关侦查权的行使，弥补侦查机关渎职造成的破坏法律正确实施的不利后果。

4. 检察机关享有侦查权是世界各国的普遍做法[1]，反映了检察制度的基本规律

德国《刑事诉讼法》第 160 条规定："检察院不仅要侦查证明有罪的，而且还要侦查证明无罪的情况，并且负责提供提取有丧失之虞的证据。检察院的侦查，也应当延伸到对确定法律对行为的处分具有重要性的情节，对此，它可以请求法院提供帮助。"第 161 条规定："为了前款所称目的，检察院可以要求所有的公共机关部门提供情况，并且要么自行，要么通过警察机构部门及官员进行任何种类的侦查。警察机构部门及官员负有接受检察院的请求、委托的义务。"[2]

在意大利，1988 年《意大利刑事诉讼法典》第 5 编第 327

---

[1] "世界各国法律均规定检察机关有侦查权。"参见甄贞等：《检察制度比较研究》，法律出版社 2010 年版，第 520 页。

[2] 《德国刑事诉讼法》（中译本），李昌珂译，中国政法大学出版社 1995 年版。

条规定，初期侦查阶段，由检察官领导侦查工作并且直接调动司法警察。司法警察在发现犯罪或接到发案报告后，应当在48小时内进行初步侦查，包括勘验现场、讯问犯罪嫌疑人、询问证人、进行搜查、扣押和临时羁押等，但必须在48小时内向检察官报告，检察官要在犯罪信息登记簿中予以记载，随即开始正式侦查，由检察官指挥司法警察进行。

在法国，侦查权主要由司法警察、司法警官、共和国检察官和预审法官行使。但是，《法国刑事诉讼法典》第41条规定："共和国检察官对违反刑法的犯罪行为，进行或派人进行一切必要的追查与追诉行动。为此目的，共和国检察官领导其法院管辖区内的司法警察警官与司法警察警员的活动。"第42条规定："共和国检察官在履行职务时有权直接调用公共力量协助。"第51条规定："预审法官只有在第80条至第86条所规定的条件下，依据共和国检察官提出的立案侦查意见书受理案件以后，或者仅在受理以民事当事人身份进行的告诉之后，始得进行侦查。"第80条规定："预审法官只有根据共和国检察官的立案侦查意见书始得进行侦查。"[1]

在日本，法律赋予检察官广泛的侦查权。日本《刑事诉讼法》第191条规定："检察官认为必要时，可以自行侦查犯罪。检察事务官应当在检察官的指挥下进行侦查。"第193条规定："检察官在管辖区域内，可以就侦查对司法警察职员作出必要的一般指示"；"检察官在管辖区域内，可以为要求协助侦查而对司法警察职员进行必要的一般指挥"；"检察官在自行侦查的场合有必要时，可以指挥司法警察职员，使其辅助侦查"；"在

---

[1] 《法国刑法典　刑事诉讼法典》（中译本），罗结珍译，国际文化出版公司1997年版。

前三款的场合，司法警察职员应当服从检察官的指示或者指挥"[1] 这就意味着，检察官对任何案件都可以直接立案侦查；还可以指挥司法警察协助其进行侦查；对警察的侦查活动，可以发出一般性的指示。从 1947 年起，日本就在东京地方检察厅设立了"物资隐匿事件搜查部"，专门侦查囤积物资的行为，1949 年更名为"特别搜查部"，以后又在大阪、名古屋等地检察厅设立了特别搜查部，专门调查侦办巨额逃漏税、重大经济犯罪、公职人员的贪污渎职犯罪。

在韩国，检察官享有充分的侦查权。韩国《刑事诉讼法典》第 195 条规定："检事（即检察官）认为有犯罪嫌疑时，应当侦查犯人、犯罪事实和证据。"第 196 条规定："侦查官、警务官、总警、警监、警卫作为司法警察官应当受检事的指挥进行侦查"；"警察、巡警作为司法警察吏受检事或司法警察官的指挥协助进行侦查"[2] 这就意味着，韩国刑事案件的初始调查权（法律有特别规定的除外[3]）属于检察官，警察仅是作为检察官的助手协助检察官工作，他们的调查应按照检察官的一般要求进行。韩国各地方检察厅还设有特别搜查部，最高检察机关即韩国大检察厅设有"中央搜查部"，专门负责侦查政府高层官员的贪腐案件。

在英国，传统上，检察机关没有侦查权。但是，根据 1985年的《犯罪起诉法》、1987 年的《刑事审判法》等法律，陆续设立了由总检察长统一领导下的检察机关，其中包括担负公诉职能的王室检察署、集侦查职能和起诉职能于一体的反严重欺

---

〔1〕 《日本刑事诉讼法》（中译本），宋英辉译，中国政法大学出版社 2000 年版。

〔2〕 《韩国刑事诉讼法》（中译本），马相哲译，中国政法大学出版社 2004 年版。

〔3〕 按照韩国刑事诉讼法第 197 条的规定，森林、海事、专卖、税务、军队等方面的刑事案件，依据法律的特别规定，由这些系统的侦查机关负责侦查。

诈局、为政府提供法律顾问或起诉服务的财政律师部等机构。

在美国，检察机关的侦查职能表现在三个方面：一是由检察官领导或协同警察或执法人员对犯罪案件进行侦查；二是由检察官对官员腐败案件等犯罪案件直接进行侦查；三是由联邦检察长针对高级官员的犯罪案件任命特别检察官或独立检察官进行侦查。[1]

在我国，台湾地区"刑事诉讼法"第228条规定："检察官因告诉、告发、自首或其他情事知有犯罪嫌疑者，应即开始侦查。"澳门地区《刑事诉讼法》第246条和247条规定，侦查由检察院领导警察机关进行，警察在侦查中受检察院直接指挥，在业务上从属于检察院。

检察机关之所以普遍享有侦查权，是因为检察机关行使侦查权具有其他侦查机关无法替代的制度优势。一方面，检察机关作为司法机关或者准司法机关，行使侦查权具有相对的独立性。而其他行使侦查权的机关基本上都是行政机关。行政机关所具有的"上命下从"的权力特征使其在行使侦查权的时候不得不顾及行政长官的意志，难以保证侦查的客观公正。另一方面，在世界范围内，检察官的入职门槛都要高于警察。与其他侦查主体相比，检察官往往具有更高的法律素养和更好的社会形象。对于一些社会影响特别大的刑事案件、一些关系到国家特别重大利益的案件，由检察官进行侦查，更能保证案件的质量。此外，在大陆法系国家，侦查通常被视为"公诉之准备"。检察官代表国家发动追诉犯罪的行为，就负有举证责任。而为了保证这种举证责任的实现，就必须赋予检察官以侦查权或侦查控制权。正如德国学者指出的，侦查程序是在为检察机关关

---

〔1〕 何家弘主编：《检察制度比较研究》，中国检察出版社2008年版，第18—19页。

于决定是否应提起公诉时，所做的准备工作。其目的乃为避免对不成立的犯罪嫌疑施以审判程序，其另一目的则是收集及整理证据。在此程序中之主导者为检察官。[1]

当然，检察机关是以国家公诉为主要职权的国家机关，不可能对所有刑事案件都来亲自进行侦查。所以，检察机关的侦查权往往是有限的，即只限于对特殊案件的侦查，而不可能是一种包罗万象的侦查权。

四、检察侦查权的重构

检察机关应当享有侦查权，在检察机关的反贪部门、反渎部门和职务犯罪预防部门整体移交给国家监察委员会以后，应当重新构建检察机关的侦查权。

重新构建检察机关的侦查权，应当紧紧围绕检察机关的宪法定位，从履行法律监督职能的需要出发来配置，把侦查的对象集中在法律实施领域，以充分发挥检察机关在维护国家法律正确实施、推进依法治国中的职能作用。

1. 检察侦查权的类型

重新构建的检察侦查权，不再是对某一类具体犯罪案件的侦查权，而应当是一种特别的侦查权。这种侦查权在类型上，应当包括：

（1）直接侦查权，即检察机关直接立案侦查的权力。对于某些特别重大案件，需要由检察机关进行侦查时，检察机关根据党中央的决定，或者国家最高权力机关的授权，或者法律的明文规定，直接进行立案侦查。检察机关侦查这类案件，应当享有法律赋予侦查机关开展侦查活动时依法享有的各种侦查

---

〔1〕 ［德］克劳思·罗科信：《刑事诉讼法》（第24版），吴丽琪译，法律出版社2003年版，第354页。

手段。

（2）参与侦查权，即检察机关对于其他侦查机关查办的犯罪案件，在认为必要的时候，有权介入案件的侦查活动。对于其他侦查机关管辖范围内的犯罪案件，在社会影响比较大的情况下，检察机关如果认为有必要，有权要求介入对案件的侦查。介入侦查的目的，一方面是作为国家的法律监督机关，保证侦查活动的合法性，以提高侦查机关侦查活动的公信力；另一方面也是为了了解案件的证据材料，为提起公诉做准备。

（3）机动侦查权，即检察机关对于其他侦查机关管辖范围内的犯罪案件，在一定条件下有权介入并进行侦查。机动侦查权包括两种情况：一是对于其他侦查机关侦查终结移送起诉的案件，检察机关如果认为案件的事实不清、证据不足，有权按照刑事诉讼法的规定，退回侦查机关补充侦查，也有权自行进行补充侦查。特别是在退回补充侦查后，有关侦查机关消极不作为，没有进行有效的补充侦查，或者没有重新收集到对提起公诉甚为关键的证据，而案情比较重大不能不提起公诉的情况下，检察机关有必要自行进行侦查，以保证国家追诉的有效进行。二是对于其他侦查机关管辖范围内的犯罪案件，有权侦查的机关不予立案侦查或者没有进行有效的侦查，检察机关提出监督意见后，有关侦查机关没有接受亦没有提出不立案侦查的正当理由时，检察机关应当有权直接立案侦查。

2. 检察侦查权的范围

除了参与侦查之外，检察机关直接侦查的案件，在范围上，应当受到严格的限制。笔者认为，重新构建的检察侦查权，在适用范围上，应当仅限于以下三类案件：

第一，特别重大的犯罪案件。特别重大的犯罪案件主要是指颠覆或分裂国家的重大犯罪案件以及严重破坏国家的政策、法律、法令统一实施的重大犯罪案件。对这类特别重大的犯罪案件，应当由检察机关行使侦查权。这类案件对于国家安全和国家法律的实施具有极大的危害，可能引起全国民众的广泛关注，甚至可能在国际关系上产生重大影响，需要极为慎重地对待，不能由一般的侦查机关来侦查。因为，查办这类案件需要更高的法律政策水平，需要更为专业的法律人才，需要社会各界的高度信任和支持。而这些要求是一般侦查机关所不具备的。所以，从世界各国的法律规定和实践来看，这类案件通常都是由检察机关来进行立案侦查。有的国家是临时性的设立特别检察官，并由国会授权其专门侦查已经发生的此类犯罪案件；有的国家则是通过法律把这类犯罪案件的侦查权直接赋予检察机关。我国1979年通过的《人民检察院组织法》中规定，检察机关"对于叛国案、分裂国家案以及严重破坏国家的政策、法律、法令、政令统一实施的重大犯罪案件，行使检察权"，就属于这种情况。在这种情况下，检察机关侦查权的启动，应当有一定的限制，即必须是根据国家最高权力机关的特别授权或者批准。检察机关不能自行启动这种侦查权。

第二，执法犯法的犯罪案件。执法犯法的犯罪案件主要是指负有执行法律职责的国家工作人员在履职过程中实施的妨害法律正确实施的案件。无论是在刑事执法过程中还是在行政执法过程中，无论是在法律适用过程中还是在法律实施过程中，都可能出现执法人员执法犯法的情况。对于这类案件，由检察机关行使侦查权，是检察机关作为国家的法律监督机关理应履行的职责。因为这类犯罪不仅仅是普通的职务犯罪，并且首先是危害国家法律实施的犯罪，对依法治国的破坏作用极大。对这类犯罪案件进行立案侦查，对于维护国家法律的统一正确实施具有特别重大的意义，是检察机关的职责所在。不仅如此，这类犯罪案件往往涉及法律的具体应用问题，查办这类犯罪案件本身需要较高的法律专业方面的知识和经验。而检察机关应当是查办这类犯罪案件的不二人选。

第三，其他机关应当侦查而不侦查的犯罪案件。对于本应由其他侦查机关立案侦查的犯罪案件，有管辖权的侦查机关不立案侦查的，检察机关应当有权立案侦查。侦查机关应当按照法律的规定，对自己管辖范围内的犯罪案件进行立案侦查。但是如果有的侦查机关对本该由自己立案侦查的犯罪案件不予立案侦查，这类犯罪案件就无法得到应有的法律追究，法律的尊严就有可能受损。在这种情况下，检察机关通过行使机动侦查权，可以弥补有关侦查机关渎职情况下维护国家法律实施的需要。这是检察机关作为国家的法律监督机关应当具有的职能。同时，检察机关享有机动侦查权也是权力制约的制度需要。因为国家把某种权力赋予一个主体的时候，如果这个主体放弃权力，无论是不愿意还是不能够行使这种权力，就可能导致国家权力的缺位和治理功能的丧失。为了弥补这种缺失，用一种权力制约另一种权力，在权力缺位时及时进行补救，是权力配置的基本原理。

当然，对这种机动侦查权应当由明确的限制，以防止其被滥用。一方面，法律应当明确规定机动侦查权行使的条件，只有在法定条件出现的情况下，检察机关才能行使机动侦查权；另一方面，法律应当明确规定机动侦查权行使的程序，通过程序控制，保证机动侦查权行使的必要和必需。

3. 检察侦查权重构后的特点

重新构建的检察侦查权，与以往的检察侦查权相比，具有三个明显的区别：

（1）有限性。在我国，检察机关是国家的法律监督机关，而不是专门的侦查机关，检察机关应当主要履行法律监督的职能，而不能把自己关注的重点放在查办具体案件上。因此，检察机关的侦查权应当局限在与法律实施直接有关的犯罪案件上，以便与检察机关的宪法定位相适应。对于与法律的实施没有直接关系的犯罪案件，检察机关只有在特殊的情况下并且是在法律明确规定的情况出现时，才可以启动侦查权。以往，检察机关行使的侦查权，是一种常态化的、对某些特定类型犯罪案件的侦查权。这就极大地分散了检察机关的精力和本来就极为有限的检察资源，使检察机关难以集中精力履行法律监督的职责。重新构建的检察侦查权只限于对特殊案件的侦查，并且局限于与法律实施直接相关的犯罪案件，从而有可能使检察机关成为名副其实的法律监督机关。

（2）补充性。重新构建的检察侦查权，不是对刑法规定的某些类型的犯罪进行侦查的权力，因而不是一种常态化的侦查权，不存在与其他侦查机关分享侦查权的情况，而是作为各类侦查机关行使侦查权的补充和例外。除了对直接影响法律实施的犯罪案件，由检察机关作为国家的法律监督机关进行立案侦查之外，检察机关只有在其他侦查机关没有或者不能充分履行侦查职能的情况下，才启动侦查权，以保证法律的切实遵守和法律的权威性，因此只具有补充侦查的性质。

（3）可控性。检察机关的侦查权不是一种可以任意行使的侦查权，尤其是对特别重大复杂案件的侦查权，必须经过国家最高权力机关的特别授权或者批准才能启动，必须在法律规定的条件出现时才能启动，并且必须按照法律规定的程序启动。这些限制性的制度设计，可以有效地防止检察侦查权的滥用和失控。当然，对于法律实施过程中出现的犯罪案件，检察机关作为国家的法律监督机关，在法律规定的范围内直接进行立案侦查，是履行法律监督职责的必然要求，不需要特别的授权或批准。这种权力的行使要受到诉讼环节特别是审判环节的制约和程序上的救济，也不存在滥用时无法控制的情况。

4. 重构检察侦查权的路径

重新构建检察机关的侦查权，可以通过人民检察院组织法的修改和刑事诉讼法的修改来进行。

就检察机关的侦查职权而言，在修改人民检察院组织法时应当考虑：一是保留原法第 5 条第 1 项规定，即"对于叛国案、分裂国家案以及严重破坏国家的政策、法律、法令、政令统一实施的重大犯罪案件，行使检察权"。二是明确规定检察机关对行政执法活动实行法律监督的职权。三是强调检察机关在法律规定的范围内行使侦查权。这样就可以在有法律规定的基础上，增加检察机关对行政机关的执法活动进行监督的职责，使法律监督能够覆盖法律实施的各个领域，同时为检察机关的侦查权在刑事诉讼法修改中留下余地。

在修改刑事诉讼法关于侦查权的规定时应当考虑：第一，修改原法第 18 条第 2 款的规定，即将"贪污贿赂犯罪，国家工作人员的渎职犯罪，国家机关工作人员利用职权实施的非法拘禁、刑讯逼供、报复陷害、非法搜查的侵犯公民人身权利的犯罪以及侵犯公民民主权利的犯罪"，修改为"国家机关工作人员利用职权实施的妨害法律实施的犯罪"，由人民检察院立案侦查。至于"妨害法律实施的犯罪"的范围，可以通过司法解释的方式予以具体化，原则上应当限定在国家机关工作人员在适用或执行法律过程中实施的犯罪。第二，将该款中规定的"对于国家机关工作人员利用职权实施的其他重大的犯罪案件，需要由人民检察院直接受理的时候，经省级以上人民检察院决定，可以由人民检察院立案侦查"修改为"对于国家机关工作人员利用职权实施的特别重大的犯罪案件，需要由人民检察院直接受理的时候，经国家最高权力机关决定或者批准，由人民检察院立案侦查"。这样修改的理由是为了与人民检察院组织法原第 5 条规定的第一项职权相对应，并对这项职权的行使进行严格的控制。第三，增加规定"对于有关侦查机关应当立案侦查而没有立案侦查的案件，在必要时，经省级以上人民检察院决定，可以由人民检察院立案侦查"。这样修改的理由是在赋予检察机关补充侦查权的同时，严格控制这种侦查权的行使。第四，保留原法第 171 条第 2 款的规定，允许检察机关在审查起诉过程中对侦查机关没有或者没有有效的补充侦查的案件进行侦查。

（原载《国家检察官学院学报》2018 年第 3 期）

再论检察权的性质

检察机关的法律地位和检察权的性质问题，既是一个需要澄清重大理论是非的法理学问题，也是一个关系到检察机关改革和检察事业发展的重大现实问题。这个问题，实际上是一个问题的两个方面。因为，检察权就是检察机关依法享有的职权，检察机关的法律地位直接决定着检察权的性质；而检察权的性质，反过来又说明检察机关的法律地位。检察机关的法律地位是从检察权主体的角度来看检察权在国家权力结构中的地位的，而检察权的性质是从检察权的功能属性的角度来看检察权在国家权力中的分类的。这两个方面所要回答的问题，从根本上说，都是检察权在国家权力配置中的定位问题。

对于这个问题，可以从三个方面来认识：

一、从检察制度的起源与发展中看检察权的性质

1. 现代检察制度是应维护国家法制统一实施的需要而诞生的

现代检察制度起源于中世纪的法国和英国，是以公诉制度的确立为前提，以检察官的设立为标志的。检察制度产生的共同背景是，两国当时都处于封建割据状态，为加强以国王为代表的中央集权，同宗教势力进行斗争，实现民族国家的统一，对抗封建司法专横这一历史需要，根据本国的实际情况，设立了检察制度。

现代检察制度的起源表明，检察官是作为国王（在封建社会，国王是国家一切权力的代表，它与现代西方国家的总统只是行政权力的代表不同。所以代表国王并不意味着其权力只能是行政权）的法律代表（顾问）出现的。在封建割据的社会环境下，检察官出现的必要性，并不是为了给国王提供法律意见，而是为了解释国王制定的法律，监督该法律在全国各地的实施。在法律的实施中，由于犯罪是对社会危害最严重的行为，而追诉犯罪的活动是对人们影响最大的活动，所以检察官作为国王的代表，便首当其冲地担负起追诉犯罪并监督对犯罪人的审判和判决执行的使命。这种历史事实表明，检察制度的起因使其从诞生的时候起，就是为了维护王室制定的法律在全国范围内统一实施。正如有的学者指出的：国王代理人在代理国王处理私人事务的同时，还负有在地方领主的土地上监督国王法律实施的职责。这种国王代理人，即为以后的检察官。从这个意义上说，在法国，检察官自15世纪起就承担了类似于现代的法律监督职能。

2. 检察权的组织运行及其发展表明检察权的独立性

现代检察制度确立以来，各国检察机关的设置和职权并不完全相同。这是由各国国情的不同必然决定的。但是关于检察机关的职责，又存在着某些共同点。

例如，德国的检察机关设在法院内并由司法部领导，检察机关在业务上独立行使职权。检察机关的性质介于司法机关和行政机关之间，各级检察官则均系公务员，而不是法官，但是其培训、选任和晋升，完全按照法官的规定来管理。日本的检察制度是按照德国模式建立的，但是第二次世界大战以后，受美国法律制度的影响，把原来附设在各级法院内的"检审局"独立出来，形成与法院对应的独立的"检察厅"，归法务省统管。1983 年日本修改行政组织法时规定，行政组织中可设立不同于一般行政组织的"特别机关"，检察机关被确定为"特别机关"之一。在法国，检察机关隶属司法行政机关，由派驻各级法院的检察官组成。法国的检察官具有双重身份，他既和法官一样属于国家的司法官员，享有和法官同样的法律保障，被称为"站着的法官"，同时又是国家公务员。英国自 1986 年 10 月 1 日起，成立英国皇家检察院，并制定皇家检察官法，在全国设立独立的、自成体系的检察机构，统一行使公诉权。1998 年，英国议会又决定对检察院进行改革，以加强检察院与警察局之间的联系，提高刑事司法效率。

现代西方国家的检察制度及其发展，至少说明了三个基本事实：第一，检察机关具有独立性。检察机关不论是设在行政机关，还是隶属政府首脑，抑或独立设立，检察机关都不是作为一般的行政机关来设置和管理的，检察机关也不同于审判机关。并且，强调检察权的独立行使和检察官的独立地位，是西方国家检察制度的共同特征。第二，检察机关到底属于行政机关还是司法机关，在西方国家并不是没有争议的。大陆法系国家倾向于将检察机关划归审判机关，但同时又规定"检察官是行政机关派驻在各级法院的代理人"；英美法系国家倾向于将检察机关划归司法行政机关，但同时又承认"检察机关是行政系统中享有司法保障的独立机构""公共利益的代表"。甚至在有些国家，一个时期里检察机关隶属司法行政机关，而另一个时期检察机关隶属审判机关。第三，扩大和强化检察权是西方国家司法改革的趋势之一。作为现代检察制度的发祥国，英国从 20 世纪 80 年代起，设立了独立的全国统一的检察机关，法国则从 20 世纪 90 年代起，在全国最高司法委员会中分设了与法官事务委员会并列的检察官事务委员会，扩大了检察官的职权。

这些事实表明，检察权是国家权力中一个相对独立的、具有特殊性的权力，检察权兼有行政、司法和监督等多重性质，本来就是独立于行政权和司法权之外的一项权力，不能简单地将其归属于行政权或司法权，与之相联系，行使检察权的检察机关应当作为一个独立的国家机关存在。

但是在三权分立的国家结构中，检察权作为一种游离于三权之间难以定位的国家权力，必然处于一种十分尴尬的境地：检察机关隶属行政机关又不同于行政机关，被称为"特殊的行政机关"；检察权不同于审判权（狭义的司法权），又不得不附属于审判权，被称为"准司法权"，检察事务由"司法委员会"来管理；检察官不是法官又完全按照法官来对待，被称为"站着的法官""准司法官"。这种尴尬境地的出现，是由三权分立学说的根本缺陷造成的。因为三权分立学说把统一的国家权力人为地划分为立法权、行政权和司法权三种，并分别由立法机关、行政机关和司法机关行使。而这种划分，并没有穷尽国家权力的基本权能，如国家主权、军事权、检察权等，一些本来不属于这三种权力的权能不得不牵强附会地并入其中。就检察权而言，这种三权分立的学说和国家结构，使本来应当在国家权力结构中独立存在的检察机关不得不依附于行政机关，这就严重地限制和妨碍了检察功能的发挥和检察制度的发展，也背离了现代检察制度创设的初衷即维护国家法律的统一实施。

社会主义国家结构克服了三权分立的弊端，为检察权的有效行使创造了条件。在统一的国家权力中，检察权作为国家权力中一项相对独立的权能存在成为可能，检察机关作为国家机关的一个独立机构被法律正式确认。这就为检察机关的发展，提供了制度性的保障。

二、从我国检察机关在国家权力机构中的定位看检察权的性质

对权力运作的监督制约，是权力运作的内在要求，也是现代法治国家权力设置的普遍要素。任何政权组织形式，都必然要设置一定的监督和制约机制。三权分立的政体是通过立法、行政和司法之间的分立与平衡来实现监督和制约的。议行合一的人民代表大会制则是通过设置由人民代表大会产生并向人民代表大会负责的法律监督机关来实现监督和制约的。

在中国，检察制度是由人民代表大会制度决定和产生的，检察机关是国家权力结构的一个重要组成部分。因此考察检察权的性质，必须深刻理解我国的人民代表大会制。

我国是人民民主专政的社会主义国家，与之相适应，实行人民代表大会的根本政治制度。在我国，一切国家权力属于人民，人民通过由自己选举的代表组成的各级人民代表大会及其常委会统一行使国家权力。在国家权力结构中，人民代表大会是兼管立法和行政的国家权力机关。在人民代表大会下，我国设立了行政机关、审判机关、检察机关和军事机关，分别行使国家职能中的行政权、审判权、检察权和军事权。这些机关彼此分立，但都源于国家权力机关，并各自向国家权力机关负责。在这种国家权力结构模式中，检察机关作为由人民代表大会产生并向人民代表大会负责的一个独立的国家机关即国家法律监督机关，专门行使检察权，履行法律监督职能。

法律监督反映了检察权的根本属性和基本功能。检察权与国家的行政权、审判权、军事权一样，是国家权力的一个方面、一项权能。但是检察权的功能是什么？它在国家权力运作过程中起什么作用？这是检察权的性质所要回答的问题。

在国家权力结构中独立设置一个检察机关，最根本的存在价值在于通过行使检察权来监督行政机关、审判机关切实执行法律，并监督全体公民和组织严格遵守法律，以保障国家法律的统一正确实施。检察权的这种功能，不仅决定了检察机关的法律地位，而且反映了检察权的性质。因此，检察权在性质上是法律监督权，而宪法和法律把检察机关定位为国家的法律监督机关是有充分理论根据的，也是十分准确和恰当的。

诚然，法律监督的思想是由列宁提出来的。列宁在领导新生的苏维埃制定法律的同时，敏锐地认识到，如果没有强有力的保障法律的统一实施的机构，这些法律都只不过是毫无意义的空气振动而已。面临当时法律监督权分散行使的状况，列宁提出了建立专门法律监督机关的主张。但是，检察机关发展成为专门的法律监督机关，并不是列宁或其他领导人的心血来潮，而是经过了十余年的探索和实践，逐步形成的、具有历史必然性的监督模式，是由人民代表大会制度本身的性质和特点所决定了的必然选择。

新中国成立后，按照马克思列宁主义的国家学说特别是列宁关于法律监督的理论，建立了独立的检察机关。但是应当看到，列宁的法律监督思想并不是我国检察机关建立的唯一渊源。我国检察机关的建立，也是吸收了中华法系文明的结晶的结果。中国古代长期盛行御史制度。御史作为"天子之耳目"，其主要职责就是"纠举官吏不法"，以维护封建国家法律、政令的统一，并受理申诉，纠正错案，平反冤狱，监督官吏的断案。御史制度是中国封建社会独立发展起来的一项特殊的政治制度，它被控制在皇权之下，备受历代封建统治者的重视，并逐步扩大它的组织，提高它的地位，使之在维护封建纲纪、肃清吏治、整饬风纪，巩固中央集权制度，发挥官僚机构的统治效能方面，起了举足轻重的作用。[1] 按照法律监督理论并借鉴本土法律文化建立起来的社会主义检察制度，与封建社会的御史制度，在阶级属性上是根本不同的，在服务对象上也是根本不同的，但是在生产的原因、职责、地位等方面有颇多的相似之处。这种相似性，从一个侧面反映了法律监督理论与中国传统文化有一定的相容性，也反映了权力的运作离不开监督制约的规律性。而这种相容性，正是法律监督理论在中国扎根发芽和发展壮大的源泉。

三、从检察权的内容看检察权的性质

关于检察权的性质，我国学术界有"行政权说""司法权说"和"行政与司法双重属性说"三种理论观点。这些理论观点，只是揭示了检察权的某个或某些方面的属性，没有全面地反映检察权的特点。检察权的内容和运作兼有行政与司法的某些内容和特点，但它最本质的特点是法律监督。因此，我们认识检察权的性质应当立足于法律监督，兼顾其司法性和行政性。

不论是在中国，还是在外国，检察权最基本的内容都是代表国家行使公诉权。公诉，正是对违反法律的犯罪行为进行法律监督的表现。因为，在人类历史上，从私人起诉到国家公诉的嬗变，反映了人们对犯罪本质的认识。只有当统治者认识到犯罪不仅是侵犯具体个人的权利的行为，而且危害了国家和社会的整体利益，是对国家权威的蔑视和对国家法律的冒犯时，才会设立公诉制度，用国家权力来干预起诉犯罪的活动。国家

---

〔1〕 刘树选、王雄飞：《法律监督理论与检察监督权》，载《人民检察》1999 年第 9 期。

之所以要设置专门的机关运用国家权力对法律规定的犯罪行为进行追诉，而不论这种行为是否直接危害到国家利益，也不论这种行为是由什么人实施的，其目的就是要通过对犯罪行为的追诉，使违反法律的人受到应有的法律制裁，以维护法律的权威，并警示全体公民遵守法律。因此，公诉权的设置，本身就是为了监督法律的实施，保障法律被普遍遵守。

除了公诉权之外，在西方国家，检察机关一般拥有指挥侦查权、监督判决执行权、监督监所权等监督司法活动或诉讼活动的权力。大陆法系许多国家的法律还赋予检察机关以广泛的法律监督权。在法国，总检察长的主要职责是"对国家整体执法活动进行监督"。检察机关的职权，除了在刑事诉讼中行使侦查、起诉、支持公诉和指挥刑事裁判的执行等职权之外，还对享有广泛的监督权，其中包括：（1）监督司法辅助人员；（2）监督检察书记官；（3）监视司法救济制度的营运；（4）监督户政官员；（5）对私立教育机构的监督；（6）对公立精神病院的监督；（7）对开设咖啡店、酒店等特种营业的资格审查；（8）对新闻、杂志等定期刊物进行审查等。在德国，检察机关介于司法机关和行政机关之间，在业务上独立行使职权，"具有一定的法律监督和保障国家法律统一实施的职能"。除了对刑事诉讼的侦查、审判和执行具有广泛的监督职能之外，"对律师执法活动的合法性，也负有一定的监督职责"。《葡萄牙检察署组织法》明确规定，检察机关具有"监督司法官员的工作；在自身权限内，维护法庭的独立，并监督司法职能依照宪法和法律进行"；"监督常规法律的合宪性"等职权。在社会主义国家，检察机关不仅拥有西方国家检察机关的各项权力，而且往往还拥有监督行政执法和审判活动的权力。因而社会主义国家的检察权具有更为明显的、广泛的法律监督性质。

综上所述，检察制度的起源、检察机关在国家权力结构中的地位和检察权的运作方式都表明，检察权具有法律监督的性质，实行检察权的国家机关应当是国家的法律监督机关。但是为什么会有学者对检察机关的宪法地位和检察权的性质提出质疑呢？我们认为，这些学者在对检察权的研究上存在着两个理论误区：

一是用西方国家三权分立的模式和理论来分析我国检察权的性质和检察机关的法律地位。在三权分立的国家权力结构模式中，国家权力被分割为立法权、行政权和司法权，分别由立法机关、行政机关和司法机关来行使。除了这三种权力、三个机关之外，没有第四种权力、第四类国家机关。所以检察权和检察机关只能在这三种权力、三个机关之间确定自己的权力归属和角色定位，而不可能有独立的地位。由于检察权不可能是立法权，因而只好在行政权与司法权之间选择。但是在人民代表大会制的国家权力结构模式中，人民代表大会并不是单纯的立法机关，不是只行使立法权，而是作为国家权力机关，统一行使国家权力；审判机关并不是唯一的司法机关[1]，国家司法权并不是由审判机关独家行使。因此用三权分立的理论模式和概念工具，来分析人民代表大会制下的国家权力分类和国家机构设置，当然是无法理解和解释检察机关作为国家法律监督机关存在的法理根据的。

二是对法律监督作片面的理解和解释。有的学者把法律监督理解为监督法律的实施，因而认为法律监督不是检察权的特

---

〔1〕 在我国，检察机关被普遍认为是司法机关。这种司法机关是人民代表大会制下的司法机关，也即广义的司法机关，它不同于三权分立中的仅仅行使审判权的狭义的司法机关。

有属性，因为在我国监督法律实施的主体是十分广泛的；有的学者把监督理解为上级对下级的监督一种形式，而看不到监督形式的多样性，进而认为人民检察院无权对人民法院进行监督；有的学者把监督看作一种超然的、单向性的活动，认为检察机关没有资格成为法律监督的主体，因为检察机关本身是执法机关，需要接受监督。凡此种种，都是对法律监督的误解。

首先，法律监督作为一个专门的法律术语，具有其特定的含义。法律监督不是泛指监督法律实施的一切活动，而是指运用法律规定的手段、依照法律规定的程序，针对特定的对象进行的、能够产生法定效力的监督。法律监督与"监督法律的实施"，虽有一定的包容关系，但却是两个不同的概念。法律监督的主体是唯一的，法律监督机关只能在法律规定的范围内运用法律规定的手段进行监督，而监督法律实施的主体是广泛的，监督的范围是全方位的、手段是多样的。对于法律监督机关来说，监督法律的实施是其必须履行的法定职责，对于监督范围内的违法行为不进行监督就是失职；但是对于有权监督法律实施的其他多数监督主体来说，监督法律的实施只是其依法享有的民主权利，是否行使这种权利，取决于监督主体的个人意愿。因此，混淆"法律监督"与"监督法律的实施"的区别，把监督法律实施的所有活动都视为法律监督，必然导致理论上的混乱。其次，监督并不是只有一种方式、一种类型。在现代汉语中，"监督"是指监察和督促的意思。从监督主体上看，既有上级对下级的监督，也有平等主体之间的监督，还有下级对上级的监督；从监督方式上看，有公开进行的也有秘密进行的，有强制的也有任意的，有靠听取汇报的也有靠主动调查的，有双向的也有单向的；从监督效力上看，有说了就算、必须服从的，也有只起参考作用或"曝光"效果的。那种认为监督只能有一种方式并用某一种监督方式来论证法律监督是否合理的观点，在方法论上是形而上学的，其结论也未必是唯一正确的。最后，监督者也需要有监督并不能说明监督者的存在是不合理的。监督者也需要监督恰恰说明监督是不可须臾舍弃的，在权力划分中设置监督权是十分必要的。监督者需要监督并不妨碍它对其他主体的监督。检察机关需要接受人民和人民代表大会的监督，并不意味着它就没有资格对其他主体执行、适用和遵守法律的情况进行监督。

因此，我们认为，否定检察机关作为国家法律监督机关的宪法地位、否定检察权的法律监督性质的种种观点，在理论上是不能成立的。

（原载《检察日报》2000 年 10 月 11 日第 3 版）

论检察权的优化配置

一、优化检察权配置的现实意义

十七大政治报告把"优化司法职权配置"作为深化司法体制改革的任务之一提出后，中央政法委员会《关于深化司法体制和工作机制改革若干问题的意见》，从十个方面提出了优化司法职权配置的任务，其中七个方面都直接涉及检察机关的职权问题，如改革和完善侦查措施和程序、改革和完善对侦查活动等的法律监督、改革和完善审查逮捕制度、改革和完善诉讼制度、改革和完善人民检察院对刑罚执行的法律监督、改革和完善上下级司法机关之间的关系、完善人民参与监督司法的法律制度等。这表明，优化检察权配置，不仅是检察机关改革发展中遇到的重大问题，而且是中央十分关注的重大问题。因此，有必要对之进行深入研究。

（一）优化检察权配置是政权建设的必然要求

十五大政治报告在"政治体制改革和民主法制建设"部分，专门提出："推进司法改革，从制度上保证司法机关依法独立公正地行使审判权和检察权"；十六大政治报告也是在"政治建设和政治体制改革"中特别强调推进司法体制改革，要"进一步健全权责明确、相互配合、相互制约、高效运行的司法体制，从制度上保证审判机关和检察机关依法独立公正地行使审判权和检察权"；十七大政治报告则在"坚定不移发展社会主义民主政治"部分强调"全面落实依法治国基本方略，加快建设社会主义法治国家"。其中特别明确提出"深化司法体制改革，优化司法职权配置，规范司法行为，建设公正高效权威的社会主义司法制度，保证审判机关、检察机关依法独立公正地行使审判权、检察权"。十八大政治报告第四次强调："进一步深化司法体制改革，坚持和完善中国特色社会主义司法制度，确保审判机关、检察机关依法独立公正行使审判权、检察权。"

党的全国代表大会政治报告中连续四次提到检察权的问题，足以说明检察权的问题在我们国家政权建设中的重要地位，说明保证检察机关依法独立公正行使检察权是我们国家政治体制改革的重要内容。

从中央关于司法改革的基本思路上看，包括检察改革在内的司法体制改革，始终是作为政治体制改革的一个组成部分进行的。而政治体制改革的核心问题是国家权力如何配置以及如何保障权力正确行使的问题。司法改革始终是围绕职权配置及其正确行使来进行的。并且，从中央确定的司法改革的任务来看，四大政治报告都把司法改革的目标锁定在"保证审判机关、检察机关依法独立公正地行使审判权和检察权"上。这充分说明，无论是中央最初提出司法改革，还是强调深化司法改革，其目标始终是十分明确的，就是要通过改革，保证审判机关和检察机关依法独立公正地行使审判权和检察权。而保证审判机关和检察机关依法独立公正地行使审判权和检察权，首当其冲的，自然是审判机关和检察机关的职权优化配置的问题，其次才是如何保证职权的依法独立公正行使的问题。

1. 检察权是国家权力的重要组成部分

在我们国家，检察制度首先是政治制度的重要组成部分。我国政治制度的基本特点是在中国共产党的领导下人民代表大会统一行使国家权力。按照宪法的规定，人民代表大会产生国家行政机关、审判机关和检察机关，分别行使国家的行政权、审判权和检察权。在这种权力架构中，检察权是国家权力的重要组成部分之一，检察权的配置及其行使的状况，直接关系到国家权力的整体状况。

把检察机关定位为国家的法律监督机关，用检察权来保证国家行政权、审判权的依法行使，是我们国家政权组织形式的内在需要，也是我们国家历史和现实的必然选择。

我们知道，任何权力都是由一定的主体来行使的，而任何主体都可能滥用手中的权力。"一切有权力的人都容易滥用权力，这是万古不易的一条经验。有权力的人们使用权力一直到遇有界限的地方才休止。"[1] 这是因为，权力本身具有扩张的本性。"人们一般不是为权力本身才去谋求权力的。他们要权是为了权能给他们带来的其他价值——名誉、财富，甚至情感。"[2] 在现实社会生活中，权力总是能给权力主体带来某种好处。一方面，权力可以用来实现一定的目的。权力主体可以按照自己的或者团体的意志，影响或控制其他主体的行为方式或方向，使其沿着自己所预设的轨道行进，从而达到预想的目的。另一方面，权力可以满足权力主体的某种需要。通过行使

---

[1] [法] 孟德斯鸠：《论法的精神》（上），张雁深译，商务印书馆1961年版，第154页。

[2] [美] 加里·沃德曼：《美国政治基础》，陆震纶等译，中国社会科学出版社1994年版，第5页。

权力，权力主体往往能够得到某种利益包括收益，或者能够实现对他人的支配欲望，或者能够获得某种精神上的满足。正是因为这些好处，权力主体才会认真对待权力，充分行使手中的权力，使权力的效益最大化。也正是因为权力的这种本性，如果对权力不加控制，就可能被滥用，以致走向自己的反面，背离权力配置的初衷。所以，每个国家，都会在权力配置的时候，根据自己的历史文化传统和权力配置的实际情况，对权力的行使设置一定的限制，以防止国家权力被滥用。

在现代西方国家，受启蒙思想家们分权制衡思想的影响，普遍实行"三权分立"的政权组织形式。通过对国家权力的分解和行使不同权力的国家机关之间的独立性和相互牵制，达到相互制衡的目的。与此同时，通过多党竞争的政治制度和新闻自由的舆论监督，可以有效地监督国家权力的行使。一方面，通过不同政党之间的竞争，达到在野党对执政党的牵制。多党制使执掌国家权力的资格在于赢得更多的选票，这就使执政党不得不动员全党并说服普通公民为自己推荐的候选人投票，从而更加关注民众对本党的主张、作为乃至领导人的品行的看法，谨慎地对待手中的权力；使在野党不遗余力地寻找执政党在执政过程中出现的纰漏和瑕疵，并利用执政党的失误和问题争取民众对执政党的反对和对自己的支持，以便在选举中击败执政党而夺取掌握国家权力的机会。"政党政治使当政的政治家们变成几乎全国半数人口敌对批评的对象了。这就使他们不可能犯在其他情况下容易犯的许多罪行。"[1] 另一方面，通过大众媒体的舆论监督，遏制国家权力的异化。任何政治丑闻或

---

〔1〕 ［英］伯特兰·罗素：《权力论——新社会分析》，吴友三译，商务印书馆1991年版（2011年第4次印刷），第209页。

者权力异化一旦曝光，都会引起巨大的社会反响，对当权者形成强大的舆论压力，甚至可能引发政治地震。而新闻自由使任何公民都有机会和可能利用大众媒体来揭露政治丑闻。这种基于个人意志的不可控性和公众信息来源的广泛性，使大众媒体成为公民和社会监督国家权力的重要途径。分权制衡、政党政治与新闻自由，这些措施相互作用，可以有效地防止国家权力的滥用。

而在我们国家，一切权力属于人民。人民在中国共产党的领导下组成人民代表大会统一行使国家权力。人民行使国家权力的基本方式，主要有三：一是通过人民代表大会产生其他国家机关，并授权这些国家机关代表人民行使权力。由于国家权力的广泛性和复杂性，人民代表大会不可能直接行使每一项国家权力，而必然要在人民代表大会下设立若干个不同的国家机关，授权其代表人民分别行使部分的国家权力。"在权力集中于一个组织——国家的情况下，如要避免产生极端专制的流弊，就必须把那个组织里面的权力广泛地分散开，并使下级组织享有大量的自治权。"[1] 因此，在人民代表大会制度下，国家设立了行政机关、审判机关、检察机关和军事机关，设立了中央国家机关和地方各级国家机关，分别行使国家权力的某一个方面，而各个、各级国家机关都执行全国人民代表大会及其常务委员会制定的法律，都向全国人民代表大会负责，从而构成完整而统一的国家权力运行模式。在这种权力运行模式中，其他国家机关都是由人民代表大会产生并根据人民代表大会的授权行使权力的，所以要向人民代表大会负责。人民代表大会

---

〔1〕 ［英］伯特兰·罗素：《权力论——新社会分析》，吴友三译，商务印书馆1991年版（2011年第4次印刷），第209页。

可以选举或者任命国家机关的组成人员，也可以罢免它选举或者任命的国家机关工作人员。二是通过制定法律设定各个国家机关的职权范围和行为规则。人民通过立法的方式把自己的意志上升为国家意志，制定出一系列权力运行的规范和不同情况下不同主体的行为规范。各个国家机关都是执行全国人民代表大会制定的宪法和法律，依据法律的规定行使职权，实现对国家事务和社会公共事务的管理，维护国家安全、社会稳定和经济发展。三是监督国家机关及其工作人员行使权力的活动，保证国家权力依照法律亦即按照人民的意志来进行。人民代表大会通过听取和审议其他国家机关的年度和专项工作报告，监督其履行职责的情况；通过组织对法律法规实施情况的检查，指出法律实施中存在的普遍性问题，提出改进执法工作的建议；通过对中央和地方国家机关制定的行政法规、地方性法规、自治条例和单行条例、规章的备案审查，撤销与宪法和法律相抵触的规范性文件，通过对最高人民法院、最高人民检察院制定的司法解释的备案审查，纠正与被解释的法律精神相抵触的规范性文件，防止国家机关的规范性文件与宪法和法律相抵触；通过在审议过程中对重大事项的询问和质询、在重大决策时的特定事项调查等方式监督其他国家机关的履行职责的情况。

在这样一种权力机构中，人民代表大会不仅是国家的立法机关，而且是国家的权力机关。国家行政机关和审判机关由人民代表大会产生、向人民代表大会负责，因而不可能形成西方国家那种立法权、司法权和行政权彼此之间完全独立、相互牵制的权力制衡结构。人民虽然是国家权力的主人，但总是通过国家机关间接地行使权力的，人民代表大会虽然享有广泛的监督权，但只能是从宏观上来监督其他国家机关的工作，而不可能对其他国家机关执行法律的具体情况进行监督。为了保证各

论检察权的优化配置

个、各级国家机关都能够按照全国人民代表大会制定的、体现全国人民意志的法律来行使权力，就需要在人民监督国家机关行使权力的基础上，设立一个专门的国家机关来监督其他国家机关行使权力、执行法律的情况，以保证全国人民代表大会制定的法律在全国范围内统一正确实施[1]。而这样一个专门机关就是国家的法律监督机关。正是在这个意义上，我们说，专门的法律监督机关的设置，是人民代表大会制度下防止权力滥用的必然选择，是人民监督政府的必要补充。正如有些学者指出的："人大制度下必须设立专门的机关，对国家机关执行法律和权力运作的情况进行监督，以实现权力制约功能，这就使法律监督权以一种独立的国家权力形式而存在成为必要和可能，因此，法律监督权作为一种权力形式存在于国家结构中，则是'议行合一'国家权力结构形式的一种必然选择，即检察机关成为国家法律监督机关具有其必然性。"[2] 因此，在我们国家的权力架构中，检察权与审判权一起作为国家的司法权，在宪法中被独立规定，检察权成为国家权力结构中一项独立的国家权力。这是中国特色社会主义检察制度的一个显著特征。检察权的配置问题，历来是国家政权组织中的一个重要方面。

　　1949 年中华人民共和国成立时，中央人民政府组织法就明

---

　　[1] 因为人民是由各个作为个体的人组成的。各个个体的人对国家机关行使权力的情况所进行的监督，往往是缺乏国家强制力的。而人民行使权力的组织形式——人民代表大会主要是通过制定法律、选举任命和罢免国家机关工作人员、审议国家机关的工作等活动来行使权力的，很难对国家机关及其工作人员的每一个执行法律（行使职权）的活动进行监督。

　　[2] 谢佑平等：《中国检察监督的政治性与司法性研究》，中国检察出版社 2010 年版，第 279 页。

201

确规定了检察机关的法律地位和职权[1]。中央人民政府委员会根据《中华人民共和国中央人民政府组织法》的规定，于1951年9月3日颁布了《中央人民政府最高人民检察署暂行组织条例》和《地方各级人民检察署组织通则》，对最高人民检察署和地方各级人民检察署的职权和组织机构分别作了具体的规定。1954年9月20日颁布的第一部《中华人民共和国宪法》在国家机构中明确规定了检察机关的宪法地位和检察权的范围，即"最高人民检察院对于国务院所属各部门、地方各级国家机关、国家机关工作人员和公民是否遵守法律，行使检察权。地方各级人民检察院和专门人民检察院依照法律规定的范围行使检察权"（第81条）。并且规定"地方各级人民检察院独立行使职权，不受地方国家机关的干涉"（第83条）。

"文化大革命"期间，我们国家的政权建设遭到极大的破坏，权力不受监督的思潮泛滥，检察机关被迫撤销。于是，在1975年1月17日修改的《中华人民共和国宪法》中就取消了检察机关的建制，规定"检察机关的职权由各级公安机关行使"（第25条第2款）。而在"文化大革命"结束后，国家权力运行恢复常态，强调加强民主和法制建设的时候，检察机关首先得以恢复。在1978年3月5日全国人民代表大会通过的《中华人民共和国宪法》中，检察机关的宪法地位和职权再次被明确规定。这段历史表明，检察权是国家权力的重要组成部分，检察权的配置问题在国家政权建设和政治体制改革中历来

---

[1] 1949年9月27日中国人民政治协商会议第一届全体会议通过的《中央人民政府组织法》第5条规定："中央人民政府委员会组织政务院，以为国家政务的最高执行机关；组织人民革命军事委员会，以为国家军事的最高统辖机关；组织最高人民法院及最高人民检察署，以为国家的最高审判机关及检察机关"。第28条规定："最高人民检察署对政府机关、公务员和全国公民之严格遵守法律，负最高的检察责任。"

具有重要的地位。

2. 检察权是保障国家权力依法行使的重要力量

十八大政治报告首次提出："要确保决策权、执行权、监督权既相互制约又相互协调，确保国家机关按照法定权限和程序行使权力。"并且首次明确地把"党内监督""民主监督""法律监督""舆论监督"相提并论。这表明，法律监督是我们国家权力监督体系中的一个重要方面，在国家政权建设中具有十分重要的地位。法律监督是我们国家的权力监督体系中不可或缺的重要组成部分，具有其他监督所无法替代的作用。它与其他监督的最大区别在于：第一，它是基于法治目的进行的监督。所有对公共权力的监督，都是为了防止权力的滥用。但是法律监督不同于其他监督的地方在于它并不关注权力行使的是否正确、是否恰当，不对权力的行使进行价值判断，法律监督只对权力的行使进行法律判断即合法性判断。法律监督的目的是维护国家法律的统一正确实施，所关注的是国家法律是否被违反、被曲解或滥用。第二，它是运用法律手段进行的监督。法律监督是运用法律规定的手段（其中有些手段是法律监督机关独享的，有些手段是其他国家机关也可能享有的，但对象和目的不同）、按照法律规定的程序、针对法律规定的对象进行的，能够产生相应的法律效果。因而具有专门性、特定性、程序性、针对性等特点，是权力监督体系中法治化程度最高的一种监督。在推进依法治国的进程中，法律监督的地位和作用将会越来越凸显。第三，它是独立于权力运行体系之外的监督。尽管从总体上看，法律监督权是我们国家权力运行体系中的一个重要方面，但是对监督主体与监督对象的关系而言，法律监督是独立于权力运行体系之外的一种权力。法律监督权行使的主要对象是行政权和审判权，而行使法律监督权的检察机关与行使行政权的行政机关、行使审判权的审判机关是彼此独立、互不隶属的。法律监督不是在行政权或者审判权权力运行体系内进行的一种监督，不同于行政机关内部的行政监督，也不同于审判机关内部的审判监督，而是在行政权、审判权运行体系之外，由专门的法律监督机关对行政权、审判权进行监督。这种监督与国家机关的内部监督相比，更具有公允性、权威性。

检察机关作为国家的法律监督机关，在监督国家法律的正确实施、保障国家权力依法运行等方面担负着重要职责。检察机关能否有效的监督法律的实施，直接关系到国家权力能否严格按照法律的规定来行使，关系到依法治国方略能否顺利推进。

检察机关根据法律授权担负着查办职务犯罪的职责，而惩治职务犯罪是关系到党和国家生死存亡的反腐败斗争中极为重要的一个环节。检察机关能否有效地履行法定职责，担负起查办职务犯罪的重任，对于遏制国家工作人员中的腐败行为和渎职行为，促进国家工作人员依法履行职责，保证国家权力廉洁、公正运行，关系重大。正如有的学者指出的："法律监督的对象意义使它成为一种特殊的监督即以国家名义、代表国家和针对国家工作人员的监督，是维护国家政治制度和政治体制的重要力量。法律监督制度也因此成为一种政治制度。法律监督作为一种政治制度和国家监督，体现了强烈的政治性。法律监督所体现的是我国人民代表大会政体的根本性需要。"[1] 因此，优化检察权的配置，保障检察权行使的有效性、权威性，保证检察权行使的公正性、廉洁性，不仅是检察制度自身发展

---

〔1〕 蒋德海：《控权型检察制度研究》，人民出版社 2012 年版，第 156—157 页。

的内在要求，而且是国家政权建设的必然要求，因而也是政治体制改革的重要方面。

3. 检察权配置中存在的问题影响到政治制度的完善

在我们国家的政权组织形式中，检察机关作为独立的国家机关，具有明确的宪法地位，并且宪法还特别规定检察机关依法独立行使检察权。但是，无论是在制度设计上，还是在权力的实际运行中，检察机关都难以依法独立行使检察权。这种状况严重影响到公正权威高效的社会主义司法制度建设，影响到检察机关职能作用的充分发挥。

从制度设计上看，检察机关的独立性缺乏应有的制度支持：一是检察机关的人事不独立。按照宪法和有关法律的规定，地方各级人民检察院检察长由地方各级人民代表大会选举和罢免，副检察长、检察委员会委员和检察员由本院检察长提请本级人民代表大会常务委员会任免。与这种选举、罢免和任免权相适应，本级党委对于本级检察机关的人事安排具有提名权。这种提名权不仅包括提出选举、罢免和任免的检察人员名单的权力，而且包括对检察人员调动工作的权力。同级党委和人大对检察机关人员命运的实际控制权，使检察机关在行使检察权的时候，不得不服从地方领导的决定和意见。二是检察机关的经费不独立。我国目前实行的财政制度是地方各级检察机关的经费特别是"人头费"主要依靠地方财政供给，并且这种供给的额度和时间没有明确的标准和必要的保障。特别是财政状况本身就不好的地方，检察人员的工资经常都不能按时发放，检察机关的办案经费和办公经费更是没有保障，检察人员的住房问题难以解决。这种财政供给制度使地方各级检察机关的生存和发展在很大程度上依赖于地方政府，以致在行使检察权时不得不考虑地方上的利益，难以独立自主地依法办事。三是检察官的身份不独立。检察人员是构成检察院的主体，因而也是行使检察权的主体。检察人员的身份独立是独立行使检察权的基本前提。但是从我国目前检察机关的人事管理制度上看，无论是普通的检察人员还是检察机关的领导干部，其主体身份都不具有独立性。检察人员作为公务员，要受公务员法的管束。从能否进入检察院，到能否晋升，甚至到能否继续待在检察院，都要按照公务员法的规定执行，从而受地方党委组织部门的管理。这种人事管理制度，使一般检察人员不敢得罪检察长，而检察长又不敢得罪地方党委。检察机关在行使检察权的过程中，一旦遇到地方领导要干预的情况，几乎没有人敢不按照地方领导的意见办案，而不论这种意见是否正确。

在实际运行过程中，地方党政机关通过对检察机关人事权和财政权的控制，不仅可以在很大程度上影响检察机关行使检察权的活动，甚至可以干预检察机关的内部管理。特别是在地方主要领导法治观念淡薄的情况下，个别领导人直接指令或者干预检察机关对具体案件或者具体人的处理，检察机关为了自身的生存不得不屈从个别领导人的意志，甚至置法律与不顾。在这种状况下，检察机关有的领导也会主动地用检察权去讨好地方的主要领导，自觉不自觉地要按照地方领导的意图办案，以致检察机关不得不办理一些与地方领导有关的"关系案""人情案"。至于一些涉及地方经济利益的案件，检察机关难免要从为本地经济发展"保驾护航"的需要出发来办理。其中，最为典型的是曾经震惊中央领导的所谓"白宫案"。安徽省阜阳市颍泉区建造的政府办公大楼外形酷似美国白宫。因知情人举报并遭受迫害而暴露出的系列案件，被称为"白宫书记案"，在互联网上引起舆论的广泛关注。该案的主角、区委书记张治安滥用职权，指使区检察院检察长汪成等人迫害举报人李国福的行为，则典型地反映了地方领导滥用职权干预检察权的情况。被害人李国福，曾任泉北贸易区管委会经贸发展局局长兼安曙房地产开发公司董事长。2007 年 4 月，因有人反映李国福长期不上班等问题，为了"敲打"李国福，让其害怕，时任中共阜阳市颍泉区委书记的张治安，安排时任颍泉区人民检察院检察长的汪成，对李国福的经济问题进行调查，但因找不到有关案件当事人，没有查处结果。2007 年 8 月，张治安收到一封关于检举其受贿、卖官、违法乱纪的举报信，并根据举报信内容，分析判定举报人就是李国福，遂产生报复李国福的念头。其后，张治安要求汪成加大查处李国福案件的力度。8 月 20 日，张治安得知李国福案件进展不大时，严厉斥责汪成，并以撤免其检察长职务、卡其单位经费相威胁，要求汪成每天向其汇报李案查处情况。汪成被迫加大对李国福的查处力度，在明知李国福不具备立案条件的情况下，授意案件承办人员提出立案意见，并在检察委员会上，作了颍泉区委领导十分重视该案的引导性发言，致使检察委员会形成对李国福立案并采取强制措施的一致意见。11 月下旬，张治安将颍泉区人事局调查的李国福子女违规就业的有关材料交给汪成，指令汪成单独提讯李国福，向其施加压力，要李国福说出幕后举报人，并要求李国福不再举报张治安，否则将清退李国福子女的工作。据此，汪成违法单独提讯李国福，将张治安交给他的材料出示给李国福，转述了张治安的上述威胁，向李国福施加压力。汪成还建议张治安责令公安机关查处李国福所谓伪造公文、印章问题，以实现张治安对李国福重判的要求。张治安遂安排颍泉区公安分局查处此案。颍泉区公安分局迫于张治安的压力，于 2008 年 1 月 7 日对李国福以伪造国家机关公文、印章罪立案侦查；1 月 18 日，颍泉区公安分局侦查终结，移送颍泉区人民检察院审查起诉。1月25日，李国福案移送审查起诉后，汪成要求公诉科长王颖建尽快结案起诉。3月4日，颍泉区人民检察院以李国福构成贪污罪，受贿罪，伪造国家机关公文、印章罪，伪造公司印章罪为由，向阜阳市颍泉区人民法院提起公诉。3月6日，李国福在收到颍泉区人民法院送达的起诉书后，于3月13日在阜阳监狱医院自缢死亡。[1] 在该案中，固然有汪成为了讨好张治安而积极主动地配合张治安报复陷害举报人的因素，但从案件的过程来看，汪成由于其命运掌握在张治安的手里，甚至检察院的经费也由张治安控制，所以张治安才可以以此要挟汪成，迫使汪成乃至区检察院按照区委书记张治安的旨意滥用检察权来报复陷害他人。正如有的文章指出的：当区委书记张治安要求汪成对举报人李国福打击报复时，汪成就压制下属检察官对李国福立案侦查，并明示批捕的检察官，李国福案系张治安交办，必须逮捕。李国福案到了审查起诉阶段，汪成又向公诉部门施压，仓促结案。在这里，汪成的"读脸术"，就是读出区委书记张治安的脸部变化，明白张的喜怒哀乐、张的意图，而作为批捕和公诉的检察官的"读脸术"，则是要读出汪成的喜怒哀乐、汪成的意图。因为，地方司法机关的人、财、物都被控制在地方党政手中，检察长不能不听从地方党政官员对案件的干涉；而检察官相对于检察长的独立性也弱，检察长也可以轻易地对检察官调动岗位、撤职。如果不懂对上司的"读脸术"，情况就会严重得多，检察长或者检察官轻则被"穿小鞋"、不能升迁，重则丢官或者有牢狱之灾。[2]

"白宫案"所反映的问题，不仅是涉案人员的个人品质问

---

〔1〕《中华人民共和国最高人民检察院公报》，2010年第5期。

〔2〕 杨涛：《检察官最需要何种"读脸术"》，载《中国青年报》2012年9月26日。

题，更重要的是反映了制度上可能出现的问题，即检察权如果依附于地方上的领导人，就可能给我们国家的政权建设造成严重的破坏，给党和人民的利益构成重大的威胁。因此，从制度上解决检察机关依法独立公正地行使检察权的问题，不只是检察制度本身的问题，而是关系到国家政权建设的重大问题，因而也是政治体系改革中的重大问题。

4. 保证依法独立公正行使检察权是党和国家要着力解决的重大问题

党的四次全国代表大会政治报告中反复提及同一个问题，即要通过改革来从制度上保证司法机关依法独立公正地行使审判权和检察权，一方面表明，这个问题对于建设社会主义法治国家而言，是一个十分重要的问题。党中央高度重视这个问题，把它作为建设社会主义民主政治、实现依法治国的突破口，始终坚持不懈地予以推进。另一方面也表明，检察机关不能依法独立行使检察权的问题，是中国特色社会主义司法制度自我发展过程中面临的一个突出问题，也是党的十五大以来始终没有解决的一个重大的制度性问题。并且这方面的问题已经严重影响到国家的政权建设和社会稳定，以致引起四届中央委员会的高度关注。

自从党的十五大政治报告中提出"推进司法改革，从制度上保证司法机关依法独立公正地行使审判权和检察权"以来，学术界对这个问题进行了广泛的研究，普遍认为，从制度上保证司法机关依法独立公正地行使审判权、检察权，对于建设公正权威高效的社会主义司法制度，对于全面推进依法治国，具有极为重要的意义。这既是司法改革所要解决的核心问题，也是政治体制改革的突破口。但是对于如何从制度上解决这个问题，没有提出具体的、可行的方案。党的十六大以后，中央成立了司法体制改革领导小组，统一研究部署司法改革工作，但是由于诸多方面的原因，司法改革更多地关注了司法机关工作机制方面的改革，对于体制方面的问题较少涉及。从客观上看，这是因为，从制度上保证司法机关依法独立公正地行使审判权、检察权的问题，涉及司法机关的职权配置特别是与其他国家机关职权的关系问题，需要在政治体制改革的总体框架内解决，不是司法机关自己所能解决的问题。并且，改革要稳妥进行，就必然是一个循序渐进的过程，总是有些问题要先解决，有些问题要后解决。从另一方面看，由于解决这个问题的难度很大，涉及面很广，在改革中，司法机关更多的是从自己所能解决的具体问题入手，进行工作机制方面的改革，其中涉及职权配置的，也主要是司法机关之间或者司法机关内部的职权配置问题，以致在政治体制上还没有真正解决司法机关依法独立公正地行使审判权、检察权的问题。所以在十八大政治报告中，党中央提出要"进一步深化司法体制改革，坚持和完善中国特色社会主义司法制度，确保审判机关、检察机关依法独立公正行使审判权、检察权。"这既表明党中央一以贯之、坚定不移地要解决这个问题，而且表明了党中央解决这个问题决心。而解决这个问题的关键，就是在国家权力配置中正确处理司法机关与其他国家机关的关系包括与执政党的关系，合理地配置权力，明确设定各种权力的边界，正确处理权力之间的关系。

（二）优化检察权配置是检察制度自我完善的迫切需要

如同其他方面的政治制度一样，检察制度本身存在着某些不够完善的地方，特别是在职权的配置和行使方面，存在着权力边界不明晰、权力功能不完整等问题，以致与我们国家的经济体制改革以及经济社会快速发展不相适应的问题，需要通过改革来进一步优化。

新中国的法律制度，是在砸碎"旧法统"的基础上学习借鉴苏联社会主义法律制度建立起来的。伴随着我国社会的发展道路，法律制度的建设，走过了一个曲折的历程。尤其是我们国家的检察制度，在1957年以后逐渐被削弱，直至1975年宪法明确规定取消检察机关，检察权由公安机关代行。1978年宪法重新确立检察机关的宪法地位之后，人民检察院组织法重新赋予检察机关必要的职权，开始了检察机关恢复重建的历史。随着我国法制建设的不断发展，法律赋予检察机关的职权也在不断调整。

在中国特色社会主义检察制度发展完善的过程中，检察权配置的科学性问题以及检察权在运行过程中遇到的问题，特别是随着经济发展、社会变迁，人民群众法律需求的增加和评判标准的提高，检察制度的某些方面与民主法制建设的要求、与人民群众的期盼不相适应的问题，也逐渐显露出来。这些问题，即涉及检察权与其他国家权力之间的交叉重叠和不协调，影响到检察功能的充分发挥，也涉及检察权内部的分解不够科学合理，影响到检察权的有效运行，还涉及检察权行使的环境不够理想，制约了检察权的有效行使。我们认为，从权力配置的角度看，突出的问题主要表现在以下几个方面：

1. 检察权与其他国家权力的关系制约着检察制度的发展

当检察权作为一项独立的国家权力来设置的时候，它就必不可免地面临着与其他国家权力的关系问题。这些权力关系如何科学设计，是检察制度发展过程中始终面临的重大课题。

首先是检察机关的法律监督权与人大及其常委会监督权的关系问题。按照宪法的规定，人民代表大会及其常务委员会，不仅是国家的权力机关，而且负有监督宪法和法律实施的权力。人民代表大会对各个、各级国家机关及其工作人员履行职责，遵守和执行法律的情况享有普遍的监督权。检察机关作为国家的法律监督机关，是由人民代表大会产生并向人民代表大会负责的国家机关，其所享有的法律监督权毕竟是由人民代表大会赋予的国家权力中的一部分权力。由此就产生了检察机关的法律监督权与人大及其常委会的监督权的关系问题，即检察机关的法律监督权与人大及其常委会的监督权要不要区分、如何区分；哪些事项或问题仍然由人大及其常委会行使监督权，哪些事项或问题由检察机关行使监督权，监督的方式和效力如何区分。这些问题，在把检察机关作为国家的法律监督机关来定位的宪法框架内，是一个无法回避的问题。

尽管监督法规定了人大常委会监督的内容和方式，人民检察院组织法和三大诉讼法规定了检察机关监督的对象和程序，但是在实践中，当这两种监督重合甚或冲突时，检察机关就会处于被动的尴尬的境地。因为检察机关的法律监督无论在位阶上还是在权威性上，都不能与人大及其常委会的监督相提并论。并且，人大及其常委会的监督权，本身就包含了对检察机关行使法律监督权的情况所进行的监督，其效力也不同于检察机关的法律监督权（人大及其常委会的监督具有决定权，检察机关的法律监督只具有督促纠正权和建议权）。检察机关行使法律监督权的时候，同时要接受人大及其常委会的监督。一旦与人大及其常委会的监督意见相左，检察机关的法律监督就面临着权威性的丧失。

因此，科学设置人大及其常委会的监督与检察机关法律监督的权力边界，避免二者的重叠和冲突，是检察制度发展完善中需要着力解决的重大课题。

其次是检察权与行政权的关系问题。在中国，检察机关与审判机关同为司法机关。司法权对行政权的制约，在很大程度上是通过检察机关的法律监督而不是审判机关的司法审查来实现的（外国法院的某些司法审查权，在中国，按照法律规定，是由检察机关行使的）。但是，行使行政权的行政机关，与行使检察权的检察机关，实际上是不对等的。不仅在机构的层级设置上，检察机关远远低于同级的行政机关，而且检察机关的经费来源完全控制在同级行政机关手中。在这种受制于行政机关的状况下，检察权如何有效地监督行政权，始终是制度设计中面临的一个难题。

最后是检察权与党内监督权的关系问题。在我们国家的权力架构中，中国共产党作为执政党，除了领导人民行使国家权力之外，对作为共产党员的国家工作人员遵守党的纪律的情况进行监督，对党员领导干部违反党的纪律的行为进行调查和处理。这是保持党的纯洁性和先进性的重要措施。但是从另一方面看，党员领导干部违反党的纪律的行为，有时候与违反国家法律的行为，是交叉的甚至是重合的。如果一个党员领导干部既违反了党的纪律，又触犯了国家的法律，那么，由党的纪律部门进行查处，还是由国家司法机关进行查处，就涉及党内的权力与国家权力的区分问题。

按照党章和法律的规定，共产党员违反党的纪律，由党的纪律部门进行查处；任何人违反国家法律的，由司法机关依法查处，国家工作人员涉嫌贪污贿赂、渎职侵权犯罪的，由检察机关立案侦查。但是在实践中，这些年来，由于反腐败斗争形势的严峻和要求严厉查处贪污贿赂犯罪的呼声不断高涨，党的纪律部门承担了大量的查处贪污贿赂犯罪的工作。党员领导干部实施的重大贪污贿赂犯罪案件，都是先由党的纪律部门查处，然后决定是否移交司法机关依法处理。这种状况，在司法权配置不足的情况下，无疑有利于反腐败斗争的开展。但是随着国家实行依法治国方略的逐步推进，对反腐败斗争法治化的呼声也越来越高。特别是在《联合国反腐败公约》的框架内进行国际刑事司法合作的过程中，更要求通过法律途径来进行。而法治化的蕴含就是把查办贪污贿赂、渎职侵权犯罪的工作交给司法机关依照法律规定的标准和程序来进行。十八大政治报告再次重申："党领导人民制定宪法和法律，党必须在宪法和法律范围内活动""任何组织或者个人都不得有超越宪法和法律的特权"。这本身就意味着，党员领导干部违反法律构成犯罪的，应当由司法机关依法处理，而不能用党纪处分代替法律追究，亦不能由党的纪律部门选择是否把构成犯罪的党员领导干部移交司法机关处理。所以，对党的纪律部门与司法机关的职权范围进行科学的界分，避免用党内的纪律处分权代替司法机关的职权，是贯彻落实十八大精神，进一步理顺党的权力与司法权力关系的一个重大问题，是提高反腐败斗争法治化水平的迫切需要。

2. 检察权内部配置中存在的问题制约着检察制度的发展

法律赋予检察机关的职权在检察机关内部如何分配，始终是检察制度发展完善中遇到的一个重大问题。这个问题包括三个方面：

第一，上下级检察机关的权力关系如何处理。按照宪法和法律的规定，最高人民检察院领导地方各级人民检察院和专门人民检察院的工作，上级人民检察院领导下级人民检察院的工作，但是法律同时规定，人民检察院依法独立行使检察权。于是就存在一个上级人民检察院的领导权与各级人民检察院依法独立行使检察权的关系问题。过分强调上级人民检察院的领导权，就会消减各级人民检察院依法独立行使检察权。反过来，片面强调依法独立行使检察权而忽视或不顾及上级人民检察院的领导权，同样会影响到检察权的正确行使。

第二，同一检察院内部的职权如何分配。法律赋予检察机关的职权在同一个检察院内部也存在着一个再分配的问题。这种检察权的二次分配是通过设立不同的内设机构来实现的。不同的内设机构分别行使部分检察权，合起来构成检察权的整体。但是近些年来，地方各级人民检察院为了解决检察人员待遇普遍低于行政机关工作人员的状况，都在不断地申请增加机构。因为每增加一个机构就可以增加一定的干部职数，从而提高检察人员的行政级别。这样做的结果，导致检察机关内设机构不断庞大，官多兵少，在第一线办案的人员特别是业务骨干通过竞争上岗不断地被提拔到领导岗位，从而影响到检察机关的主业——案件的办理。这种状况，如果不改变，就可能严重影响到检察权的正确行使，影响到检察制度的发展完善。

第三，同一检察院不同主体之间的分工如何确定。每一个检察院都有检察长、副检察长，有内设机构部门负责人，有普通检察人员。他们都是行使检察权的主体（从事行政管理和后勤服务的人员除外）。这些不同的主体之间应当有明确的职责权限。但是如果他们之间的职责权限划分得不清晰，就可能出现越俎代庖或者消极怠工，影响检察权的有效行使。

这些年来，检察机关长期强调一体化的工作机制，在很大程度上忽视了不同主体之间的职责权限划分，导致权力过于集中的现象。[1] 这种状况如果不改善，势必影响到检察功能的充分发挥和检察权的滥用。

---

〔1〕 有关这方面的问题，参见本文"三、检察权配置现状的理性考察"中的相关分析。

3. 检察权在运行过程中面临的问题制约着检察制度的发展

检察权在运行过程中，既面临着外部环境方面的问题，也面临着内部管理方面的问题。这些问题，严重影响到检察权的依法独立公正行使，影响到检察制度的发展完善。

从外部环境上看，检察机关在行使检察权的过程中常常受到多方面的干扰。如领导机关、领导人利用手中的权力要求检察机关在法律规定的范围之外处理案件；相关部门的工作人员利用工作上的制约关系要求检察机关在办理有关个案中为自己的同事、部下或者亲朋好友网开一面；利用熟人社会中的各种人际关系向承办案件的检察人员或者他的上级领导施加影响或压力，要求检察人员法外留情；甚至有的人利用自媒体时代信息发布的便捷渠道，在社会上散布片面的或者不实的所谓"真相"，制造舆论热点，干预检察机关对具体案件的处理。这些都影响到检察机关依法独立公正地行使检察权，影响到检察机关法律监督职能作用的有效发挥。

从内部管理上看，检察机关长期形成的内部行政化管理模式，在很大程度上制约着检察权的行使方式。一方面，过度强调上级领导和上级机关的领导权，忽视了检察人员在行使检察权中的主体地位，不利于充分调动检察人员办案的积极性和责任心，不利于建设高素质、专业化的检察队伍，以致经过几十年的发展检察机关依然存在着专业人才匮乏的状况。另一方面，在内部管理上没有突出检察机关的法律地位和职业特色，完全按照一般国家机关工作人员的管理模式管理检察工作和检察人员，把检察人员混同于一般的公务员，把检察工作混同于一般的机关工作，把检察机关的人员和精力过多地用在行政工作和参与社会管理活动中，忽视了检察工作的规律和特点，影响了检察权的充分行使，以致经过几十年的恢复重建，检察机关在社会上、在国家管理中的地位和作用仍然没有得到普遍认同和尊重。

这些问题，是检察制度自我发展中面临的突出问题，并且直接关系到国家权力配置的科学性问题，关系到检察机关的发展方向，需要通过深化政治体制改革，优化检察权配置来解决。

（三）优化检察权配置是推进司法体制改革的核心问题

自 1997 年党的十五大明确提出"推进司法改革，从制度上保证司法机关依法独立公正地行使审判权和检察权"以来，全国各级检察机关围绕检察体制和工作机制进行了一系列的改革探索[1]。2000 年最高人民检察院颁布了《三年检察改革实施意见》，对检察改革进行了全面规划。2004 年以来，在中央司法体制改革领导小组的统一领导下，根据中央确定的司法改革任务，最高人民检察院于 2005 年推出了《关于进一步深化检察改革的三年实施意见》，有计划、分步骤地推出了一系列改革举措；2009 年，最高人民检察院制定了深化检察改革三年工作规划（即《最高人民检察院关于贯彻落实〈中央政法委员会关于深化司法体制和工作机制改革若干意见〉的实施意见——关于深化检察改革 2009—2012 年工作规划》），再次提出了检察改革的具体任务。

1. 检察改革主要是围绕职权配置展开的

回顾这些年来的检察改革，可以说主要是围绕检察职权配

---

〔1〕 从检察机关的改革看，按照 2000 年提出的改革意见进行的改革，可以称为第一轮检察改革；根据 2005 年提出的改革意见进行的改革，可以称为第二轮检察改革；根据 2009 年改革意见进行的改革，可以称为第三轮检察改革。当然，按照中央政法委员会的提法，在中央司法体制改革领导小组成立以后，按照中央统一部署，第一轮的司法改革是指根据中央司法体制改革领导小组关于司法体制和工作机制改革的初步意见进行的改革。这在检察机关，就是第二轮检察改革所包含的内容。第二轮司法改革是指根据中央政法委员会关于深化司法体制和工作机制改革若干问题的意见进行的改革。这在检察机关，就是第三轮检察改革所包含的内容。

置问题展开的，检察改革的绝大部分任务，也都与检察职权的配置和行使有关。

在第一轮检察改革中，最高人民检察院提出了六项改革任务：（一）改革检察业务工作机制，强化法律监督的职能和作用。其中包括逐步建立全国各级检察机关侦查协作机制和侦查指挥中心，强化对职务犯罪侦查工作的统一领导和指挥；改革和加强刑事立案监督工作；加强检察业务工作的规范化管理，完善各项检察业务工作的办案规范和工作流程等。（二）改革检察机关的机构等组织体系，加强上级检察机关对下级检察机关的领导。其中包括根据管人与管事相结合的原则，健全检察机关领导干部管理机制；加大上级检察院对下级检察院领导班子成员的管理力度；按照权责一致的原则，科学调整检察机关内设机构；根据业务归口的原则，进一步调整检察机关业务部门的职责范围；加强和改进检察委员会工作；完善检察机关领导体制；规范地方各级人民检察院请示报告的程序和下级检察院向上级检察院报告工作制度等。（三）改革检察官办案机制，全面建立主诉、主办检察官办案责任制。其中包括建立、健全检察官办案责任制；推行和坚持检察长、副检察长、各业务部门负责人亲自办案制度。（四）改革检察机关干部人事制度，调整人员结构，提高人员素质，实行检察人员的分类管理。（五）改革检察机关内、外部监督制约机制，保证公正、廉洁和高效。其中包括进一步深化"检务公开"；强化和完善内部监督制约机制；健全检察业务工作中对举报、初查、立案、适用强制措施、撤案、不批捕、不起诉、申诉复查等诉讼环节的监督制约机制；严格依法接受人民代表大会及其常委会的监督，依法自觉接受公安、法院等部门的诉讼制约和社会监督；依法保障律师在侦查、审查起诉阶段的各项权利等。（六）改革检察机关经费管理机制，实行科技强检，为检察机关依法履行检察职能提供物质保障。[1]

在第二轮检察改革中，最高人民检察院提出了六个方面的改革任务：（一）改革和完善对诉讼活动的法律监督制度，切实维护司法公正，保障人权。其中包括探索完善刑事立案监督机制；健全对侦查活动中刑讯逼供等违法行为的监督查处机制；健全刑事审判监督机制，完善刑事抗诉制度；完善对刑罚执行活动的监督制度；建立健全预防和纠正超期羁押的长效工作机制；健全司法工作人员渎职案件的查办和移送机制；完善人民检察院对民事审判、行政诉讼活动实行法律监督的范围、措施和程序，探索人民检察院对民事执行活动进行监督的方式；探索建立民事、行政公诉制度和人民检察院参与民事、行政诉讼的制度等。（二）完善检察机关接受监督和内部制约的制度，保障检察权的正确行使。其中包括完善人民监督员制度；建立省级以下人民检察院直接受理立案侦查案件的备案、批准制度；建立检务督察制度；健全和规范执法责任制与责任追究制度；全面实行当事人权利义务告知制度等。（三）创新检察工作机制，规范执法行为。其中包括进一步规范检察机关侦查工作，健全职务犯罪侦查一体化工作机制；继续深化审查逮捕方式的改革；进一步深化公诉方式改革；在检察机关实行未成年人犯罪案件专人负责制，有条件的地方逐步设立办理未成年人犯罪案件工作机构；进一步深化检察委员会制度和工作机制的改革等。（四）完善检察机关组织体系，改革有关部门、企业管理检察院的体制。其中包括逐步改革铁路、林业等部门、企业管理检察院的体制；规范人民检察院派出机构的设置

---

[1]　详见最高人民检察院 2000 年 2 月 15 日颁布的《三年检察改革实施意见》。

等。（五）改革和完善检察干部管理体制，建设高素质、专业化检察队伍。其中包括落实宪法和法律规定的上下级人民检察院的领导体制；落实地方各级人民检察院通过考试录用工作人员的制度；推行检察人员分类改革等。（六）改革和完善检察机关经费保障体制，切实解决基层人民检察院经费困难问题。[1]

在第三轮检察改革中，最高人民检察院提出了深化检察改革的五项任务：（一）优化检察职权配置，完善法律监督的范围、程序和措施，加强对诉讼活动的法律监督，切实维护司法公正。（二）改革和完善人民检察院接受监督制约制度，规范执法行为，保障检察权依法、公正行使。其中包括改革职务犯罪案件审查逮捕制度，分、州、市级人民检察院和县级人民检察院受理侦查的职务犯罪案件需要逮捕犯罪嫌疑人的，由上一级人民检察院审查决定；进一步深化检务公开；深化人民监督员制度改革；完善接受人大监督和民主监督的机制；完善办案流程管理和内部制约机制等。（三）完善检察工作中贯彻落实宽严相济刑事政策的制度和措施，创新检察工作机制，增强惩治犯罪、保障人权、维护社会和谐稳定的能力。（四）改革和完善人民检察院组织体系和检察干部管理制度，进一步提高工作效能，加强检察队伍建设。其中包括完善上下级人民检察院领导关系；深化检察委员会制度改革；改革和完善人民检察院机构设置；深化检察官办案责任制改革；加快部门、企业管理人民检察院体制的改革；推进检察人员分类管理改革；等等。（五）认真落实中央关于改革和完善政法经费保障体制的总体

---

[1] 详见最高人民检察院 2005 年 9 月 12 日颁布的《关于进一步深化检察改革的三年实施意见》。

部署，为检察事业发展提供更加有力的经费和物质保障。[1]

从检察改革的上述内容上看，除了经费保障外，检察改革可以说基本上是围绕着两条主线进行的：

一是调整检察权的内部配置，以保证检察权的有效运行。在三轮的检察改革中，最高人民检察院都强调改革检察业务工作机制或者创新检察工作机制，其目的是为了强化法律赋予检察机关的法律监督职能。由于法律监督反映了检察权的性质和检察机关的根本任务，所以，强化法律监督职能的所有措施，都与检察职权的优化组合和有效行使有关。特别是三轮改革方案中都提出的职务犯罪侦查工作机制的改革、检察官办案责任制的改革、职务犯罪侦查案件逮捕制度的改革以及检察委员会制度改革等，都直接关系到检察系统内部的职权调整和行使方式的问题。三轮改革方案中都提到了改革或完善检察机关的机构等组织体系，其目的都是"加强上级检察机关对下级检察机关的领导"，或者"完善上下级人民检察院领导关系"，当然也包括"调整检察机关业务部门的职责范围""改革有关部门、企业管理检察院的体制"等。这些改革的目的显然是为了完善检察机关内部的领导关系和部门分工问题，而这些问题的实质，正是检察职权的内部配置包括检察系统内部不同级别的检察机关之间、同一检察机关内部不同业务部门之间的职权配置问题。检察机关在立案监督、审判监督、刑罚执行监督方面所进行的一系列改革，虽然直接表现为检察机关与其他司法机关的关系问题，但其目的都是为了强化检察机关的法律监督职权，因此仍然与检察职权配置密切相关。

---

[1] 详见最高人民检察院 2009 年 2 月 19 日颁布的《关于深化检察改革 2009—2012 年工作规划》。

二是建立监督制约机制，以保证检察权的正确行使。在三轮的检察改革中，最高人民检察院都一再强调改革和完善检察机关接受监督和内部制约的制度，并且明确指出其目的是"保障检察权的正确行使"。保障检察权的正确行使，从表面上看，与检察职权配置似乎没有关系，但实际上，保障职权的行使是职权配置的重要内容。因为任何职权都是有边界的，都是需要受制约的。没有监督制约，职权就可能被滥用，就无法实现职权配置的初衷。因此在配置职权的过程中，必然要为保障职权的正确行使设置相应的制约机制，或者说，对职权的行使设置必要的监督制约机制是职权配置的题中应有之义。

2. 检察改革的目标是优化检察权配置

检察改革之所以始终是围绕着检察职权配置进行的，是因为优化检察职权配置是检察改革始终不变的目标。

检察改革乃至整个司法改革的根本动因是司法机关的工作与社会发展的需要、与党和人民的期望、与依法治国的要求不相适应的问题。这些问题，在客观上表现为利用法律赋予的职权办"关系案""人情案""金钱案"，司法不公、司法不廉、司法效率不高等方面。而整个司法工作都是行使国家司法权的活动，司法工作中出现的问题，从根本上说是司法机关的权力配置和行使问题。因为，权力配置的不科学，就难以形成有效的制约，从而就难以避免权力的滥用；权力配置的不科学，也难以高效运行，从而难以取得各方面都满意的效果。就检察机关而言，检察工作中存在的问题虽然涉及方方面面，但是仔细想来，无非是三个方面：一是职权问题，即从事检察工作的各个主体分别具有什么样的职权，权力的边界在哪里？二是责任问题，即每一个主体在行使检察职权的时候具有什么样的责任，不依法公正地行使职权时对自己会有什么样的不利后果？

三是制约问题，即每一个主体在行使检察权的过程中会受到什么样的制约，这种制约在多大程度上能防止其不当地行使权力？这些问题如果不能有效的解决，检察工作中就难免会出现这样那样的错误，整个检察工作就难以满足党和人民的要求。而这些问题，归根到底都与检察职权的配置包括运行机制有关。法律赋予检察机关的职权，在检察机关内部，如果没有专门的机构行使，就会落空，难以发挥其应有的作用；法律赋予检察机关的职权，在内部分配上过于分散，就难以形成合力，难以高效运作和有效行使；法律赋予检察机关的职权，在检察机关内部分工不明确、机制不顺畅，就会相互扯皮推诿，难以发挥现有资源的作用。因此，检察改革所要解决的问题，从根本上讲是一个检察职权的优化配置问题。不解决检察职权配置问题，检察改革只能是头痛医头，脚痛医脚，甚至连最表层的问题也解决不了。不解决检察职权配置问题，分别进行的改革就难以整合，难以系统化。不解决检察职权配置问题，改革的任务就难以落实到具体的职能部门，难以实现改革的初衷。

既然检察改革始终是围绕着检察职权配置问题展开的，要完成检察改革的任务，就必须从优化检察职权配置入手。只有通过改革，解决检察权配置中存在的不科学、不合理问题，有效地整合检察资源，实现检察权运行中各种要素的优化组合，才能从制度上保障检察权始终依法公正地行使，保障检察工作的科学发展和检察职能作用的充分发挥，因而也才能取得党和人民满意的效果。

3. 检察改革需要进一步优化检察权配置

按照党的十八大的要求，进一步深化检察改革，所要解决的重点问题，依然是检察职权的优化配置问题。"依法独立公正行使"检察权，不仅仅是一个独立行使职权的问题。这句话本身包含了三个方面的价值追求，即"依法""独立""公正"。独立是公正的前提，没有独立就谈不上严格依法履行职责，就谈不上公正地行使检察权。但是，独立了，未必就一定能够保证检察权的依法、公正行使。如果不能按照司法规律解决检察权的内部配置和运行机制方面存在的问题，同样难以保证检察权依法行使和公正行使。

因此，检察改革，如果缺乏对检察职权配置的系统清晰的认识，如果没有明确的方向，如果违背权力配置的基本规律，就会盲目进行，就难以达到党和人民满意的效果，甚至连检察机关自身的要求都不能满足，并且可能使今天的改革成果成为明天的改革对象。这样的改革，难免走上循环往复，无穷无尽的道路。

反思十多年来的检察改革，虽然在许多方面取得了显著的成效，但是改革的任务并没有完成，制约检察机关依法独立公正地行使检察权的因素并没有从制度上解决。这除了外部的原因之外，对检察权配置和运行的规律缺乏清醒的认识不能不说是一个主要原因。制约检察机关依法独立公正地行使检察权的外部因素，靠检察机关自身是不可能解决，必须在政治体制改革的总体框架内解决，必须依赖于外部的政治力量特别是法律来解决。但是制约检察机关依法独立公正地行使检察权的自身因素却是通过检察机关内部的改革可能也应该逐步解决的。然而，由于我们在检察改革的过程中缺乏对职权配置基本原理的深刻认识，缺乏对检察权运行规律的把握，以致检察机关内部的大多数改革都未能达到预期的效果。譬如，检察机关内部进行的改革，很多项目都涉及上下级检察机关之间的职权配置问题。而在这类改革中，我们过多考虑的是如何防止下级检察机关滥用职权的问题，因而通常都是把下级检察机关的某些职权通过改革由上级检察机关来行使，或者是一味地加大上级检察机关的领导权。但是，作为权力配置的一般原理，职权总是和责任联系在一起的。如果只规定上级检察机关享有的权力而不同时规定由于这种权力的行使而产生的责任，就会违背权力配置的原理。同时，职权配置要考虑效率。如果过多注重制约，缺乏对效率的追求，造成司法资源不必要的浪费。职权配置要确立制度的稳定性。如果某些权力赋予某个部门行使，过一段时间就收回，再过一段时间又赋予该部门；如果一些规定每过几年就得修改一次，有的甚至刚刚制定，就发现有问题，制度的稳定性就会遭受破坏。

再譬如，检察机关的机构设置问题，尽量在三轮的检察改革中最高人民检察院都提出了同样的任务，各地检察机关也进行过一些探索，但是检察机关的机构设置究竟应当如何改革，哪些机构应当增设、哪些机构应当合并？两三百人的检察院与五六十人的检察院，要不要设置完全相同的内设机构？内设机构分的越多越好、分工越细越好，还是集约性设置好？这些问题，归根结底还是一个法律赋予检察机关的职权，在检察机关内部的部门之间如何再分配的问题。对职权配置问题没有深入的研究，不了解检察权分解、分类的内在规律，就很难对这些问题作出科学的回答。

对检察职权的监督制约，一直是检察改革的重要方面。这是因为，检察改革始终面临着一个基本矛盾，这就是独立行使检察权与检察权必须受制约之间的矛盾。从总体上看，检察权最大量、最直接的表现为案件的办理权。办理案件的基本规律是了解案件的事实真相并依照法律作出处理决定。而案件事实是靠证据来还原的。因此，只有了解并仔细研究案件的全部证据材料，才有可能对案件作出正确的处理。但是由于司法资源的有限性，在实践中亲自研究案件全部证据材料的人总是有限的。如果只有了解案件全部证据材料的人才有权对案件作出处理决定，那就有可能把案件的处理权变成一种独断的权力，从而为权力的滥用留下制度性缺陷。为了防止一个人或者一个主体独揽案件的处理权，就需要增加制约的环节，不能让一个人对案件具有完全的决定权。但是如果制约的环节过多，案件的处理就可能相互推诿，久拖不决，以致影响办理案件的效率。因此，在制度设计上，既要设置必要的制约环节，不能由一个主体完全独立的处理案件，以防止滥用办案的权力，又不能设置过多的制约环节，使办案主体既无责任感，也无效率观。这是检察权运行中一个最简单最基本的规律[1]。

主诉检察官办案责任制的改革，其初衷就是要打破传统的办案模式，减少中间环节，赋予办理案件的检察官以必要的案件处理权。但是随着检察机关面临的外部压力的增加，检察改革走上了不断限制办案检察官的权力甚至包括办案单位的案件处理权的道路。不仅恢复了层层批案的传统做法，甚至对某些案件增加了报上级检察院审批的制度。这样做的目的无疑是防止检察权的滥用，防止在案件处理上发生错误。然而，过多地增加办案环节，不断加强对案件处理权的制约，未必就能有效地防止检察权的滥用。因为，除了少数案件由检察委员会集体决定之外，绝大多数案件，无论经过多少个环节，无论经过几级检察院，最终还是要由一个主体说了算的。这在理论上总是存在着一个权力可能被滥用的问题。并且，最终作出决定的主体，离案件的证据材料越远，作出决定的准确性的概率就越

---

〔1〕 检察工作的规律包括多个方面，需要专门研究论证。此处只是就职权配置最基础的规律而言，并不是对检察工作规律的完整表述。

低。因此，检察改革如果不研究和解决检察职权的优化配置问题，仅仅依靠增加制约环节，是很难走出困境的。

总之，我们在检察改革中，只有充分考虑检察职权配置的优化问题，科学合理地配置检察职权，才有可能保证这些职权的充分有效行使，才有可能通过检察改革推进检察工作的科学发展。如果职权配置的不科学，就谈不上检察工作的科学发展。

二、检察权优化配置的指标体系

当我们提出检察权优化配置的时候，实际上就面临着一个预设的理论前提，即"优化"的标准是什么？什么样的职权配置是优化的，什么样的职权配置不够优化，区别的标志在哪里？不能科学地回答这个问题，就难以说清楚现行的检察权配置究竟是一种优化配置，抑或不是。而回答这个问题，既要遵循权力配置的一般原理，也要充分考虑中国国家权力运行的实践包括其运行的历史文化背景和现实环境。我们试图通过下面四组要素的对比来衡量检察权配置的优化程度：

（一）权力设置中目的与手段的匹配度

权力是主体按照自己的意志影响或者控制他人行为的力量[1]

---

[1] "权力是指一个人或一群人按照他所愿意的方式去改变其他人或群体的行为以防止他自己的行为按照一种他不愿意的方式被改变的能力。"参见［美］彼得·布劳：《社会生活中的交换与权力》，华夏出版社1988年版，第135页。

权力的配置[1]，总是基于一定的目的。"权力就是根据自己的目的去影响他人行为的能力。这就是说，权力是一种力量，依靠这种力量可以造成某种特定的局面或结果，即是使他人的行为符合于自己的目的性。"[2] 目的既是权力配置的出发点，也是权力行使所希望达到的理想状态。而权力发挥作用，总是与一定的手段[3]相联系。没有相应的手段，权力主体就不可能对他人的行为产生强制力。权力配置的目的与手段的匹配程度，在很大程度上标志着权力配置的科学性。手段与目的越匹配，实现目的的可能性就越大，就越符合权力配置的目的。如果配置了某种权力，但是没有赋予权力主体相应的手段，或者手段与目的不够匹配，权力配置的目的就很难实现或者很难取得理想的效果。

目的与手段的匹配程度（衡量标准）取决于手段对目的的适应程度。手段越适应实现目的的需要，目的与手段的匹配程度就越高。反之亦然。因为目的决定手段，手段是根据实现目的的需要选择的。有什么样的目的，就应当选择适应的手段

---

[1] 在社会学中，权力被理解为一种能力或者关系，即"权力是一种保证集体组织系统中各单位履行有约束力的义务的普遍化能力"（[英]罗德里克·马丁：《权力社会学》，三联书店1992年版，第86页）；"权力是某些人对他人产生预期效果的能力。"（[美]丹尼斯·朗：《权力论》，中国社会科学出版社2001年版，第3页。）"一个人或许多人的行为使另一个人或许多人的行为发生改变的一种关系"（《不列颠百科全书》）。这种能力或关系是在相互交往中通过其所占据的优越地位形成的。而这种优越地位往往来自财富、势力、能力、威望等能够对他人的利益、思想、社会关系产生影响的因素。而在政治学中，权力往往被理解为一种国家的强制力，"构成这种权力的，不仅有武装的人，而且还有物质的附属物，如监狱和各种强制机关。"（《马克思恩格斯选集》（第4卷），人民出版社1972年版，第167页。）作为国家权力，由于它所涉及的范围十分广泛，所以必然要通过一定的组织形式构成一个系统来运行，而在国家权力运行系统中，就必然面临一个构成该系统的各个组织之间如何分配国家权力即权力配置的问题。本文正是在这个意义上讨论权力配置的。

[2] 李景鹏：《权力政治学》，北京大学出版社2008年版，第27页。

[3] 在权力配置中所谓手段，实际上是指为实现权力配置的目的而设定的具体权能即权力的具体内容。

（当然，手段本身也有一个正当性的问题）。

1. 检察权设置的目的

法律赋予检察机关的职权，从词源学上讲，一般被称为"检察权"。人们提及检察权的时候，通常都会想到，它是指检察机关的职权。但是，为什么要设置检察机关？为什么要给检察机关赋予检察权？赋予什么样的检察权？不同的国家、不同的理论可能会有不同的回答[1]。

在我们国家，检察机关是作为国家的法律监督机关来设置的。如同行政机关行使的是行政权、审判机关行使的是审判权一样，法律监督机关行使的职权，也应该是法律监督权。检察机关既然被定位为国家的法律监督机关，检察权自然就应当定性为国家的法律监督权[2]。

如前所述，把检察权作为法律监督权来设置，是人民代表大会制度的必然产物，检察机关根据宪法和法律的授权，代表人民代表大会监督行政权、审判权的行使，其目的自然是防止行政权和审判权的滥用。之所以要通过"法律监督"来保证行政权和审判权的正确行使，是因为法律是国家权力取信于民的根本保障。如前所述，在我们国家，人民是国家的主人，是国

---

〔1〕 检察制度是政治文明发展到一定阶段的产物。尽管世界各国的检察制度具有许多内在的本质上的一致性，但是由于各国政治制度的不同、历史文化传统的差异，以及社会发展的阶段不同，检察权的设置乃至检察机关的设置都会不尽相同。即使是在同一个国家，由于理论观点的不同，人们对检察机关的认识和对检察权设置的看法，往往也会出现明显的甚至是重大的差异。

〔2〕 检察权与法律监督权的关系，在理论界存在着一定的争议。有的学者认为，检察权与法律监督权是两种不同性质的权力，不能将其混为一谈。有的学者认为，检察权与法律监督权虽然不完全相同，但是存在一定的交叉关系。有的学者认为，检察权与法律监督权是一个权力的两种不同叫法，是从不同的角度反映同一个事物。之所以会出现理论上的这种争议，我们认为，是有些学者在研究这个问题的时候，自觉不自觉地为自己预设了一个检察权的概念，即按照西方国家检察机关的职能，把检察权视为一种诉讼权力。一旦超出诉讼的范围，就认为那不是检察权了。

家权力的享有者。人民把自己的权力委托给国家机关及其工作人员行使，是为了让他们代表人民的意志处理国家事务和社会公共事务，为人民谋福祉。但是由于权力本身的扩张性，任何有权的人都可能滥用权力。为了防止权力的滥用，在人民授权的同时，必须设定一些具有普遍约束力的规则来制约它，从而使它的运行合理化、规范化。而这种具有普遍约束力的规则就是法律。法律是执政党领导人民制定的、凝聚着人民意志并代表着人民根本利益的国家意志，是国家权力运行的准绳，因而也是衡量国家权力的行使是否符合人民利益的尺度。保障国家权力的依法行使，就是保证国家权力服从人民的意志、保证国家权力正确行使。权力行使的合法性，"对于政治权力主体以及整个社会的政治生活是至关重要的"，因为政治权力的合法性，第一，有利于政治权力关系的稳定和持续。只有通过各种方式和手段将权力关系合法化，才能形成较为稳定的政治权力关系模式。第二，有利于实现社会动员，使政治权力的效能达到最大化。政治权力的效能是和政治权力的合法性紧密相关的。权力客体的服从越是自觉，服从的范围越是广泛，政治权力的合法性程度越高，政治权力的效能也就越大。第三，有利于社会秩序的稳定。政治权力的合法化是建立社会秩序的客观要求。一方面，调解不同个人和群体之间的矛盾和冲突，需要有公认的权威机构来制定规则并进行仲裁。如果没有解决矛盾和冲突的合法权威和办法，社会必然陷于混乱之中。另一方面，政治权力一旦得到社会多数人的认同，就会产生一种群体压力，强化他们对权力主体的服从意识，并对那些出于个人原因而反对权力主体的人形成一种约束力。因此，"政治权力主体作为执法者，必须遵守法律，这是实现法治的根本要求。如果执法者可以超越于法律之外，那么，法律就丧失了权威性，社会关系的调整就会取决于偶然性和握有权力的人的专断命令，就不存在社会正义和公正。对于法治社会来说，法律作为调整人际关系的行为规则，是十分重要的，而建立法律实施的保障机制甚至更为重要。"[1] 法律监督正是法律实施的保障机制中最重要最有效的制度设计。因为，法律监督不仅监督的对象主要是国家机关及其工作人员遵守和执行法律的情况，其目的是保障国家权力运行的合法性，而且是用法律手段来监督行政权、审判权的运行是否合法。与其他监督措施相比，法律监督更符合法治的要求，更具有规范性和可预见性，因而也是建设社会主义法治国家过程中监督国家权力依法运行的首选方式。

从另一方面看，人民行使国家权力的方式，除了通过人民代表大会选举产生国家机关并选举任命和罢免国家机关工作人员、听取并审议监督他们的工作之外，最主要的是凝聚全国人民的意志并使之通过立法的方式上升为法律，成为一切国家机关、一切社会组织和全体公民一体遵行的行为准则，从而实现对社会的控制。特别是随着依法治国方略的全面推进，法律在国家权力运行中的主导作用越来越大，法律对社会活动的控制作用越来越强，人民群众对依法办事的呼声越来越高，把权力关进法律的笼子越来越成为社会的共识。人民通过自己制定的法律来控制国家权力的运行，也就越来越成为国家权力运行的常态。因此，防止行政权、审判权的滥用，说到底，就是防止行政权、审判权的行使脱离法律的轨道，就是维护国家法律的统一正确实施。正是在这个意义上，我们说，检察权作为一种以法律监督为本质特征的国家权力，其设置的根本目的是维护

---

[1] 周光辉：《论公共权力的合法性》，吉林出版集团有限责任公司2007年版，第154—157页。

国家法律的统一正确实施。

"维护国家法律的统一正确实施",是检察权作为国家的法律监督权来设置的根本目的。这其中包括了三个方面的含义:

第一,防止行政机关、审判机关[1]在行使行政权、审判权过程中发生严重违反法律的情况。由于行政权在社会管理中的广泛性,国家法律的80%以上都是由行政机关来实施的。行政权是否依法行使,对于国家法律的统一正确实施具有极为重要的意义。因此,维护国家法律的统一正确实施,在很大程度上,是监督行政机关严格遵守和执行国家法律,防止行政机关违反法律的规定滥用行政权。而审判机关担负着对刑事犯罪、民事纠纷和行政争议进行裁判的职责,是法律适用的主要主体,审判活动被认为是法律实施的最后一道防线,对伸张法律正义、维护社会公平具有十分重要的意义。法律适用的状况直接关系到法律的统一正确实施,更直接关系到社会公平正义的实现。所以,维护国家法律的统一正确实施,就不能不包括对审判机关行使审判权的活动进行监督。监督的目的是保障审判权的依法行使,防止审判权的滥用。

第二,防止国家机关工作人员在履行法定职责过程中发生贪赃枉法、渎职侵权等行为。作为行使国家权力的国家机关,总是由具体的人员构成的。行使国家权力的活动,也总是通过在国家机关工作的具体人员完成的。国家机关工作人员履行法定职责的活动,直接关系到国家法律的统一正确实施。国家机关工作人员在履行职责、实施法律的过程中,如果贪赃枉法、滥用职权、玩忽职守,甚至侵犯当事人的合法权益,必然会妨

---

〔1〕 在我们国家,立法权由作为国家最高权力机关的全国人民代表大会行使。检察机关是由人民代表大会产生并向人民代表大会负责的国家机关,因而不能对全国人民代表大会的立法活动进行监督。所以检察机关对国家机关的监督只能是对国家行政机关和审判机关的监督。

害国家法律的统一正确实施。因此，维护国家法律的统一正确实施，就要监督国家机关工作人员履行法定职责的行为，防止滥用职权、执法犯法。这也表现为防止国家权力运行过程中被个人所滥用。

第三，防止社会组织、个人严重违反法律的行为发生。社会组织和个人[1]，虽然不是国家权力行使的主体，但是作为国家权力作用的对象，与国家权力行使的主体之间存在着互动关系，可能影响国家权力的行使。如有的社会组织与国家机关达成某种协议或默契，共同谋取法律之外的利益，损坏法律的实施；有的个人与国家机关工作人员相勾结，共同实施犯罪活动。另外，法律通常都会赋予社会组织和个人一定的权利或者设定一定的义务。这些权利在行使过程中是否遵守法律设定的条件，是否可能危害到国家或者他人的利益，这些义务是否被遵守，都直接关系到国家法律的实施。因此，维护国家法律的统一正确实施，也要对社会组织和个人遵守法律的情况进行监督，防止社会组织和个人滥用权利，危害国家、他人和社会公共利益。

为了维护国家法律的统一正确实施，检察机关就要对行政机关行使行政权的活动、对审判机关行使审判权的活动、对国家机关工作人员履行法定职责的情况、对社会组织和个人遵守法律的情况实行法律监督。那么，检察机关如何进行监督？这就涉及检察权的配置问题。

2. 检察权设置的目的对手段的内在需求

如前所述，检察权设置的目的是维护国家法律统一正确实

---

[1] 这里的个人是指作为普通公民的个人。国家机关工作人员实施与职务无关的行为，也是作为普通公民行动的，因而也包括在内。

施，而实现这个目的的手段是法律监督。也就是说，检察权是通过法律监督来维护国家法律的统一正确实施、防止国家权力滥用的。所谓法律监督，是指根据法律的授权，运用法律规定的手段，对法律实施的情况进行的具有法律效力的监督。对法律实施的情况进行监督，实际上是对法律实施过程中发生的违反法律的情况进行监督，因为合法的行为、正确实施法律的行为是不需要监督的，监督的目的是发现违反法律的情况，进而加以纠正，以保证法律的正确实施。

（1）发现违法的手段

为了实现检察权设置的目的，检察机关首先要有发现违法的手段。

及时有效地发现违反法律的情况，是实行法律监督的先决条件。合法的行为、遵守法律的行为是不需要监督的。需要监督的，只是违反法律的行为。违反法律的行为往往是在法律实施过程中已经发生了的。要监督纠正这种违反法律的行为，维护法律的尊严，保障法律的正确实施，首先就要了解违反法律的具体情况，确认违反法律事实的存在，然后才谈得上监督纠正的问题。如果不能及时发现违反法律的事实，监督纠正就是一句空话。

及时有效地发现违反法律的情况，也是实行法律监督的重要方面。违反法律的行为，在许多情况下都是隐蔽进行的。及时发现违反法律的情况，将其暴露在领导机关、司法机关或者公众面前，这种违反法律的情况就会丧失存在的土壤，就会原形毕露，再不纠正就可能引起对行为者不利的后果。因而也就比较容易纠正。这本身就是监督作用的表现。

当发现违法作为一种职责时，就需要一定的手段。在日常活动中，人们都可能发现违法情况的存在。如行政决策或行政强制中的违法一旦实施，行政相对人就会感知，法院裁判中的违法，被裁判的人自然会及时发现。犯罪行为的实施，犯罪被害人也会发现。即使是与己无关的违法，有些人则可能根据自己的观察或者道听途说而感知。但是通过这种自然感知的方式发现违法毕竟具有很大的局限性和偶然性，难以保证一切严重违反法律的情况都能够被及时发现。法律监督作为检察机关的法定职责，要维护国家法律的统一正确实施，既不能靠道听途说，更不能顺其自然，而必须有发现违法的手段，才能保证及时发现违反法律的情况，进行有效的监督。通过这种手段的运用，及时发现各种公开的或隐蔽的违反法律的情况，才能有针对性地提出监督纠正的意见，也才有可能达到法律监督的目的。不仅如此，法律监督的目的是纠正违法的情况，维护法律的正确实施，但是如果没有充分的证据，无论是作出违法决定的机关或者实施违法行为的个人，都不会承认自己违法，更难接受监督。要达到法律监督的目的，就必须有充分的证据来证明违法存在的事实。而这种证据必须通过一定的手段才能获得。

发现违法的手段，从理论上讲，应该包括另一方面：一是知情权，即从其他有关主体依法定义务提供的情况中了解其执行法律的状况，发现有无违反法律的情况发生。二是调查权，即依照法律授权主动对有关主体执行法律的情况进行调查，从中发现有无违反法律的情况发生。作为行使国家权力的一种方式，为了保证调查手段的有效性，法律规定了一系列专门的调查手段，即侦查手段包括技术侦查的手段，以及使用刑事强制措施的手段。这些手段只能由专门的国家机关使用，并且必须在法律规定的范围内按照法律规定的程序来使用。没有这些专门的调查手段，就难以发现违法情况的存在，难以确认违法情况发生的责任人员，更难以对其加以纠正。

（2）纠正违法的手段

发现违法的目的是纠正违法。为了维护法律的统一正确实施，对于法律实施过程中出现的违法情况，及时提出纠正和改进的意见，是阻止违法行为的继续，防止违法行为再次发生的重要途径，因而也是法律监督的内在要求。如果只有发现权，没有纠正权，发现违法就丧失了动力，也就失去了存在的价值。

纠正违法有多种手段。如行政机关可以通过作出决定的方式直接纠正下级行政机关作出的违反法律规定或精神的行为，也可以通过发布指令的方式，要求下级行政机关自行纠正违法行为，甚至可以通过对实施违法行为的国家机关工作人员给予行政处分的方式直接进行惩戒。审判机关可以通过裁判的方式改变下级审判机关作出的错误判决或裁定。这些都是由行政权本身具有的处置性和审判权本身具有的裁决性决定的。正是因为行政权和审判权具有这种终局性的实体性的处分权，所以才需要对其行使的情况进行监督——救济可能发生的错误。但是检察权不同于行政权和审判权，它没有终局性的处置权和裁判权。检察机关纠正违法的手段一方面受到检察权性质的限制，另一方面受到法律规定的限制。检察机关只能运用法律规定的手段实行法律监督。而这种手段本身不能包括实体性的处置权和裁决权，不能对监督对象的违法行为直接进行纠正或者惩戒。因此，检察机关纠正违法的手段主要是提出请求的权力。这种提出请求的权力实际上有两种类型：

一是追诉权，即按照诉讼程序提请审判机关追究实施违法行为的主体的法律责任的权力。

法律监督的根本目的是维护法律的统一正确实施，而维护法律统一正确实施的最重要的手段就是追诉违法。追诉违法是发现违法的必然要求。发现违法是法律监督的前提。发现了违反法律的情况之后，只有享有追诉违法的手段，才能维护法律的统一正确实施。如果不能有效地纠正违反法律的情况，仅仅是发现了违法，干瞪两眼，照样什么问题也解决不了。追诉违法也是法律本身的内在要求。任何法律都要求在它权力所及的范围内一切主体都必须遵守它所设定的规范体系，一旦违反，就必须受到应有的追究。违反法律的行为如果不能得到及时有效的追究，法律的尊严和权威就会荡然无存。

追诉违法，在本质上，是一种请求权。它不是由检察机关直接惩罚违法者，而是把违反法律的事实提交给审判机关，请求审判机关依法追究实施违法行为的主体的法律责任。因此，追诉违法的手段，在法律上，表现为提起公诉的权力，即公诉权。公诉权，是检察机关履行法律监督职责必须具有的不可或缺的职权。只有享有公诉权，才能有效地维护法律的权威，保障法律的正确实施。公诉权可以说是世界各国检察机关普遍享有的最具标志性的权力，也是检察机关独享的一种权力。没有公诉权，就不能称之为检察权；没有公诉权的机关也就不能称之为检察机关。当然，如同每一个法律制度一样，在不同国家，检察机关公诉权的范围和行使方式是不完全相同的。

二是建议权，即根据违反法律的情况向有关机关发出建议的权力。

建议权可以说是追诉权的必要补充。对于实施违法行为比较严重，需要追究法律责任的，可以通过追诉权的行使制裁违法者，从而达到防止此类违法再次发生的效果。但是对于违法程度较轻，不需要追究法律责任的，或者对于行政机关、审判机关在执法、司法活动中发生的违反法律的情况，不宜追究法律责任的，或者对于违反法律的事实中暴露出来的可能导致违法行为再次发生的问题，不能通过惩戒来解决的，就需要通过检察建议的方式来纠正。

针对法律实施过程中出现的问题包括违反法律的情况，提出意见和建议，本来是民主法治国家一切社会主体包括公民个人所享有的一项基本的民主权利。这种民主权利对于维护法律的正确实施具有积极的意义。但是与其他社会主体所享有的提出意见的民主权利不同，检察机关针对违反法律的情况提出纠正意见，是作为一项国家权力来行使的，因而具有明显的强制性的效力，比作为民主权利提出意见的行为，更能引起实施违法行为的个人和单位的重视，更能够产生督促纠正的效果，从而更有利于维护法律的正确实施。

（3）发现违法和纠正违法的手段应当触及法律实施的全过程

为了维护国家法律的统一正确实施，发现违法和纠正违法的手段应当能够触及法律实施的各个环节、各个方面。法律监督的范围如果不能涵盖法律实施的各个环节、各个方面，手段无论如何有效，都难以实现法律监督的目的。对法律实施过程中的某些人、某些部门、某些事，如果不能实行法律监督，那么，这些不受法律监督的主体或领域一旦发生了违反法律的情况，就可能对法治造成严重的破坏。

上述三个方面是检察权设置的目的对手段的内在要求。这种内在要求与检察权的具体配置之间构成需求与供给的关系。供给越充足，就越能实现权力设置的目的。但是如果供给不足，目的就难以实现或者难以达到满意的程度。

（二）权力行使的有效性与可控性的平衡度

"权力就是有意和有效的影响。"[1] 任何权力要发挥作用，就必须具有有效性。权力的有效性，是指权力主体能够按照自己的意志作出决定，并且这种决定能够按照预设的方向进行。权力首先要有效力，即权力主体能够自主地作出决定，并且能够保证权力客体按照这种决定采取行动。其次要有效率，即权力主体作出的决定能够被及时有效地执行，而不被推脱延误。没有效力和效率的权力，是软弱涣散的橡皮图章，难以发挥权力的功效，更难以实现权力设置的目的。但是，从另一方面看，权力本身又具有自我扩张的倾向。任何权力，一旦失去了控制，就可能被滥用，带来与权力配置的目的相悖的破坏力。因此，既要充分发挥权力的效能，又要防止权力被滥用，就必须在权力配置的时候充分考虑二者之间的平衡程度，尽可能地使权力在可控的范围内充分发挥其功效。权力的有效性与可控性相互平衡的程度，也标志着权力配置的合理程度。

衡量权力的有效性与可控性的平衡程度，既要看权力的行使有没有制度性保障，这些制度性保障是否能够真正保障权力的充分行使，又要看这些制度性保障措施的设置是否妨碍到对权力的监督制约。如果缺乏针对性保障，或者这种保障不够充分，以致影响到权力功能的充分发挥，或者保障措施过于强大，以致无法对其进行有效的控制，都可能打破有效性与可控性之间的平衡。

1. 检察权的有效性

从整体上看，国家权力是以国家强制力为后盾的，因而是

---

[1] [美] 丹尼斯·朗：《权力论》，陆震纶、郑明哲译，中国社会科学出版社 2001 年版，第4页。

最有效力的。但是当国家权力分配到具体的国家机关或者国家机关工作人员行使的时候，国家强制力并不总是如影随形的。就具体的权力而言，是否具有有效性，则可能由于权力本身的特性和配置的程度不同而有所差异。一些权力可能是非常有效的，一些权力可能需要其他权力来保障其效力，一些权力可能是虚设的。就检察权而言，由于其本质上是一种请求权，即一种比较弱势的权力，因而需要在权力配置时特别予以保障。否则就难以发挥其应有的功能作用。

检察权的有效性需要从三个方面来保障：

（1）独立性

独立性是指能够按照法律的规定在自己的职权范围内独立自主的作出决定，而不受其他主体的干预。

独立性是检察权的内在要求。检察权作为国家权力架构中一项独立的国家权力，本身就应当具有独立性。检察权作为国家的法律监督权，更是特别需要依法独立行使。这是因为：第一，独立性是有效监督的先决条件。监督主体要对监督对象进行有效的监督，他就必须独立于监督对象。如果彼此处在一个荣辱与共、利益相关的共同体内，那么，一方面，监督主体与监督对象的共同上级就有可能为了共同的利益而干预监督主体对监督对象的监督，而监督主体又必须服从这种干预；另一方面，共同体所具有的亲和力也会支配监督主体的决定，使其对监督对象网开一面。因此，监督主体如果不具有独立性，就不可能对监督对象进行有效的监督。第二，独立性是法律监督依法进行的基本保障。法律监督的目的是维护国家法制的统一正确实施，因此法律监督的活动即检察权的行使，必须严格依法进行。如果维护法律实施的活动本身都不能严格依照法律的规定进行，就没有理由要求其他主体遵守法律，也无法保证行使检察权的活动能够有效地维护法律的实施。而严格依法行使检察权就意味着检察权的行使只服从法律而不屈从来自外界的任何压力和干预。这就要求检察权相对于其他国家权力具有独立性。因为检察机关只有能够独立地行使检察权，才有可能严格依法办事。在行使检察权的活动中，检察机关如果没有独立性，就不能要求它、它自己也不可能做到排除任何干预，只服从法律。如果检察权的行使要受其他权力的控制或干预，或者要服从其他主体的意志或要求，那么，法律之外的因素就可能影响检察权的行使，严格依法就可能成为一句空话。第三，独立性是维护公平和正义的根本要求。检察权作为国家的法律监督权，要对违反法律的行为进行追诉。而一种行为是否违反法律，或者监督对象是否具有违反法律的情况，只有根据对证据的分析和对事实情况的判断才能认定，据此作出的决定才可能具有客观性和公正性。但是如果作出这种判断的主体本身不具有独立性，他在作出判断的时候要看别人的脸色、听别人的声音甚至要揣测别人的好恶，那就不可能完全根据事实来作出判断和决定。如是，检察权的行使，就很难保证其客观公正性，对监督对象的处理也就没有公平可言。因此，独立性是检察权作为法律监督权其自身的逻辑规定，是保证检察权依法公正行使的必然要求。第四，独立性也是由中国国情所决定的。一方面，中国几千年来一直是一个权力本位的国家，人治传统深深地扎根于权力运作的过程和国民意识之中。人们把权力看作法律的本源，把法律视为当权者手中的工具。与法律相比，人们更崇尚个人手中的权力及其影响力，特别是有权的人，总希望法律服从自己手中的权力，而不愿意让自己手中的权力受到法律的约束，以致试图用权力干涉法律实施的现象时常发生。检察权要对违反法律的行为特别是运用国家权力违反法律的行为进行监督，就必须独立于其他国家权力，不受其他国家机关中掌握权力的任何个人或组织的干涉。只有这样，检察权的行使才有可能在一个缺乏法治传统而人治观念和势力还比较强的国度里不辱使命。如果检察权的行使要处处受其他权力和势力的干预、支配或制约，那么监督法律权的设置就只能是形同虚设。另一方面，由于国家实行地方财政与中央财政"分灶吃饭"的政策，特别是在市场经济条件下，地方上的利益与国家的整体利益，既有一致性的一面，又有相对独立性的一面。地方利益的独立性决定了它与国家法律的统一要求之间必然会出现矛盾和冲突。而当这种矛盾和冲突出现的时候，难免会有某些地方上的领导人为了地方利益而干涉法律的实施包括干涉对涉及地方利益的违法行为的法律监督。如果检察权不能独立于地方权力，它在对违反法律的行为进行法律监督的时候就无力抗拒地方权力的干涉，就无法保证检察权行使的合法性和公正性，就无法完成法律监督的使命。因此，在实行统一法制的国家，为了维护法制的统一，就必须防止地方权力对检察权的干涉，而检察权独立于地方权力是保证检察权不受干涉的起码要求。不能保证检察权独立于地方权力，就没有理由要求检察机关担负起法律监督的使命。

独立性是指在行使检察权的过程中，检察机关能够按照法律的规定独立自主地作出决定。独立性包括三层含义：一是权力本身的排他性。检察权是检察机关独享的权力，不与其他国家机关分享。按照宪法和法律的规定，属于检察权范围内的事项，只能由检察机关来处理，其他机关、组织和个人不得代行检察权。检察机关也不得把宪法和法律授权自己的权力委托或转让给其他机关、组织或个人去行使。二是行使权力的自主性。对于法律规定由检察机关管辖的事项，检察机关要按照法律的实体性和程序性规定，独立自主的作出决定。在作出这种决定的时候，不受其他机关、组织、个人的意志、指令或要求的干预。三是抵御干扰的能力。检察权在行使过程中难免会遇到各种各样的阻挠、干预、说情，甚至抵制、压制和打击。要想独立自主地行使检察权，就要具有能够排除各种干扰的勇气和自我保护的能力。而这种能力，从主观上讲，是主体的素质问题，但从权力配置上讲，就是一个抗干扰的制度设计问题，即在制度设计上确保检察机关的地位、检察人员的待遇不因依法独立行使检察权的活动而受到任何的损抑和责难，不因依法独立行使检察权而给检察机关或检察人员产生不利的后果。[1]

（2）执行力

任何权力要发挥作用，就要有执行力。执行力是指行使权力时作出的决定能够被执行，而不是被束之高阁。按照政治学的理解，构成权力所不可或缺的因素即权力要素包括"权力主体、权力相对人、权力内容"。[2] 这就意味着，权力不仅要有主体，而且必不可少的是要有相对人，要有对相对人的作用力。特别是当这种权力的行使旨在要求其他主体作出某种行为或者不得实施某种行为的时候，如果它的相对人可以听从，也可以置之不理，那么，这种权力就失去了权力的品质，就不再是一种权力了。

执行力对于检察权而言尤为重要。因为检察权是一种法律监督权，不具有实体处分权和终局裁判权。除了在侦查过程中的权力之外，检察权在本质上是一种请求权。检察权的实现有

---

〔1〕 如果行使检察权的活动违反了法律的规定，给其他组织或者个人造成了危害，当然要承担相应的后果，甚至要受到法律的制裁。

〔2〕 陈振明主编：《政治性：概念、理论和方法》，中国社会科学出版社2004年版，第262页。

赖于其他主体的行为。无论是提起公诉，还是发出检察建议，都只是请求有关主体采取进一步的行动。如果检察权相对的主体不理睬检察机关的决定，检察权就无法作为法律监督权来发挥作用。

检察权虽然要有执行力，但是这种执行力不同于行政权和审判权的执行力。行政权是一种实体处分权，审判权是一种终局裁判权。行使行政权或者审判权所作出的决定，包含着确定性的内容，相对的主体必须按照这种决定中设定的方式来执行。但是行使检察权所作出的决定，在多数情况下，都不包含这种要求相对主体必须如何行动的内容，而是启动相对主体采取行动的程序。例如，检察机关提起公诉的决定，只是启动法院的审判程序。检察机关请求法院依法追究被告人的刑事责任，法院是否追究、如何追究被告人的刑事责任，则是审判权的范围。检察机关不能强制法院一定要追究被告人的刑事责任，也不能要求法院一定要判被告人什么样的刑罚。但是如果法院判处被告人三年有期徒刑的判决一旦生效，被告人就要按照判决所确定的刑罚服刑。同样的，检察机关认为公安机关的某个决定违法，要求公安机关予以纠正，也只是启动公安机关内部的纠错程序，由公安机关自行来纠正。但是上级公安机关就可以指令下级公安机关如何纠正错误。

检察权的执行力尽管只是启动相应程序的执行力，但是如果没有这种执行力，检察权就难以发挥法律监督的作用。而这种启动程序的执行力，需要通过法律的明确规定来保障。没有法律的明确规定，其他主体是否启动相应的程序，就会处于不确定的状态，检察权也就失去了权力的功能。因此，在权力配置的时候，要考虑不同权力的基本属性，设定其效力，以保障权力的行使能够被执行。

（3）救济性

救济性是指决定没有被执行时通过权力救济来保障执行。

权力要求有执行力。但是依据职权作出的决定不被执行的情况时有发生。当这种情况方式时，应当设定一定的救济措施，保障权力的有效性。这是权力配置科学性的要求。

如前所述，检察权作为一种法律监督权，主要是针对违反法律的情况启动追究或者纠错的程序。如果检察机关依法提起了追究或者纠错的请求或者建议，而有关机关不启动追究或纠错的程序，法律就应当设定一定的救济渠道，确保追究或纠错程序的启动。没有一定的救济渠道，检察权的行使就难以发挥作用。

这种救济渠道，主要是通过设定有关机关的法定义务来实现的。当检察机关依法行使检察权，请求或者建议启动某个程序时，法律应当明确规定有关机关启动该程序的义务，而不设定该机关对程序启动的自由选择权（有关机关仍然具有实体裁定的决定权）。对于没有正当理由而又不按照检察机关的请求或者建议启动追究或纠错程序的，检察机关应当有权通报其上级机关或主管部门发布指令或者追究责任。这样才能保证检察权行使的有效性，保证法律监督在依法治国中的作用充分发挥。

2. 检察权的可控性

检察权的行使要发挥其法律监督的作用就必须具有有效性，但是如同其他权力一样，检察权也存在着被滥用的可能性，尽管它本身是一种比较弱势的权力。为了防止检察权的滥用，也需要对其进行有效的控制。

对检察权的控制，主要是通过权力运行中的各种监督机制、相关机关之间的制约机制来实现的。除此之外，还有两个方面的控制：一是国家最高权力机关的控制。检察机关本身是根据全国人民代表大会的授权来行使检察权的。检察机关在行使检察权过程中一旦违反检察权设置的初衷，滥用某些权力，全国人民代表大会可以通过修改法律的方式废止检察机关的某项权力。全国人民代表大会也可以通过审议工作报告、进行专项检查、罢免最高人民检察院组成人员或者不批准任命省级人民检察院检察长等方式，从总体上控制检察机关行使检察权的活动。当全国人民代表大会把对行政权、审判权实行法律监督的权力授权给检察机关以后，由于检察机关代行了对其他国家机关实行法律监督的权力，全国人民代表大会就可以把权力监督从平分秋色中解脱出来，重点监督检察机关履行职责的情况，保证检察权行使的正确性，而通过检察机关实现对其他国家机关的监督（这种监督因为具有法律性而更加符合依法治国的需要）。二是最高人民检察院的控制。由于检察机关实行上级人民检察院领导下级人民检察院的工作，最高人民检察院领导地方各级人民检察院和专门人民检察院的工作。这种上下级的领导关系，使最高人民检察院可以有效性控制地方各级人民检察院行使检察权的活动。执政党和国家最高权力机关可以通过对最高人民检察院的控制，实现对全国各级检察机关的有效控制，从而保证执政党的路线方针政策和国家最高权力机关的决定在整个检察系统的贯彻执行，防止检察权的滥用。

3. 检察权的有效性与可控性的适当平衡

检察权行使的有效性要求依法独立自主地行使检察权，要求检察机关具有抵御干扰的自我保护能力；可控性要求检察权的行使必须始终保持在国家最高权力机关的控制之下。那么，在国家最高权力机关包括执政党的控制之下，检察机关依法独立行使检察权的空间到底有多大？这就关系到权力配置的合理性问题。如果在国家最高权力机关的控制之下，检察权独立行使的空间很小，就不利于检察权应有的功能作用的充分发挥；如果空间过大，则可能不足以防止其滥用。

检察权行使的空间与对检察权进行控制相互平衡的空间，从权力配置的一般原理上看，应当从以下几个方面来衡量：

第一，权力主体能够独立自主地行使权力。权力主体在依照法律规定行使权力的时候，只需要根据法律的规定和精神来作出决定，而不需要考虑或者猜测其他主体的意愿，更不需要请示其他主体。就检察权而言，每一级检察机关（甚至包括检察机关内部被授权的个人），在法律规定的范围内行使职权、处理案件时，应当能够根据自己对法律的理解和对事实的判断，直接作出决定。上级检察机关或者上级领导可以改变下级检察机关和个人的决定，但不能强迫下级检察机关或者个人按照上级的意见来作决定。其他机关或者个人不得干预检察机关作出决定。

第二，控制主体可以随时了解权力主体行使权力的情况。对权力主体行使权力的情况具有控制权的主体，要有一定的手段随时了解权力行使的情况。只有随时能够了解情况，才能及时发现权力行使过程中可能出现的问题，进而对其采取控制的措施，防止其被滥用。国家最高权力机关包括执政党对检察机关行使检察权的情况，可以通过检察机关的工作报告、情况反映、组织专项检查、受理对检察机关的投诉等渠道，了解检察权行使的情况，及时发现检察工作中存在的问题。

第三，控制主体可以有效的纠正权力主体的错误。当控制主体发现权力主体在行使权力的过程中出现滥用或者误用权力的错误时，能够有效地予以纠正，切实保证权力的正确运行，是权力配置的理想状态。不能有效地纠正权力主体的错误，就难以达到控制权力的目标。对检察权的控制，除了通过选举、任命或者罢免检察机关的组成人员之外，主要是通过及时有效地纠正检察工作中的错误实现的。对于检察权行使过程中出现的方向性、路线性错误，执政党可以通过向最高人民检察院党组发出指示的方式予以纠正；对于检察工作中存在的倾向性、机制性问题，全国人民代表大会可以通过审议最高人民检察院的工作报告、提出质询，或者组织专项检查等方式及时地向最高人民检察院提出，通过最高人民检察院在全国检察系统进行纠正；对于具体案件中适用法律上的错误，上级人民检察院可以通过行使领导权予以纠正；对于检察人员在行使职权过程中出现的问题，可以根据问题的性质，通过党内的纪律处分或者国家的法律程序进行追究。这些渠道都是对检察权进行有效控制的手段。这样一些手段，一方面可以有效地控制检察权的行使过程，防止检察权的滥用；另一方面，并不干预检察机关处理具体案件的活动，保证检察机关依法独立行使检察权，从而达到权力行使的有效性与可控性之间的适度平衡。

（三）权力运行中相关主体的协调度

任何权力的运行都是通过一定的主体进行的。权力主体能否有效地行使权力，直接关系到权力行使的实际效果与权力配置的最初目的的吻合程度。权力主体能否有效地行使权力，受到多个方面的制约。其中，对于权力功能的发挥至关重要的有两个方面：一是相关主体之间的协调程度；二是权力主体中的整体与个体之间的协调程度。

1. 相关主体之间的协调程度

权力总是表现为一种关系。任何一种权力，在行使的过程中，都会面临与其他主体之间的相互关系。一方面，权力发挥作用总是通过对权力客体的强制（无论这种强制力大小）来实现的，因而必然要与权力客体即另外一个社会活动的主体发生关系；另一方面，权力主体行使权力总是会与其他权力主体的权力相关联，从而与其他的权力主体发生关系。因为，任何权力都是有边界的。一个国家权力的作用范围总是与另一个国家权力的作用范围相衔接。即使是国家最高权力机关的权力也会涉及与其他国家权力的关系问题。作为国家权力中的分权力，更是与其他国家权力之间存在着密切的联系。

在我们国家，检察机关的权力是由全国人民代表大会授予的，所以与全国人民代表大会的权力之间存在着一定的关系。检察权又是作为法律监督权而存在的，与被其监督的国家权力即行政权和审判权之间也必然要发生关系。我们国家的政治制度是中国共产党领导下的人民代表大会制度，中国共产党作为执政党与各个国家机关的关系其中必然包括党与检察机关的关系。所有这些权力之间的关系，是权力配置中无法回避的问题，而这些关系在制度设计中处理的如何，直接标志着权力配置的优化程度。

在权力配置中处理权力之间的关系，应当遵循以下原理：

第一，每一种权力都应当有明确的边界。无论是国家最高权力，还是在最高权力下分设的权力，都应当有一定的作用范围、作用的条件和对象，都应当遵循一定的规则。任何权力都不应成为无所不能、无所不及的权力。权力作用的边界应当是明确的，而不是模糊不清的。尽管每一种权力都可能存在自由裁量的空间，但是自由裁量必须是自己作用范围内的裁量。超过一定的边界，权力就应当失效。

第二，权力之间的边界应当相互衔接但不能相互交叉或重叠。对国家权力进行分解时，应当充分考虑国家权力的作用范围。在国家权力所及的范围内，分解出来的权力能够涵盖每一个领域、每一个事务，不致出现权力的真空地带，不致让某个领域或者方面的事务处于不受国家权力约束的状态。但是另一方面，国家权力分解的结果不应当出现相互交叉或者相互重叠的情况。权力出现交叉或者重叠，很容易导致权力之间的冲突，妨害权力功能的发挥。用几种权力共同来管理一项事务，看起来是加强了对该事务的管理，但实际上，这些权力之间相互冲突、抵制、分歧所产生的内耗，往往大于它们实际发挥的管理作用，不仅造成国家资源的浪费，而且会造成国家管理中的混乱，妨害国家法律的统一正确实施。

第三，当一种权力作用于另一种权力的时候，应当给被作用的权力设定义务。一种权力作用于另一种权力，可能存在两种情况：一是双向产生作用。一种权力作用于另一权力时，另一种权力也会反作用于前一种权力。在这种情况下，权力之间的关系通常表现为相互制约的关系。例如，检察机关提起公诉的权力，启动法院的审判权，同时限定了审判权行使的范围，但是反过来，检察机关提起公诉的案件要接受法院行使审判权的制约，检察机关不仅要遵守法庭审判的秩序，而且必须服从法院裁判的结果。尽管检察机关在认为一审法院的裁判确有错误时可以提出抗诉，但最终还是要服从法院的生效裁判，不能妨碍审判权的行使。在这种相互作用的情况下，不同权力之间实际上存在着相互制约的关系，即每一个权力既是权力也有义务，不同权力各行其是，相互发生作用，产生相互制约的效果。二是单向产生作用。有时，一种权力作用于另一种权力并不产生反作用。在这种情况下，一方表现为权力主体，另一方则表现为权力客体。尽管作为权力客体的一方，在其他场合下也是权力主体或权利主体，但是当其遇到单向作用的权力时，它只是被作用的对象。这时就特别需要明确设定权力客体的义务，以防止其用手中的权力来对抗作用于它的权力。例如，审计是审计机关对其他国家机关行使的一种监督权，审计机关可以审计其他国家机关，但是其他国家机关不能反过来审计审计机关。这种单向性的权力要充分发挥作用，就要为它的行使设置必要的条件，即其他国家机关有义务接受审计，而不得利用手中的权力对抗审计机关的审计。同样地，当检察机关行使检察权来监督行政权、审判权的时候，也应当设定有关行政机关、审判机关的义务，防止被监督的行政机关、审判机关运用行政权或审判权来对抗检察权[1]。这是人民代表大会制度下的分工负责与"三权分立"下的权力制衡的一个根本性的区别。

2. 系统内部的协调程度

每一种国家权力都是由一个系统来行使的。每一个系统都是由若干个单位和个人组成的。系统内部的协调程度，直接影响到权力行使的效果。要保证系统内部的高效运作和权力行使的正确性，就需要通过制度设计在系统内部合理的分配权力，保证协调一致地运作。

系统内部的协调程度主要表现为三个方面：

第一，整体内部的协调。任何系统都是由若干个单元组成的。构成系统的各个单元之间必须保持一致性才能保证该系统的有序运作并成为一个独立的系统。组成系统的各个单元之间只有协调一致地运作，才能保持系统的稳定和功能的最大化。

---

〔1〕 检察权作为国家的法律监督权，本身也是可以分解的。其中部分权力是通过诉讼的方式进行的，这部分权力要遵循诉讼的规律，受其他机关的诉讼权力的制约；另一部分权力直接表现为监督权，是通过非诉讼的方式进行的，这部分权力是单向性的权力，本身不受它所作用的权力的作用。区分这两种不同类型的检察权，有利于正确处理检察权与其他国家权力之间的关系。

各个组成部分之间的协调一致，是在行使同一职能的基础上，通过一定的组织形式和职能责划分、统一的行为方式和规则体系形成的。只有统一标准、统一规则，才能在系统内部实现协调一致的行动。检察系统是由不同层级、不同地域的检察院组成的。每一个检察院都依法独立行使检察权，但是上级检察院领导下级检察院，最高人民检察院领导地方各级人民检察院。这种上下级之间的领导关系，保证了检察权的统一行使。如何实现上下级检察院之间的这种领导关系，如何既保证上级检察院领导权的实现，又能保证每一级检察院都能依法独立行使检察权，则是检察权内部配置中始终面临的一个重大问题。

第二，单元内部的协调。在每一个单元内部，也都会有不同的组成部分。这些部分之间的关系如何处理就必然会影响到单元乃至系统的协调程度。在检察系统内部，每一个检察院都有若干个部门，分别行使检察权的某一个方面的权能。这些部门如何设立、职权如何划分，以及部门职权之间如何协调，都必然影响到检察权在同一个检察院的运行状况。

第三，整体与个体的协调。无论是构成系统的整体，还是构成单元的整体，但是由一个个个体组成的，离开了个体，就不存在整体。所以在任何一个系统内部，都涉及整体与个体的关系问题。个体与整体、个体与个体之间如何组成一个有机联系的整体，是制度设计中无法回避的问题。就检察系统而言，每一个检察院都是由若干个检察人员组成的。这些检察人员，有的行使检察权，有的并不行使检察权。就行使检察权的检察人员而言，其在行使检察权的过程中发挥什么样的作用，即其履行职责的活动能够在多大范围内影响检察权的行使，既关系到检察权的行使，也关系到个人的积极性、主动性的发挥和责任心的建立。就全体检察人员而言，他们对检察院乃至检察系统的信任和依赖程度，直接关系到检察系统的整体运作。

当然，不同的系统内部，由于权力性质和特点的不同，会有不尽相同的协调方式。法院的审判权集中表现为个案中的裁判权，因此法官在个案中的裁判权是法院系统整体与个体相互协调的基础。检察院的检察权，从总体上看，作为一种法律监督权，需要慎重地对待，特别是当它用来对行政权、审判权实行法律监督的时候，更是需要慎之又慎，需要由集体来行使。所以在检察系统，整体与个体相互协调的基础更多的是以集体行使权力为特征。[1] 以集体行使权力为基础，来协调检察系统的内部关系，首先要求决策的集体性。行使检察权过程中需要对外作出决定的，应当以检察院的名义作出，而不应当以检察人员个人的名义作出。以检察院的名义作出决定，应当经过具体研究或者按照预设的程序经过层级审批来决定。这就涉及检察长负责制与集体决策的关系。其次要求职责的明确性。在检察系统内部，不同层级的检察院、检察院内不同层级的检察人员的职责权限应当有明确的规定。每一个主体都按照预定的职权履行职责，从而保证检察权的有序行使，不致出现在某些具体事务中职责不分、权限不清乃至责任不明的状况。最后要求领导的权威性。当集体行使权力的时候，领导权就显得尤其重要。因为集体中的每一个个体都有发言权，如何在个体意见的基础上形成统一意志以便作出代表集体的决策，离不开领导者的权威。但是领导者的权威又不能以领导者个人的意志代替集体决策，于是就面临着如何处理领导者个人与决策集体中其他

---

　　[1] 尽管如此，一方面，检察权中的公诉权，由于与法院系统中的个案裁判权相联系，因而需要更多的个体的独立性。另一方面，即使是在这个以集体行使权力为基本特征的系统内部，也需要充分发挥每一个个体的作用。只有调动起每一个个体的积极性和责任心，整体的功能作用才有可能得以充分地发挥。

成员的关系问题。正确处理这种关系，对于保证检察权运行整体上的有序性和规范性，对于充分发挥检察权的功能作用，实现检察权配置的目的，具有十分重要的意义。

（四）权力运行的需求与供给的满足度

任何权力的运行，总是需要消耗一定的物质，需要以一定的物质条件为基础。没有充足的物质保障，权力就可能异化，成为寻租的筹码。权力一旦被用来寻租，就会背离权力设置的初衷，给国家和人民造成危害。因此保证权力的清正廉明，首先必须保证权力运行的需求能够最大限度地得到满足。所谓最大限度地满足，是指在现有的条件下，尽可能地满足权力运行的客观需要。权力本身不仅具有扩张的本性，而且通常都具有扩张的能力。如果对权力运行，只给予最低限度地物质保障，权力主体很可能因不满足于最基本的物质条件（特别是在与其他权力主体的相互比较中）而利用权力来寻租。当然，最大限度地满足需求是以现有的物质条件为前提的。脱离现实的物质基础，就谈不上满足。

权力运行的物质需求包括三个方面：一是人力需求。权力运行总是需要一定数量的人来行使权力。而人必须通过一定的组织形式组织成一个整体。特别是当这个整体成为一个系统的时候。人力资源的供给以及组织机构的设置，就是权力运行最基本的保障。按照权力的内容和权力行使的特点设置一定量的组织机构，并配备足以保证其充分行使权力的人员，是充分发挥该权力的功能作用必不可少的。没有足够的人力资源和科学合理的组织形式，权力设置的无论多么科学，都无法有效运行。二是财力需求。任何一个组织机构的运作都需要一定的经费。作为一个独立的国家机关，它的经费应当由国家来全额供给。如果国家不能保障它的经费供给，它自己就会利用手中的权力寻求经费来源。如果每个国家机关都来自行寻找经费来源，国家财政就会陷入混乱，并且给人民群众带来不堪重负的后果。因此，各个国家机关的经费供给应当纳入国家预算，统一供给。三是物力需求。物资装备是权力运行不可或缺的方面。但是权力的性质和行使方式不同，可能会有不同的物力需求。除了作为国家机关共同的基本的物资装备之外，应当根据不同权力行使的工作需要，为每一个系统配备其必需的物质装备。

对国家机关的物质供给，应该是由一个国家机关统一负责。但是在我们国家，国家权力的特殊性，就使物质供给的决定权由哪个国家机关行使成为一个需要研究的问题。因为我们国家的行政机关、审判机关和检察机关都是人民代表大会下分工负责、独立设置的国家机关。如果其中一个国家机关拥有对其他国家机关供给的决定权，实际上它就控制了其他国家机关的生存命脉，其他国家机关的独立性就可能因此而丧失。特别是当检察机关被作为国家的法律监督机关设置的时候，如果检察机关的物质供给控制在行政机关手中，检察机关就可能为了自身的生存而不得不依赖于行政机关，反过来要求检察机关依法行使检察权去铁面无私地监督行政机关，从权力配置的原理上讲，就是违背逻辑的；从权力运行的实际情况看，也是不可能的。从另一方面看，既然国家行政机关、审判机关、检察机关都是由人民代表大会产生、向人民代表大会负责的国家机关，行政机关、审判机关和检察机关的权力都是从人民代表大会统一行使的国家权力中派生出来的，人民代表大会就应该对它所派生的、代表它行使部分国家权力的机关提供必要的物质保障。因此，检察机关的物质供给，不论是组织保障还是财力物力保障，都应当由人民代表大会来决定，而不应当由行政机关来决定。

对权力运行的物质保障方式和满足程度，是衡量权力配置是否科学、是否合理的重要方面。

权力设置中目的与手段的匹配程度、权力行使的有效性与可控性的平衡程度、权力行使中相关主体之间的协调程度、权力运行的需求与供给之间的满足程度，分别从不同的方面反映了权力配置的原理和要求。对这些方面的综合考察，可以用来衡量某些具体权力的配置是否优化，是否存在着需要进一步优化的空间。

三、检察权配置现状的理性考察

检察机关的具体职权，主要是人民检察院组织法、刑事诉讼法、民事诉讼法、行政诉讼法及其他有关法律规定的。1979年7月1日第五届全国人民代表大会第二次会议通过的《中华人民共和国人民检察院组织法》（以下简称《人民检察院组织法》）对检察机关的职权作了较为全面的规定。其中，第5条规定："各级人民检察院行使下列职权：（一）对于叛国案、分裂国家案以及严重破坏国家的政策、法律、法令、政令统一实施的重大犯罪案件，行使检察权。（二）对于直接受理的刑事案件，进行侦查。（三）对于公安机关侦查的案件，进行审查，决定是否逮捕、起诉或者免予起诉；对于公安机关的侦查活动是否合法，实行监督。（四）对于刑事案件提起公诉，支持公诉；对于人民法院的审判活动是否合法，实行监督。（五）对于刑事案件判决、裁定的执行和监狱、看守所、劳动改造机关的活动是否合法，实行监督。"第6条规定："人民检察院依法保障公民对于违法的国家工作人员提出控告的权利，追究侵犯公民的人身权利、民主权利和其他权利的人的法律责任。"1979年颁布的《刑事诉讼法》，从诉讼程序上落实了检察机关对侦查、审判、执行等刑事诉讼活动实行监督的职权。1996 年、2012 年修改后的《刑事诉讼法》第 8 条进一步明确规定："人民检察院依法对刑事诉讼实行法律监督"，并对检察机关在刑事诉讼中的具体职权作了明确、完善和调整。1989 年通过的《行政诉讼法》第 10 条规定："人民检察院有权对行政诉讼实行法律监督"，从而赋予检察机关对于行政诉讼活动实行法律监督的职权。1991 年通过的《民事诉讼法》第 14 条规定："人民检察院有权对民事审判活动实行法律监督"，2012 年修改后的《民事诉讼法》第 14 条规定："人民检察院有权对民事诉讼实行法律监督"，从而赋予检察机关对民事诉讼活动法律监督的职权。除诉讼法外，其他一些相关的法律和条例，也对检察机关的法律监督职权作了相应的补充和规定。如 1979 年经第五届全国人民代表大会常务委员会第十二次会议批准的《国务院关于劳动教养的补充规定》第 5 条规定："人民检察院对劳动教养机关的活动实行监督。"1990 年颁布的《看守所条例》第 8 条规定："看守所的监管活动受人民检察院的法律监督。"1994 年通过的《监狱法》第 6 条规定："人民检察院对监狱执行刑罚的活动是否合法，依法实行监督。"1995 年通过的《人民警察法》第 42 条规定："人民警察执行职务，依法接受人民检察院和行政监察机关的监督。"这些法律规定，分别赋予检察机关一定的法律监督职权，构成了独具中国特色的检察权的具体内容。

运用上述指标体系考察我们国家检察权配置的实际状况，我们可以发现，从总体上看，检察权的配置适应了我们国家政权组织形式的内在要求，符合我们国家的历史传统和现实需要，可以说是一种植根于中国国情的理性选择。特别是 1982 年宪法对检察机关法律性质的定位，是十分精准的。由此奠定了检察权配置和运行的基本方向和中国特色社会主义检察制度的基本内容。改革开放以来，随着社会主义民主法制建设的不断推进，随着政治体制改革和司法体制改革的不断深化，检察制度不断发展完善，检察机关的法律监督在全面建设社会主义法治国家中的功能作用日益显现。这些都表明，我们国家检察权的配置总体上是合理的科学的。

当然，在人类历史上，与其他政治制度相比，检察制度毕竟是一种比较年轻的制度，检察权的配置没有现成的模式可以遵循。特别是新中国成立以来，推行法治的历史十分短暂，经验不足，检察权在依法治国中的功能作用还没有被人们普遍认识。检察机关恢复重建以来，虽然恪尽职守，努力维护国家法律的统一正确实施，但是由于种种原因的制约，其职能作用还没有能够充分发挥。这些因素都在一定程度上影响了检察权的科学配置和人们对检察权配置中存在问题的研究和认识。

从宏观上看，我们国家的检察权配置，还需要从以下几个方面进一步优化：

（一）检察权的边界问题

我们国家关于检察权的设置，定位是精准的，目的是明确的，但在范围的设定上，还存在着与检察权设置的目的不相适应的问题。这些问题突出地表现在两个方面：

1. 法律监督的范围不能满足检察权设置的目的需要

我们国家在根本大法中把检察机关设定为"国家的法律监督机关"，其根本目的是要通过检察权来监督行政权和审判权，以保证国家法律的统一正确实施。为了实现这个目的，人民检察院组织法、三大诉讼法以及其他有关法律明确赋予了检察机关对行政权和审判权实行法律监督的具体职权。从法律赋予检察机关的具体职权的范围来看，检察权对审判权的监督，包括对刑事审判权、民事审判权、行政审判权以及民事判决裁定执行等方面的监督，可以说，基本上覆盖了审判权行使的各个方面。检察权对行政权的监督，主要有两个方面：一是对与诉讼活动有关的行政权的监督[1]，如刑事诉讼中公安机关、国家安全机关等行使侦查权的监督，对司法行政机关执行刑罚的活动的监督；二是对国家机关工作人员利用职权实施的职务犯罪的监督。由于国家机关工作人员的主要组成部分是行政机关工作人员，所以通过对国家机关工作人员职务犯罪行为直接进行立案侦查，可以有效地遏制行政权行使过程中发生的最为严重的违反法律的情况发生，从而维护国家法律的统一正确实施。

但是从另一方面看，仅仅是对国家机关工作人员的职务犯罪行为实行法律监督，对于维护国家法律的统一正确实施的目的而言，是远远不够的。

第一，职务犯罪的范围极为有限。国家机关工作人员的职务犯罪，对于国家法律的实施确实具有严重的危害性，应当作为法律监督的重点。但是职务犯罪涉及的范围毕竟是极为有限的。由于我们国家的刑法对职务犯罪设置的构罪门槛较高，构成犯罪需要追究刑事责任的，在国家机关工作人员职务活动可能发生违法行为中所占比例很小，对职务犯罪的查处，不足以有效地防止国家机关工作人员在履行法定职责中滥用职权，实施违法行为。事实上，行政权行使过程中可能出现的违反法律的情况，绝大多数都不是违反刑法的，即使是行政执法活动中

---

[1] 对行政权的监督还包括对行政机关实行劳动教养的活动的监督。因为劳动教养制度已经被废除或改造的问题，本文不再论及。

一些十分严重的违法行为[1]，也未必构成犯罪。而行政权又是国家权力中适用范围最广泛、与人民群众的切身利益关系最密切、可能被滥用的机会最多的一种国家权力。检察权如果不能对行政权构成有效的监督，检察机关作为宪法规定的"国家的法律监督机关"，就难免徒有虚名。

第二，对职务犯罪的监督不能代替对行政权的监督。有学者认为，当我们着眼于一般规律时，就会看到，"不管一个国家的政府权力的设置和相互关系表现得如何复杂，行政权力都是最核心的因而也是在实际上最大的权力。行政权力的膨胀是一个世界性的问题""没有较完善的司法权力的设置，是谈不上对政府的监督的"。[2] "法律监督最主要的目的就是要把行政权纳入法治的轨道"，因为"行政权是最普遍最广泛的国家权力。从这意义上，行政权是最需要受到监督的国家权力。而防范行政权的滥用成为民主法治国家最主要的政治考虑"。但是，"如果让行政机关来实施监督，就等于是自我监督和内部监督。不能说这种监督完全无效，但把国家法律监督的重大职责交付给最需要监督的权力，显然是不合适的"。[3] "在我们看来，检察院存在的必要性就是去监督政府"，因为政府掌控国家资源，如果政府滥用资源会危害国家和民族。[4]

检察机关对职务犯罪的立案侦查权虽然包含了对行政权进

---

[1] 行政机关及其工作人员在行政执法活动中实施的违法行为，不同于通常所说的行政违法行为。在广义上，行政违法行为既包括行政机关及其工作人员实施的违反行政法的行为，也包括行政相对人实施的违反行政法的行为。前者应该是对行政权进行监督的对象，后者是行政执法的对象。通常所说的行政违法行为，主要是指行政相对人实施的违反行政法的行为。

[2] 李景鹏：《权力政治学》，北京大学出版社 2008 年版，第46—47 页。

[3] 蒋德海：《控权型检察制度研究》，人民出版社 2012 年版，第148 页。

[4] 参见谢佑平等：《中国检察监督的政治性与司法性研究》，中国检察出版社 2010 年版，第 279 页。

行法律监督的内容，但是很不全面。一方面，国家机关工作人员实施的职务犯罪行为，尽管也可能是职务行为，但总是表现为个人的行为，因其行为被追究的刑事责任也是由国家机关工作人员自己来承担的，往往不直接影响到行政机关的行为。另一方面，职务犯罪行为在行政违法行为中所占比例毕竟极为有限。无论从理论上讲，还是从实践中看，行政权行使过程中可能发生的违反法律的情况，除了行政机关工作人员违反法律、滥用职权之外，行政机关实施的具体行政行为[1]，占有很大部分。特别是行政机关的行政执法活动中可能发生的违反法律的情况，对法律实施的危害，是十分严重的。而这些情况是行政机关工作人员个人的职务犯罪行为所无法替代的。对这些行政权行使过程中可能发生的、行政机关实施的违反法律的情况不能实行法律监督，就难以有效地维护国家法律的统一正确实施。而国家法律的 80% 以上都是由行政机关负责实施的，行政权的行使对于保障国家法律的统一正确实施关系极为重大。法律监督如果不能覆盖行政执法活动，就难以成为名副其实的法律监督机关，检察权作为国家的法律监督权来设置的目的，也就难以全面实现。

在实践中，行政执法活动包括行政强制，绝大多数都是由行政机关自己制定标准、自己组织查处，自己进行处罚，甚至自己处理罚没财物的。在这个过程中，行政执法权完全在行政机关内部运作，缺乏必要的外表监督，既不符合权力配置的规

---

[1] 有的认为，对具体行政行为侵犯公民人身权利、财产权利的，可以通过行政诉讼的方式，由法院进行监督。但事实上，这种监督是极为有限的。因为审判权是一种被动性的权力，没有当事人的起诉，法院不能自行启动审判权；当事人去起诉行政机关往往因为成本太高、顾虑太多，往往会望而却步。行政诉讼法实施 20 多年来，行政案件在法院审理的案件总数中每年不到 1% 的比例，足以说明仅仅依靠审判权的监督是远远不够的。

律，也容易导致执法不严、不公甚至滥用职权的情况，特别需要引入外部的监督，尤其是法律监督。但是恰恰在这个领域，检察机关没有监督权。这就大大影响了法律监督功能作用的发挥。近年来发生的一些明显司法不公的涉法涉诉上访案件，因为背后有地方党委、政府个别领导人的干预，而使案件在法律程序终结以后问题仍然没有得到解决，在社会上引起很大反响。检察机关对此没有发挥监督作用。因为检察机关法律监督的对象只能是司法机关的诉讼活动，对诉讼活动以外、对诉讼活动具有影响力的权力元素，检察机关因缺乏应有的监督权而束手无策。特别是对因这些因素引起的司法不公，当事人强烈要求检察机关进行法律监督，检察机关有负众望而引起人民群众的误解和不满，以为检察机关没有尽职尽责，实则权力不及。

第三，行政监督不能取代法律监督。有的观点认为，行政机关的执法活动有行政监察机关来监督，所以用不着检察机关来实行法律监督。其实不然，在我们国家，每一个国家机关内部都有纪检监察部门（包括国家权力机关、审判机关和检察机关内部）担负着行政监察的任务。行政监察虽然具有监督行政权依法行使的功能，但是它不同于检察机关的法律监督。首先，从主体上看，行政监督是一种内部的监督，法律监督是外部监督。在人民群众的心目中，外部监督比内部监督更具有公信力，是内部监督无法替代的。因为内部监督毕竟是设在行政机关内部的一个部门，难以对行政机关的领导者进行监督；内部监督是同一个系统内部的人员对其他人员进行监督，由于同处在一个共同体内，对本系统内的某些潜规则容易产生认同感，对某些易发、多发的违反法律的情况容易视而不见，对抬头不见低头见的同事们在处理上容易产生网开一面的同情心。

其次，从范围上看，行政监督的重点是违反行政纪律的行为，法律监督的重点是违反法律的行为[1]。这两种行为在行政权行使过程中虽然容易交叉重合，但毕竟是有区别的。对于严重违反法律的行政行为，仍然作为行政违纪，通过内部监督来处理，不利于维护法律的尊严和权威，也很难得到人民群众的支持。因此有必要把严重违反法律的行政行为从一般性的违反行政纪律的行为区别开来，纳入法律监督的范围。最后，从手段上看，内部监督通常使用的手段是行政手段，法律监督通常使用的手段是法律手段。行政手段虽然也要遵循一定的程序和规则，特别是在政府大力推行依法行政的情况下，行政手段也将逐步走向法治化的轨道。尽管如此，行政手段毕竟不同于法律手段。一方面，它没有法律手段那么严格的取证手段和证据标准，没有法律手段那种严肃性和威慑力，难以发挥法律监督的功能作用。另一方面，行政手段具有直接的实体处分的权力，可以直接对被处分的行政机关工作人员作出处罚决定，法律监督则不能直接处分被监督的行政机关工作人员。相比之下，法律监督更能保障人权。因此，能用法律手段处理的，应当避免

---

〔1〕 虽然从法律规定上看，行政监察也有监督行政机关执法活动的职责，但实际上，行政监察机关没有、也无法承担行政执法活动监督的职责。在观念上，行政监察总是和纪委联系在一起，即党纪、党纪监督，而不是法律监督。就连监察部的网站上发表的消息，都是"纪检监察""纪检监察机关""纪检监察干部"。如监察部网站2013年1月9日发布的消息："中央纪委监察部1月9日在京召开2012年全国纪检监察机关查办案件工作情况新闻发布会"，其中称："中央纪委常委、秘书长、新闻发言人崔少鹏通报2012年全国纪检监察机关查办案件工作情况"。在机构设置上，从中央到地方，行政监察机关都是与党的纪律检查部门"合署办公"，即"两块牌子一套人马"，并且通常都是由纪委的领导或者副职兼任行政监察机关的领导，以致行政监察机关名存实亡。在实际工作中，纪检监察部门的工作重点主要是围绕违反党纪政纪的行为展开的。如中国共产党第十八届中央纪律检查委员会第二次全体会议公报指出："各级纪检监察机关要完善监督制约机制，严格执行各项纪律，自觉接受党组织、人民群众和新闻舆论的监督，建设一支忠诚可靠、服务人民、刚正不阿、秉公纪纪的纪检监察干部队伍"（新华社2013年1月24日发布）。这也说明，纪检监察干部队伍是一支"秉公执纪"的干部队伍，其主要职责就是执行纪律（包括党纪、政纪）。

使用行政手段来处理，而不应当是反其道而行之。

出现这种状况的原因，不能不说是对历史经验的误读。新中国成立以来，从 1949 年 9 月的中央人民政府组织法、1951年 1 月的中央人民政府最高人民检察署暂行组织条例，到 1954年宪法和人民检察院组织法，都规定了检察机关对行政机关的检察职责。甚至直到 1978 年宪法还规定："最高人民检察院对于国务院所属各部门、地方各级国家机关、国家机关工作人员和公民是否遵守宪法和法律，行使检察权。地方各级人民检察院和专门人民检察院，依照法律规定的范围行使检察权。"[1]但是，1979 年的人民检察院组织法对此作了修改。按照彭真同志 1979 年 6 月 26 日在第五届全国人民代表大会第二次会议上所做的《关于七个法律草案的说明》中提出的说法，检察院对国家机关和国家工作人员的监督，只限于违反刑法，需要追究刑事责任的案件，至于一般违反党纪、政纪并不触犯刑法的案件，概由党的纪律检查部门和政府机关去处理。有的观点认为，现行法律的这种规定是对历史经验的总结。新中国成立以后曾经赋予检察机关对行政机关的一般监督权，但事实证明，检察机关没有能够担负着这样一个使命，所以法律才改变了这种规定。但是，用历史唯物主义的观点来看，检察机关没有担负起对行政权实行法律监督的使命，是有历史原因的。我们知道，中华人民共和国成立，是在砸碎旧的国家机器、废除旧法统的基础上建设新中国的。从 1949 年到 1954 年宪法的颁布，全国检察机关刚刚完成了从无到有的过程。许多地方的检察机关刚刚建立，人员匮乏、机构不健全、缺乏经验等问题的客观存在，在很大程度上影响了检察机关职能作用的发挥。特别是

----

〔1〕 1978 年宪法第 43 条第 1 款。

1956 年以后法律虚无主义的出现，1957 年"反右"斗争中对法律至上观念的批判，以及"文化大革命"中队检察机关的严重破坏，使检察机关对行政权的监督功能没有机会真正得以发挥。这段历史，并不能说明检察机关不能担负起对行政权实行法律监督的使命，更不能说明检察权不应该对行政权实行法律监督。

随着依法治国方略的全面推进，法律监督在维护国家法律的统一正确实施中的功能作用越来越重要，对行政权实行法律监督的必要性也越来越明显。因为国家的法律主要是通过行政机关的职能活动予以实施的。行政权是国家权力中适用范围最广泛、与人民群众的切身利益关系最密切、可能被滥用的机会最多的一种国家权力。检察权如果不能对行政权构成有效的监督，检察机关作为宪法规定的"国家的法律监督机关"，就难免徒有虚名。要更好地实现检察权设置的目的，就不能不重视检察权对行政权实行法律监督的问题，适度扩展检察权对行政权实行法律监督的范围。

2. 检察机关的职权与其他机关的职权界限不够明确

在我们国家的权力架构中，中国共产党作为执政党，除了领导人民行使国家权力之外，对作为共产党员的国家工作人员遵守党的纪律的情况进行监督，对党员领导干部违反党的纪律的行为进行调查和处理。这是保持党的纯洁性和先进性的重要措施。但是从另一方面看，党员领导干部违反党的纪律的行为，有时候与违反国家法律的行为，是交叉的甚至是重合的。如果一个党员领导干部既违反了党的纪律，又触犯了国家的法律，那么，由党的纪律部门进行查处，还是由国家司法机关进行查处，就涉及党内的权力与国家权力的区分问题。

按照党章和法律的规定，共产党员违反党的纪律，由党的纪律部门进行查处；任何人违反国家法律的，由司法机关依法查处，国家工作人员涉嫌贪污贿赂、渎职侵权犯罪的，由检察机关立案侦查。

但是从实践中看，检察机关查办职务犯罪案件的职权与党的纪律检查部门查办党纪案件的职权往往界限不清。同一个人的同一个案件，可能既由党的纪律检查部门查办，又由检察机关查办的状况。这个问题多年来没有得到很好的解决。许多党员领导干部违法犯罪的线索都是由党的纪律部门首先受理，甚至有的地方党委要求有关党员领导干部的违纪包括违法犯罪的案件线索一律移送纪委，先由纪委审查决定是否立案。立案的，也是先由纪委组织调查，而不是直接移送司法机关进行侦查。纪委调查结束以后，是否移送司法机关依法处理，也不是由司法机关决定，而是由党的纪律部门决定。特别是这些年来，随着反腐败斗争形势的严峻和要求严厉查处贪污贿赂犯罪的呼声不断高涨，党的纪律部门承担了大量的查处贪污贿赂犯罪的工作。党员领导干部实施的重大贪污贿赂犯罪案件，许多都是先由党的纪律部门查处，然后决定是否移交司法机关依法处理。当然，也有一些党员领导干部贪污受贿、渎职侵权的犯罪案件，是由检察机关直接受理并立案侦查的。这在客观上就造成了检察机关查办职务犯罪的职权与党的纪律检查部门查办党员领导干部违纪案件的职权界限不清的问题。行为性质相同，甚至连情节都几乎完全相同的案件，由检察机关查办与由党的纪律检查部门查办，有时候可能出现完全不同的结果。比如，一些党员干部贪污受贿数额几十万元的案件，如果由检察机关查办，可以会被法院判处十年以上有期徒刑，但是由纪检监察部门查办，有的就只是给予党纪政纪处分。

对党员领导干部的这种特殊待遇，有的认为是为了比普通公民更严格地惩处党员领导干部，认为党员领导干部违法犯罪，既要接受法律的制裁，也要接受党内的惩罚，是为了从严治党。但是，也有的认为，这样做，是对党员领导干部网开一面。在调查过程中，如果按照法律程序，很可能就会被羁押，从而暂时性地失去人身自由，而由党的纪律部门调查，就可以不羁押；司法机关依照法律程序进行侦查，法律明令禁止使用刑讯逼供等侵犯人身权利的方法获取证据，而党的纪律部门进行调查就没有这样的规定。调查结果，构成犯罪的，如果一律移送司法机关依法处理，可以保证法律适用标准的统一性，但是如果由党的纪律部门决定是否移送，可能更多的是考虑党内因素而不是法律标准，其公平性就难以保证。即使是移送司法机关，也可能因为党的纪律部门调查取证时是按照党纪处分的程序而不是法律程序进行的，其取得的证据如果不能完全满足司法裁判的要求，检察机关重新取证就可能因失去了取证的最佳时机而导致取证困难和证据瑕疵。有的犯罪就可能因此而难以认定。所以，党的纪律部门对违反党纪的行为进行调查与检察机关对构成犯罪的行为进行侦查，这两种职权如何科学地进行界分和衔接，需要运用法律思维和法治方法进行深入研究，在依法治国下做出科学的配置。

这种状况，在司法权配置不足的情况下，无疑有利于反腐败斗争的开展。但是随着国家实行依法治国方略的逐步推进，对反腐败斗争法治化的呼声也越来越高。特别是在《联合国反腐败公约》的框架内进行国际刑事司法合作的过程中，更要求通过法律途径来进行。而法治化的蕴含就是把查办贪污贿赂、渎职侵权犯罪的工作交给司法机关依照法律规定的标准和程序来进行。十八大政治报告再次重申："党领导人民制定宪法和法律，党必须在宪法和法律范围内活动""任何组织或者个人都不得有超越宪法和法律的特权"。这本身就意味着，党员领导干部违反法律构成犯罪的，应当由司法机关依法处理，而不能用党纪处分代替法律追究，亦不能由党的纪律部门选择是否把构成犯罪的党员领导干部移交司法机关处理。所以，对党的纪律部门与司法机关的职权范围进行科学的界分，避免用党内的纪律处分权代替司法机关的职权，是贯彻落实十八大精神，进一步理顺党的权力与司法权力关系的一个重大问题。

十八大修改后的《中国共产党章程》为解决这个问题奠定了基础。《中国共产党章程》规定："党必须在宪法和法律的范围内活动。党必须保证国家的立法、司法、行政机关，经济、文化组织和人民团体积极主动地、独立负责地、协调一致地工作。"[1] 党章第44条进一步明确规定："党的各级纪律检查委员会的主要任务是：维护党的章程和其他党内法规，检查党的路线、方针、政策和决议的执行情况，协助党的委员会加强党风建设和组织协调反腐败工作。各级纪律检查委员会要经常对党员进行遵守纪律的教育，作出关于维护党纪的决定；对党员领导干部行使权力进行监督；检查和处理党的组织和党员违反党的章程和其他党内法规的比较重要或者复杂的案件，决定或者取消对这些案件中的党员的处分；受理党员的控告和申诉；保障党员的权利。"[2] 根据十八大政治报告和党章的规定，中国共产党第十八届中央纪律检查委员会第二次全体会议公报指出："党的各级纪检机关要把维护党的政治纪律放在首位，加强对政治纪律执行情况的监督检查。""要按照党的十八大部署和要求，坚持党要管党、从严治党，坚持标本兼治、综合治

---

〔1〕《中国共产党第十八次全国代表大会文件汇编》，人民出版社2012年版，第73页。
〔2〕《中国共产党第十八次全国代表大会文件汇编》，人民出版社2012年版，第93页。

理、惩防并举、注重预防，着力严明党的纪律特别是政治纪律，切实转变领导机关和领导干部工作作风，认真解决反腐倡廉中的突出问题，明确重点、狠抓落实，改革创新、攻坚克难，推动党风廉政建设和反腐败斗争向纵深发展。"[1] 按照党章和中纪委十八届二次会议的精神，党的纪律检查部门的主要任务和精力应当放在维护党的政治纪律，检查党的路线、方针、政策和决议的执行情况，切实转变领导机关和领导干部工作作风上来，而不应当把工作重点放在查办案件上来。在反腐败斗争中，党的纪律检查部门的主要任务是"协助党的委员会加强党风建设和组织协调反腐败工作""认真解决反腐倡廉中的突出问题，明确重点、狠抓落实"。

可见，党的纪律检查部门在反腐败斗争中的职责主要是"协调"和解决宏观性的问题，而不是查办案件；工作的重点主要是加强制度建设，从源头上预防腐败，而不是冲在第一线整天忙于处理具体案件。当然，党的纪律检查部门无疑也要查办案件，但是它们所查办的应当是违反党纪而不构成犯罪的案件。一旦发现所办的案件明显构成犯罪的，就应当移送司法机关依照法律程序来办理。这也是党章明确规定的"党必须保证国家的立法、司法、行政机关，经济、文化组织和人民团体积极主动地、独立负责地、协调一致地工作"的表现。如果党的纪律检查部门对于明显构成职务犯罪的案件线索不移送检察机关依法处理，而是由自己首先查处，想移送的就移送，不想移送的就自行处理。在客观上就会让人民群众觉得党纪大于国法，党员领导干部可以凌驾于国家法律之上。这是依法治国之大忌。

---

〔1〕 载《检察日报》2013 年 1 月 24 日第 1 版。

（二）检察权的手段问题

手段，既是实现权力设置目的的途径，也是权力有效性的保障。缺乏必要的手段，就难以保障权力行使的有效性，因而也就无法实现权力设置的目的。

按照现有法律的规定，检察机关对行政权、审判权实行法律监督，主要有三个手段：一是对国家机关工作人员利用职权实施的职务犯罪案件进行立案侦查；二是对审判机关作出的生效判决裁定，在认为确有错误的情况下提出抗诉；三是对行政机关、审判机关及其工作人员违反法律的情况提出纠正的意见或建议（简称"检察建议"）。从检察权作为法律监督权来设置的目的上看，法律监督的手段不能完全满足监督目的的需要。即使是现有的这三种手段，除了抗诉的手段较为有效之外，职务犯罪侦查和提出纠正意见的手段，虽然能在一定程度上对行政权、审判权具有监督作用，但其本身都还存在着不够完善的问题，以致影响到其作用的充分发挥。

1. 知情权的渠道欠缺

监督的前提是知情，没有知情权，就难以进行监督。被蒙上眼睛的监督，自然对违法视而不见。法律监督是对违反法律的情况所进行的监督，更需要了解法律实施的过程，以便从中发现违法的事实，证明违法的存在。但是，从现有的法律规定和实际情况看，检察机关发现违法的渠道是十分有限的。尽管法律规定检察机关有直接立案侦查的权力，但是这种权力只适用于职务犯罪案件，受到行为主体和案件范围的严格限制。对于尚未构成职务犯罪的违法行为，无论是否严重，检察机关都不能动用侦查手段，而法律又没有赋予检察机关其他调查核实违法事实的手段，因此往往很难发现违法。

在刑事诉讼中，检察机关因为直接参与诉讼的全过程，还比较容易发现刑事诉讼活动中可能存在的违反法律的情况。除此之外，对于行政权、民事审判权、行政审判权在运行过程中可能存在的违反法律的情况，就很难发现。一方面是因为，除了刑事诉讼之外，检察机关不参与行政权、审判权行使的过程，不可能直接发现可能存在的违反法律的情况，而行政机关、审判机关也没有义务把自己履行职责的情况告知检察机关，检察机关缺乏了解行政权、审判权行使情况的渠道；另一方面是因为，在检察机关依据法律的授权，对违法进行调查的时候，法律没有规定有关国家机关提供情况或者接受调查的义务，如果有关国家机关不同意检察机关进行调查或者不愿意提供有关情况，检察机关就束手无策。在实践中，有的国家机关工作人员面对检察机关的调查，甚至公开说，如果我们的行为构成了犯罪，你们可以立案侦查，没有构成犯罪，我们就没有义务给你们提供情况。

在司法体制和工作机制改革中，为了解决这个问题，中央政法委员会在《关于深化司法体制和工作机制改革若干问题的意见》中明确提出了"依法明确、规范检察机关调查违法、建议更换办案人员等程序，完善法律监督措施"的改革任务。为了落实这个任务，最高人民法院、最高人民检察院、公安部、国家安全部、司法部联合制定了《关于对司法工作人员在诉讼活动中的渎职行为加强法律监督的若干规定（试行）》。其中明确规定：人民检察院依法对诉讼活动实行法律监督，对司法工作人员的渎职行为，可以通过依法审查案卷材料、调查核实违法事实、提出纠正违法意见或者建议更换办案人、立案侦查职务犯罪等措施进行法律监督，并对调查的程序、要求以及调查后的处理等问题作出了明确的规定。这个规定，在一定程度上缓解了检察机关法律监督手段不足的问题，有助于了解和证实违反法律的情况，便于更好地实行法律监督。

但是仅有这样一个规定是远远不够的。首先，这个规定适用的对象只是司法工作人员，适用的范围只是诉讼活动中发生的渎职行为。而检察机关作为国家的法律监督机关来设置，其目的要求对整个行政权、审判权行使过程中可能发生的违反法律的情况实行法律监督。对行政机关、审判机关可能发生的违反法律的情况，对司法工作人员以外的国家机关工作人员实施的渎职行为，检察机关同样没有调查违法的手段。其次，这个文件是由政法系统五个单位联合会签的文件，没有法律效力，其稳定性也不够，难以构成一个常态的、具有法律效力的监督手段。如果有关部门由于人员的更替，不认可检察机关的违法调查，检察机关的知情权就会受阻。

2. 公诉权的范围不能满足法律监督的需要

按照现有法律的规定，检察机关只有对刑事案件提起公诉的权力。刑事公诉权是检察机关标志性的权力，对于维护国家法律的统一正确实施，具有十分重要的意义。但是，从法律监督的实际需要看，仅有刑事公诉权是不够的。

第一，在民事诉讼领域，随着市场经济的发展，一些利益主体通过各种手段相互勾结，进行非法交易，以牟取暴利、中饱私囊。例如，一些民事主体以合同形式低价出售或转让土地、房屋等国有资产，恶意串通损害国家或社会公共利益，因没有直接涉及具体个人和单位的利益，所以就没有人提起诉讼。再如，一些经营单位、行政机关为了发展经济，违反环境保护法的规定，造成重大环境污染，严重影响到不特定多数人的人身、财产安全的公害案件，但因单个的个人或组织往往难以与违法行为或者侵害行为的实施者相抗衡，即使受损害的是自身利益，也无力维护。在这种情况下，如果没有直接的利害关系人提起诉讼，或者直接的利害关系人不知情、不起诉的话，就会形成无人起诉的状况。

第二，在行政诉讼领域，由于行政机关的违法行政行为侵犯群体利益或公共利益而引发的群体性事件时有发生。例如，一些行政机关或人员为了个人利益或部门利益，利用各种手段侵害国家利益，如在国有企业转型过程中将国有资产低价出售甚至无偿转让，在土地开发中违反有关土地管理法规致使土地闲置和资源浪费，在公共工程的审批、招标、发包过程中滥用行政审批权而侵害国家利益或者造成自然资源的破坏等。再如，有的行政机关在制定政策性价格或进行行业、市场准入审批过程中，滥用行政权，以维护部门（行业）利益作为制定政策的主旨，包揽某类产品的生产权和经营权，以行政手段排挤其他企业参与竞争，或者利用经济优势，实施限制或排除竞争行为，垄断市场，谋取高额垄断利润，不仅侵害合法经营者的利益，损害消费者和国家的利益，而且破坏正常竞争秩序，容易滋生腐败现象，影响甚至威胁国家经济安全。对于这类侵害国家利益和社会公共利益的行政违法行为，法律既没有赋予工商行政管理部门、国有资产管理部门、其他组织或个人以诉权，也没有赋予检察机关提起公诉的权力，因而难以追究有关机关或个人的法律责任，无法有效遏制有关的行政违法行为。

这上述情况下，如果没有适格的主体提起诉讼，不仅国家和社会公共利益难以得到有效的维护，而且国家法律的尊严也会严重受损。检察机关作为国家的法律监督机关，不能对之提起公诉，以维护国家和社会公共利益，不能不说是一个权力配置上的缺憾。

3. 检察建议的法律效力不足

检察机关对行政机关、审判机关及其工作人员违反法律的情况提出纠正的意见或建议，在实践中统称为"检察建议"。检察建议是检察机关对行政权、审判权实行法律监督的重要手段。检察机关对于在办案过程中发现的妨碍法律正确实施但又尚未引起法律责任的情况，以及可能导致违法行为再次发生的因素，通过检察建议的方式，向有关机关或者人员提出纠正违法或者改进工作的意见建议，要求其消除妨碍法律正确实施的情况，或者建议主管机关对有关人员作出处理，以免违法行为再次发生，是维护国家法律的统一正确实施的重要途径，也是"人民检察院通过检察活动，教育公民忠于社会主义祖国，自觉地遵守宪法和法律，积极同违法行为作斗争"（《人民检察院组织法第 4 条第 2 款》）的重要手段。

按照现有法律的规定，检察建议这种手段实际上包括了三种不同的监督方式：一是发出纠正违法通知书。检察机关在履行法律监督职责的过程中发现有关机关应当执行法律而没有执行，或者明显错误地执行了法律，或者没有遵守法律规定的程序或要求时，有权按照法律的规定，向有关机关发出纠正违法通知书，要求其予以纠正。如《刑事诉讼法》第 265 条规定："人民检察院对执行机关执行刑罚的活动是否合法实行监督。如果发现有违法的情况，应当通知执行机关纠正。"二是提出纠正意见。对于有关机关的执法活动或者作出的决定，如果发现或者认为其中可能存在违反法律的情况时，检察机关有权根据法律的授权，提出纠正违法的意见，要求有关机关纠正违反法律的情况。例如《刑事诉讼法》第 55 条规定："人民检察院接到报案、控告、举报或者发现侦查人员以非法方法收集证据的，应当进行调查核实。对于确有以非法方法收集证据情形的，应当提出纠正意见……"三是发出检察建议。对于有关机关在内部管理或制度建设等方面存在漏洞以致导致职务犯罪发生或者违反法律的情况不断出现的，或者发现有关机关及其工作人员存在违反法律的情况时，有权向有关机关发出检察建议，要求其纠正存在的问题。如《民事诉讼法》第209条第3款规定："各级人民检察院对审判监督程序以外的其他审判程序中审判人员的违法行为，有权向同级人民法院提出检察建议。"

这些手段对于履行法律监督职责，维护国家法律的统一正确实施，发挥着重要的作用。但是从权力配置的角度看，这些手段都还存在一定的缺陷，需要进一步完善。

（1）范围有限

在法律中首次规定检察机关除了职务犯罪侦查、抗诉以外的监督方式的，是1979年颁布的《刑事诉讼法》。该法中规定了三种情况下的监督：一是对公安机关侦查活动的监督，即第52条规定："人民检察院在审查批准逮捕工作中，如果发现公安机关的侦查活动有违法情况，应当通知公安机关予以纠正，公安机关应当将纠正情况通知人民检察院。"二是对法院审判活动的监督，即第112条第2款规定："出庭的检察人员发现审判活动有违法情况，有权向法庭提出纠正意见"（该规定在1996年修改的刑事诉讼法中被修改为第169条："人民检察院发现人民法院审理案件违反法律规定的诉讼程序，有权向人民法院提出纠正意见"）。三是对刑罚执行和监管活动的监督，即第164条规定："人民检察院对刑事案件的判决、裁定的执行和监狱、看守所、劳动改造机关的活动是否合法，实行监督。如果发现有违法的情况，应当通知执行机关纠正。"1996年修改的刑事诉讼法在此基础上，增加了三个规定：一是第142条第3款中规定："对被不起诉人需要给予行政处罚、行政处分或者需要没收其违法所得的，人民检察院应当提出检察意见，移送有关主管机关处理。"二是第 215 条规定："批准暂予监外执行的机关应当将批准的决定抄送人民检察院。人民检察院认为暂予监外执行不当的，应当自接到通知之日起一个月以内将书面意见送交批准暂予监外执行的机关，批准暂予监外执行的机关接到人民检察院的书面意见后，应当立即对该决定进行重新核查。"三是第 222 条规定："人民检察院认为人民法院减刑、假释的裁定不当，应当在收到裁定书副本后二十日以内，向人民法院提出书面纠正意见。人民法院应当在收到纠正意见后一个月以内重新组成合议庭进行审理，作出最终裁定。"2012 年修改的《刑事诉讼法》中有 13 个条款规定了检察机关的检察建议。其中第 47、第 98、第 115、第 265 条规定，人民检察院发现有关机关有违法情况的，应当通知有关机关予以纠正；第 55、第 203、第 263 条规定，人民检察院发现有违法情况的，应当或者有权向有关机关提出纠正意见；第 93 条规定，人民检察院对不需要继续羁押的，应当建议有关机关予以释放或者变更强制措施；第 173 条规定，人民检察院对需要给予其他处分的被不起诉人，应当提出检察意见，移送有关主管机关处理；第 240、第 255、第 256、第 262 条规定，人民检察院对刑事诉讼中的有关情况可以提出书面意见。在 2012 年修改的《民事诉讼法》中，有 3 个新的条款规定了检察建议，即第 208、第 209、第 210 条规定，人民检察院在民事诉讼中履行法律监督职责时可以向人民法院提出检察建议。

在现有法律中，明确规定检察机关可以或有权提出检察建议的，仅限于刑事诉讼法和民事诉讼法的上述规定。并且有关这类规定，都是针对特定事项作出的，而不是在总则中作为一般条款规定的。因此从法律规定上看，检察建议的适用范围十分有限。

但是在实践中，检察机关为了履行法律监督职责，创造了多种形式的、内容丰富的检察建议，并且检察建议这种监督方式，对于监督纠正违反法律的情况，维护国家法律的统一正确实施，发挥了很好的作用，逐渐被有关机关所认可和接受，陆续出现在一些联合制定的规范性文件中，从而成为检察机关实行法律监督的一种重要手段。特别是在司法体制和工作机制改革中，检察机关与有关机关会签的规范性文件从不同方面规定了检察建议这种监督方式。如最高人民法院、最高人民检察院、公安部、司法部在联合印发的《关于在全国试行社区矫正工作的意见》和《社区矫正实施办法》中规定：人民检察院发现社区矫正执法活动违反法律和本办法规定的，可以向交付执行机关或执行机关制发纠正违法通知书或者检察建议书。中央社会治安综合治理委员会、最高人民法院、最高人民检察院、公安部、司法部《关于加强和规范监外执行工作的意见》中规定：人民检察院对人民法院、公安机关、监狱、看守所交付监外执行活动和监督管理监外执行罪犯活动实行法律监督，发现违法违规行为的，应当及时提出纠正意见。最高人民法院、最高人民检察院、公安部、国家安全部、司法部《关于对司法工作人员在诉讼活动中的渎职行为加强法律监督的若干规定（试行）》中规定：人民检察院对司法工作人员在诉讼活动中涉嫌渎职行为进行调查，发现确有渎职违法行为但尚未构成犯罪的，应当依法向被调查人所在机关发出纠正违法通知书。国务院法制办、中央纪委、最高人民法院、最高人民检察院、公安部、国家安全部、司法部、人力资源社会保障部《关于加强行政执法与刑事司法衔接工作的意见》中规定：人民检察院发现行政执法机关不移送或者逾期未移送的，应当向行政执法机关提出意见，建议其移送。

在这些规范性文件中，检察建议的范围，既包括对司法活动的监督，也包括对行政执法活动的监督，既包括因有关机关的行为而发出检察建议的情况，也包括因有关人员的行为而发出检察建议的情况。这说明，在实践中，人民群众和有关机关对检察建议这种监督方式的期待较为广泛。法律规定的检察建议仅仅局限在刑事诉讼和民事诉讼法律监督中，并且可以适用的范围也十分有限。这与实践中的需要形成明显反差。

（2）规定方式不统一

如前所述，检察建议作为检察机关实行法律监督的手段，实际上包含了三种不同的监督方式。其中每一种监督方式，在法律和规范性文件中的规定方式都不尽相同。首先，关于监督违法的称谓。有的称"纠正意见"（《刑事诉讼法》第55条），有的称"检察意见"（《刑事诉讼法》第173条），有的称"意见"，有的称"书面意见"（《刑事诉讼法》第255、第256、第262条），有的称"检察建议"（《民事诉讼法》第208、第210条）。这些不同的称谓，所指的实际上都是检察机关针对有关机关的违法情况提出的监督纠正的建议。称谓上的不一致，一方面说明这样一种监督方式，在立法上还缺乏固定的地位，另一方面也反映了人们对这种监督方式的理解还不完全相同。其次，关于监督违法的程序。检察机关监督纠正违法，应当遵循什么样的程序，在有关法律和规范性文件中有不同的规定。有的明确规定检察机关"应当调查核实"或者"进行审查"，如《刑事诉讼法》第55、第93条；有的规定则没有这样的要求，如《刑事诉讼法》第255、第256条。有的规定了前置程序，即当事人对有关机关及其工作人员违法情况应当先向有关机关提出，对有关机关的处理决定不服，再向检察机关申诉或者控告，如《刑事诉讼法》第115条；有的则没有这样的前置程序，当事人可以径直向检察机关申诉或者控告，如《刑事诉讼法》第47条。这种不同的规定，当然是考虑到不同的情况下有不同的要求，但也反映了立法者在这个问题上的随意性。因为从监督的内在要求上讲，没有调查就没有发言权。接到当事人的申诉或者控告，检察机关就进行必要的调查核实，就很难判断申诉或者控告所反映的问题的真实性；没有必要的调查核实，仅仅根据当事人的申诉或者控告，就向有关机关发出纠正违法通知书或者提出检察建议，也是一种不负责任的表现，缺乏法律行为应有的严肃性。最后，关于监督违法的责任。发现违法行为，或者对当事人申诉控告的违法情况查证属实时，检察机关提出纠正违法的意见，是一种责任、义务，还是一项权力，法律规定得并不明确。有的规定，检察机关"通知有关机关予以纠正"，如《刑事诉讼法》第47、第115条；有的规定，检察机关"应当提出纠正意见"，或者"应当通知"有关机关予以纠正，如《刑事诉讼法》第55、第98条；有的规定，检察机关"可以"或者"有权"向有关机关提出纠正意见，如《刑事诉讼法》第203条规定，人民检察院发现人民法院审理案件违反法律规定的诉讼程序，有权向人民法院提出纠正意见。《民事诉讼法》第208条规定：地方各级人民检察院对同级人民法院已经发生法律效力的判决、裁定，发现有审判组织的组成不合法或者依法应当回避的审判人员没有回避的；违反法律规定，剥夺当事人辩论权利的；审判人员审理该案件时有贪污受贿，徇私舞弊，枉法裁判行为等情形的，或者发现调解书损害国家利益、社会公共利益的，"可以"向同级人民法院提出检察建议，各级人民检察院对审判监督程序以外的其他审判程序中审判人员的违法行为，"有权"向同级人民法院提出检察建议。这种不同的规定方式，既不利于规范检察机关的法律监督，也不利于把这样一种监督方式制度化。

（3）效力不足

检察建议不是普通意义上的建议，而是检察机关作为国家的法律监督机关，针对已经出现的违法行为及其产生的原因，向有关单位发出的要求纠正违法或者防止再出现违法行为的建议。它是检察机关行使法律监督权的一种形式，因而具有一定的强制力，收到检察建议的单位对检察建议应当做出相应的反应，而不能置之不理。对检察建议的回应，实际上是对国家权力的尊重。作为检察机关实行法律监督的一种方式，在实践中检察建议究竟能产生多大的效力，直接关系到这种监督方式实际作用的发挥。然而，如前所述，检察建议这种监督方式多数是在有关机关联合会签的规范性文件中规定的，出现在法律中只有刑事诉讼法和民事诉讼法。联合会签的规范性文件，虽然对有关机关具有一定的拘束力，但是这种拘束力非常有限。由于它本身不具有法律效力，其实际执行情况往往会因为领导人的更替而发生变化。即使是刑事诉讼法和民事诉讼法中规定的这种监督方式，多数也只是规定检察机关应当提出纠正意见或者通知有关机关予以纠正，而没有规定有关机关应当予以纠正的义务，更没有规定有关机关不予纠正时一定承担什么样的法律后果。这样的规定，在客观上就成了一种"橡皮图章"，有关机关对于检察机关的通知也好，意见建议也罢，想理睬就理睬，不想理睬就不予理睬，检察机关对之毫无办法。这种状况，大大影响了检察机关法律监督的实际效果。鉴于这种情况，2012年修改《刑事诉讼法》时，在新增加的条款即第93条规定检察机关对不需要继续羁押的应当建议予以释放或者变更强制措施的同时，明确规定"有关机关应当在十日以内将处理情况通知人民检察院"。这样的规定，不仅明确了检察机关的监督责任，而且同时规定了被监督的机关接受监督的义务，符合权力配置的完整性要求，提高了法律监督的效力。并且，这样的规定，恰当地定位了检察机关法律监督的效力，没有因为检察机关有权实行法律监督而规定有关机关就必须听命于检察机关，而是规定有关机关在规定的时限内"将处理情况通知"检察机关。这就意味着有关机关接到检察机关的建议之后，有义务及时作出处理，至于如何处理则是有关机关自己的事情，并不要求有关机关完全按照检察机关的建议来处理。遗憾的是，这样的规定，在法律和规范性文件中出现的频率太少[1]，绝大多数有关检察机关法律监督的规定中都没有对被监督的机关规定相应的义务，更没有规定不履行义务时应当承担的法律责任，以致严重影响到法律监督的效果。

4. 手段缺位

法律赋予了检察机关某些职权，但是没有规定必要的手段，就难以在实践中发挥其作用，以致这些权力成为虚设。例如，《人民检察院组织法》规定："人民检察院依法保障公民对于违法的国家工作人员提出控告的权利，追究侵犯公民的人身权利、民主权利和其他权利的人的法律责任。"但是，在现有的法律规定中，检察机关只有对国家机关工作人员实施的侵犯公民人身权利、民主权利和其他权利构成犯罪的行为，依法追

---

[1] 除了《刑事诉讼法》第93条之外，还有一个类似的规定，即《刑事诉讼法》第256条规定：人民检察院对暂予监外执行的决定提出意见的，"决定或者批准暂予监外执行的机关接到人民检察院的书面意见后，应当立即对该决定进行重新审查"。此外还有两个条文规定了有关机关的义务，即《刑事诉讼法》第98条规定：人民检察院发现侦查活动有违法情况通知纠正的，"公安机关应当将纠正情况通知人民检察院"；第173条规定：人民检察院就不起诉案件的处理提出意见的，有关机关"应当将处理结果及时通知人民检察院"。后两个条文由于没有时限的规定，执行的效果就没有前两个规定明显。

究其刑事责任的权力。国家机关工作人员实施的侵犯公民人身权利、民主权利和其他权利的行为，如果没有构成犯罪，检察机关就无法追究其法律责任。而尚未构成犯罪的侵权行为，在实践中远远多于构成犯罪的行为。这就意味着，对国家机关工作人员实施的大量的侵犯公民人身权利、民主权利和其他权利的行为，检察机关是无权监督的。这就使检察机关面对公民的控告申诉，检察机关往往显得无能为力，难以有效地保障公民对于违法的国家工作人员提出控告的权利。这种职权实际上成为一种虚设的职权。再如，《人民警察法》规定："人民警察执行职务，依法接受人民检察院的监督。"可是，除了对职务犯罪实施侦查和对侦查中的违法行为实施监督之外，法律并没有赋予检察机关其他任何监督手段。检察机关要对警察职务行为实行法律监督，既缺乏必要的手段，也缺乏相应的程序规定，因而难以开展监督。即使有当事人的控告申诉，检察机关进行监督，警察也会提出法律依据不足的问题，而对检察机关的监督置之不理。这样的授权，同样形同虚设。

（三）检察权的独立性问题

宪法规定，人民检察院依照法律规定独立行使检察权，不受行政机关、社会团体和个人的干涉。由此形成了人民检察院依法独立行使检察权的宪法原则。之所以要确立这样一条宪法原则，是因为检察权的独立行使对于保障司法公正具有极其重要的意义。只有独立行使检察权，才有可能保障检察机关在具体案件的处理中不受他人的干预和影响，不受他人意志的左右，只尊重事实和法律，从而有可能严格依法办事。如果对具体案件的处理，要受他人意志的左右，就不可能做到完全按照事实和法律来秉公办案，就不可能做到对所有的当事人一视同仁、公平对待。只有独立行使检察权，才有可能保证检察机关在发现违反法律的情况时，不受其他机关、团体或个人的干扰，依法履行职责，从而发挥法律监督的功能作用。如果面对违反法律的情况，要看他人的脸色行事而不敢理直气壮地实行法律监督，检察机关作为国家的法律监督机关来设置的必要性就荡然无存。因此，检察权行使的独立性，是检察机关严格依法履行职责的根本保障。

为了保证检察权行使的独立性，宪法规定，最高人民检察院领导地方各级人民检察院和专门人民检察院的工作，上级人民检察院领导下级人民检察院的工作，由此形成了检察一体化的领导体制。检察一体化，可以说是在世界范围内普遍实行的检察机关领导体制。特别是在单一制国家，检察一体化的倾向都十分明显。这是检察权行使的基本规律。因为检察机关要担负起维护国家法治统一的使命，首先就必须实现内部的统一领导。无论是在对法律的理解和执行方面，还是在行使检察权的步调方面，只有保持高度的一致性，才能在惩治犯罪、纠正违法的工作中坚持统一的标准，保证法律监督的统一性。只有坚持上级领导下级的领导体制，才能使检察机关形成一个整体，排除外来的特别是地方权力的干预，保证法律实施的统一性和权威性。尤其是我们国家，要在一个缺乏法治传统的环节下实行依法治国，就需要有极大权威的法律监督机关，督促全国各级国家机关及其工作人员、一切社会组织和全体公民严格遵守宪法和法律。没有权威的法律监督，对谁也发挥不了监督的作用，特别是对于手中有权而又不愿受法律约束的人来说，没有权威性的监督，是不可能被重视的。所以，"最高人民检察院领导地方各级人民检察院和专门人民检察院的工作，上级人民检察院领导下级人民检察院的工作"这样一种领导体制的设置，既是保持法律监督的统一性，更是为了防止地方权力对法律监督工作的干预和蔑视。

但是长期以来，地方各级人民检察院都是在地方权力的领导下行使检察权的。一方面是因为地方各级人民检察院的检察长都由地方人民代表大会选举产生，检察委员会委员和检察员由地方人民代表大会常务委员会任免。这在客观上就产生两个问题：第一，地方各级人民检察院的检察长、检察委员会委员、检察员的人选要由地方党委考察推荐，他们的政治生命掌握在地方党委手里；第二，由地方人大选举的检察长、任命的检察人员要向地方人大负责。另一方面，由于地方各级人民检察院的经费是由地方人民政府供给的，地方各级人民检察院自然要满足地方政府的要求，为地方经济发展服务。特别是在一些经济发展较慢的地方，检察机关由于财政支出困难，很容易沦为地方权力的附庸。正如一些学者指出的："检察机关与行政机关虽然在法律上是地位平等的国家机关，但是由于检察机关的机构设置、人员编制等权力完全掌握在行政机关手中，检察机关的经费也一直是由行政机关供给的，这就使检察机关行使职权的保障机制在很大程度上不得不依赖于行政机关，客观上形成对行政机关的依附关系。"[1] 近年来中央财政不断加大对地方检察机关的转移支付，在一定程度上缓解了经济发展较慢地区检察机关的经费困难，这种状况有所好转。但是这个问题的实质即检察权地方化的问题并没有从根本上解决，以致依法独立行使检察权的宪法原则在行政机关、社会团体、个人的干预面前无法实现。

检察权地方化的倾向，在很大程度上破坏了检察一体化的领导体制，削弱了检察机关法律监督在防止国家权力滥用方面

---

〔1〕 朱孝清、张智辉主编：《检察学》，中国检察出版社 2010 年版，第 46 页。

职能作用的充分发挥。特别是近年来全国各地陆续暴露出来的一些司法不公的案件，一些长期得不到解决的信访案件，特别是一些法律程序已经穷尽但是问题仍然没有解决的涉法涉诉上访的案件，不少都是因为地方党委、政府或其领导人干预的案件，有的甚至是尽管当地政法委协调过的案件。由于案件背后的这些因素，无论当事人上访到哪里，最后处理时，司法机关都会因不敢违背地方领导的意志而难以改变最初的决定，以致司法不公的问题长期得不到解决。

如何从制度上保证检察机关依法独立行使检察权，是党的十五大政治报告就提出来的，到十八大还没有解决的重大问题，而这个问题的关键就是如何在中央与地方之间配置检察机关的职权特别是检察机关的领导权。是继续加强地方党政机关对检察机关的领导权，还是适当削减地方党政机关对检察机关的领导权而加强上级检察机关对下级检察机关的领导权，以增强检察机关依法独立行使检察权的能力，是我们国家的司法体制改革始终面临的重大抉择，尤其是经过党的十五大的改革后在进一步深化司法体制改革时不能不面对的问题。

（四）检察权内部配置中的问题

法律赋予检察机关的每一项职权，都是通过检察机关的内设机构来行使的。内设机构的设置及其职权划分，直接关系到检察权内部配置的优化，直接影响到检察权应有功能的发挥。

但是由于《人民检察院组织法》只是规定："最高人民检察院根据需要，设立若干检察厅和其他业务机构。地方各级人民检察院可以分别设立相应的检察处、科和其他业务机构"，并且规定："省一级人民检察院和县一级人民检察院，根据工作需要，提请本级人民代表大会常务委员会批准，可以在工矿区、农垦区、林区等区域设置人民检察院，作为派出机构"，而没有对检察机关的内设机构和派出机构作出明确具体的规定，以致检察机关内设机构和派出机构的设置出现了"各显神通"的局面。

1956 年，根据 1954 年宪法和人民检察院组织法赋予检察机关的职责，最高人民检察院设 8 个内设机构：一般监督厅、侦查厅、侦查监督厅、审判监督厅、劳改监督厅、办公厅、人事厅、研究室。[1] 1978 年检察机关恢复重建[2]以后，最高人民检察院先后设有办公厅、信访厅、刑事检察厅、经济检察厅、法纪检察厅、监所检察厅、研究室、人事厅 8 个内设机构，到 1982 年 9 月正式调整，确定设一厅、二厅、三厅，及信访厅、研究室、人事厅、办公厅、机关党委办公室 8 个内设机构。[3] 其中直接行使检察权的业务部门主要是一厅、二厅、三厅和信访厅，分别负责刑事检察业务（一厅）、法纪和经济检察业务（二厅）、监所检察业务（三厅）和信访接待业务（信访厅）。地方各级人民检察院也按照最高人民检察院的机构设置设立了大致相同的内设机构。

随着我国经济体制改革的不断深入、政治体制改革的推进和社会转型，法律赋予检察机关的职责也在不断增加，相应地，检察机关的内设机构也有所增加。特别是党的十五大政治报告提出"推进司法体制改革"以来，为了更好地服务党和国家的中心工作，最高人民检察院陆续增加了一些内设机构，一些地方检察机关也陆续设立了一些内设机构和派出机构。

---

〔1〕 孙谦主编：《人民检察八十年图说历史》，中国检察出版社 2011 年版，第 90 页。

〔2〕 1978 年 3 月 1 日在五届全国人大一次会议上，中共中央副主席叶剑英受中共中央委托，向大会作了《关于修改宪法的报告》。叶剑英在报告中指出："鉴于同各种违法乱纪行为作斗争的极大重要性，宪法修改草案规定设置人民检察院。"1978 年 3 月 5 日五届全国人大一次会议表决通过了《中华人民共和国宪法》，规定了恢复设置人民检察院。

〔3〕 孙谦主编：《人民检察制度的历史变迁》，中国检察出版社 2009 年版，第 325 页。

从目前的状况看，检察机关的内设机构存在着"三乱"现象：一是内部机构设置乱。目前全国各地检察机关的内设机构没有统一的数量限制。同一级别的检察院，有的设有二十多个处级单位，有的设置三十多个处级单位。基层检察院有的设置十多个科，有的只设几个科，甚至是同一个地区，检察机关的内设机构也不相同。同样是基层检察院，有的设预防科，有的则把预防放在职务犯罪侦查科内；有的设研究室，有的则把研究工作放在办公室内。有的检察院把检委会办公室设在研究室，有的检察院则将其设在办公室，有的检察院独立设置一个检委会办公室。二是内设机构名称乱。在现有的内设机构中，职能大致相同的内设机构，名称却存在着明显的差别。如有的检察院设宣传处，有的检察院设宣教处，有的检察院设组宣处，有的设新闻处。有的省级检察院设公诉一处、二处（和三处），有的省级检察院设公诉处、刑事审判监督处或二审监督处，有的省级检察院设公诉办公室，下属三个处。同样是省级检察院，有的反渎职侵权局按一个处级单位设置，有的内设三个处级单位。就检察业务部门的名称而言，缺乏统一的划分标准，有的按照对象起名，如监所检察厅、民事行政检察厅，有的按照方式起名，如公诉厅、反贪污贿赂局，有的按照职责起名，如侦查监督厅、预防厅，有的按照行业起名，如铁路检察厅。三是派出机构乱。目前检察机关中有省级检察院派出的机构，有市级检察院派出的机构，还有县级检察院派出的机构。派出机构的级别有厅级的、处级的、科级的，甚至连科级也算不上的。有的地方设置了大量的派出机构，有的地方则很少有派出机构。有的叫派出检察院，有的叫派出检察室，有的叫派驻检察室。有的派出机构由检察院直接领导，有的派出机构由检察院的一个内设机构领导。有些地方检察院大量派出检察室，有些地方则很少派出检察室。

　　检察机关内部机构的设置，与检察职权的内部配置是密切相连的。检察机关内设机构设置的是否科学、是否合理，直接反映了对检察职权的认识和分解，从而影响到检察权的内部配置。例如，承担审判监督职能的部门，叫公诉处还是叫审判监督处，直接反映着对公诉权的认识，即公诉权是否包括对审判活动进行监督的职权。又如，预防机构独立设置还是与职务犯罪侦查部门合为一体，也反映了对职务犯罪预防职能的不同观念，即检察机关进行职务犯罪预防与查办职务犯罪案件是不是各自独立的两个职能。再如，目前一些地方检察院正在大力推行的乡镇检察室，直接涉及检察职能延伸的空间问题，也涉及对检察权性质功能的理解问题。

　　检察机关的内设机构，是检察机关内部的功能单位，是检察权运行的组织载体，也是检察权内部分解和管理的组织保障。目前检察机关内设机构混乱的状况，直接影响着检察权的内部配置和检察职能作用的发挥。

　　首先，内部机构设置上的混乱必然导致职责划分的不清晰，影响检察职权的有效行使，容易造成内设机构之间的推诿。近年来检察机关特别重视对诉讼活动的法律监督，为此作出了巨大的努力，颁布了一系列文件包括与有关部门联合下发文件。但是在检察机关内部，究竟由哪个内设机构来履行诉讼监督的职责，则没有明确的规定。似乎侦查监督部门、公诉部门、监所检察部门、控告申诉部门等都可以行使监督诉讼活动的职权，但是实际上，这些部门都有其他专门的职责需要履行，诉讼活动监督的工作难以真正落实。并且，这些部门之间在诉讼监督过程中如何分工，界限如何划分，由于缺乏明确的规定，也形成似乎哪个部门都可以管，哪个部门都不管的状况，影响了诉讼监督职能的充分发挥。又如，检察机关的职务犯罪预防工作，本来是结合查办职务犯罪案件进行的，但是单独设立预防部门，其具体职权与职务犯罪侦查部门的职权如何区分，就是一个问题。特别是在基层检察院，人员十分有限，职务犯罪侦查与职务犯罪预防分别设立部门，其职责权限就更难以界定，在实践中甚至出现基本职能（职务犯罪侦查）萎缩，附属职能（职务犯罪预防）膨胀的现象。由于职责不明，是否充分履行职责，就难以考核评价，不作为的现象就会变为常态，出了问题，互相推诿责任，也就难以避免。

其次，内部机构设置的不科学，影响检察职能的充分发挥，甚至使法律赋予检察机关的某些职权没有机构行使。机构设置是权力行使的组织保障。法律赋予检察机关的职权，只有通过一定的机构设置，落实为具体职能部门的职责，才能保证其行使。譬如，新修改的刑事诉讼法进一步强化了检察机关对侦查活动的监督，但是对侦查活动的监督职责到底应当由哪个部门来履行？如果侦查监督部门、公诉部门、监所部门、控告部门都可以的话，对侦查权的监督在检察机关内部就出现了多元化的现象，势必影响到这种权能的统一、有效行使。又如《刑事诉讼法》第265条明确规定："人民检察院对执行机关执行刑罚的活动是否合法实行监督"，即法律赋予检察机关对刑罚执行活动进行监督的职权。但是由于检察机关的内设机构只有"监所检察厅（处、科）"，所以对刑罚执行活动的监督仅限于监狱、看守所，而对于法律规定由人民法院执行的大量的财产刑，由派出所执行的缓刑以及对假释、保外就医的社会服刑人员，就没有机构承担监督的职责（修改后的人民检察院刑事诉讼规则将这些职责交由监所检察部门行使，与其名称很不协调）。再如，人民警察法明确规定，人民警察履行职责的活动受人民检察院的监督，即法律赋予检察机关对人民警察的执法活动进行监督的职权，但是由于检察机关内设机构中只有"侦查监督厅（处、科）"，因而对人民警察在侦查以外的执法活动，就没有机构履行监督的职责。

再次，内部机构设置的不科学，影响检察资源的充分利用，使本来就有限的检察资源更加紧缺。检察机关的资源本身十分有限，但是在一些检察院由于机构设置的不科学、不合理，造成忙闲不均的现象，使有限的资源不能充分发挥作用。例如，检察机关的非业务部门设置过多、权力过大，就会削弱办案部门的力量，把一些业务骨干提拔到非业务部门的领导岗位上，从而脱离业务部门，甚至由于非业务部门要工作、要政绩，就得经常找些事来做，从而给业务部门增加过多的非业务活动，以致把检察机关的大量精力用在检察职能以外的活动上。又如，一些检察院因为机构设置过多，有的职务犯罪侦查部门连续几年没有办过一个最终被判决有罪的案件，有的业务部门甚至长年没有案件办，而同一检察院的其他部门则存在着案多人少的矛盾。在一些人员编制较少而机构设置较多的检察院，人员过于分散，很难形成合力，平时没案办，有案办不了，检察职能更难以有效发挥。

最后，内设机构混乱，影响检察管理水平的提高，使执法规范化建设难以实现。近些年来，检察机关努力加强执法规范化建设。这是保障检察机关依法独立公正行使检察权的重大举措。但是，执法规范化的基本前提是组织机构的规范化。如果检察机关内设机构本身就不规范，各地检察机关有自己的机构设置，全国范围内就很难形成统一的执法规范，规范化建设也自然无法实现。因为机构设置与职权划分是分不开的。机构设置不同，职权的划分、制约以及对行使职权的考核就无法相同，执法规范也就难以做到统一。比如，同样是省级人民检察院，设两个公诉处的院与设三个公诉处的院，在公诉权的分解方面必然会有所差别。而这种差别也就必然会带来职权行使上的差异。

规范检察机关内设机构的设置，建立健全科学合理、符合检察权内在要求的组织体系，是检察制度发展过程中面临的一个重大问题。

（五）检察权运行机制方面的问题

检察权的运行机制，既是检察权行使的具体表现方式，也涉及行使检察权的主体之间职权配置的问题。人民检察院设有检察长、副检察长、检察委员会、厅（局、处、科）长、检察员（助理检察员）等办案主体，分别在检察权行使过程中担负不同的角色，履行相应的职责，从而形成一个有机联系的检察权运行机制。在这样一个运行机制中，不同主体之间的职权如何分配，既关系到检察权行使的效率，也关系到检察权行使的优劣。

《人民检察院组织法》第 3 条规定，"检察长统一领导检察院的工作。各级人民检察院设立检察委员会。检察委员会实行民主集中制，在检察长的主持下，讨论决定重大案件和其他重大问题。如果检察长在重大问题上不同意多数人的决定，可以报请本级人民代表大会常务委员会决定"。按照人民检察院组织法的规定，检察系统在长期的办案实践中逐渐形成了一套办案模式，即"人民检察院办理案件，由检察人员承办，办案部门负责人审核，检察长或者检察委员会决定"。这样一种办案模式，体现了"检察长统一领导检察院的工作"的原则，有利于保障对检察权行使各个环节的控制，有利于防止检察权的滥用。但是，在长期的办案实践中，这样一种运行机制也暴露出一些问题。

1. 办案模式与司法规律的吻合程度不高

检察权的运行机制，一方面要遵循司法规律，另一方面要符合检察一体化的要求。这两个方面应当兼顾协调，如果片面强调或过分偏重其中一个方面，就可能妨碍检察权的正确行使。

在我们国家，宪法把检察机关定位为国家的法律监督机关，这是因为宪法设定了我们国家的政权组织形式，反映了国家权力架构的基本框架。从另一方面看，检察机关也是国家的司法机关之一，不仅宪法中把检察机关与审判机关作为同一类别的国家机关放在同一节中加以规定，中央有关文件中明确指出人民检察院是国家的司法机关，而且检察机关依法所从事的职能具有鲜明的司法属性。如审查逮捕，在许多国家都是由法官审查决定的，被普遍认为是一种司法审查，但在我们国家，宪法和刑事诉讼法都规定由人民检察院审查批准或决定逮捕。又如，审查起诉，在英美法系国家曾经出现过一些案件必须由大陪审团作出裁决后才能提起公诉的情况，不起诉决定更是一种具有终局裁决性质的决定，也具有明显的司法属性。再如，三大诉讼法赋予检察机关的诉讼监督职能，本身就是一种司法审查行为，与人大监督、社会监督、舆论监督具有明显的区别。特别是修改后的刑事诉讼法赋予检察机关的羁押必要性审查、非法证据排除、对公诉案件刑事和解的审查和处理等，都是司法审查行为。检察权本身所具有的这种司法属性，就要求检察权的行使不能完全按照行政管理的模式来进行，而应当遵循司法规律。所谓司法规律，就是司法活动本身的特殊性所决定的活动规律。司法活动是对已经发生过的案件事实，通过对证据的收集、审查、判断来追溯、还原和认定案件的客观情况。所以司法活动要求其主体亲力亲为，即要求办案人员直接接触案件的犯罪嫌疑人、被告人、被害人和证人，当面听取有关人员对案件事实的表述，以便亲身了解感受案件的事实真相；要求其客观中立，即在审查案件证据过程中超越与案件的利害关系，保持客观公正的立场，力求获得对案件情况的真实认识；要求其公开透明，即将审查判断证据的过程中尽可能地置于诉讼参与人与社会公众的监督之下，以免在审查判断过程中遗漏重要证据导致错误的判断；要求其独立办案，即在听取双方意见的基础上，通过自己对案件事实、证据的了解把握，根据自己的法律知识和实践经验等，对案件作出独立判断并对自己的决定承担责任。

检察权设置的目的是维护国家法律的统一正确实施，这在客观上就要求检察机关内部必须保持高度的一致性，特别是对法律的理解和适用要上下一致。如果检察机关自身都不能达到统一执法，就谈不上维护法律实施的统一。因此检察机关实行"一体化"的工作模式，即在检察机关上下级之间实行"最高人民检察院领导地方人民检察院和专门人民检察院的工作，上级人民检察院领导下级人民检察院的工作"的领导体制，在检察机关内实行"检察长统一领导检察院的工作部"的工作机制。

但是，现行的办案模式，可以说是过分突出了检察一体化，过多地强调上级检察院和检察长的领导，在一定程度上忽视了一线办案主体在检察权行使过程中的主体地位。

第一，承办案件的人员对案件的处理完全没有决定权，影响其严肃认真查办案件的积极性。过去，在检察人员业务水平普遍不高的情况下，实行"由检察人员承办，办案部门负责人审核，检察长或者检察委员会决定"的办案模式，有利于防止错案的发生。但是在这种办案模式下，承办案件的人员无论多么了解案件的事实和证据，都不能对案件作出决定，这在一定程度上就影响了承办案件的人员用心思去挖掘案件事实真相的积极性，特别是在对证据的审查判断方面，往往会想到还有领导把关而不去认真对待。随着检察人员业务水平的普遍提高，有能力独立办案的人员大大增加，有些承办案件的检察人员在业务能力方面甚至不亚于他的直接领导。在这种情况下，仍然沿用原有的办案模式，在一定程度上就可能挫伤承办案件人员的积极性。从1998年起，检察机关试行"主诉检察官办案责任制"，从检察人员中挑选一批有能力独立办案的检察人员担任主诉检察官，并授予其独立办理部分案件。这项改革对于调动检察人员办案的积极性，鼓励检察人员钻研检察业务，提高办案水平，起到了很好的作用。遗憾的是由于缺乏配套的改革措施，这些改革也在自生自灭，许多检察院仍然实行传统的办案模式。

第二，层级过多，影响办案的效率。每一个案件在办理过程中都要经过若干个环节。如果每一个环节都要由承办案件的人员承办、部门负责人审核，再报主管的副检察长批准，甚至还要报检察长决定，势必增加办案的中间环节，拖延办案的时间。如果一个案件，由下一级的检察院经过承办人员承办、部门负责人审核，主管的副检察长审批，检察长决定，甚至再由检察长提交检察委员会讨论决定之后，还要报上一级检察院批准，而上一级检察院再按照这样的程序走一遍，自然就更加拖延时间。这样做，目的是加强上级的领导，防止检察权的滥用，但实际上大大增加了办案的中间环节，影响了办案的效率。至于能否达到制度设计的初衷，把好案件质量关，则未必见成效。因为案件经过的环节越多，每一个环节上的审查往往会不严格，毕竟还有下一个环节；办案的环节越多，离办案所要求的亲历性越远。并且，在法定的办案期限内，增加的环节越多，每一个环节上可用的办案时间就会减少，以致难以有充分的时间审查证据。

第三，介入案件的人员过多，难以追究错案责任。如果案件在一个环节上只有一个人办理，那么，案件在这个环节上出现问题，追究相关人员的责任就很明确，没有推卸的余地。但是如果一个案件在同一个环节上经过了多人多层级，那么，一旦出现问题，要追究责任，往往很难，谁都有推卸责任的借口。检察机关十多年以前就制定了错案追究责任制，并且一直都在强调追究错案的责任，但是这项规定在很多时候都形同虚设，与这样的办案模式不无关系。

第四，审批程序缺乏透明度。检察机关办理案件应当增加透明度，让诉讼参与人有更多的机会了解案件办理的情况，但是无论是部门负责人审核案件，还是检察长或检察委员会决定案件，都是通过行政化的审批方式进行的，其过程和理由不被诉讼参与人知晓。这在一定程度上影响了检察机关办理案件的公信力。

2. 部门负责人的地位尴尬

承办案件的检察人员在对案件的事实和证据进行审查判断的基础上提出处理意见，要交给部门负责人审核，但是部门负责人并没有决定案件如何处理的权力，他（她）实际上扮演了一个"二传手"的角色。部门负责人审核以后，通常要报请主管的副检察长审批，主管的副检察长往往还要报检察长决定。主管的副检察长是根据检察长的授权代行检察长的职权或者替检察长审查案件，而部门负责人既不是代行哪个主体的职权，也不是替哪个主体把关，而是一个独立的审查程序。如果部门负责人不同意承办人的意见时，应当以自己的意见取代承办人的意见报检察长或者把自己的意见和承办人的意见一并报检察长决定，还是要求承办人改变自己的意见，按照部门负责人的意见重新报请审核，没有任何规则可循。实践中，通常是部门负责人凭借自己的经验和威望说服承办人改变自己的意见，按照部门负责人的意见重新报请审核。但是如果承办人坚持自己的意见，部门负责人就会处于尴尬的境地。一旦部门负责人的意见与承办人的意见不一致，检察长包括主管的副检察长要作出决定往往也难下决心，因为他们毕竟没有亲自阅卷、没有亲自讯问犯罪嫌疑人或者询问证人，没有直接听取辩护人或其他诉讼参与人的意见。

3. 检察长与检察委员会的关系不明

按照人民检察院组织法的规定，各级人民检察院都设有检察委员会，并且检察委员会的职责是按照民主集中制原则讨论决定重大案件和其他重大问题。但是人民检察院组织法又规定，检察长统一领导检察院的工作。检察长与检察委员会的职责范围如何划分，从权力配置的角度看，实际上是不明确的，也有悖于权力配置的一般原理。

第一，哪些案件由检察委员会讨论决定，哪些案件由检察长决定，没有明确的区分。人民检察院组织法只是规定"重大案件"和其他重大问题要由检察委员会讨论决定。这个规定本来是为了限制检察长的权力。按照这个规定，检察机关办理的"重大案件"不能由检察长个人说了算，而必须提交检察委员会集体讨论决定，并且，检察委员会的职责首先是讨论决定重大案件，其次才是"其他"重大问题。但是哪些案件属于"重大案件"，法律没有明确规定。按照《人民检察院检察委员会组织条例》的规定，检察委员会除了审议决定其他重大问题之外，对案件的审议和决定有四类，即"审议、决定重大、疑难、复杂案件"；"审议、决定下一级人民检察院提请复议的案件"；"决定本级人民检察院检察长、公安机关负责人的回避"；"其他需要提请检察委员会审议的案件"。其中，"重大、疑难、复杂案件"和"其他需要提请检察委员会审议的案件"都具有很大的不确定性。这些案件，如果检察长认为需要提交检察委员会讨论决定，就提交检察委员会讨论决定；检察长认为不需要，就可以自行决定。2009年颁布施行的《人民检察院检察委员会议事和工作规则》进一步强化了检察长的选择权。按照该规则第3条的规定[1]，检察委员会审议的所有案件，除了"决定本级人民检察院检察长、公安机关负责人的回避"之外，都必须"经检察长决定"。这就意味着，"有重大社会影响或者重大意见分歧的案件，以及根据法律及其他规定应当提请检察委员会决定的案件"；"按照有关规定向上一级人民检察院请示的重大事项、提请抗诉的刑事案件和民事、行政案件，以及应当提请上一级人民检察院复议的事项或者案件"；"下一级人民

---

[1] 《人民检察院检察委员会议事和工作规则》第3条规定："检察委员会审议议题的范围包括：（一）审议在检察工作中贯彻执行国家法律、政策的重大问题；（二）审议贯彻执行本级人民代表大会及其常务委员会决议，拟提交本级人民代表大会及其常务委员会的工作报告、专项工作报告和议案；（三）最高人民检察院检察委员会审议检察工作中具体应用法律问题的解释以及有关检察工作的条例、规定、规则、办法等，省级以下人民检察院检察委员会审议本地区检察业务、管理等规范性文件；（四）审议贯彻执行上级人民检察院工作部署、决定的重大问题，总结检察工作经验，研究检察工作中的新情况、新问题；（五）审议重大专项工作和重大业务工作部署；（六）经检察长决定，审议有重大社会影响或者重大意见分歧的案件，以及根据法律及其他规定应当提请检察委员会决定的案件；（七）经检察长决定，审议按照有关规定向上一级人民检察院请示的重大事项、提请抗诉的刑事案件和民事、行政案件，以及应当提请上一级人民检察院复议的事项或者案件；（八）经检察长决定，审议下一级人民检察院提请复议的事项或者案件；（九）决定本级人民检察院检察长、公安机关负责人的回避；（十）审议检察长认为需要提请检察委员会审议的其他议题。"

检察院提请复议的事项或者案件"，只有"经检察长决定"，检察委员会才能审议。[1] 如果检察长决定不提请检察委员会审议，这些案件就可以不经过检察委员会的讨论决定而径直由检察长决定。这样的规定，实际上就意味着检察长可以取代检察委员会对重大案件的决定权。2012 年颁布施行的《人民检察院刑事诉讼规则（试行）》进一步强化了这种做法。该规则除了保留检察长和公安机关负责人的回避仍然由检察委员会讨论决定以外，将所有由检察委员会讨论决定的案件修改为"由检察长或者检察委员会决定"。这样规定，意味着无论是检察长决定还是检察委员会决定都可以，这实际上是把重大案件由谁决定的选择权授权给了检察长。因为提交检察委员会讨论决定的案件，在工作程序上，无论谁提请，都必然要经过检察长。一个案件，只有经检察长提请或者检察长决定，检察委员会才有可能讨论决定。如果检察长不提交检察委员会讨论，检察委员会的议事程序是不可能自行启动的。所以，"由检察长或者检察委员会决定"的前提，是检察长是否愿意将案件提交检察委员会。如果检察长愿意将案件提交检察委员会，检察委员会才能讨论决定；如果检察长不愿意将案件提交检察委员会，检察委员会就不可能讨论决定，案件也就必然是检察长决定。

这样的规定，一是背离了检察委员会制度设计的初衷。人民检察院组织法规定检察委员会制度，根本目的是限制检察长的权力，而不是要为检察长决策配备一个"智囊团"或者咨询

---

[1] 尽管所有检察委员会讨论决定的案件都是由检察长提交检察委员会讨论的，但是，"由检察委员会讨论决定"或者"由检察长提交检察委员会讨论决定"，意味着该案件必须由检察委员会来决定而不能由检察长自行决定。在这样的规定中，检察长负有将案件提交检察委员会讨论决定的义务。如果是"经检察长决定"，检察委员会审议重大案件，则意味着检察长具有是将案件提交检察委员会审议的权力。案件是否提交检察委员会讨论决定，本身是由检察长决定的，检察长决定不把案件提交检察委员会讨论决定，并不违反规定。

机构。因为人民检察院组织法中明确规定，检察委员会讨论决定重大案件或者其他重大问题时，实行民主集中制原则，而不是由检察长最后决定。检察长不同意多数委员的意见时，检察长自己没有决定权。但是按照现行的规定和做法，人民检察院办理的所有案件，是否提交检察委员会讨论决定，完全由检察长决定。如果检察长不把案件提交检察委员会讨论决定，检察委员会就不可能发挥制约检察长权力的作用。检察委员会在权力制约方面能发挥多大的作用，取决于检察长愿意把多少案件提交检察委员会讨论决定。在这种规定下，检察长如果想要以案谋私，他就可以不把案件提交检察委员会讨论决定，检察委员会也就丧失了制约检察长权力的作用。二是可能成为检察长推卸责任的方式。由于是否提交检察委员会讨论决定的选择权掌握在检察长手里，检察长完全可以按照自己的意愿决定具体案件是否提交检察委员会讨论决定。这在客观上就为检察长提供了一种可能，即检察长认为有风险的、可能要承担责任的案件，就提交检察委员会讨论决定。一旦出现问题，可以说是检察委员会讨论决定的，自己只是按程序提交给检察委员会。检察长想要承办案件的人员按照自己的意愿办理的案件，就直接决定而不再提交检察委员会讨论决定。三是可能导致案件处理得不公平。对于同一类型的案件或者大致相同的案件，由一个人决定与由一个集体决定，可能会导致不尽相同的处理结果。因为，个人的认识能力、法律知识、审查判断案件事实的经验，总是有差异的。一个人基于自己的知识和经验所作出的判断，与若干个人共同作出的判断，不可能总是完全一致。如果是同一类案件，检察长高兴时，就自己决定；不高兴时，就提交检察委员会讨论决定，就可能导致同类案件的不同处理，给当事人造成不公平的感受，也不利于检察权的规范行使。

第二，在检察委员会讨论决定重大案件时，检察长扮演什么样的角色，缺乏明确的规定。人民检察院组织法规定，检察委员会实行民主集中制，在检察长的主持下，讨论决定重大案件或者其他重大问题。按照这个规定，在检察委员会讨论决定重大案件或者其他重大问题时，检察长只是"主持人"而不是最后作出决定的人。但是由于检察长统一领导人民检察院的工作，检察长的意见往往是最权威的、具有决定意义的意见。检察长的角色很难从"一院之长"转换为"普通一员"。为了防止检察长的个人意见影响或左右其他检察委员会委员分别意见，《人民检察院检察委员会议事和工作规则》明确规定了检察委员会议事时的审议程序和发言顺序，即："检察委员会审议议题，按照以下程序进行：（一）承办部门、承办人员汇报；（二）检察委员会委员提问、讨论；（三）会议主持人发表个人意见、总结讨论情况；（四）表决并作出决定"（第16条）；"承办部门汇报后，在主持人的组织下，检察委员会委员应当对议题发表意见。发表意见一般按照以下顺序进行：（一）检察委员会专职委员发表意见；（二）未担任院领导职务的委员发表意见；（三）担任院领导职务的委员发表意见"（第18条）。尽管有这样的规定，在实践中，检察委员会讨论决定重大案件或者其他重大问题，往往都是检察长在发表个人意见时就根据委员们的意见对讨论的事项作出了结论，几乎没有进行过表决程序。通常，委员们如果对所议事项没有大的分歧，检察长就会宣布"原则通过"，并请检察委员会办事机构根据委员们的意见进行修改后报检察长签发。问题在于，在检察委员会讨论案件或其他重大问题时，委员们发表的意见往往是分散的、零碎的，相互之间很少有碰撞或争执，这些意见如何形成检察委员会的集体决定，如果不进行逐一表决，就只能是按照检察长（主持人）的总结为结论，甚至在没有结论的情况下以检察长会后签发的意见为检察委员会的决定。其结果，检察委员会"讨论决定"重大案件或者其他重大问题，实际上就变成了检察委员会"讨论"重大案件或者其他重大问题，检察长"决定"重大案件或者其他重大问题。这与检察委员会设置的初衷无疑是相悖的。

第三，检察长的意见与检察委员会多数人的意见不一致时如何处理，相关规定不合理。人民检察院组织法明确规定，检察委员会实行民主集中制。所谓民主集中制，说到底，就是少数服从多数、个人服从组织。检察长在检察委员会讨论决定重大案件或者其他重大问题时，既然只是"主持人"，他就应该按照民主集中制的原则，服从多数委员的意见。但是考虑到检察长统一领导检察院的工作，对检察院办理的案件或者其他重大问题具有领导权，所以，当检察长的意见与多数委员的意见不一致时，不是简单地实行个人服从组织的原则作出决定，而是设置一个救济途径，以保证决策的正确性。为此，人民检察院组织法规定："如果检察长在重大问题上不同意多数人的决定，可以报请本级人民代表大会常务委员会决定。"该规定的前一句即"如果"的前提是"检察委员会实行民主集中制，在检察长的主持下，讨论决定重大案件和其他重大问题"，而该规定中只是明确检察长"在重大问题上"不同意多数人的决定时可以报请人大常委会决定。把这两句话结合起来看，这个规定可以理解为：检察委员会在讨论决定重大案件时，检察长即使不同意多数人的意见，也要按照多数人的意见形成决定，并且检察长要执行这个决定；只有在讨论决定其他重大问题时，如果检察长不同意多数人的意见，才可以将问题报请人大常委会决定。这个规定，从权力配置的角度看，并不是一种优化的权力配置。虽然宪法规定人民检察院由人民代表大会产生、向人民代表大会负责，但是人民代表大会及其常务委员会作为国家的权力机关，它与其他国家机关之间具有明确的职权分工。人民代表大会及其常务委员会对检察机关，主要是进行权力监督，即选举、任命和罢免检察机关的组成人员，授予或者废除检察机关的权力并监督检察权的行使，而不是直接过问检察机关的具体活动。检察机关在具体问题的决策上，内部发生意见分歧，就由人大常委会来决定，一方面会降低人大常委会作为国家权力机关的常设机构的地位，使其沦为一个具体的办事机构；另一方面由于人大常委会并不了解有关问题的前因后果和具体情况，很难把握其法律政策界限，要求人大常委会对其作出决定，实际上是难为人大常委会。并且，这个规定也不符合宪法确立的"最高人民检察院领导地方各级人民检察院和专门人民检察院的工作，上级人民检察院领导下级人民检察院的工作"（《宪法》第 132 条）的原则。这样的规定，在实践中很难行得通。事实上，从人民检察院组织法作出这样的规定以来，全国各级检察机关至今尚未一例，也说明这样的规定是行不通的。

此外，《人民检察院检察委员会组织条例》第 14 条规定："地方各级人民检察院检察长在讨论重大案件时不同意多数检察委员会委员意见的，可以报请上一级人民检察院决定；在讨论重大问题时不同意多数检察委员会委员意见的，可以报请上一级人民检察院或者本级人民代表大会常务委员会决定。在报请本级人民代表大会常务委员会决定的同时，应当抄报上一级人民检察院。"作出这个规定的初衷，是为了弥补人民检察院组织法的缺陷，即人民检察院组织法只规定了检察长"在重大问题上"不同意多数人的决定时报请人大常委会决定，而没有规定检察长"在重大案件上"不同意多数人的决定时如何处理。所以规定,"检察长在讨论重大案件时不同意多数检察委员会委员意见的,可以报请上一级人民检察院决定"。但是实际上这个规定本身存在着两个缺憾:一是对人民检察院组织法的规定理解不当。人民检察院组织法明确规定重大案件和其他重大问题要由检察委员会按照民主集中制原则讨论决定。这是一个基本的原则性的规定。"如果"只是对例外情况的规定。没有规定的,并不是立法上的疏漏,而是必须遵循基本原则,即在讨论决定重大案件时,检察长必须服从检察委员会的决定。这本身是在检察长的权力之上设置检察委员会制度的根本目的和价值所在。可以说,组织条例的上述规定,不是弥补了组织法的遗漏,而是误解了人民检察院组织法的精神。二是不符合人民检察院组织法的规定。《人民检察院检察委员会组织条例》是《人民检察院组织法》的下位法,下位法可以规定上位法中没有明确规定的内容,但是不得与上位法发生冲突。人民检察院组织法中已经明确规定"如果检察长在重大问题上不同意多数人的决定,可以报请本级人民代表大会常务委员会决定",人民检察院检察委员会组织条例再规定:"在讨论重大问题时不同意多数检察委员会委员意见的,可以报请上一级人民检察院或者本级人民代表大会常务委员会决定",这就明显地用下位法修改了上位法的明文规定。应该是,这样的规定,超越了立法权限,是一种越权制定规范性文件的做法。

四、优化检察权配置的路径选择

研究检察权的优化配置,目的是发现检察权配置中存在的问题,更好地配置检察权,以消除权力配置上的缺陷和不足,从制度上保障检察权配置的科学性、合理性,以便充分发挥检察权的功能作用。

我们认为，优化检察权的配置，从根本上讲，是中国特色社会主义检察制度自我完善的过程，因此必须符合人民代表大会制度的政体，准确把握检察机关的宪法定位，在现有的政治框架内，在政治体制改革的整体部署下，随着司法体制改革的深化稳步推进；必须走中国特色社会主义法治建设的道路，以社会主义法治理念为指导，坚持中国特色社会主义法治方向；必须立足于中国国情，充分考虑社会主义初级阶段的实际，围绕人民群众反映最强烈的、影响检察职能作用发挥的突出问题，着力解决职权配置中的制度性缺陷。

优化检察权的配置，坚持和完善中国特色社会主义检察制度，应当重点从以下三个方面来推进：

（一）完善立法

优化检察权的配置，首先需要通过完善立法，解决检察职权短缺的问题，提高检察权设置的目的与手段的匹配程度，保障检察权行使的有效性。

如前所述，检察权是一元分设的权力架构中一项不可或缺的国家权力。这种权力不是检察机关自己想要什么权力就有什么权力，而是必须通过国家最高权力机关的授权才能获得。因此，优化检察权的配置，必须通过完善立法的途径，由国家最高权力机关按照法定程序补充修改有关法律来实现。

1. 需要通过立法解决的问题

从优化检察权配置的角度看，在现有检察权配置的基础上，需要通过完善立法来着重解决以下两个方面的问题：

（1）检察权的完整性问题

检察权设置的目的是维护国家法律的统一正确实施。为了保证这个目的的实现，检察权的触角就应该能够延伸到法律实施的每一个领域，使每个领域妨害法律正确实施的行为都能够受到应有的追究。不能有效地监督法律实施的各个领域，就很难担负起法律监督的使命，很难发挥法律监督在维护国家法律的统一正确实施、保障国家权力正确运行中的职能作用。因此，优化检察权的配置，首先要解决检察权短缺的问题，完善法律监督的范围，保持检察权的完整性。

关于检察机关的职权，1979 年颁布的《人民检察院组织法》作了明确的规定。1989 年通过的《行政诉讼法》、1991 年通过的《民事诉讼法》（2012 年修改后的民事诉讼法进一步完善了检察机关对民事诉讼实行法律监督的规定）、1996 年修改后的《刑事诉讼法》（2012 年修改的刑事诉讼法对之作了进一步的规定）等，都对检察机关的职权作过规定，授权检察机关对有关事项进行法律监督。这些法律规定，明确了检察机关的职权范围，是检察机关进行法律监督的法律依据。

但是在具体实践中，法律对检察机关的授权性规定也逐渐暴露出法律监督的职权残缺不全的问题。这些问题，如前所述，主要是法律授权的范围不能满足维护法律统一正确实施的需要。其一，维护国家法制的统一，首先要求一切地方性法规和行政法规不得与作为国家根本大法的宪法以及全国人民代表大会制定的法律相抵触。但是检察机关作为国家的法律监督机关，却没有对违反宪法和法律的地方法规、行政法规及各种带有强制性的行为规则进行法律监督的职权。其二，全国人民代表大会制定的法律和国务院制定的行政法规，在实践中有权或者有义务执行的机关和人员不执行法律规定或者不履行执行职责的情况非常严重，致使全国人大制定的一些法律和国务院制定的一些行政法规形同虚设。但是法律没有授权检察机关监督这些法律被遵守、被执行的职权。例如，对于假冒伪劣产品负有检查追究职责的机关和人员不认真履行职责，致使假冒伪劣产品长期严重危害人民群众的身体健康和生命安全的行为；对于国家税收负有征稽职责的机关和人员不征或者少征应征税款，妨害国家税收的行为等，除了构成职务犯罪的个人行为由检察机关依法追究刑事责任之外，大量存在的单位行为和尚未构成犯罪的行为，法律没有规定检察机关进行法律监督的权力，检察机关作为国家的法律监督机关，对此难以胜任法律监督的使命。其三，行政执法机关在行政执法活动中的违法行为、渎职行为，严重危害了国家法律的实施，但是法律没有授权检察机关对这类行为进行法律监督的职权，使行政执法活动处于不受法律监督的状态。其四，现行法律把批准逮捕的权力赋予检察机关，但是对于同样具有限制人身自由性质的其他强制措施，以及剥夺公民财产权利的强制措施（包括刑事的和行政的），则仍然交由行政执法机关自己决定自己执行，处于不受法律监督的状态。这些情况，对于保障公民的人身自由和财产权利是极为不利的。其五，检察机关依法有权对危害国家和社会共同利益的犯罪行为提起公诉，但是没有对同样是危害国家和社会共同利益而没有适格主体起诉的民事违法和行政违法行为提起公诉的权力，不利于通过法律监督来保护国家和社会共同利益。法律实际赋予检察机关的职权与法律监督的使命之间存在着一定的距离。这就使检察机关在维护法制统一和保障法律正确实施方面，心有余而力不足，以致时常处于一种十分尴尬的境地，难以满足党和人民群众的期望。因此，优化检察权的配置，需要适当增加检察机关的职权，以解决检察权的完整性问题。

（2）检察权的有效性问题

为了实现权力配置的目的，发挥其应有的功能作用，就必须在制度设计上保障其行使的有效性。而要从制度上保障检察权行使的有效性，除了明确规定检察机关的职权范围之外，还必须通过立法的方式，就以下三个方面的问题作出明确的规定：

一是检察机关行使职权的手段、程序。检察权本质上是法律监督权，其监督的对象主要是具有执法权和司法权的国家机关及其工作人员。由于监督的对象本身掌握着一定的公权力，并且这种公权力并不亚于检察机关的法律监督权甚至有的比检察机关的权力还要大，因而具有与检察机关的法律监督进行对抗的能力和条件。如果法律对检察机关行使职权的具体手段和程序规定得不明确，检察机关履行法律监督职责的效果就必然要依赖于监督对象的接受程度。尽管在实践中多数监督对象都能自觉地接受检察机关的监督，但是也还存在着不接受监督的情况。一旦有的监督对象以各种借口和理由拒绝检察机关的法律监督，检察机关的法律监督就会形同虚设，处于一种不履行职责就可能渎职、履行职责又没有人理睬的两难境地。如果法律对检察机关行使职权的具体手段和程序规定得不明确，检察机关行使职权的活动也可能不适当地妨碍其他国家机关行使权力的活动，甚至造成检察机关与其他国家机关在行使各自的权力时出现抵触的情况。这种状况，也会妨碍法律的正确实施和国家权力的有效行使。另外，由于中国历来是一个权力本位的国家，人们对自己手中的权力看得非常尊贵，不愿意受到别人哪怕是别的国家机关的些微质疑，更不愿意受到法律监督。如果不是法律明确规定检察机关有权对其监督，许多国家机关及其工作人员是断然不愿意接受与其地位相当甚至还没有自己地位高的检察机关的监督的。例如，1991 年全国人大通过的《民事诉讼法》第 14 条就明确规定："人民检察院有权对民事审判活动实行法律监督。"但是民事诉讼法只规定了抗诉的手段，而没有具体规定其他法律监督的手段。在实践中，检察机关并不直接参与民事诉讼，要对审判活动进行监督，仅仅根据当事人的申诉是不够的，而必须了解人民法院的审判情况特别是认定事实的证据材料，才能判断审判活动中是否存在违反法定程序或者裁判不公的问题。但是当检察机关根据当事人的申诉向有关的人民法院及其工作人员了解审判情况时，有的法院及其工作人员常常拒不向检察机关提供任何情况，甚至不允许检察机关查阅审判案卷。其理由是法律没有明文规定。即使是抗诉，由于民事诉讼法只规定了检察机关可以对人民法院"已经发生法律效力的判决、裁定"提出抗诉，对于实践中法院大量使用的"调解"，尽管其可以发生法律效力，但是最高人民法院也可以在司法解释中明确规定，不受检察机关的法律监督。这种状况，在一定程度上反映了一个无可辩驳的事实，那就是：没有法律明确具体的规定作依据，检察机关对公权力的法律监督就寸步难行。因此，优化检察权的配置，有必要明确规定检察机关行使职权的手段和程序。这是检察权有效性的基本保障。

二是检察权所及对象的义务及其违反义务的救济措施。按照现行的宪法和三大诉讼法的规定，检察机关是国家的法律监督机关，有权对诉讼活动实行法律监督，但是现有的法律一般都没有规定监督对象的义务和不接受监督时的救济措施，以致法律监督的有效性难以保障。例如，1996 年修改后的《刑事诉讼法》第 87 条明确规定："人民检察院认为公安机关对应当立案侦查的案件而不立案侦查的，或者被害人认为公安机关对应当立案侦查的案件而不立案侦查，向人民检察院提出的，人民检察院应当要求公安机关说明不立案的理由。人民检察院认为公安机关不立案理由不能成立的，应当通知公安机关立案，公安机关接到通知后应当立案。"但是在实践中，检察机关就应当立案而公安机关不立案的刑事案件，向公安机关发出立案通知书，公安机关仍然不予立案的情况时有发生；有的公安机关在接到检察机关的立案通知书后，虽然予以立案，但立案后以各种理由不进行侦查，同样使犯罪的人没有受到应有的法律追究。对这种情况，检察机关更是束手无策。因此，优化检察权的配置，有必要对法律监督的对象接受监督的义务及其违反义务时的救济措施作出明确的规定，以保障检察权行使的有效性。

三是检察建议的强制性问题。检察建议是检察机关行使检察权的重要手段。这种手段，在维护国家法律的统一正确实施过程中，其预防功能远远大于惩戒功能，因而在实践中被普遍认可。但是这种手段由于在法律上缺乏明确的规定而缺乏权力属性，一些单位和人员认为，检察建议仅仅是一种建议而已，可睬可不睬。有必要像检察机关的抗诉权一样，将其上升为法律监督的一种法定手段，赋予其权力属性。当然，之所以使用"检察建议"这样一种称谓，是因为它的权力属性相当于侦查权、公诉权而言要弱一些，其功能是警示性的，使用的目的主要在于提请有关机关完善制度、改进工作、教育惩戒有关违法者，或者采取防止违法情况发生的措施。它作为国家权力行使的一种方式，应当具有一定的强制性。这种强制性具体表现为：收到检察建议的单位有义务对检察建议所提出的问题进行认真的研究，认为检察建议中提出的问题确实存在的，应当采取有效措施予以纠正；认为检察建议不当的，应当及时向检察机关说明情况。对检察建议置之不理的，应当引起对其不利的后果。

2. 立法的途径

为了解决上述两个方面的问题，需要补充修改相关的法律。其中最需要修改的是《人民检察院组织法》。

现行的《人民检察院组织法》是 1979 年 7 月 1 日第五届全国人民代表大会第二次会议通过、1983 年 9 月 2 日第六届全国人民代表大会常务委员会第二次会议通过《关于修改〈中华人民共和国检察院组织法〉的决定》修改的。该法共 3 章 28 条，第一章"总则"，第二章"人民检察院行使职权的程序"，第三章"人民检察院的机构设置和人员的任免"。其中，第一章第 5 条规定了人民检察院的职权，即"各级人民检察院行使下列职权：（一）对于叛国案、分裂国家案以及严重破坏国家的政策、法律、法令、政令统一实施的重大犯罪案件，行使检察权。（二）对于直接受理的刑事案件，进行侦查。（三）对于公安机关侦查的案件，进行审查，决定是否逮捕、起诉或者免予起诉；对于公安机关的侦查活动是否合法，实行监督。（四）对于刑事案件提起公诉，支持公诉；对于人民法院的审判活动是否合法，实行监督。（五）对于刑事案件判决、裁定的执行和监狱、看守所、劳动改造机关的活动是否合法，实行监督。"此外，该法第 6 条还规定："人民检察院依法保障公民对于违法的国家工作人员提出控告的权利，追究侵犯公民的人身权利、民主权利和其他权利的人的法律责任。"

三十多年来，我国法制建设不断发展，司法体制改革深入推进，现行人民检察院组织法的规定，在许多方面，尤其是在检察机关职权配置方面的规定，已经远远滞后于现行宪法、相关诉讼法的规定，不能适应检察工作实践和检察制度发展的需要。

第一，现行的人民检察院组织法未能反映我国法律体系完善过程中有关检察制度包括检察职权的规定。例如，与《人民检察院组织法》同时通过施行的《刑法》，从 1979 年通过施行到 1997 年，全国人大及其常委会先后通过了 23 个单行刑法，1997 年对刑法进行全面修改以来，全国人大常委会又先后通过了 8 个刑法修正案。同样是 1979 年通过的《刑事诉讼法》，1996 年进行了全面修改，2012 年再次进行了全面修改。这些法律与检察机关的职责具有极为密切的联系，其大量修改必然对检察机关的职权产生重大影响。此外，《人民检察院组织法》颁布施行以后全国人大及其常委会通过的一些法律也与检察机关的职权具有密切的关系，如民事诉讼法、行政诉讼法、人民警察法等，都赋予检察机关新的职权。这些职权，在人民检察院组织法规定的检察机关职权中也不可能包括。

第二，现行人民检察院组织法中关于检察职权的规定，有些提法与现行法律的规定不相符合，需要修改。例如，按照现行宪法的规定，检察机关是国家的法律监督机关，有关"政令统一实施"的问题已经超出了法律监督的范围；按照立法法的规定，"法令"已经不再是我们国家的法律渊源的一种形式；按照刑法的规定，"叛国案"已经被"背叛国家案"所代替；按照刑事诉讼法的规定，"免予起诉"制度早在 1996 年修改时就已经被废除；按照监狱法的规定，"劳动改造机关"早已被"监狱"所取代。为了保持法律规定之间的统一、协调，人民检察院组织法中有关检察职权的规定，应当根据有关法律的修改，作出相应的修改。

第三，在人民检察院组织法颁布施行 30 多年来的检察实践中，检察职权与法制建设不相适应的问题逐渐暴露出来，需要通过修改人民检察院组织法来补充完善检察机关的职权。如在检察工作实践和司法体制和工作机制改革过程中创造出来的检察建议、违法行为调查等方式，对于发挥检察机关法律监督的职能作用，维护国家法律的统一正确实施，具有重要的意义。其中，有些在法律修改过程中得到了肯定，如检察建议被 2012 年修改的民事诉讼法规定了检察机关对人民法院民事审判活动实行法律监督的一种手段[1]；有些在司法改革文件中得到了反映，如违法行为调查被司法改革文件规定为检察机关对司法工作人员在诉讼活动中的渎职行为实行法律监督的手段[2]；有些已经成为检察机关服务大局的措施被中央文件认可甚至赞许，如检察机关结合查办职务犯罪案件开展职务犯罪预防[3]。这些监督方式，需要通过人民检察院组织法的修改予以确认。

修改人民检察院组织法，应当重点从以下几个方面入手：

第一，完善关于检察权范围的规定。完善检察权的范围，我们认为，重点应当是以下三个方面：

---

〔1〕 2012 年修改后的《民事诉讼法》第 208 条规定："最高人民检察院对各级人民法院已经发生法律效力的判决、裁定，上级人民检察院对下级人民法院已经发生法律效力的判决、裁定，发现有本法第 200 条规定情形之一的，或者发现调解书损害国家利益、社会公共利益的，应当提出抗诉。地方各级人民检察院对同级人民法院已经发生法律效力的判决、裁定，发现有本法第 200 条规定情形之一的，或者发现调解书损害国家利益、社会公共利益的，可以向同级人民法院提出检察建议，并报上级人民检察院备案；也可以提请上级人民检察院向同级人民法院提出抗诉。各级人民检察院对审判监督程序以外的其他审判程序中审判人员的违法行为，有权向同级人民法院提出检察建议。"第 209 条规定："有下列情形之一的，当事人可以向人民检察院申请检察建议或者抗诉：（一）人民法院驳回再审申请的；（二）人民法院逾期未对再审申请作出裁定的；（三）再审判决、裁定有明显错误的。人民检察院对当事人的申请应当在三个月内进行审查，作出提出或者不予提出检察建议或者抗诉的决定。当事人不得再次向人民检察院申请检察建议或者抗诉。"第 210 条规定："人民检察院因履行法律监督职责提出检察建议或者抗诉的需要，可以向当事人或者案外人调查核实有关情况。"

〔2〕 最高人民法院、最高人民检察院、公安部、国家安全部、司法部《关于对司法工作人员在诉讼活动中的渎职行为加强法律监督的若干规定（试行）》第 2 条规定："人民检察院依法对诉讼活动实行法律监督。对司法工作人员的渎职行为可以通过依法审查案卷材料、调查核实违法事实、提出纠正违法意见或者建议更换办案人、立案侦查职务犯罪等措施进行法律监督。"

〔3〕 如国务院新闻办公室 2010 年发表的《中国的反腐败和廉政建设》白皮书中指出："人民检察院是国家的法律监督机关，担负着依法追究刑事犯罪、侦查国家工作人员贪污贿赂和渎职侵权等职务犯罪、预防职务犯罪、代表国家向人民法院提起公诉等职能。"（参见新华社北京 2010 年 12 月 29 日电）

一是取消关于"对于叛国案、分裂国家案以及严重破坏国家的政策、法律、法令、政令统一实施的重大犯罪案件，行使检察权"的规定。一方面，这项规定的立法理由随着社会转型和法治进步，已经不复存在。据参与《人民检察院组织法》起草工作的王桂五先生介绍，人民检察院组织法第 5 条第 1 项规定的检察叛国案、分裂国家案以及严重破坏国家的政策、法律、法令、政令统一实施的重大犯罪案件，是党和国家赋予检察机关的一项重要职权。这是总结了全国人民民主专政的经验，为了从法律上同反革命政治势力和分裂主义势力进行斗争而提出来的[1]。我国刑法已经取消了反革命罪，危害国家安全的犯罪，按照国家安全法的规定，由国家安全机关负责立案侦查，检察机关按照刑事诉讼法的规定承担着对这类犯罪提起公诉的职责。另一方面，这项规定也存在着不尽科学合理的地方。"检察权"是对检察机关各项职权的统称。本条规定的是检察机关的具体职权，用"行使检察权"来表述具体权能，含义不明确，并且与本条以下各项的表述方式不一致。从实践中看，检察机关对刑事犯罪案件包括"重大犯罪案件"，是根据刑事诉讼法的分工行使职权的，除了对职务犯罪案件有立案侦查的职权之外，对其他犯罪案件包括危害国家安全的犯罪案件，只有提起公诉的职权。而对刑事案件提起公诉的职权已经在该条第 4 项中包含了。因此，这个条款实际上是一个虚置的与现行法律相冲突的条款。即使是三十年前按照该条款的规定，最高人民检察院组成特别检察厅对林彪、江青反革命集团"行使检察权"，也只是行使了提起公诉的职权。随着法制建设的不断发展，继续保留这项规定，完全没有必要。

---

〔1〕 王桂五：《王桂五论检察》，中国检察出版社 2008 年版，第 50 页。

二是完善关于诉讼监督的规定。现行组织法规定了检察机关对公安机关的侦查活动和人民法院的审判活动是否合法实行监督的职权。但是按照现行刑事诉讼法的规定，检察机关在刑事诉讼中不仅承担着对公安机关的侦查活动和人民法院的审判活动实行监督的职权，而且对公安机关的立案活动、对司法机关及其工作人员阻碍当事人行使诉讼权利的行为实行监督的职权。此外，按照民事诉讼法的规定，检察机关对民事诉讼活动和民事判决裁定的执行活动，也具有监督的职权，对行政诉讼活动同样有权实行监督。三大诉讼法中有关检察机关对诉讼活动实行法律监督的规定，应当在人民检察院组织法中得到完整的反映。

三是增加对行政违法行为实行法律监督的规定。如前所述，缺乏对行政违法行为实行法律监督的职权，对检察权而言，是不完整的。并且，行政权不纳入法律监督的范围，不利于依法治国方略的全面实施，不利于法治政府建设，不利于树立行政权的公信力。因此，有必要在组织法中增加检察机关对行政违法行为实行法律监督的职权，包括对违反宪法和法律的行政法规提请全国人大及其常委会审查废止、对应当组织实施的法律采取不付诸实施的情况进行督促、对行政执法活动中严重违反法律的情况提出纠正意见、对危害公共利益的行政行为提起公诉等。

第二，完善关于检察机关管理体制的规定。按照现行宪法和人民检察院组织法的规定，最高人民检察院领导地方人民检察院和专门人民检察院的工作，上级人民检察院领导下级人民检察院的工作。人民检察院依照法律规定独立行使检察权，不受其他行政机关、团体和个人的干涉。但是在实践中，这些规定难以真正落实。一方面是因为地方各级人民检察院的检察长由同级人民代表大会选举和罢免，副检察长、检察委员会委员、检察员由同级人民检察院检察长提请本级人民代表大会常务委员会任免。而这种选举和任免权缺乏必要的限制，容易成为地方党政领导控制检察机关的一种手段。[1]另一方面是因为检察机关的财政经费完全由地方政府说了算。为了从制度上保证宪法原则的贯彻落实，在不改变现有领导体制的情况下，建议在人民检察院组织法中明确规定：人民检察院检察长、副检察长、检察委员会委员、检察员，由上一级人民检察院检察长提名，所在地人民代表大会选举或者任命。这样规定，既没有改变人民代表大会的选举权和任免权，也可以保证上级人民检察院在领导下级人民检察院工作的同时，享有对下级人民检察院人事管理的职权，以保证工作上的领导权的实现。同时，关于检察机关的经费预算，应当在人民检察院组织法中作出明确的规定，即国家保障人民检察院的财政供给；各级人民检察院的经费预算，由同级人民代表大会批准；地方财政困难的，由最高人民检察院提请全国人民代表大会从中央财政中予以补贴。这样规定的理由，一是宪法规定，人民检察院是国家的法律监督机关，检察机关的经费应当由国家保障。而我们国家实行人民代表大会下"一府两院"的政权组织形式，"一府两院"的财政预算就应当分别提请人民代表大会审查批准。二是独立的财政预算有利于从制度上保证检察权行使的独立性。在基本生存问题上受制于人，必然在行使职权方面要看人家的脸

---

〔1〕 虽然人民检察院组织法规定，同级人民代表大会选举出的人民检察院检察长，须报上一级人民检察院检察长提请该级人民代表大会常务委员会批准，但这种事后提请的规定很难落实。如果上一级人民检察院检察长不同意下一级人民代表大会的选举结果，检察机关即会处于一种十分尴尬的境地。况且，法律也没有规定这种情况的解决办法。所以这种限制性规定在实践中很难落实。

色行事。因此，要从制度上保证检察机关依法独立公正地行使检察权，就有必要在法律上明确规定检察机关的独立预算权。

第三，修改完善关于检察机关行使职权的手段与程序的规定。现行人民检察院组织法专章规定了人民检察院行使职权的程序。由于人民检察院组织法主要是规定了检察机关在刑事诉讼中的职权，所以这些程序性的规定也主要是有关刑事诉讼的程序。而检察机关在刑事诉讼中的职权如何行使，新的刑事诉讼法已经有明确的规定，人民检察院组织法中有关程序的规定就显得多余，并且与刑事诉讼法的规定不完全吻合，因此有必要删除。但是，首先，人民检察院组织法中规定了检察机关的监督职权（尽管不够完整），三大诉讼法也都规定了检察机关对诉讼活动实行法律监督的职权，警察法规定了人民警察执行职务的活动受人民检察院的监督。但是如何行使这些职权，在诉讼法或有关法律中并没有明确具体的规定，有必要在人民检察院组织法中对检察机关行使监督职权的程序作出具体规定。其次，三大诉讼法规定了检察机关"有权"对诉讼活动实行法律监督，但没有规定监督的具体手段。《人民检察院组织法》第6条规定，"人民检察院依法保障公民对于违法的国家工作人员提出控告的权利，追究侵犯公民的人身权利、民主权利和其他权利的人的法律责任"，但也没有规定检察机关通过什么手段来保障公民的这项权利。对构成犯罪的，检察机关可以立案侦查；对不构成犯罪的，检察机关就缺乏保障的手段。检察工作实践和司法改革过程中创造出的一些监督手段，尽管实践检验是行之有效的，并且得到其他机关认可的，应当通过立法的方式在人民检察院组织法中加以明确规定。如违法调查的手段，应当在人民检察院组织法中加以确认，并规定违法调查的基本程序。最后，检察建议作为法律监督的一种有效方式，在预防职务犯罪、参与社会治安综合治理、防止违法情况再次发生等方面发挥了很好的作用，但缺乏必要的法律依据。虽然在民事诉讼法已经得到确认，但因民事诉讼只是检察机关行使职权的一个领域，难以推而广之。有必要通过人民检察院组织法的修改，把检察建议上升为法定的监督方式，并赋予其一定的法律效力。

第四，明确规定检察权所及对象的义务。人民检察院组织法在规定检察机关的监督职权时，没有明确规定监督对象的义务，以致对检察机关的授权成为一种不完整的授权。由于监督对象没有接受法律监督的法定义务，检察机关实行法律监督的活动，在很大程度上就取决于监督对象是否愿意接受监督。如果监督对象愿意接受检察机关的监督，法律监督才能发挥法律效力；如果监督对象不愿意接受检察机关的监督，法律监督就可能被虚化。因此有必要在规定检察机关法律监督的对象、范围和程序的同时，对监督对象的义务，甚至包括监督对象不接受法律监督的救济措施，在人民检察院组织法中作出明确的规定。在这个方面，刑事诉讼法通过对实践经验的总结，已经作了一些改进。如2012年修改后的《刑事诉讼法》第93条在规定人民检察院对羁押必要性进行审查的职权时，就明确规定"有关机关应当在十日以内将处理情况通知人民检察院"。但是这种情况目前毕竟只是个例，有必要在人民检察院组织法中对监督对象接受监督的义务作出明确的规定。

在这方面，独联体国家的立法值得我们借鉴。如1999年2月10日修订的《俄罗斯检察院法》在总则第6条"检察员提出的要求必须执行"中就规定："1. 检察员依据联邦法第22、27、30、33条之规定提出的要求，必须在规定的时限内无条件地执行。2. 为实施检察职能，对检察员和侦查员所要求的统计资料、有关信息、查询文件及其副本，必须无代价地提供。3. 不执行检察员和侦查员提出的要求，或逃避其传唤，必须承担法律责任。"第 24 条在规定"检察建议"时，也明确规定："检察长或副检察长提出的消除违法的建议，应向有权消除违法现象的机关或公职人员提出。对检察建议必须紧急进行研究。自提出检察建议之日起，应在一个月之内采取具体措施消除违法现象，查找促成违法的原因和条件，并对采取措施后的效果书面告知检察长。"又如，《白俄罗斯共和国检察官法》在规定检察机关"对法院的决定进行监督"时，就使用了七个条文详细规定了监督的对象、职权、手段等。其中包括检察长有权"在其权限范围内，从法院调取任何一个（一组）已作出生效判决、裁定、裁决或决议的案件的卷宗，提出抗诉意见"。这些法律规定，可以说，既是对检察机关履行监督职能的实践经验的科学总结，也是保障检察机关监督的有效性的法律基础，是发挥监督的作用所必需的。当然，我们并不是要完全照搬他国的做法，而是应当遵循法律监督的一般规律，从中国的实际情况出发，对检察机关法律监督的职权、行使这种职权的方式以及这种职权对监督对象的拘束力，作出明确的法律规定。只有这样，才有可能充分发挥法律监督在维护公平正义、保障法律正确实施中应有的作用。

除了人民检察院组织法之外，也需要对其他有关法律作出相应的补充修改。如果组织法赋予检察机关对行政违法行为提请公诉的职权，那么，在行政诉讼法中就需要对行政公诉的具体程序作出规定；如果人民检察院组织法赋予检察机关对行政违法行为实行法律监督的职权，在有关行政法律中就需要对这种职权适用的范围、程序以及有关对象的义务作出具体的规定，以明确检察机关在行政执法活动中行使检察权的具体方式。

(二) 深化司法体制改革

体制问题，总是涉及不同组织之间以及同一组织内部不同部门之间的权力关系。通过司法体制改革，优化检察机关与其他国家机关之间的权力关系以及检察机关内部不同部门之间的权力关系，是检察权优化配置的重要方面。这是因为，第一，检察权是在国家权力架构的总体框架内配置的。检察权与其他国家权力之间必然存在着此长彼短的关系。检察权的范围必然影响到其他国家权力的范围。第二，任何权力总要触及一定的对象。检察权作为国家的法律监督权，要对其他国家机关实施法律的情况实行法律监督，就必然要与其他国家机关的权力发生碰撞，形成监督与被监督的关系。并且检察机关作为人民代表大会产生并向人民代表大会负责的国家机关，与人民代表大会之间也必然发生授权与被授权的关系。第三，检察权不可能在真空中运行。检察权在运行过程中必然要受到其他国家权力运行的制衡，与之发生一定的关系。科学合理地安排这些权力关系，并不断解决这些权力关系中出现的问题，既是政治体制改革的主题，也是检察权优化配置过程中难以回避的课题。只有正确处理这些权力关系，才能优化检察权的配置，更好地发挥检察权的功能作用。

通过司法体制改革来优化检察权的配置，应当从以下几个方面入手：

1. 从制度上保证依法独立公正行使检察权

从制度上保证检察机关依法独立公正行使检察权，是十五大以来党中央一直强调的司法体制改革的目标，也是始终没有解决的重大问题。党的十八大进一步强调要通过司法体制改革"确保"检察机关依法独立公正行使检察权。这个问题，既涉及依法独立行使检察权的问题，也涉及依法公正行使检察权的问题。虽然独立并不意味着必然公正，但独立毕竟是公正的先决条件。没有独立就谈不上公正。因此，实现四次党代会确定的司法体制改革的目标，首先是要从制度上保证检察机关依法独立行使检察权，当然同时也要通过内部的工作机制改革解决依法公正行使检察权的问题。

从制度上保证检察机关依法独立公正地行使检察权，需要重点解决三个问题：

（1）加强和改善党对检察机关的领导

我们的国家是共产党执政的国家，党的领导是政治制度的重要特色。检察机关必须接受党的领导，这是不可动摇的政治原则。但是党如何领导检察机关的工作则是可以研究的，也是需要不断改进和完善的。在这方面，我们认为，需要重点解决四个方面的问题：

一是认识问题。长期以来，在观念上，地方党委、政府都是把法院、检察院作为自己领导下的一个工作部门，无论哪项工作，都会像要求其他部门一样要求法院、检察院参与，领导方式、考核模式，以及对法官、检察官的考评机制和福利待遇，都按照相同的标准进行，司法的特殊性常常被淹没在"国家机关工作人员"的统一管理之中。要推进依法治国，就必须改变这种观念，学会运用法治思维和法治方式深化改革。要认识到国家法律是党领导人民制定的，是党的主张和人民的意志上升为国家意志的结果。检察机关作为国家的法律监督机关，依法行使检察权是其职责所在。各级地方党委要尊重检察机关依法履行职责，要放权检察机关按照检察工作的规律管理检察队伍。并且，地方党委的领导体现党的领导，检察机关党组的领导，同样体现着党的领导，都是贯彻执行党中央制定的路线方针政策。[1]

二是党领导司法工作的方式问题。加强和改进党的领导，目的是确保检察机关依法独立公正行使检察权，因此，党的领导应该是方针政策上的领导，而不应当是法律适用上的领导。对具体案件的处理权应当由司法机关依照法律规定和法定程序独立办理，不应当要求检察机关办理的每一个案件都要向地方党委请示报告，都要按照地方党委的具体指示办案。为此，应当改变党的纪律检查部门直接查办职务犯罪案件的做法，凡是涉及触犯国家法律的犯罪案件，不论涉嫌犯罪的主体是否具有党员身份，都应当按照法律规定由检察机关统一受理，依照法定程序进行追究。党的纪律检查部门在查办党员违纪案件中发现其行为构成犯罪的，应当及时移送司法机关，由司法机关依法处理而不应当用违纪代替法律，更不应当由党的纪律检查部门决定是否需要追究法律责任。

三是党委与党组的分工问题。地方党委和检察机关的党组，都是党的组织，党组的领导与党委的领导，都代表着、体现了党对检察工作的领导。因此，地方党委与检察机关的党组在领导检察工作方面应当具有适当的分工。党委领导检察工作的重点，应当是通过同级人大及其常委会任免检察人员，监督检察机关的工作；督促地方政府为检察机关提供经费和良好的执法环境，保障检察工作的开展。检察机关的队伍建设，包括检察人员的录用、管理、选拔任用等应当由上一级检察机关的党组来负责。因为检

---

[1] 从理论上讲，检察权属于国家事权，特别是在单一制国家，检察机关要维护国家法律的统一正确实施，就必须实现一体化的领导体制和工作机制。但是从我们国家目前的实际情况看，实现检察机关的人财物全部由中央机关管理和供给，无论是在观念上还是在制度上都还有很长的路要走。所以本文采取了具有行使可能性的改良路线，建议在这个问题上先迈出关键性的第一步，然后再进一步完善。

察机关的党组，与地方党委相比，更了解检察机关的工作需要和工作规律，更了解检察人员的政治素质和业务水平，从而更有条件管理好检察队伍。检察机关的具体工作特别是具体案件，应当在本级检察机关党组的领导下，按照法律规定实现管理。

四是检察机关的干部管理问题。如前所述，现行的管理体制是人民检察院的检察长由同级人民代表大会选举、由上一级人民检察院检察长提请该级人民代表大会任命；副检察长、检察委员会委员、检察员都是由同级人民代表大会常务委员会任免的。为了保证这种任免的正确性，按照"党管干部"的原则，地方各级人民检察院检察长的人选主要是由地方党委考察提名的，其他检察人员的考察任免也都是由地方党委负责的，甚至检察机关的干部职数、人员录用、晋升都由地方党委说了算。有的地方甚至规定，没有地方党委政法委的同意，地方党委不考虑检察机关的干部问题。这种干部管理制度，使检察人员包括检察长的政治前途完全控制在地方党委手中，检察机关在法律授权的范围内处理具体案件时如果受到地方权力的干预，缺乏与之抗衡的力量，不得不按照地方党委甚至是地方党委个别领导的意志办事。特别是在检察机关查办职务犯罪案件的过程中，地方党委让查，检察机关才敢查，地方党委不让查，检察机关就不敢查的现象，普遍存在。而地方党委对案件的管理，在很多情况下实际上只是党委个别领导人的意志。在这种干部管理制度的基础上，形成了检察机关查办职务犯罪案件要向地方党委请示汇报的制度，进一步强化了地方党委对检察机关查办职务犯罪案件的领导权。在实践中，检察机关查办的职务犯罪案件往往都涉及地方党委提拔任命的干部，这些人与地方党委的领导人难免具有千丝万缕的联系。这为司法公正公平造成了很大的障碍。因此，不解决这个问题，"上级人民检察院领导下级人民检察院的工作"的宪法原则就难以落实。为了解决这个问题，我们建议，在不改变宪法规定的人民代表大会选举、任免检察人员制度、不改变党管干部原则的前提下，通过加强和改善党管干部的具体方式，解决检察权地方化的问题，保证检察机关依法独立行使检察权。

一个基本的共识是：地方党委的领导是党的领导，检察机关党组的领导也是党的领导。为了落实宪法规定的最高人民检察院领导地方各级人民检察院的工作，上级人民检察院领导下级人民检察院的工作的原则，按照管人与管事相统一的原则，检察机关的干部管理问题应当由以地方党委管理为主改变为以上级人民检察院党组管理为主，即下级人民检察院检察长的人选应当由上级人民检察院党组提名，征得下级检察院的同级党委同意后提请人民代表大会选举，下级人民检察院的副检察长、检察委员会委员、检察员由上级人民检察院党组考察提名，征得下级检察院的同级党委同意后提请人民代表大会常务委员会任命。如果地方党委不同意上级人民检察院党组的提名，应当说明理由，由上级人民检察院党组决定是否重新考察提名。这样一种管理制度，只是一个管理权限的变更，既不需要改变宪法规定的选举任免制度，也不改变党管干部的原则。但是这样改革以后，可以有效地避免检察权的行使受地方个别领导人干预的问题，包括受地方利益影响的问题；可以有效地加强检察机关对地方权力行使过程中的违法情况实行法律监督；可以从制度上解决检察权行使中的公平公正问题。

与之相联系的是，取消检察机关查办职务犯罪案件向地方党委请示汇报的制度，改为向上级人民检察院党组请示汇报制度。职务犯罪要案向地方党委请示汇报制度是为了加强党对检察机关查办的领导干部职务犯罪案件的领导。但是在实践中，一是存在多头汇报、多重汇报的问题。检察机关对领导干部职务犯罪案件，不仅要向地方党委的主要领导汇报，还要向地方党委纪检监察部门汇报、向地方党委政法委汇报，容易造成执法办案线索的扩散。二是请示汇报制度的范围、程序不明确。有的地方党委不仅要求检察机关对查办的领导干部职务犯罪案件请示汇报，而且要求对一般党员干部甚至私营企业领导人涉嫌犯罪的案件也要请示汇报。汇报以后地方党委是否答复、什么时间内地方没有规定。有的地方党委对于检察机关请示汇报的案件三五年不予答复，检察机关不知道到底让不让查办。三是有的党政领导干部借请示汇报制度干预检察机关查办职务犯罪案件。对于希望检察机关查办的案件，有关领导人及时、积极地要求检察机关坚决依法查办，对于不希望检察机关查办的案件，即使证据证明有重大犯罪嫌疑，也不同意检察机关立案侦查，或者迟迟不予答复，导致选择性执法。

检察机关查办职务犯罪案件的工作，本身是检察机关的一项重要工作，按照上级人民检察院领导下级人民检察院的工作的宪法原则，下级人民检察院查办的职务犯罪案件，就应当向上级人民检察院汇报，并接受上级人民检察院的领导。向地方党委请示汇报查办职务犯罪案件的工作，在一定程度上削弱了上级人民检察院对检察工作的领导权，不利于检察机关依法独立公正地行使检察权。因此，在推进依法治国的大背景下，有必要改变原有的要案请示汇报制度。为了体现党的领导，减少案件线索的扩散范围，可以考虑向上级人民检察院党组汇报。

（2）检察机关的经费保障问题

经费保障对不具有创收功能的国家机关而言，实际上就是生存保障的问题。检察机关的经费由谁来供给，谁就掌握了检察机关的命脉。检察机关作为国家的法律监督机关，检察机关的经费就应当由国家来供给，而不是由地方政府来供给。但是由于我们国家目前还处在社会主义初级阶段，国家财政实行"分灶吃饭"的政策，检察机关的经费在很大程度上是由地方财政供给的，并且是由地方政府预算的。这在一定程度上就使检察机关不能不看政府特别是政府主要领导人的脸色办事，从而影响到检察权的依法独立行使。

这种状况可以考虑从两个方面来改善：一方面，改变经费预算的方式，即把政府预算检察机关的经费改为检察机关根据地方经济发展状况和检察工作的实际需要编制经费预算，直接由人民代表大会审查批准，地方政府按照人民代表大会批准的预算予以保障。这样改革的理由，一是我们国家实行人民代表大会下"一府两院"的政权组织形式，"一府两院"的财政预算就应当分别提请人民代表大会审查批准。这样改革，可以更好地体现检察机关由人民代表大会产生、向人民代表大会负责的政治制度。二是独立的财政预算有利于从制度上保证检察权行使的独立性。在基本生存问题上受制于人，必然在行使职权方面要看人家的脸色行事。经费预算不受地方政府的控制，可以有效地防止地方政府个别领导人利用经费供给权干预检察权的行使，特别是防止个别领导人用经费问题在查办职务犯罪案件中要挟检察机关。另一方面，加大中央财政包括省级财政对基层检察院的经费支持力度，使检察机关不完全依靠地方财政"过日子"。这样做，可以有效地防止由于地方财政供给的不平衡影响到检察权行使的公正性和公平，并且可以逐步向国家统一解决检察机关的经费问题过渡。

（3）职务犯罪案件的管辖问题（略）

2. 完善检察机关与其他政法机关的关系

《宪法》第 135 条规定："人民法院、人民检察院和公安机关办理刑事案件，应当分工负责，互相配合，互相制约，以保证准确有效地执行法律。"这个规定，表明了检察机关与审判机关、公安机关在办理刑事案件中的权力关系。据此，人们一般认为，公、检、法三机关的关系是"分工负责、互相配合、互相制约"的关系。其实，这种关系只是三机关关系的一种，并且按照宪法的规定，只限定在"办理刑事案件"中。就整个刑事诉讼活动而已，检察机关与审判机关、公安机关之间，不仅具有"分工负责、互相配合、互相制约"的关系，而且还具有监督与被监督的关系。因为《刑事诉讼法》第8条明确规定"人民检察院依法对刑事诉讼实行法律监督"，从刑事诉讼法的具体规定看，对刑事诉讼的法律监督主要是对公安机关、审判机关和刑罚执行机关执行法律的活动实行法律监督的，由此就产生了检察机关对其他机关的法律监督问题。在刑事诉讼法之外，民事诉讼法、行政诉讼法也都分别规定了检察机关对民事诉讼、行政诉讼的监督职责，产生了检察机关与有关国家机关之间的监督与被监督的关系。如何处理这种监督与被监督的关系，并不是检察机关自己可以解决的问题，需要通过司法体制改革，在有关机关达成共识的基础上，共同制定规范性文件来解决。这些规范性文件在实践的基础上如果条件成熟便可以上升为法律规范。

从目前的实际情况看，需要通过司法体制改革重点解决以下几个方面的问题：

（1）配合与制约的问题

在办理刑事案件的过程中，法律对公、检、法三机关的职责作了明确的区分。从理论上讲，各机关按照刑事诉讼法的分工，各自履行职责，互相配合，互相制约，是没有问题的。但是在实践中，一方面，由于刑事案件的复杂性，可能导致权力界限不明或交叉的问题。例如，同一个主体实施的犯罪，既有公安机关管辖的案件，也有检察机关管辖的案件；或者同一个案件，既涉及国家工作人员利用职权实施的犯罪，又涉及非国家工作人员与职务无关的犯罪，都面临着一个由哪一个机关来侦查的问题。而如果检察机关与公安机关同时都对该案件进行侦查，由面临着如何处理两个机关关系的问题。另一方面，由于刑事诉讼的任务是共同的，并且都是行使公权力的机关，彼此之间如何有效地配合以便共同完成刑事诉讼的任务，往往因为认识上的分歧甚至部门之间的矛盾而存在不同的态度和做法，有时甚至影响到刑事诉讼的顺利进行。有必要在法律规定的范围内通过彼此之间的协调配合来具体规范各方的活动。譬如，检察机关管辖的职务犯罪案件中有时会涉及公安机关管辖的普通刑事犯罪，公安机关管辖的普通刑事案件中有时也会涉及职务犯罪。在一方侦查的案件涉及另一方管辖的案件时，如何移送案件，就需要在共识的基础上相互配合。再如，审判活动必然要对侦查活动和审查起诉活动进行审查，如果发现案件的证据存在瑕疵，是直接宣判被告人无罪还是在开庭前提示检察机关补充证据或者进行必要的补正以保证证据的合法性、有效性，也涉及审判机关与侦查机关、检察机关的配合问题。在这方面，目前遇到的问题，一是互涉案件的管辖权问题，即公安机关办理的案件涉及检察机关管辖的案件，或者检察机关办理的案件涉及公安机关管辖的案件，如何处理？二是互相配合中的问题，即检察机关侦查的案件，需要逮捕犯罪嫌疑人或者需要使用技术侦查措施等，按照法律规定，检察机关作出决定后交由公安机关执行，但是公安机关本身存在着案多人少的矛盾，自己办理的案件有时还应接不暇，更难以顾及检察机关办理的案件。如果遇到这种情况，检察机关能否代行公安机关的职权？三是救济措施问题，即在互相制约的环节上，公安机关不服检察机关的决定，或者检察机关不服审判机关的决定（除判决裁定可以抗诉的以外）时，如何处理？这些问题，需要通过司法体制改革来解决。

（2）法律规定的监督措施如何贯彻实施的问题

在三大诉讼法中，特别是在刑事诉讼法中，明确规定了检察机关对诉讼活动实行法律监督的具体职责。检察机关履行这些具体的监督职责，需要有关机关的配合和支持。如《刑事诉讼法》第111条规定："人民检察院认为公安机关对应当立案侦查的案件而不立案侦查的，或者被害人认为公安机关对应当立案侦查的案件而不立案侦查，向人民检察院提出的，人民检察院应当要求公安机关说明不立案的理由。人民检察院认为公安机关不立案理由不能成立的，应当通知公安机关立案，公安机关接到通知后应当立案。"在实践中，检察机关要求公安机关说明不立案的理由时，如果公安机关不予理睬，或者检察机关通知公安机关立案时，公安机关不予立案或者立案后不积极主动地开展侦查，检察机关如何处理与公安机关的关系，就需要检察机关与公安机关联合作出规定。

（3）法律的原则规定如何具体落实的问题

三大诉讼法都在总则中原则规定了检察机关对诉讼活动实行法律监督的职责。除了法律中明确规定的以外，检察机关能否有效地履行这些职责，既需要检察机关自身的规范和努力，也离不开公安机关、审判机关的配合。如果检察机关的法律监督得不到有关机关的认可，就很难发挥作用。但是要取得有关机关的认可，没有一个权威性的规则是不行的。而这样的规则就需要有关机关共同来制定。

3. 规范检察机关内设机构的设置

机构是同职权紧密联系的。法律赋予检察机关的职权必须通过检察机关的内设机构来行使。检察机关内设机构的改革，不仅直接关系到检察职权的行使，而且必然影响到检察机关的人事管理制度和检察权的运行机制，影响到检察机关法律监督整体能力的提升，具有牵一发而动全身的功效。

如前所述，目前检察机关的内设机构既存在着职权划分标准不统一的问题，也存在着职能交叉重叠的问题，需要通过改革进一步规范。而内设机构的乱象背后涉及三个方面的问题：一是检察机关与地方党委、政府的关系。检察机关的内设机构以及人员编制掌握在地方党委、政府手里，各个地方的检察机关为了增加机构，就需要寻找能够说服政府编制部门的理由，以致从全国来看，新增设的内设机构名称不一致。二是对检察人员的行政化管理。由于检察人员的职务晋升甚至检察官序列的认定，都要通过行政级别的提高来实现，行政级别达不到一定的级别，无论业务能力多强、资历多老，都不能晋升上一个级别的检察官，所以每个检察院都希望本单位的行政职数越大越好，以便为更多的检察人员解决行政级别问题。于是就会千方百计地申请内设机构，通过增加内设机构来增加领导职数，以致不到 50 人的检察院，也要设置 10 多个内设机构。三是对检察权分解的不同理解。法律赋予检察机关的职权，有一个内部再分解的问题。而内设机构的设置正是根据检察权的内部分解来进行的。在全国检察机关缺乏对检察权的统一分类的情况下，各地检察机关根据自己的理解来分解检察权，并据以设置内设机构，必然由于认识上的不同而出现不同的分类，设置不同的内设机构。

因此，改革和规范检察机关的内设机构，需要从三个方面入手：

一是改革检察机关内设机构的设置和人员编制由地方党委、政府管理的体制。由于检察机关的国家的法律监督机关，在全国范围内自上而下地设立，并且实行"上级人民检察院领导下级人民检察院的工作，最高人民检察院领导全国各级人民检察院和专门人民检察院的领导"的领导体制，因此检察机关的机构设置和人员编制，应当由最高人民检察院制定统一标准，以保证对法律赋予检察机关的职权及其分解作出统一的理解，对检察机关内设机构的数量、规格作出统一的规定[1]。

二是统一核定和规范检察机关的内设机构。如果说，1979年制定《人民检察院组织法》时，对各级检察机关应当分别设立哪些内设机构还缺乏深刻的认识的话，那么，经过30多年的实践，检察机关应当设立哪些内设机构、分别行使什么样的检察职权，应该有了规律性的认识。对各级检察机关的内设机构，应当制定统一的规范和标准，以便把全国各级检察机关内设机构的设置包括人员编制，纳入法治化的轨道，进行规范化的管理，结束"八仙过海各显神通"的状况。

三是科学分解检察职权，合理设置内设机构。首先，要对法律赋予检察机关的各项职权进行系统梳理，全面认识检察机关依法享有的职权，防止出现法律赋予检察机关的某些职权长期没有机构行使的状况继续存在。其次，要对法律赋予检察机关的职权，按照其性质、特点和要求，进行科学的分类，并按

---

〔1〕 这种统一规定当然要考虑到各地的实际情况。对不同地方检察机关的实际情况特别是检察工作的需要，应该是最高人民检察院比地方党委、政府更了解。因为最高人民检察院要了解各级人民检察院的工作情况，当然包括对工作中的实际情况的了解，并且容易把握全国地方之间的平衡。而地方党委、政府不具体管理检察工作，对检察工作的实际需要的了解，主要是听取检察机关的汇报，并且不可能考虑到其他地方检察机关的情况，难以进行必要的比较权衡。

照检察职权的不同类型划分内设机构的基本框架。最后，要本着有利于优化检察权的内部配置，确保全面行使检察职权；有利于整合检察资源、提高工作效率，有利于加强内部监督、防止权力滥用的原则，并适当考虑不同级别检察机关的工作需要和人员编制情况，确定检察机关内设机构的设置，包括内设机构的数量、名称、职权范围、编制以及相互关系。

4. 改革检察人员的职业保障制度

检察人员的职业保障问题，虽然本身并不涉及检察权的配置，但是由于检察权永远是通过检察人员来行使的，因而检察人员的职业保障问题直接影响到检察权的行使。如果检察人员的职业缺乏必要的保障，检察机关就很难要求检察人员爱业敬岗，积极主动地、认真负责地履行职责。特别是对于这种具有一定风险的职业[1]，如果缺乏必要的职业保障，更难以使检察人员刚直不阿地严格依法行使职权，难以抵御来自各个方面的干预。检察人员的职业如果缺乏必要的保障，就会迫使他们利用检察权寻求庇护，包括寻求政治上的庇护或者经济上的利益，妨害检察权的正确行使。因此，研究检察权的配置，作为配套措施，不能不关注检察人员的职业保障问题。

但是，检察人员的职业保障问题并不是检察机关自身所能够解决的问题。检察人员的职业保障涉及国家对司法人员的管理体制，因而应当成为司法体制改革重点解决的问题之一。

关于检察人员的职业保障，《检察官法》作了明确地规定。

---

〔1〕 检察工作是一种高风险的职业。无论是查办职务犯罪案件还是履行审查批准逮捕的工作，无论是对犯罪嫌疑人提起公诉还是对司法机关及其工作人员的违法行为进行监督，都可能遇到各种各样的阻挠和干预。特别是查办职务犯罪案件的工作，在缺乏职业保障的情况下，案件还没有办完，办案的检察官就可能被莫名其妙地调离工作岗位。

这方面的规定包括：检察官依法享有的权利[1]、检察官的等级、检察官的工资保险福利等。但是从实际情况看，无论是1995年制定的检察官法，还是2001年修改后的检察官法，对检察官的职业保障问题，都没有被切实贯彻执行。除了检察官之外，其他检察人员的职业保障问题，更是几乎无人问津。

这是因为，长期以来，我们国家在观念形态上，始终把检察人员作为一般的国家机关工作人员对待，没有充分考虑这种职业的特殊要求和风险，以致在制度设计上对检察人员的职业保障问题没有给予应有的重视。与之相联系，在公务员法出台以后，检察人员被视为国家公务员的一个类别，按照一般公务员对待，其职业保障也就自然而然地按照一般公务员对待。这种状况，既不适应检察职业的特殊需要，也不利于检察队伍的专业化建设，有必要通过司法体制改革予以改变。

检察人员的职业保障所要解决的主要问题：一是如何保障其职业尊荣。检察官要依法独立公正行使职权，就必须具有高度的职业尊荣，让他们既热爱检察职业，又具有较高的职业荣誉感，珍视自己的职业，慎重对待自己手中的权力。检察官如果没有职业尊荣，就会把自己混同于普通的公务员甚至一般群众，就难免利用手中的权力牟取私利，国家和社会都难以要求他刚直不阿、铁面无私、执法如山，法律监督的作用也就难以充分发挥。而保障检察官的职业尊荣，一方面应当给予其高于一般公务员的工资福利待遇，让其感受到与高待遇相联系的高

---

〔1〕《检察官法》第9条：检察官享有下列权利：（一）履行检察官职责应当具有的职权和工作条件；（二）依法履行检察职责不受行政机关、社会团体和个人的干涉；（三）非因法定事由、非经法定程序，不被免职、降职、辞退或者处分；（四）获得劳动报酬、享受保险、福利待遇；（五）人身、财产和住所安全受法律保护；（六）参加培训；（七）提出申诉或者控告；（八）辞职。

要求，促使其珍惜自己的职业。为此，应当建立不同于一般公务员的发挥检察工作特点的检察官职务和职级序列，实行独立的工资标准和福利，并尽可能地减少在不同地区、不同级别检察机关工作的检察人员工资和福利待遇方面的差别，使其能够安心地在检察岗位上工作，并树立对职业的尊荣和社会上其他人对检察官的尊重。另一方面应当给予其在严格依法履行职责的情况下能够晋升的空间，让其认识到只要努力工作秉公执法就会有前途，而没有必要去阿谀奉承他人，更不需要利用手中的权力来牟取私利。二是如何保障其不因秉公执法而丢掉职业。虽然检察官法规定，检察官"非因法定事由、非经法定程序，不被免职、降职、辞退或者处分"，但是在实践中，检察官因依法履行职责而被莫名其妙地变动工作岗位的情况时有发生，检察官因秉公执法而采取被压制的情况更不鲜见，甚至有的检察长因为查办职务犯罪案件，在任期内被调离检察机关的情况也时有发生。为防止这种情况的继续，真正保障检察官不因秉公执法而给自己带来不利后果，有必要按照检察官法的已有规定，设立检察官考评委员会（检察官法第51条），负责对检察官工作情况的考评，并确立非经检察官考评委员会的决定不得对检察官给予免职、降职、辞退等处分，非经检察官考评委员会认定其不称职不得将检察官调离岗位的制度，任何人不得强迫检察官辞职。三是保障其正常退休以后的生活待遇。如果检察官正常退休以后其福利待遇大幅度降低，他就有可能利用在职时的职权为退休以后牟取私利。因此有必要从制度上保证检察官只要在岗时秉公执法，没有严重失职渎职情况，其退休以后还能够过上衣食无忧的体面的生活，以解除其后顾之忧。

当然，解决这些问题，需要进一步提高检察官的任职门槛，需要提高检察官在行使检察权中的主体地位，也需要提高整个社会特别是领导层对检察官职业特殊性的认识。

（三）完善检察机关内部工作机制

完善检察机关内部的工作机制，是优化检察权内部配置的主要途径。通过检察机关内部工作机制的改革，解决检察权在检察机关内部的优化组合，整合检察资源，是保证检察权依法公正行使，防止检察权滥用，不可或缺的重要方面。

机制，必然是一个整体。[1] 需要运用整体思维来协调解决各个部分之间的关系。如果检察改革只是一个一个孤立的单项的改革，就很难说是机制性的改革。2009 年，最高人民检察院提出了 40 项改革任务并将其分解为 87 个子项目。这些改革项目，从检察工作的实际看，每一项都是必要的。但是如果不能从整体上统筹解决它们之间的关系，每一项改革都很难实现改革的目的。1998 年最高人民检察院曾在全国检察系统推行"主诉检察官办案责任制"。这项改革对于调动检察官的办案积极性，提高检察人员的业务素养，改善原有的办案模式，起了很好的作用。但是，到后来，最高人民检察院自己都坚持不下去。其根本原因就在于没有相应的配套措施与之同行。因此，完善检察工作机制，必须着眼于检察权运行的整体，综合考虑相关的改革措施。

检察权的运行机制[2]，从宏观上看，主要有两个方面：一

---

〔1〕 "运行机制，是指在人类社会有规律的运动中，影响这种运动的各因素的结构、功能、及其相互关系，以及这些因素产生影响、发挥功能的作用过程和作用原理及其运行方式。是引导和制约决策并与人、财、物相关的各项活动的基本准则及相应制度，是决定行为的内外因素及相互关系的总称。"载 http：//baike. baidu. com/veiw/2068791. htm.

〔2〕 检察权，在广义上，不仅包括检察机关在履行职责中行使的案件办理、业务规范等方面的职权，而且包括检察机关在内部管理中行使的人事、财务、行政等方面的职权。本节论述工作机制，所以此处的检察权运行机制主要是指检察业务工作机制而言的。

是检察权在同一个检察院内部的运行机制；二是检察权在上下级检察院之间的运行机制。检察权在同一检察院内部运行，首先需要由办理案件的基本单元，来承载检察权的行使；其次要有检察权行使的工作流程。检察权行使的具体主体及其相互关系明确了，责任才能明晰，才有利于保证检察权的依法行使。行使检察权的工作流程规范了，才能有效地加强监督制约，防止检察权的滥用，才能提高效率，更好地发挥检察权的功能作用。因此，规范检察权的运行，需要重点解决以下四个方面的问题：

1. 完善检察机关的办案组织

检察权主要是通过办理案件来行使的。因此办案组织在检察权的运行机制中具有十分重要的地位。在西方国家，每一个检察官或者检察官办公室都是一个独立的办案组织，行使法律赋予检察机关的某一方面的职权。在我们国家，由于法律明确规定"人民检察院依法独立行使检察权"，所以普遍认为检察权是人民检察院的职权，由检察院统一行使，以致长期忽视了检察权行使的内部组织。

在我们国家，人民检察院是依法独立行使检察权的。而按照人民检察院组织法的规定，检察长统一领导人民检察院的工作。这就意味着，人民检察院依法独立行使检察权实际上是检察长依法独立行使检察权。所以案件都要由检察长来决定。似乎只有检察长是办案组织。但是实际上，按照法律规定，人民检察院办理的案件，不仅包括刑事方面的，而且包括民事方面的、行政方面的；不仅包括控告申诉案件、职务犯罪侦查案件、审查决定逮捕案件、公诉案件，而且包括诉讼监督方面的案件，这些案件不仅种类多而且数量大，不可能都由检察长亲自办理。于是，检察长就不得不把自己办理的案件交给其他检察人员来办理，而其他检察人员甚至包括分管的副检察长，似乎都成了检察长的助手，来协助检察长办理案件。所以在检察实践中长期流行的做法是：检察机关办理的案件，实行由检察人员承办案件、科处长审核案件、检察长包括分管的副检察长审批案件的办案模式。

但是，人民检察院组织法同时还规定：检察委员会实行民主集中制，在检察长的主持下，讨论决定重大案件和其他重大问题。也就是说，人民检察院办理的重大案件不是由检察长决定的，而是由检察委员会讨论决定的。这样看来，检察委员会也是作为一个办案组织存在的，并且是与检察长分享检察机关办理重大案件的决定权和处理其他重大事项的决定权。因而可以说，检察委员会实际上是一个法律规定的办案组织。

在目前流行的检察人员承办、科处长审核、检察长或者检察委员会决定的办案模式中，具体办理案件的检察官没有独立的法律地位，他虽然最了解案件的证据和事实，但是没有作出决定的权力。在这样一种办案模式下，很难充分发挥一线检察官的办案积极性，很难要求他以高度负责的精神对待每一个具体案件。他的敬业精神受到一定程度上的压抑，他的专业化水平也就很难积极主动地去提高。有的人办了一辈子案件，说起来，做了二十年、三十年检察工作，但是永远是在低水平上徘徊，业务能力很难说有多强。其根本原因就是我们的办案模式在很大程度上忽视了一线办案检察官在行使检察权中的主体地位。

因此，改革检察权运行机制，必须着眼于充分发挥办案检察官的主体作用，激励其爱岗敬业，增强其职业的荣誉感和责任心。这除了提高职业保障和福利待遇之外，作为办案模式，应当是从办案组织的独立性入手，确认检察官在办理案件中的主体地位，适当扩大承办案件的检察官对案件处理的发言权。

作为改革的建议，我们认为，建立以承办案件的检察官为基本的办案组织、检察长和检察委员会为特别的办案组织的办案组织体系，更有利于保证检察权的运行，有利于专业化检察队伍建设，有利于提高检察机关的办案水平。

完善办案组织，涉及四个方面的内容：

一是基本办案组织。人民检察院最基本的办案组织应当是检察官。按照检察官法的规定，检察官是依法行使国家检察权的检察人员，检察官的职责：依法进行法律监督工作；代表国家进行公诉；对法律规定由人民检察院直接受理的犯罪案件进行侦查；法律规定的其他职责。这就意味着，检察官法明确规定检察官是行使检察权的主体，法律规定由检察机关行使的检察权都是通过检察官来行使的，而不仅仅是由作为检察官之一的检察长来行使的。检察官作为行使检察权的主体，对他所承办的案件，应当具有在法律规定的范围内作为决定的权力。尽管这种权力要受到一定的限制和监督管理，但不能因此而否认或者剥夺检察官对所办理案件的处理权。因此，有必要确立检察官作为基本办案组织的法律地位，一般案件应当由检察官独立办理。检察官作为独立办案的组织，需要一定的保障，除了物质方面的保障之外，办案的检察官应当有一定的辅助人员帮助其工作。这些辅助人员包括检察官助理、书记员、检察技术人员等[1]。

二是不同办案主体之间的关系。除了由承办具体案件的检察官构成的基本办案组织之外，人民检察院组织法中规定的检

---

〔1〕 辅助人员如何配备，应当根据检察官所办案件的类型、案件量等情况确定。可以固定配备，也可以根据情况灵活配备。

察委员会也是一个独立的办案组织。检察长作为检察机关的领导也具有办理案件的权力。因此，当检察长作为办案主体出现的时候，他的职权范围与检察委员会的职权范围，以及与一般检察官的职权范围，应当具有相对明确的分工。我们认为，按照人民检察院组织法的明确规定，重大案件必须由检察委员会讨论决定，也就是说，检察机关办理的重大案件的决定权是属于检察委员会的。[1] 这是人民检察院依法独立行使检察权的组织保障。不论是检察长还是其他检察官，都不能取代检察委员会的职权来决定对重大案件的处理。一般案件应当由基本办案组织办理，即承办案件的检察官有权按照法律的规定对自己办理的具体案件作出处理决定，并按照法律规定履行相关的法律手续。检察长作为普通检察官承办具体案件时，应当与其他检察官享有相同的权力。检察长作为人民检察院的领导者，对检察机关办理的所有案件，都具有领导权。这种领导权，既包括管辖的决定权，如哪一个案件指定哪个检察官办理，也包括案件的协调权，即对需要不同人员或者部门配合的案件出面协调有关方面或者指定某个人或者部门进行协调，还包括对案件办理情况的监督权，即检查督促检察官办理案件的情况，发现问题提出批评或者采取措施进行纠正等。但是检察长不能替代检察委员会对重大案件作出决定，也不能不执行检察委员会的决定。检察长不能剥夺承办案件的检察官对其所办理的具体案件的决定权。如果检察长认为检察官办理案件时存在不当处置或者违法决定的情况，可以更换承办案件的检察官，甚至可以指令检察官如何处置有关情况。检察官在办理一般案件过程中如

---

〔1〕 至于"重大案件"的范围，应当按照刑法的规定，结合司法实践，进行科学的界定。不能由哪个人包括检察长，按照自己的理解随意选择"重大案件"的范围。

果认为案情重大，需要提请检察长决定或者检察委员会决定时，应当及时向检察长提出，由检察长决定是否提交检察委员会委员讨论决定。

三是重大案件的办理程序。按照人民检察院组织法的规定，重大案件必须由检察委员会讨论决定。但是检察委员会是一个集体而不是一个具体的个人，并且检察委员会实行的是民主集中制而不是首长负责制。因此检察委员会不可能自己亲自去实施某些具体的行为，只是就重大案件的处理作出决定。对重大案件中每一个证据的审查判断，对案件中每一项具体事实的分析认定，对案件办理中有关事务的处理和法律手续的办理，向检察委员会介绍案件的证据和事实等工作，都需要具体的检察官来承办。于是就产生了承办重大案件的检察官与检察委员会的衔接和关系问题。我们认为，对重大案件的办理程序应当作出明确的规定，承办案件的检察官在办理重大案件的过程中应当承担哪些工作，在什么情况下就可以把案件提交检察委员会讨论决定，如何向检察委员会提交案件，检察委员会讨论决定重大案件的程序，以及承办案件的检察官、检察长、检察委员会在重大案件中的责任区分等，应当加以明确。承办案件的检察官对重大案件没有决定权，检察官对重大案件要按照法律规定进行审查并提出处理意见，通过检察长提交检察委员会，由检察委员会讨论决定。承办重大案件的检察官必须按照检察委员会的决定，履行相关的法律手续并对案件作出相应的处理。承办重大案件的检察官在执行检察委员会的决定过程中，应当接受检察长的指导和监督，保证检察委员会的决定得到切实执行。

四是基本办案组织与内设机构的关系。检察机关明确设有若干个内设机构。这些内设机构有的是业务部门，有些是非业务部门。如果把检察官作为基本办案组织，就必然出现一个办案组织与现存的内设机构的关系问题。在检察官作为基本办案组织之后，内设业务部门对案件的管理职能就应当弱化甚至退出。承办案件的检察官直接对检察长负责。内设业务部门仅仅承担案件的受理、分案和监督的职责，不应当再对检察官办理的案件进行审核。非业务部门对检察官下达任务或者提出要求，应当通过检察长进行，不能直接给办案检察官分配任务。办理案件的检察官应当接受检察长的行政领导，可以拒绝非业务部门直接分配的工作任务。

2. 规范办理案件的流程

检察权行使的基本载体是案件。检察权中的职务犯罪侦查权、批准和决定逮捕权、公诉权和诉讼监督权都是通过办理具体案件来实现的。检察权在行使中出现问题，也集中表现在对具体案件的处理上。因此，规范检察权在同一检察院内部的运行机制，应当解决的主要问题是规范案件的受理、办理、管理的程序，建立检察权运行各个环节之间相互衔接、相互制约的工作机制。建立健全案件处理的工作机制，是保证检察权正确行使的关键。

建立健全案件处理工作机制，需要重点从以下四个方面入手：

一是要完善案件受理程序。过去，检察机关的案件是分别由不同的部门受理的。如公安机关提请批准逮捕的案件是由公安机关直接移送到侦查监督部门，由侦查监督部门直接受理，公安机关提请审查起诉的案件也是由公安机关直接移送到公诉部门，由公诉部门直接受理；控告、举报、申诉案件则是由控告申诉检察部门受理，由控告申诉检察部门移送有关的内设业务部门处理；职务犯罪侦查部门发现的案件线索由该部门自行处理；监所检察部门发现的案件线索则由监所检察部门自行处理。在这种状况下，检察院所受理的案件分散在各个部门，同一时期检察院到底有多少个案件在办理中，每个案件的进展情况如何，就缺乏完整的了解。如果有的部门或者办案人员私自把案件"消化"了，别的部门甚至其他人未必知晓。这在客观上就给以案谋私、办"关系案""人情案"留下了可乘之机。因此，为了保证检察权的正确行使，有必要建立案件统一受理制度，即检察机关受理是所有案件交由一个部门统一接受、登记，按照管辖分工，由案件受理部门分送有关业务部门[1]办理，各个业务部门办理的案件需要移送下一个办案环节的，由办理案件的业务部门将案件返回到案件受理部门，再由案件受理部门移送到下一个办理案件的业务部门，从而实现案件的受理与办理相分离，形成相互制约的工作机制。在案件的受理方面，还有一个重要的环节，就是职务犯罪案件线索的处理问题。特别是对人民群众举报的案件，如果不能及时作出处理，给举报人一个满意的答复，就会挫伤人民群众举报的积极性，就可能引起人民群众的不满。但是举报的案件线索，除了个别有具体事实和一定证据的之外，多数缺乏具体的事实，有的甚至仅仅是猜测、怀疑或分析。办案部门只有对这些举报线索进行分析评估，认为可能存在犯罪嫌疑的，就进行初查，根据初查的情况决定是否立案侦查。由于这项工作需要严格保密，所以案件线索评估、初查的情况，只有职务犯罪侦查部门的有关人员知晓，其他部门完全不了解情况。这就使职务犯罪案件线索的处理过程处于完全封闭的状况，其中是否存在选择性执法

---

[1] 如果基本的办案组织普遍建立的话，案件就可以直接交给各个业务部门的办案组织去办理。

的问题，是否使个别重大职务犯罪线索没有被认真对待而放纵了犯罪分子，处于难以有效监督的状况。为了改变这种状况，有必要加强对职务犯罪案件线索处理情况的监督，建立线索评估、处理情况报告制度。一方面，职务犯罪侦查部门应当就职务犯罪案件线索的评估、处理情况定期向线索受理的部门通报结果。线索受理部门认为，线索的处理可能存在问题时，可以提请职务犯罪侦查部门的上级领导进行审查。另一方面，职务犯罪侦查部门应当就职务犯罪案件线索的评估、处理情况及时向检察长或者上一级人民检察院的职务犯罪侦查部门汇报，接受上一级检察机关职务犯罪侦查部门的监督，尽可能低减少和防止举报线索处理中的选择性执法。

二是实行案件的受理与办理相分离。受理案件的部门不办理案件，办理案件的部门不受理案件，有助于建立起科学合理的监督制约机制。实行案件统一受理之后，检察业务部门不再负责案件的接受，只负责案件的办理。业务部门办理具体案件，要按照法律规定的时限和程序进行。由于业务部门办理的所有案件都来自案件受理部门，案件受理部门就可以全面了解改革业务部门正在办理的所有案件及其进展情况。对于没有在法律规定的时限内办结的案件，案件受理部门可以及时发出预警，要求业务部门按照法定时限办结案件。由于业务部门在办结时必须将案件返回到案件受理部门，所以案件受理部门可以了解所有案件的办理情况，从而防止业务部门自行"消化"案件，保证每一个案件的办理情况都受到有效的监督。

三是建立案件管理系统。实际上，案件受理部门对案件进行统一受理、移送和回收，本身就具有管理的功能，即案件流程管理。但是在案件流转过程中，既需要加强对案件质量的监测，也需要对案件办理过程中有关超出办案部门权限范围的问题进行协调处理。首先是对案件决定权的审查。办案部门或人员办理的案件，属于必须由检察委员会决定的，办案部门或者人员不能自行对案件作出处理决定，而必须通过检察长提交检察委员会讨论决定。一方面，对于应当提交检察委员会讨论决定而没有提交的，应当有一个及时发现的机制，防止办案部门或者人员自行决定对重大案件的处理。另一方面，对于办案部门或者人员提请检察委员会讨论决定的案件，应当由一个独立的部门进行审查，确认属于检察委员会讨论决定范围的，要及时启动检察委员会程序；不属于检察委员会讨论决定范围的，也要及时把案件退回办案部门或者人员自行处理。其次是对案件管辖进行协调。对于虽然本院有管辖权但由其他检察院管辖更合适的案件，应当由案件管理部门负责协调，根据案件性质和情况，或者指定下级检察院管辖，或者提请上级检察院指定其他检察院管辖，并负责案件的移送、协调事宜。对于需要回避的案件，案件管理部门应当根据情况更换办案人员，监督案件的移送。对于重大、有影响而需要督办的案件，案件管理部门应当全程跟踪进行督办，防止案件办理过程中出现处理不当的情况。最后是对案件质量的监测。为了提高检察机关的办案质量，案件管理部门应当经常不断地对办案部门和人员办理的案件进行抽样检查评估，对质量不高或者出现问题的案件进行通报，对办案中出现的倾向性问题进行分析，并提出纠正意见，以保证检察机关办理案件的质量。这是保证检察权正确行使的极为重要的方面。

四是改革检察业务考核制度。对检察业务进行考核，唯一有效的制度是对检察机关办理案件的情况进行考核。这是衡量检察权行使状况的最重要的指标，也是衡量检察人员工作业绩和业务水平的最具实质意义的标准。检察业务考核制度的建立健全，涉及三个方面的问题：首先是考核指标的设定。检察业务考核的主要指标应当是办理案件的情况。要改革检察业务考核中对检察权行使情况不具有实质性意义的内容充斥考核指标的状况，把办理案件的情况作为检察业务考核的基本元素和考核内容。一方面，应当对每一个办理案件的部门或者人员（基本办案组织）办理案件的数量进行统计汇总；另一方面，应当对每一个办理案件的部门或者人员（基本办案组织）所办理的案件进行抽样检查，评估其办案的质量。根据办案的数量和质量，评价业务业绩。其次是错案追究的执行。要在改革检察机关办案模式的基础上明确办案责任，落实错案责任追究制度。对于在检察环节中出现的错案或者在社会上造成不良影响的案件，应当启动错案责任追究机制，实事求是地分析错案发生的原因和责任。对于确实属于办案部门或者有关个人的责任，应当依照相关规定追究责任。最后是考核结果的运用。要改革人际关系、领导印象、自我评价或者其他与检察业务无关的因素决定检察业务人员升迁进退的现状，切实把检察业务考核的结果与检察人员的奖惩、晋升直接挂钩。检察业务考核的成绩应当成为检察人员晋级、晋升的最主要的依据。唯有这样，才能建立健全符合司法规律的、真正体现检察特色的检察管理制度，才能有效地建设高素质专业化的检察队伍，才能保证检察权依法独立公正地行使。

3. 改善检察业务中的上下级关系

上级人民检察院领导下级人检察院的工作，最高人民检察院领导全国各级人民检察院的工作，既是宪法和法律规定的组织原则，也是检察一体化的重要体现。因为上级人民检察院对下级人民检察院的有效领导，是保证检察权正确行使，防止检察权滥用的组织措施。特别是在我们国家，检察机关作为国家的法律监督机关，要维护法律的统一正确实施，首先就必须保持自身的步调一致，保证全国各级人民检察院统一正确适用法律。上级人民检察院领导下级人民检察院的工作，不仅包括对检察业务工作的领导，而且应当包括对检察人事管理工作的领导和对检察机关经费保障等工作的领导。就检察业务而言，上级人民检察院领导下级人民检察院的工作，重点应当解决以下几个方面的问题：

一是领导内容和方式。上级人民检察院对下级人民检察院业务工作的领导，最重要的是规则的领导，特别是最高人民检察院，主要是通过制定司法解释和其他规范性文件，把法律中的原则性规定具体化，用以指导全国各级人民检察院统一适用法律的标准，保证执法的统一性。其次是对重大案件的协调。下级人民检察院在办理重大案件中遇到困难和阻力时，或者遇到法律适用上的难题时，应当及时向上级人民检察院汇报。上级人民检察院应当帮助下级人民检察院解决案件办理中出现的问题，保证案件的依法办理。对于需要改变管辖的案件，上级人民检察院应当协调有关方面，保证案件的及时移送和办理。对于需要在更大范围内调配力量来办理的案件，上级人民检察院也有责任在自己管辖的范围内，调配和使用检察资源。再次是对下级人民检察院的业务工作进行检查、督导、考核，以保证检察权的正确行使和检察职能作用的充分发挥。

二是领导责任。上级人民检察院对下级人民检察院的领导权，实际上也是一种责任。一方面，上级人民检察院要担负起领导责任，不能懈怠自己的权力。特别是下级人民检察院检察业务工作中遇到困难和问题向上级人民检察院请示汇报时，上级人民检察院要勇于担当，帮助下级人民检察院排除阻力，克服困难，及时作出负责任的指示。另一方面，上级人民检察院对下级人民检察院的领导，也应当包括对自己过问的案件出现错误时勇于承担责任，不能平时对下级人民检察院办理的案件指手画脚，一旦出现问题，就完全推卸责任，指责下级人民检察院办案不力。

三是领导程序。上级人民检察院对下级人民检察院的领导，是院对院的领导，不是个人对个人的领导。因此有必要规范领导的程序。一方面，下级人民检察院向上级人民检察院请示汇报工作，无论是就业务工作中的问题，还是就具体案件，都必须经过本院检察委员会的讨论，并以书面的形式提交上级人民检察院，不能由办案人员或者检察长通过电话口头请示。另一方面，上级人民检察院对下级人民检察院的请示，应当由相关业务部门进行研究，提出意见，并提交检察委员会讨论决定后，以上级人民检察院的名义，书面答复下级人民检察院。这既是为了保证领导权的正确行使，也是为了避免请示和答复的随意性。

四是下级职权的保障。宪法和法律规定的人民检察院依法独立行使检察权，是指每一级人民检察院都是依法独立行使检察权，而不仅仅是人民检察院作为一个整体对外独立行使检察权。因此，上级人民检察院领导下级人民检察院的工作，涉及如何处理上级人民检察院的领导权与下级人民检察院依法独立行使检察权的关系问题。上级人民检察院领导下级人民检察院的工作，从理论上讲，似乎什么都可以进行领导，实际上这种领导权也是有边界的。上级人民检察院不应当、也没有那么多的精力过问下级人民检察院办理的每一个案件，也不应当规定或者干预下级人民检察院办理案件的具体过程。上级人民检察院的领导权，除了制定规则和宏观上的业务指导之外，对下级人民检察院办理的具体案件，只有在下级人民检察院请示汇报时，或者出现问题时，上级人民检察院才应当介入，行使领导权。下级人民检察院正常办理案件，只要是符合法律的规定，上级人民检察院就不应当过问，以保证下级人民检察院依法独立办理案件。

4. 加强对检察权的监督制约

同其他权力一样，检察权的行使也必须加强监督制约机制，以防止其被滥用。尽管检察权本身是一种程序性的权力，它的行使要受到公安机关、审判机关的制约，但是加强对检察权行使的监督同样是必要的和必须的。这是因为，一方面检察权本身也具有权力的一般属性，存在着自我扩张的倾向，需要对之进行必要的监督制约。另一方面，检察权中也还包含着一些具有终结性的权能，存在着一旦滥用就会给其他单位或个人带来不利后果的危险。

对检察权的监督制约，除了党的领导、人大监督、其他政法机关的制约之外，还应当通过如下三个方面的改革来加强：一是运行机制中的制约。通过科学设置检察权运行过程中的不同环节，来分解检察权的行使，形成每一个案件在办理过程中都会受到其他部门或者人员的制约，从而防止一个部门或者一个人在案件中独揽检察权的状况。如前所述的案件受理、办理、管理分离措施，就是试图通过分解检察权，达到内部制约、防止权力滥用的目标。二是外部监督。检察机关应当通过进一步扩大检务公开，让人民群众更多地了解检察工作，以便能够更有效地监督检察机关履行职责的情况。一方面要拓宽人民群众了解检察工作的渠道。除了宣传报道检察工作的有关情况之外，应当建立检察机关的终结性法律文书公开制度和案件程序性信息查询制度，以保障人民群众特别是案件当事人的知情权和监督权。另一方面要进一步扩大司法民主，吸收人民群众参与某些案件的处理过程，如邀请群众代表参加申诉案件听证会、职务犯罪案件不起诉听证会，建立人民群众监督检察活动的工作机制等。对于人民群众和社会各界广泛关注的案件，检察机关应当在不妨碍案件办理的前提下及时向社会公布案件的有关事实和进展情况，接受社会监督。三是内部监督。检察机关应当改革内部的监察制度，改变工作模式，把行政化的内部监察改造成符合检察工作特点的检务督察，重点对检察人员在行使检察权过程中遵守和执行法律的情况进行督查，以保证检察权的正确行使，而不是保证检察人员个人遵纪守法。同时，应当改革检察机关的考核评价模式，革除通过"民主测评"或者"群众评议"来考核检察人员并决定其升迁晋级的行政化考核办法，建立健全符合检察工作规律的、客观公正的考核评价体系，加强对检察官所办案件的考核，并把考核的结果与检察人员的晋升晋级联系起来。上级人民检察院对下级人民检察院的考评，也应当突出检察机关的特点，尊重检察工作的规律，注重对检察业务工作的考核，引导检察机关和检察人员在提高检察业务水平、确保办案质量上下功夫，而不是用一些政治口号、非检察业务性的工作来考核检察工作和检察人员。此外，要完善检察人员惩戒机制，严格惩戒的程序和措施，严肃追究违法人员的责任，保证检察权的正确行使。

（原载《检察权优化配置研究》，
中国检察出版社 2014 年版）

法律监督三辨析*

近年来，在司法体制改革的研讨中，围绕着检察机关是否应当按照法律监督机关的模式来建设，学术界展开了许多争论。这些争论，既涉及检察改革的方向和检察机关在中国司法体制中的定位，也涉及法律监督的基本理论问题。

一、法律监督概念辨析

"法律监督"是我国法制中经常使用的一个专门术语。但是如何理解法律监督的含义，不论是在法学理论界还是在司法实务界，都存在着不同的理解。

（一）什么是"监督"

在英美法律中，很少使用监督的用语，因为无论是"superintend"还是"supervise"，都具有上对下进行控制的含义，这些词既指监督，也指指挥、主管、控制。特别是在"三权分立"的理念支撑下，人们比较忌讳这种作为一种上位权力的监督，而习惯于使用"checks and balances"即制衡，认为制衡体现了分权、制约的原理。

---

* 本文 2006 年被最高人民检察院评为第四届全国检察机关精神文明建设"金鼎奖"一等奖。

在中国，"监督"是一个广泛使用的术语。人们在很多场合都习惯于使用监督，在法律中、在官方文件中，监督的使用频率也是比较高的。但是关于监督的含义，人们的理解并不完全一致。例如，我国宪法中规定："全国人民代表大会和地方各级人民代表大会都由民主选举产生，对人民负责，受人民监督。国家行政机关、审判机关、检察机关都由人民代表大会产生，对它负责，受它监督。"这里的人大及其常委会受人民监督，与国家行政机关、审判机关、检察机关受人大监督，就具有不同的含义。前者是由下而上的监督，后者却是由上而下的监督。又如，十五大报告中提出，要"把党内监督、法律监督、群众监督结合起来"。[1] 这里的"党内监督""法律监督""群众监督"就是三种不同类型的监督。再如，十六大报告在第五部分中，"监督"一词就出现了17次。其中，"互相监督""民主监督""组织监督"，就是不同层次的监督，其监督者与被监督者的关系以及监督的效力都是不同的。

综观汉语中"监督"一词的使用，可以发现监督的不同用法：（1）上级对下级的监督；（2）平等主体之间的监督；（3）下级对上级的监督；（4）外界的监督。监督的主体不同，监督的目的和功能也就不同：上级对下级的监督是为了行使管理权，因而具有管理的功能；平等主体之间的监督是为了相互制约，因而具有制衡的功能（平等主体之间的监督有积极的监督与消极的监督之分：积极的监督是主动纠察其他平等主体的行为，以发现和督促纠正对方的不当行为；消极的监督是被动的抗衡，用一种权力制约另一种权力）；下级对上级的监督则

---

[1] 江泽民：《高举邓小平理论伟大旗帜，把建设有中国特色社会主义事业全面推向二十一世纪》（1997年9月12日），《中国共产党第十五次全国代表大会文件汇编》，人民出版社1997年版，第35页。

是为了提请上级注意自己的行为，具有提示的功能，同时作为一种民主权利，具有参与管理的功能。至于人民群众的监督和新闻媒体的监督，则是通过举报、控告和申诉，或者通过披露权力行使过程中出现的问题，以引起有关机关和人员的重视，从而达到帮助其改正错误的目的，这是实现人民民主的一种方式。那种认为监督就必须是居高临下、监督者一定要凌驾于被监督者之上的观点，是把监督中的一种含义绝对化的结果。它否定了现实社会政治生活中其他监督形式客观存在的事实，因而在理论上具有片面性。

（二）什么是"法律监督"

有的论著把"法律监督"一分为二，分别从"广义"和"狭义"两个角度来解释法律监督的含义。如认为："狭义上的法律监督，是专指国家检察机关依法定程序和法定权限对法的实施的合法性所进行的监察和督促。广义上的法律监督，是泛指一切国家机关、社会组织和公民对各种法律活动的合法性所进行的监察和督促。"[1]"狭义的法律监督是指有关国家机关依照法定职权和程序，对立法、执法和司法活动的合法性所进行的监察和督促。广义的法律监督是指由所有的国家机关、社会组织和公民对各种法律活动的合法性所进行的监察和督促。"[2]"广义的法律监督泛指一切国家机关、社会团体和组织、公民对各种法律活动的合法性所进行的检查、监察、督促和指导以及由此而形成的法律制度。狭义的法律监督专指有关国家机关依照法定权限和法定程序，对法的创制和实施的合法性所进行的检查、监察、督促和指导以及由此而形成的法律

---

〔1〕 乔克裕主编：《法学基本理论教程》，法律出版社 1997 年版，第 316 页。
〔2〕 马新福主编：《法理学》，吉林大学出版社 1995 年版，第 369 页。

制度。"〔1〕

有的论著把"法律监督"视为一个整体，力求给法律监督一个统一的解释。如认为："所谓法律监督，是国家和社会对立法和执法活动进行的监视、督促，并对违法活动进行检举、矫正的行为的总称。"〔2〕 "法律监督是指国家和社会主体对立法和执法活动进行监视、督促，并对违法活动进行检举、控制和矫正行为的总称。其目的在于保证法律在现实生活中统一正确地贯彻实施。"〔3〕

从以上引文中可以看出两个问题：

第一，法律监督是否包括对立法活动的监督？有的学者认为，一个国家的法制包括立法、执法和守法三个环节，只有同时对这三个环节进行监督，才能称得上法律监督〔4〕 这是对法律监督的概念进行不切实际地抽象理解的结果。

我们知道，在西方法律中，并不存在"法律监督"的概念，在《布莱克法律词典》（*Black's Law Dictionary*）、《牛津法律指南》（*The Oxford Companion to Law*）、《元照英美法词典》（*Science English – Chinese Dictionary of Anglo – american Law*）、《布莱克维尔政治学百科全书》（*The Blackwell Encyclopaedia of Political*）等大型法律辞书中，都没有"法律监督"的词条。苏联法律中曾大量使用"监督"的概念，但没有把"法律"与"监督"连用，没有直接使用法律监督的。可以说，"法律监督"的术语是新中国法制史上的一个创造，是中

---

〔1〕 孙国华主编：《法理学教程》，中国人民大学出版社1994年版，第523页。

〔2〕 钟海让：《法律监督论》，法律出版社1993年版，第11页。

〔3〕 汤志勇：《论检察监督与司法公正的相洽互适性》，载孙谦、张智辉主编：《检察论丛》（第5卷），法律出版社2002年版，第50页。

〔4〕 汤志勇：《论检察监督与司法公正的相洽互适性》，载孙谦、张智辉主编：《检察论丛》（第5卷），法律出版社2002年版，第48页。

国法律中的一个专门术语。因而不存在法治国家关于法律监督的一般概念。对法律监督的理解，必须在中国法律的语境中寻求合理的解释。

在汉语中，对于"法律监督"一词，仅仅从字面上分析，是难以理解其含义的。因为，"法律"在汉语中，只能作名词，不可能作动词使用，而"监督"一词则可以作为动词使用。于是，"法律监督"就只能在"监督法律"或者"用法律来监督"这两种意思之间来理解，而这两种理解都是不全面的。因为，"用法律来监督"缺乏宾语，无法反映用法律来监督什么；而"监督法律"似乎也不完整，法律是一套规范体系，对规范体系本身，不存在监督不监督的问题，只有动态的、具有实践性特征的事物才能成为监督的对象。这说明，"法律监督"一词，并不存在什么固有的逻辑内涵；作为一个专门术语，其本身是需要限定和说明的，是从人们的社会实践中产生和提炼的、人为地赋予其特定含义的法律用语。而如何界定法律监督的内涵，则需要根据中国法制的实际情况来确定。

在中国的宪政框架内，全国人民代表大会既是立法机关，也是国家最高权力机关，其他一切国家机关都是由人民代表大会产生并向人民代表大会负责的，因此全国人民代表大会制定的宪法和法律具有最高的法律效力，任何其他国家机关都没有权力对全国人民代表大会制定的宪法和法律进行监督。宪法明确规定："中华人民共和国全国人民代表大会是最高国家权力机关。它的常设机关是全国人民代表大会常务委员会。"（第五十七条）"全国人民代表大会和全国人民代表大会常务委员会行使国家立法权。"（第五十八条）这就意味着，在中国，没有比全国人民代表大会及其常务委员会更高的国家机关，也没有可以与其平起平坐的国家机关，因而对于全国人民代表大会及其常务委员会所行使的立法权，没有任何一个实体有资格进行监督。这种政治制度与实行三权分立国家的立法权必须受行政权和司法权制衡的宪政结构是根本不同的。如果无视中国法制的实际情况，一味地强调不能对立法活动进行监督就不能称为法律监督，那么，在中国，就没有法律监督可言了。所以笔者认为，我们所说的法律监督，并不也不可能包括对制定、修改宪法和法律的活动进行监督。

第二，"法律监督"的含义是什么？是否等同于"对法律实施的监督"？回答这个问题，首先必须弄清法律监督的基础。法律监督本身是一种法律行为、一项法律活动。那么，这种行为、这项活动的基础是监督者的权利还是法律赋予监督者的权力？这是讨论法律监督的含义时必须明确的前提。

在现代法治国家，社会生活的任何一个主体即"一切国家机关、社会团体和组织、公民"都有监督国家法律正确实施的权利。这是民主权利的一个重要方面。公民和社会组织如果没有这些权利，就不能成其为法治国家。但是监督法律的实施并不一定就等于法律监督，尽管这两个概念之间存在着密切的甚至部分重叠的关系。因为，其一，权利只是意味着实施某种行为的可能性。享有权利的主体可以实施相应的行为，也可以不实施该行为。是否实施以及何时实施，完全取决于权利主体的意愿。法律监督如果是以权利为基础，并且这种权利是赋予一切主体的泛化的权利，那么，当权利主体放弃这种权利时，违反法律的行为就可能处于无人监督的状况。其二，权利行使的有效性往往取决于权利对象的认可程度。法律监督如果是以权利为基础，它就没有权威性，被监督的对象如果不接受监督时，法律监督就形同虚设。法律监督要在"依法治国"中发挥保障作用，就必须具有有效性。而这种有效性显然不能以权利为基础。法律监督首先必须具有"必为性"即法律监督的主体必须对违法行为进行监督和"必止性"即监督对象必须接受监督、纠正违法,然后才可能实现其有效性。这显然不是权利的特征。因此,法律监督不应以权利为基础,而应以权力为基础。权力赋予一定的主体总是作为职责出现的,权力的享有者在应当行使权力的时候不行使权力就是失职。只有以权力为基础,法律监督才具有"必为性"。同时,权力又是以国家强制力为后盾的,权力的享有者行使权力的时候,权力所及的对象必须服从。因此,法律监督只有以权力为基础,才能赋予其有效性,才能真正发挥法律监督在依法治国中的作用。

如果确认法律监督是以权力为基础的,那么法律监督的主体就不可能是泛指的享有监督法律实施权力的"一切国家机关、社会团体和组织、公民",而只能是法律赋予其享有法律监督权的特定的国家机关。正是在这个意义上,我们说,法律监督不是泛指的监督法律的实施,不是任何个人和组织都享有监督法律实施的权力,而是特指由专门机关实施的特定行为,是运用国家权力来监察和督促纠正违反法律的情况的国家行为。只有在这种特定的意义上,"法律监督"才有作为一个专门术语来使用的价值。

"法律监督"并不完全等同于"监督法律的实施"的观点,在我国《宪法》中得到了毋庸置疑的印证。《宪法》中多次使用了"受人民监督"(第 3 条)、"接受人民的监督"(第 27 条)、"监督宪法的实施"(第 62、67 条)、"监督国务院、中央军事委员会、最高人民法院和最高人民检察院的工作"(第 67 条)、"撤销国务院制定的同宪法、法律相抵触的行政法规、决定和命令"(第 67 条)、"撤销省、自治区、直辖市国家权力机关制定的同宪法、法律和行政法规相抵触的地方性法规和决议"（第 67 条）、"独立行使审计监督权"（第 91 条）、"监督本级人民政府、人民法院和人民检察院的工作"（第 104 条）等与"监督法律的正确实施"有关的用语，但是在所有这类场合都没有使用"法律监督"的用语。唯独在第 129 条规定检察机关的性质时使用了"法律监督机关"的用语。这表明，"法律监督"一词，在我国宪法中具有其特定的含义。它不是泛指的"监督法律的正确实施"或"对法律实施情况的监督"，而是特指由国家专门机关运用国家权力对法律实施的情况进行的、具有法律效力的监督。

与这个问题相联系，法律监督既然是专门的国家机关运用国家权力实施的行为，它就不可能是包罗万象的"对各种法律活动的合法性"所进行的监督，而只能是就某些特定的行为或情况进行的监督。同时，确定法律监督的内容，不能脱离中国的国情，空泛地谈论监督什么。如前所述，我们国家的实际情况是，人民代表大会制是国家根本的政治制度，一切国家权力由人民通过人民代表大会统一行使，国家行政机关、司法机关由人民代表大会选举产生并向人民代表大会负责，不存在西方国家的那种"三权分立"的政治制度。在这种政治制度下，全国人民代表大会具有最高国家权力，全国人民代表大会制定法律的活动，即法律的制定或称创制，不可能也不应当纳入法律监督的范围。因此，在我国，法律监督只能是对遵守和适用法律的情况进行监督。并且，从我国有关法律规定的内容看，专门机关的法律监督，其对象并不是一般的或所有的法律活动，而是严重违反法律的行为即犯罪行为和适用法律中的违法行为。法律监督机关只是通过对严重违反法律的行为进行追诉和适用法律中的违法行为提出纠正来保障法律被严格遵守和正确适用的。

此外，法律监督既然是运用国家权力实施的行为，它就必须受到国家权力分配的严格限制。法律监督机关只能在国家权力机关授权的范围内按照法律规定的程序和方式进行监督，而不能逾越自己的权力范围。无论是法律监督的范围、法律监督的手段，还是实施法律监督的程序规则，都必须受到法律规定的严格限制。

综上所述，"法律监督"作为一个专门术语，具有其特定的含义。法律监督是指专门的国家机关根据法律的授权，运用法律规定的手段对法律实施情况进行监察督促并能产生法定效力的专门工作。

（三）如何定位检察机关的监督

按照宪法的规定，检察机关的监督应当是法律监督。但是有人认为，检察机关的监督是司法监督，而不是法律监督。也有人认为，检察机关的监督应当定位为诉讼监督。还有人认为，检察机关的监督，就是检察监督。这些不同的称谓，反映了人们对检察机关的监督的不同认识。

笔者认为，把检察机关的监督定位为司法监督，是不科学的。因为"司法监督"一词，既可以理解为由司法机关进行的监督，也可以理解为对司法活动的监督。如在英国法中，"司法监督"（supervisory juridiction）就是以前授予王座法院、现在授予英格兰高等法院的一种权力，其目的在于监督下级法院、法庭以及行使司法性质的权力的官员，以便通过及时干预来保护公民的自由。[1] 而在法国刑事诉讼法中，"司法监督"

---

〔1〕 参见〔英〕戴维·M. 沃克：《牛津法律大辞典》，光明日报出版社 1988 年版，第 867 页。

则是指预审法官向当事人发出的一种令状。[1] 从我国的实际情况看，如果把司法监督理解为司法机关所进行的监督，那么司法机关并不仅仅是检察机关，唯独把检察机关的监督定位为司法监督，至少是不准确的，因为上级人民法院对下级人民法院的监督、最高人民法院对全国各级人民法院的监督，也可以说是一种司法监督。但是如果把司法监督理解为对司法活动的监督，同样会存在难以解释的问题：第一，在中国，能够对司法活动进行监督的主体绝不仅仅是检察机关。按照法律规定，人大及其常委会有权对司法活动进行监督，人民法院上级对下级的监督主要是对下级的司法活动的监督。社会团体、人民群众对司法活动也具有监督的权利。因此如果把检察机关的监督定位为对司法活动的监督，就混淆了检察机关的监督与其他主体的监督的区别。第二，检察机关的监督并不仅仅局限于对司法活动的监督。按照现行法律的规定，检察机关除了对司法活动进行监督之外，还具有对国家机关工作人员在履行法定职责、执行法律的过程中实施的犯罪行为进行监督的权力。对职务犯罪的监督，有很大部分并不是对司法活动的监督（只有其中对司法工作人员职务犯罪的监督具有对司法活动进行监督的性质）。如果把检察机关的监督定位为对司法监督，至少在范围上是不符合法律规定的，无法包括检察机关监督权所及的全部对象。

有的学者认为，检察机关的监督应当定位为"检察监督"，即"检察机关依照法定职权和程序，对立法机关和执法机关及其工作人员的立法、执法活动是否符合宪法和法律进行监视、

---

[1] 参见〔法〕卡斯东·斯特法尼等：《法国刑事诉讼法精义》，罗结珍译，中国政法大学出版社 1998 年版，第 593—603 页。

检查、调节、控制和纠偏，并产生相应法律效力的行为活动总称"。[1] 这种定义本身是错误的。首先，在中国，检察机关根本就不存在并且永远也不应该具有对国家立法活动进行监视、检查、调节、控制和纠偏的权力。其次，把其他国家机关的监督视为法律监督并与检察机关的监督并列，是不恰当的。提出检察监督的前提是在法律监督中存在着其他主体的法律监督，即所谓"法律监督按照其主体的不同可以划分为议会（人大）监督、政府（行政）监督、审判监督和检察监督"[2]。而这种前提是根本不存在的。因为按照主体对法律监督进行分类的基础是各个主体所进行的监督都是法律监督。但是如果监督的内容和性质不一致，有的主体所进行的监督是法律监督，有的主体所进行的监督根本就不是法律监督，那么统统将其作为法律监督来分类，就丧失了分类的科学性。而事实上，在西方国家，议会本身就是立法机关，它不可能对自己的立法活动进行监督；在中国，全国人大作为最高权力机关，其立法活动是其他国家机关所不能监督的。相反，人大对于其他国家机关的一切活动都具有监督的权力。政府的行政监督是对政府各部门行政行为的监督，并不是或者是主要不是对立法活动和执法活动的监督。审判监督则仅仅是对下级法院的审判活动所进行的监督，并不包含对其他机关的立法活动和执法活动进行监督。可见，人大、政府、审判和检察这些不同主体的监督并不是同一个层面上的监督，将这些不同类型的监督统统归之于"法律监督"是缺乏科学性、合理性的。如果说，检察监督是对检察机

---

[1] 汤志勇：《论检察监督与司法公正的相洽互适性》，载孙谦、张智辉主编：《检察论丛》（第 5 卷），法律出版社 2002 年版，第 50 页。

[2] 汤志勇：《论检察监督与司法公正的相洽互适性》，载孙谦、张智辉主编：《检察论丛》（第 5 卷），法律出版社 2002 年版，第 50 页。

关的法律监督的简称，倒是可以的。但是这种简称容易被人误解，不如直接使用法律监督明确而又准确。

检察机关的监督也不能定位为诉讼监督。因为从现行法律的规定看，检察机关的监督并不仅限于诉讼过程中。除了对诉讼活动的监督之外，检察机关的监督还包括对某些非诉讼活动的监督。而从维护国家法律的统一正确实施的需要上看，检察机关的监督更不能仅仅限定在诉讼活动上。检察机关作为国家的法律监督机关，应当对法律实施过程中一切违反法律的行为具有监督的权力。这样才会成为名副其实的法律监督机关。

正是基于以上分析，笔者认为，检察机关的监督应当定位为法律监督，而不是其他任何性质的监督。所谓法律监督，如前所述，就是根据法律的授权，运用法律规定的手段，对法律实施的情况进行的具有法律效力的监督。

二、法律监督特性辨析

在我们国家的监督机制中，除了检察机关的法律监督之外，还有党内监督、人大监督、民主监督、行政监督、舆论监督和人民群众监督等。这些不同主体、不同类型的监督构成了我们国家对权力运作的监督机制。在这个监督机制中，法律监督具有特殊的性质、特殊的功能，担负着特别重要的使命。与其他类型的监督相比，法律监督的特殊性表现在以下几个方面：

（一）法律监督的主体具有唯一性

从我国宪法的规定中看，有权进行法律监督的机关，只有检察机关。只有检察机关才是宪法规定的"国家的法律监督机关"，只有检察机关的监督才具有法律监督的性质。这是因为，依法治国就必须树立法律的权威性，包括执行和适用法律的活动的权威性。执行和适用法律的活动要有权威性，就不能谁都可以对执行和适用法律的活动进行指责；更不能谁的指责都产生法律效果。对违法的提出和纠正必须有一定的严肃性和权威性，因此必须由特定的机关通过一定的程序提出。法律监督就是适应法治建设的这种特殊需要产生的，因而宪法将法律监督的权力只赋予检察机关。

有一种观点认为，人大的监督也是法律监督，所以检察机关并不独享法律监督权。其实，这是对人大监督的一种误解。

第一，《宪法》第 62 条规定了全国人民代表大会的 15 项职权，第 67 条规定了全国人民代表大会常务委员会的 21 项职权。其中没有任何一个地方使用过"法律监督"的用语，从中很难得出人大对法律实施的监督就是法律监督的结论。相反，《宪法》第 129 条明确规定："中华人民共和国人民检察院是国家的法律监督机关。"这一规定，明确无误地表明，宪法把法律监督的职权只授予检察机关。

第二，如果认为检察机关的监督是法律监督，人大的监督也是法律监督，那就无意间把检察机关与人大相并列。这在逻辑上是讲不通的。因为在我们国家的权力架构中，人大是国家权力机关，检察机关只是由人大产生并向人大负责的一个国家机关，不可能具有与人大并行的权力。人大对法律实施情况的监督与检察机关对法律实施情况的监督，并不是同一个层次上的监督。把人大的监督等同于检察机关的监督，就降低了人大监督的权威地位；而把检察机关的监督等同于人大的监督，则会有抬高检察机关的监督之嫌。因此，在理论上，不应该把人大的监督与检察机关的监督这样两个不同层次、不同类型的监督混为一谈。

第三，从实际情况看，人大作为国家的权力机关，其在国家权力结构中的地位决定了人大对宪法和法律实施情况的监督必然是一种宏观的、带有决策性质的监督。这种监督，确切地说是一种权力监督，而不是法律监督。从宪法规定的人大及其常委会的职权上看，人大的监督主要是五个方面的监督：（1）权限监督，即通过立法形式，规定行政机关和司法机关的职权范围和行为模式；（2）人事监督，即通过选举、决定、任命和罢免国家行政机关、审判机关和检察机关的领导干部及工作人员，考核其任职资格和履行职责的情况；（3）工作监督，即通过审议和听取工作报告，监督国家行政机关、审判机关和检察机关的工作情况；（4）财政监督，即通过审查批准国家预算，决定有关国家机关的经费供给并监督国家财政使用情况；（5）质询监督，即通过对具体问题或个别案件的质询，监督国家行政机关、审判机关和检察机关执行宪法和法律的情况。从这些具体内容中可以看出，人大的监督，是就关系到宪法和法律实施中的重大问题，从宏观上、从权源上进行监督的，而不是就法律实施中的具体问题进行监督的，不是对违反法律的各个行为进行检查督促。尽管在人大的监督中有可能涉及某些具体的案件，但是对于这些个案，人大并不具体处理。与人大的权力监督不同，检察机关的法律监督则是就各个具体的案件或行为进行监督的，它不涉及国家的大政方针，不具有宏观决策的性质。由于法律的实施始终是并且只能是通过各个具体的行为来实现，所以在法律实施的各个环节上对遵守、执行和适用法律的具体情况进行法律监督，运用法律监督权来追诉严重违法的行为、督促纠正不公正的司法裁判，是保障法律被严格遵守、保障司法公正的关键，也是在法律的实现过程中最具现实性的、最直接的监督。

（二）法律监督的手段具有专门性

尽管我们国家的监督主体具有多元性的特点，但是对于其他任何一种监督主体包括人民代表大会，法律都没有赋予其专门的监督手段。唯有检察机关，在规定检察机关是法律监督机关的同时，法律赋予了检察机关进行法律监督的必要手段。这是法律监督不同于其他各种监督的显著区别之一。

从我国法律的现有规定看，法律赋予检察机关进行法律监督的手段，主要有对职务犯罪进行立案侦查的权力，对公安机关立案侦查活动进行监督的权力，批准逮捕的权力，提起公诉的权力，对于人民法院确有错误的判决裁定进行抗诉的权力，对于有关执法机关的违法行为通知纠正的权力等。这些权力是其他机关和个人所不享有的、保障法律监督有效进行所必需的。这种由专门的机关运用专门的手段所进行的法律监督是其他任何一种监督方式所无法替代的，也是法律监督在监督法律实施的整个监督机制中具有特别重要的意义的根本保障。

在此，值得研究的问题有三：

一是如何看待检察机关侦查权的性质。有的学者质问：说检察机关的侦查是法律监督，为什么公安机关对违法犯罪行为的发现、证明、检举即侦查、追诉就不是法律监督呢？[1] 类似这样的质问，都涉及一个对侦查权的看法问题。笔者认为，侦查只是发现犯罪行为存在的一种手段，作为一种带有一定强制性的调查手段，它为什么目的服务，就具有什么性质。侦查权本身并不具有独立权力的品格。抽象地谈论侦查权的性质是毫无意义的。我们可以说，我国公安机关享有的侦查权是一种行政权，但是我们能够说法国预审法官享有的侦查权也是一种行政权吗？检察机关享有的侦查权是否属于法律监督权，并不在于这种权力本身具有什么样的性质，而是在于它为什么目的服

---

〔1〕 陈卫东：《我国检察权的反思与重构》，载《法学研究》2002 年第 2 期。

务。如果行使侦查权的目的是及时发现执行法律的活动中存在的违法行为，那么，它就具有维护法律统一正确实施的功能；如果行使侦查权的目的是发现危害国家安全的犯罪活动，那么，有就具有维护国家安全的功能；如果行使侦查权的目的是发现走私行为，那么，它就具有维护国家关税的功能。这些不同的功能意味着侦查权在不同的场合具有不同的性质，可以为不同的目的服务。正是在这个意义上，我们说，检察机关的侦查权具有法律监督的性质，因为它是为发现和证实运用国家权力执行法律的过程中存在的违法行为之目的服务的，是附属于维护国家法律的统一正确实施的法律监督权的一种手段。如果不考虑侦查权行使的对象和目的，抽象地议论侦查权的性质，那就很难说它是不是法律监督。

二是如何看待公诉权的性质。公诉权是世界各国检察机关都享有的一种基本权力。正如有的学者指出的，检察机关从诞生之日起便是一种新型的代表国家追诉犯罪的专门机关，设立国家公诉机关的目的就是行使公诉权，检察机关是应国家公诉的需要而产生发展起来的。[1] 但是我们进一步要问：国家公诉的需要缘何而来？建立国家公诉制度的目的何在？考察国家公诉的起源和法理，恐怕不能不得出检察机关是应维护国家法制统一的需要而诞生和存在的结论。现代公诉制度起源于中世纪的法国。在封建割据时代，法国各封建领主、教会领地和城市都设有自己的法庭，对领地居民行使司法权。国王法院只能管辖王室领地内的案件。1285 年，法国国王菲力普四世（1285—1314）即位，扩大了王权，战胜了教权。在此基础上，为了限制封建领主和教会的司法权，把以当事人自诉为主的弹劾主义

---

〔1〕 陈卫东：《我国检察权的反思与重构》，载《法学研究》2002 年第 2 期。

诉讼方式改为国家主动追究的纠问式诉讼（或称职权主义诉讼）。与此相应，原先仅代表国王私人处理与诸侯发生的涉及财政、税务和领土方面纠纷的"国王的律师和代理人"改为检察官，作为国家的专职官员逐渐具有了以国家公诉人的身份听取私人告密，进行侦查，提起公诉，在法庭上支持控诉，以及抗议法庭判决并代表国王监督地方行政当局等职能，现代意义上的公诉制度由此诞生。现代公诉制度的起源表明，公诉制度是为了消除封建割据状态下法制不统一对追诉犯罪活动带来的不利影响，维护国王制定的法律的统一实施。正如法国学者指出的：检察院"在王室权威日益加强，中央集权开始形成的时刻，对国王司法管辖权的发展也起到了很大作用，从而进一步削弱了领主的司法权力（后来也就削弱了教会的司法裁判权力）"〔1〕。这种历史事实表明，公诉制度的起因使其从诞生的时候起，就是为了维护王室制定的法律在全国范围内的统一实施，就具有法律监督的功能。

从公诉本身的特点来看，公诉具有法律监督的功能。公诉的起因是法律秩序遭到了破坏。只要有人实施了法律禁止的行为并且这种行为依法应当追究刑事责任，公诉机关就有权向法院提起公诉，要求法院追究犯罪人的刑事责任。公诉机关是站在国家的立场上，为了维护国家法律的尊严，为了恢复遭到破坏的法律秩序而对犯罪嫌疑人提起诉讼的。公诉机关提起诉讼的目标是伸张法律正义。公诉活动所关注的是法律秩序是否得到了维护，法律正义是否得到了伸张。即使是在以公诉为基本职能的外国检察制度中，公诉也具有法律监督的功能。如法国

---

〔1〕〔法〕卡斯东·斯特法尼等：《法国刑事诉讼法精义》，罗结珍译，中国政法大学出版社1998年版，第73页。

学者所言："检察机关是代表社会并且是为了保护社会的利益而进行公诉的。所以……检察机关对其提起的刑事诉讼有指挥与监督的权力。"[1]

三是如何看待抗诉权的性质。如果说，检察机关在刑事诉讼中就一审判决提出抗诉的权力是公诉权本身包含的内容的话，那么检察机关依法对已经生效的判决裁定提起抗诉的权力，就很难说仍然是公诉权的内容，特别是对法院关于民事案件和行政案件的判决裁定的抗诉，更是检察机关的公诉权所无法包含的。而这种抗诉，对于当事人来说，是权利救济的一种必要的途径，但是对于行使这种权力的检察机关来说，就不得不承认它具有法律监督的性质。因为它本身是对法院审判活动中的违法行为和不公正裁判所进行的监督，其目的是维护国家法律的统一正确实施，因而是检察机关进行法律监督的一种手段，而不是一种主张权利的诉讼活动。

除了具有专门的监督手段之外，这些手段的运用必须遵循法律规定的程序。这也是法律监督区别于其他类型监督的一个重要特点。无论是人大监督、政党监督、民主监督还是舆论监督，都没有明确的程序规则，监督主体如何进行监督具有一定的随意性。但是法律对检察机关行使职权的活动规定了必要的程序，法律监督必须严格依照法律规定的程序进行，不得任意进行监督。

（三）法律监督的对象具有特定性

法律监督并不是泛指对一切法律实施的情况所进行的监督，更不是某些人所理解的包括对制定法律的行为进行监督。

---

〔1〕 ［法］卡斯东·斯特法尼等：《法国刑事诉讼法精义》，罗结珍译，中国政法大学出版社1998年版，第133页。

法律监督作为一种专门的监督，必须依照法律的授权进行。因此法律监督的范围是由法律明确规定的。法律没有明确规定的领域，检察机关不得介入。按照我国现行法律的规定，检察机关进行法律监督的范围主要是：叛国案、分裂国家案以及严重破坏国家的政策、法律、法令、政令统一实施的重大犯罪案件；国家工作人员实施的贪污贿赂犯罪案件；国家机关工作人员的渎职犯罪和利用职权实施的非法拘禁、刑讯逼供、报复陷害、非法搜查等侵犯公民人身权利的犯罪以及侵犯公民民主权利的犯罪案件；公安机关立案侦查的活动，看守所的执法活动；人民法院的审判活动包括所作出的判决裁定；监狱、看守所执行刑罚的情况，以及劳教场所的执法活动等。检察机关只能对于法律规定的监督对象，运用法律规定的手段，并依照法定程序进行监督，不得任意扩大监督的范围。这是检察机关的法律监督与执政党的监督和人大监督的重要区别。

（四）法律监督的效果具有法定性

检察机关的法律监督，按照法律的规定要产生一定的法律效果。这是法律监督与其他任何监督的显著区别之一。从实践中看，新闻媒介可以通过报道执法机关的工作情况和具体案件，披露执法活动中存在的问题，但是不能要求司法机关按照新闻媒介的观点处理案件；当事人可以不同意司法机关的处理结果甚至可以向作出决定的司法机关的上级机关进行反映，但是不能阻止或妨碍司法机关对案件的处理；人大可以通过对具体案件的质询要求司法机关复查有关案件，但是不能决定司法机关如何对案件进行复查。与之相反，检察机关提起公诉的案件，必然引起人民法院依照法律规定的程序对被告人的审判；检察机关对人民法院的判决裁定提出抗诉，必然引起人民法院按照再审程序对生效判决裁定的再行审理；检察机关对公安机关应当立案而不立案情况提出纠正意见，必然产生公安机关必须立案的法律效果；检察机关对报请逮捕的案件进行审查，认为对犯罪嫌疑人不应该逮捕从而决定不批准逮捕，必然引起公安机关立即释放被拘留的犯罪嫌疑人的法律效果。这个特点，也是法律监督与其他形式监督的一个重要区别。

法律监督本身所具有的这些特殊性，决定了它在我们国家的监督机制中独立存在的必要性和可能性。法律监督的这些特殊性也决定了法律监督在依法治国中担负着特别重要的使命，它的功能是任何其他形式的监督所无法替代的。

三、法律监督权能辨析

检察机关作为国家的法律监督机关，应当享有哪些具体权力才能有效地担负起法律监督的重任，这些具体权力如何有效地发挥作用，是一个值得认真研究的问题。特别是近年来在司法体制改革的研讨中，一些学者对法律赋予检察机关的某些具体权能提出了诸多质疑。如何认识检察机关作为国家法律监督机关应有的权力，是检察改革乃至整个司法体制改革中的一个重大问题。

关于法律监督权的具体权能，笔者在此想着重探讨两个问题：

（一）法律监督机关是否应该具有侦查权

有人认为，检察机关作为法律监督机关，就应当集中力量去监督法律的实施，而没有必要自己搞侦查。让侦查机关把案件查清楚了移交检察机关去监督，不是更有利于强化检察机关的法律监督职能吗？也有人认为，检察机关既监督别人的侦查活动，自己又在进行侦查，检察机关的侦查活动谁来监督？这些观点，可以说在一定程度上混淆了侦查与法律监督的关系。

第一，法律监督与侦查的关系，不是"裁判员"与"运动员"的关系，而是目的与手段的关系。法律监督不具有裁判的性质，不是法律监督机关认为谁违法，谁就是违反了法律。法律监督机关只有在查清违法事实的基础上提请有权作出决定的机关裁定和处理的权力，没有自行裁定的权力。因而把检察机关比喻为裁判员，是不符合法律规定和实际情况的。相反，侦查的目的是获取有关的证据材料，查明案件的真实情况，而法律监督只有在查明案件的真实情况的基础上，才能进行。因此侦查不过是实行法律监督的一种手段。侦查的手段，可以为法律监督的目的服务，也可以为其他的目的服务，它本身并不具有独立的权能性质，不是只能由某个国家机关使用而不能同时由其他国家机关使用的权力。例如，我们国家，公安机关拥有侦查权，安全机关也拥有侦查权，海关、监狱、军队保卫部门和检察机关都拥有侦查权，但是检察权只有检察机关享有，审判权只有人民法院享有。因此，侦查权与法律监督并不是绝对的相互排斥的关系，不能认为，是法律监督机关，就不能拥有侦查权。

第二，侦查是进行法律监督的必要手段。法律监督的前提和基础是及时发现法律实施过程中可能出现或存在的违反法律的情况。而要想及时发现违反法律的情况，就必须具有一定的发现手段，没有必要的强有力的手段，就难以发现违反法律情况的存在。如果不能及时发现违反法律的情况，实行法律监督就只能是一句空话。另外，法律监督权不像审判权那样是一种被动裁判的权力，而是一种主动查究的权力。积极主动地去调查发现法律实施过程中违反法律的情况，是法律监督的基本职责。如果检察机关坐等其他机关去侦查法律实施过程中的违法行为而自己不去亲自调查，作为法律监督机关那就是失职。并且，如果把对法律实施过程中违法行为的侦查权交给其他机关去行使，那么，当其他机关放弃侦查权而不积极主动地调查法律实施过程中的违法行为时，检察机关如何进行法律监督，就是一个难以解决的问题。如是，法律监督就必然要弱化。这样做，到底是有利于强化法律监督还是弱化法律监督，可以说是不言自明的。

第三，监督者要不要受监督与监督本身有没有必要是两个不同的问题，有意无意地将二者混为一谈，在逻辑上是不通的。强调监督者也要受监督，恰恰说明监督是非常必要的。监督的必要性就决定了必须要设立一个监督机关监督其他机关行使权力的活动。这种监督机关不管是检察机关还是别的国家机关，只有存在监督机关，就永远会有一个谁来监督监督者的问题。笔者认为，解决这个问题的关键在于如何设计监督者的权力。如果赋予监督者的权力是一种终极性的权力，当然是违背任何权力都要受制约，否则会导致权力滥用的原理的。但是如果赋予监督者的权力本身不是一种终极性的权力，而是一种受制约的权力，那么这种权力就不存在不受制约的问题，就不是一种无人监督的权力。从法律的规定看，法律赋予检察机关的法律监督权并不是一种不受制约的权力，而是受到充分制约的权力。检察机关享有的法律监督权，除了要接受执政党的领导和权力机关的监督之外，它本身并不是一种终极性的权力，它的实现要依赖于其他国家机关行使权力的活动，因而必然要受到其他国家机关的制约。从表面现象上看，检察机关对于国家机关工作人员，似乎想对谁立案侦查，就可以对谁立案侦查。但是这种侦查的结果，最终要受到审判机关的裁判。如果审判机关认为检察机关立案侦查的案件不构成犯罪，检察机关就必须释放犯罪嫌疑人，并且必须承担错案赔偿的责任。这能说检察机关的侦查没有任何监督制约吗？那种认为检察机关的侦查不受任何监督制约的观点，应该说是不了解法律监督的特点和规律所导致的观念错误。

第四，在中国现有的权力架构中是否存在着一个更适格的机关来行使对法律实施过程中的违法行为进行侦查的国家机关？我们认为，至少在目前是不存在的。党的机关不合适，行政机关没有理由行使也不应该享有对法律实施过程中的违法行为进行侦查的权力，审判机关不合适，权力机关更不应该陷入对大量具体案件的侦查之中。唯有检察机关作为独立于行政机关和审判机关的法律监督机关适合行使这种侦查权，并且唯有检察机关有责任运用这种侦查权来履行法律监督的职责。

基于以上认识，从强化法律监督的角度看，法律赋予检察机关对国家机关工作人员的职务犯罪即对执行法律的活动中发生的违法行为进行侦查的权力，是完全正确、完全必要的。没有这种侦查权做保障，法律监督就会更加软弱无力，更难以发挥其作用。进而言之，目前我们国家法律监督不力的状况，在一定程度上应该说与法律赋予检察机关的侦查权不完整有关。因为，目前法律赋予检察机关的，只有公开侦查的手段。而随着犯罪手段的复杂化和智能化，以及随着人权保障意识的增强，对犯罪案件的侦查越来越多地依赖于技术侦查和秘密侦查。技术侦查和秘密侦查是侦查手段中极为重要的组成部分，也是最为有效的手段。没有技术侦查和秘密侦查的手段，侦查权就是残缺不全的。并且，技术侦查和秘密侦查具有不直接接触当事人的特点，可以避免对当事人人身自由的不必要的限制。而检察机关恰恰没有这方面的手段，以致极大地限制了侦查权的运用，导致某些具有重大职务犯罪嫌疑的案件难以突破。因此为了强化法律监督，应该允许检察机关在自己管辖的案件中运用技术侦查和秘密侦查手段的权力。

（二）法律监督权是否包括处分权或惩戒权

在检察机关内部，许多人从检察工作实践中深切地感受到法律监督软弱无力的问题，抱怨检察机关的权力太虚，要求法律赋予检察机关以实体处分权和惩戒权，并认为只有这样才能保障法律监督的有效性，才能充分发挥法律监督在依法治国中的作用。学术界也有人认为，权力的性质决定了检察机关的监督权应当具有贯彻自己意志的决定力，这就意味着检察机关对人民法院的判决行使审判监督权提出抗诉后，人民法院应当根据检察机关的意愿对判决加以撤销或者变更。否则，检察机关的法律监督权就失去了"权力"的属性。但是如果法院按照检察机关的抗诉请求判决，法院的审判权就丧失了独立性。[1] 这种观点，反映了法律监督的现状。但是这种观点是否具有合理性呢？

笔者认为，这种观点是难以成立的。因为法律监督权在本质上是一种提请追诉的权力，而不是一种实体处分的权力。如前所述，具有管理功能的监督，是上级对下级的监督。这种监督权力必然包含着对下级的不当行为进行实体处分的权力。在这种监督关系中，被监督者必须按照监督者的意志纠正自己的错误，否则，监督者就可以对被监督者给予惩戒。但是法律监督不是这种具有管理功能的监督，而是一种具有制约功能的监督。法律监督权的性质不是上级对下级的监督，而是不同主体之间作为一种制约方式的监督。这就决定了法律监督不应该具有实体处分的权力，而只能是检查督促有关机关和人员自行纠正违法行为。如果有关机关和人员坚持不纠正，法律监督机关也只有提请有权管辖的机关追究其责任的权力，而没有自行对

---

[1] 张建伟：《刑事司法体制原理》，中国人民公安大学出版社 2002 年版，第 409 页。

其进行处分或惩戒的权力。这种监督关系的实质不是要被监督者必须服从监督者、必须按照监督者的意志纠正自己的错误，而是被监督者与监督者之间的一种制衡关系，它要求被监督者必须重视监督者的意见，重新审视检查自己的行为。如果认为确有错误就应当按照被监督者自己的意志来纠正错误。正是因为法律监督权对于其他主体只具有建议纠正和提请追诉的权力，而不具有实体处分和惩戒的权力，所以它不可能从根本上妨害其他国家权力的有效行使。由一个没有实体处分权的国家机关来监督拥有实体处分权的其他国家机关，这样一种权力架构才具有合理性。如果法律也赋予检察机关实体处分的权力，那么，为了保证这种权力行使的正确性和公正性，为了防止这种权力的滥用，法律就必然要赋予这种权力所及的当事人一种救济手段，以保障在当事人受到这种权力的不当侵害时有保护自己合法权益的途径。这也就意味着必须再设立一个监督机关来对检察机关的具体执法活动进行监督。而设立这样一个监督机关，同样面临着一个谁来监督它的问题。

目前，虽然检察机关也要受到其他国家机关的制约，但是这种制约毕竟不具有法律监督的性质，而检察机关对其他国家机关的监督则具有法律监督的性质，就是因为检察机关所享有的法律监督权是一种不完整的权力，检察机关不能自行对任何违法行为作出实体性的处分和惩戒，不至于对其他权力的行使构成实质性的威胁。但是法律监督权也不是毫无意义的，它作为一种国家权力，必然要产生一定的法律效果。就审判监督而言，检察机关提起抗诉，并不是要法院完全按照检察机关的意志改变法院的判决，但是它必然引起法院对生效判决的再审。由于检察机关的抗诉，法院重新组成合议庭重新审查自己已经作出判决的案件，这就是审判监督权的法律效果。至于法院最终如何判决，那是审判权的范畴。审判监督不影响法院独立自主地作出判决，并不意味着审判监督就没有权力的性质。如果认为检察机关提起抗诉就是要法院必须按照检察机关的意见改变自己的判决，那是对审判监督的误解，也是与中国诉讼制度的实际情况相悖的。

从另一方面看，解决法律监督无力的出路，并不在于是否赋予检察机关实体处分权，而在于法律如何规定有关机关和人员的法律义务。在全社会特别是拥有权力的机关和人员还没有树立法律至上的意识，执法环境还不够理想的情况下，法律监督要想真正发挥作用，就应该具有一定的权威性。没有一定的权威性，监督就必然是软弱无力的。法律监督的权威性，一方面要靠监督者的形象和水平，另一方面也需要必要的制度保障。但是这种制度保障不是通过赋予法律监督者以实体处分权和惩戒权的途径来实现的，不是以违背权力制衡的原理来实现的，而应该是通过设定被监督者的义务来实现，即法律在规定法律监督主体的权力时，应当同时设定被监督者接受监督的义务以及违反这种义务可能引起的法律后果，设定法律监督在启动有关机关的责任追究机制中应当具有的作用。目前，在一些法律中，都规定人民检察院有权进行法律监督，但是没有具体规定人民检察院如何进行法律监督以及有关机关和人员如何接受检察机关的法律监督和不接受法律监督时对有关机关和有关人员将会产生什么样的不利后果。人民检察院组织法虽然规定人民检察院发现有关机关和人员有违法行为时可以通知有关机关予以纠正。但是其他有关法律并没有规定有关机关接到人民检察院纠正违法的通知后应当怎么办。这种制度设计上的缺陷，是检察机关的法律监督在实践中效果不够理想的主要原因。强化法律监督，应当从这些方面进行改革，通过完善法律监督的制度设计来更好地发挥法律监督在维护法律的统一正确实施、推进依法治国中应有的功能。

（原载《中国法学》2003 年第 5 期）

关于法律监督能力建设[*]

俗话说："事在人为"。法律监督能否在依法治国中充分发挥其作用，在很大程度上取决于法律监督机关的努力程度。而这种努力的程度与其所具有的能力是密切相关的。法律监督的主体如果缺乏履行法律监督职责的能力，法律赋予的权力和手段就难以充分发挥其作用，甚至可能使权力的行使和手段的运用与其本来的目标背道而驰。

一、法律监督能力的内涵

法律监督主体的能力即法律监督能力，主要表现在三个方面：

1. 发现违法的能力

法律监督并不是要对法律实施过程中的一切情况进行监督，而是要对法律实施过程中存在的或发生的严重违反法律、妨碍法律正确实施的情况，提出纠正意见或追诉请求，督促有关机关和人员依法处理。因此，如何发现违法情况的存在，对于切实履行法律监督职责，对于法律监督的有效进行，具有至关重要的意义。

---

* 本文根据作者 2003 年 8 月在吉林省人民检察院讲座内容整理而成。

　　发现违法是进行法律监督的前提。法律监督的根本任务是督促纠正违反法律的情况。只有及时发现违法情况的存在，才能够有针对性地进行监督。检察机关作为法律监督机关，如果不能及时有效地发现法律实施过程中存在的违反法律的情况尤其是构成犯罪的严重违法行为，强化法律监督就是一句空话。

　　如果法律赋予检察机关发现违法的手段，检察机关就要具有能够充分运用这些手段并保证其正确运用的能力。如果缺乏基本的人力物力的支撑，难以有效地运用发现违法的手段，或者缺乏应有的知识和技巧，难以充分发挥这些手段的功能，要进行有效地监督，就是可望而不可即的。

　　2. 界定违法的能力

　　检察机关作为法律监督机关，要有正确理解和解释法律，并运用法律合理界定合法与违法的界限，进而准确认定违法事实的能力。法律监督权的启动，应该以法律监督机关确认被监督者的行为或者决定确有错误或适用法律不当为前提；法律监督的意见应当指出被监督者在哪些方面违反了法律。特别是在罪与非罪界限比较模糊的场合，检察机关如果认定一个人员或者单位的行为构成犯罪，就必须运用法律提出充分有力的理由。但是如果检察机关对法律的理解不够准确，或者对违法事实的认定不当，那就很难被监督对象所接受。即使监督对象必须根据检察机关的意见实施一定的行为，这种行为的后果也未必符合检察机关提出监督意见的初衷。

　　无论是在决定立案还是不立案的时候，还是在决定起诉不起诉的时候，准确地判断涉案行为的性质，认定其是否构成犯罪、构成什么犯罪，对于监督的效果具有很大的影响。

　　3. 证明违法的能力

　　检察机关要对违反法律的情况进行监督，首先就必须证明违法情况的存在。检察机关没有实体处分性的权力，只有诉求权。检察机关的监督意见要被有权作出实体决定的机关所接受，就必须向对方证明违法行为的存在。

证明违法情况的存在，首先必须有充分、确实的证据。有力而充分的证据是进行法律监督的基础。没有证据证明，任何单位和个人都不会承认自己实施了违法的行为或者作出了违法的决定；没有充分的证据证明，有权对违法情况进行处罚的机关就不敢轻易相信检察机关的监督行为，并作出相应的决定。其次还必须有运用证据来证明待证事项的能力。不能准确地发现和说明所获得的证据与违法之间的联系，或者不能充分而恰当地运用证据来证明违法，同样难以让人相信违法情况的存在。

4. 督促纠正的能力

法律监督具有强制性，是它作为宪法和法律明确授予专门国家机关的权力，与其他各种监督主体所享有的监督权利的显著区别之一。因为在我国，对法律实施进行监督的主体是非常广泛的。无论是其他国家机关，还是公民个人和法人组织、社会团体，都有权对法律实施的情况进行监督，特别是对违反法律的行为进行监督。但是这种监督是作为一种"权利"行使的，而不是作为一种"权力"行使的，所以它对被监督者不具有拘束力，被监督者可以根据自己对监督者的意见的分析判断来决定是否采纳监督者的意见。与之相反，法律监督是作为一种国家权力来行使的，被监督者对于法律监督不能爱理则理，不爱理则不理。否则，法律监督就不是一种权力行使的标志，而是一种权利的体现。

作为国家权力行使方式之一种的法律监督，它的强制性是通过被监督者的法定义务来实现的。法律监督权的行使必然引起被监督者的必须实施一定行为的法定义务。因此法律监督的强制性体现为被监督者无论是否愿意接受监督，它都必须按照监督者的要求履行一定的义务，而不能按照自己的意愿选择是否接受监督。如果被监督者可以按照自己的意愿任意选择接受监督还是不接受监督，那法律监督就没有任何强制性可言，法律监督机关也就没有作为独立的国家机关存在的必要了。

就法律监督而言，接受监督并不意味着被监督者就一定要按照监督者的意志办事，而是要按照监督行为所产生的法律效果启动一定的程序。这是法律监督的程序性功能与行政监督的上命下从功能的显著区别。在行政监督中，上级可以直接纠正下级所作出的错误决定，要求下级完全按照上级的意志办事，甚至可以对下级的错误行为直接作出实体性的处分决定。这是行政监督的显著特征，而这种特征是由行政权的特性所决定的。但是在法律监督中，法律监督机关即使发现有关机关或有关人员的做法不当或决定错误，也不能直接进行纠正，而只能要求被监督的机关启动一定的纠错程序或追究程序，只能要求被监督的机关按照法定程序予以纠正，而被监督的机关是否纠正以及如何纠正，法律监督机关是不能干预的。这是由法律监督不具有实体处分功能而只具有程序启动功能的特殊性所决定的。

因此，在法律规定法律监督机关有权进行法律监督的任何时候、任何场合，法律都应当明确规定被监督者的义务以及违背这种义务所带来的不利后果。法律在规定法律监督机关的权力的时候，如果没有同时规定被监督者应当承担的义务，特别是没有对被监督者违反义务时应当承担的法律后果的规定，被监督者就可以无视法律监督机关的意见和要求，法律监督也就形同虚设。

然而恰恰是在这个方面，我国法律在赋予检察机关具体的法律监督权的同时，没有规定被监督者相应的义务。这在一方面，使检察机关在履行法律监督职责、调查违法情况是否存在的时候，难以得到有关机关和人员的配合与协助，难以发现违法的事实和证据；另一方面使监督对象认为检察机关的法律监督没有拘束力，以致实践中某些监督对象对法律监督机关的意见不屑一顾，甚至某些被监督机关的工作人员当着法律监督机关工作人员的面，将法律监督意见书视为废纸撕掉。作为法律监督机关的检察机关对这种行为却无可奈何。这种现象，既是法律监督的悲哀，也是法律监督难以在依法治国中充分发挥作用的重要原因。

二、法律监督能力建设问题

基于以上理解，提高法律监督能力，我认为，就需要解决三个层面的问题：

（一）立法层面的问题

立法层面的问题，即法律应当赋予检察机关哪些权力和手段。立法层面的问题不解决，仅靠检察机关自己的能力，有些问题是永远也解决不了的，法律监督的效果总是难有成效的。

1. 强化检察机关的侦查能力

侦查是进行法律监督的必要手段。对执法过程中违法情况的调查，特别是对职务犯罪的侦查，在很大程度上依赖于侦查能力的提高。但是从检察机关的实际状况看，侦查能力不高严重制约着检察机关查办职务犯罪职能作用的发挥。

从法律规定上看，我国刑事诉讼法只赋予了检察机关公开侦查手段。检察机关按照刑事诉讼法的规定侦查职务犯罪案件，往往需要直接接触案件犯罪嫌疑人。这在一方面容易引起犯罪嫌疑人的警觉而实施串供、毁灭证据等妨碍侦查的行为；另一方面也容易给犯罪嫌疑人的工作和名誉造成不利的影响。如果不直接接触犯罪嫌疑人，就需要具有技术侦查的手段。而目前检察机关恰恰没有直接使用技术侦查手段的权力。这种状况，不仅与检察机关所侦查的职务犯罪的特殊性不相适应，与现代高科技发展对侦查工作的要求不相适应，而且不利于保护职务犯罪嫌疑人的名誉，不利于法律监督职能的充分发挥。

从职务犯罪侦查的实践看，增强查处职务犯罪的能力，在客观上就需要有特殊的侦查手段。这包括两个方面：

一是对现有的强制措施进行修改完善，重点是改造监视居住的措施。（1）扩大监视居住的适用地点。除了可以对犯罪嫌疑人住处或居所执行监视居住外，可以根据职务犯罪的特殊性，赋予检察机关为被监视居住人指定固定地点进行监视的权力。所指定监视居住的地点虽为固定场所，但不应当是看守所、拘留所等场所，而应当是既能对其人身自由起到一定的限制作用，从而有效防止其串供、毁证，又能保证被监视居住人正常生活的居住场所。（2）增设电子监控手段。现行的监视居住难以实现其应有的"监视"作用。在科技发达的现代，光靠人力进行监视是远远不够的，也是落后的做法。要真正发挥监视居住的"监视"作用，有必要充分利用现代科技手段，增设电子监控手段。这也是许多发达国家的共同做法。（3）缩短监视居住的期限。在增强监视居住"监视"力度的同时，为了有效保护被监视居住人的权利，应当缩短目前监视居住的期限。

二是赋予检察机关以下特殊措施：

（1）技术侦查措施。随着犯罪手段的复杂化和智能化，以及随着人权保障意识的增强，对犯罪案件的侦查越来越多地依赖于技术侦查。技术侦查是侦查手段中极为重要的组成部分，也是最为有效的手段。没有技术侦查的手段，侦查权就是残缺不全的。并且，技术侦查具有不直接接触当事人的特点，可以避免对当事人人身自由的不必要的限制。因此建议在修改刑事诉讼法的时候，明确规定检察机关在职务犯罪侦查中根据办案需要直接运用技术手段进行侦查的权力，并对之加以规范。目前我国法律没有明确规定检察机关有权适用技术侦查措施，但从我国反腐败斗争的需要看，应当完善有关法律规定，增加规定检察机关在职务犯罪侦查中可以使用技术侦查措施，包括麦克风侦听、电话监听、电子监控、秘密拍照或录像等。

（2）派遣秘密调查员措施。从立法上规定派遣秘密调查员措施，是加强检察机关对职务犯罪线索、证据的收集和运用，增强检察机关侦查能力的有效措施。

（3）强制证人作证措施。强制证人作证措施是获取证人证言的有效措施，因而对言词证据较为突出的职务犯罪侦查来说具有特别重要的意义，我国法律应当增设这方面的规定。

2. 提高检察建议的效力

"通知纠正"是人民检察院组织法赋予检察机关的一种监督手段。《人民检察院组织法》第 13 条第 2 款规定："人民检察院发现公安机关的侦查活动有违法情况时，应当通知公安机关予以纠正。"第 19 条第 2 款规定："人民检察院发现监狱、看守所、劳动改造机关的活动有违法情况时，应当通知主管机关予以纠正。"按照这些规定，检察机关发现有违法行为存在时，可以通过发出纠正违法通知书的方式，要求有违法行为的单位和人员纠正其职务活动中的违法行为。

但是，第一，这种纠正违法的通知，只适用于公安机关的侦查活动和监狱、看守所、劳动改造机关的活动，而不能适用于其他执法机关的执法活动。第二，即使是这种有限的通知纠正违法的权力，对监督对象也没有什么拘束力。因为除了刑事诉讼法第 87 条规定公安机关对于人民检察院通知立案的应当立案之外，对于其他场合的通知纠正，法律既没有规定这种通知纠正的法律效力，也没有规定有关单位和有关人员不接受检察机关纠正违法通知时对其产生什么样的法律后果。所以这种通知纠正的效力，完全取决于作为监督对象的有关机关和有关人员对它的态度。监督对象愿意接受监督的，这种通知纠正就可能起到督促其纠正违法的作用；如果监督对象不接受监督或者认为监督没有理由，这种通知纠正就是一纸空文，起不到任何监督的作用。正如有的学者形容的："我国的诉讼实践中，口头纠正违法、纠正违法通知和抗诉都没有必然要使监督者的意图得到贯彻的保障，一些案件在抗诉之后得不到改判（其中包括理由正确的控诉），甚至案件被长期搁置得不到回应；有些被监督者当着监督者的面将纠正违法通知书撕毁，检察机关却无可奈何。"[1] 这种状况，严重地影响了法律监督的实际效果，导致法律监督难以发挥其应有的作用。

至于检察机关在履行法律监督职能的实践中时常使用的检察建议和意见，实际上就更难发挥其应有的作用。检察建议是二十世纪五十年代借鉴苏联检察机关的做法，检察机关自己在实践中创设的一种监督方式。八十年代初，在参与社会治安综合治理的过程中，检察建议再次被广泛使用。1983 年最高人民检察院明确规定了《检察建议书》的基本格式。1991 年最高人民检察院在《关于贯彻落实中共中央、国务院及全国人大常委会〈关于加强社会治安综合治理的决定〉的通知》中提出要"充分发挥检察建议的作用，努力扩大办案的社会效果"。检察建议在检察机关履行法律监督职能的实践中确实发挥过一定的作用。但是这种作用的发挥，完全依赖于监督对象对检察机关的信赖程度和对检察建议内容的认可程度。愿意接受的，违法

---

〔1〕 张建伟：《刑事司法体制原理》，中国人民公安大学出版社 2002 年版，第 409 页。

行为就能及时得到纠正；不愿意接受的，检察建议就一文不值。因为检察建议并不是法律赋予检察机关的职权，也从未见诸法律文本，因而其本身并不具有法律效力。

检察机关作为法律监督机关，其基本职责就是发现违法情况、督促有关机关和人员及时纠正，并对严重违法构成犯罪的行为进行追诉。因此督促已经发生过违法情况的机关和人员预防和纠正违法，是检察机关履行法律监督职责、发挥其维护法制统一和法律正确实施职能作用的基本方式之一。而要充分发挥这种职能作用，就必须赋予其应有的法律效力即监督对象的强制性拘束力，而不能完全依赖于监督对象对它的认可程度。基于这个理由，笔者认为，法律（至少在《人民检察院组织法》中）应当明确规定检察建议的法律效力。这种规定应当包括以下内容：

第一，法律应当扩大检察机关有权向有关单位发出纠正违法通知的范围。检察机关在履行法律监督职能的过程中，发现任何单位存在违法情况，都有权向其发出纠正违法通知，要求有关单位和人员限期纠正存在的违法情况。

第二，法律应当对检察建议作出明确的规定，赋予检察机关结合办案就预防犯罪和防止再发生违法情况向有关单位提出改进工作的建议。这种检察建议作为法律监督的一种方式，可以向任何已经发生过违法情况的单位发出。

第三，法律应当明确规定有关单位和人员的义务。对于检察机关发出的纠正违法通知和检察建议，接收单位必须按照纠正违法通知书和检察建议书中的要求，限期审查自己的有关规定和做法，承认确有违法情况和漏洞的，要及时纠正或采取有效措施，并将纠正或改进情况通报发出纠正违法通知或检察建议的检察机关；认为没有违法情况的，应当及时回复发出纠正违法通知的检察机关。检察机关在必要时，可以向其上级主管部门反映情况，上级主管部门接到检察机关反映的违法情况，应当及时审查了解，并回复检察机关。

在规定检察机关监督职责的同时规定监督对象的适应义务，是保障监督有效性的必然要求，也是类似法律制度中的普遍做法。例如，俄罗斯、中国香港等。

第四，纠正违法通知和检察建议作为法律监督的一种方式，应当慎重使用。纠正违法通知一定要有能够证明违法情况确实存在的证据；检察建议一定要考虑必要性和可行性。纠正违法通知书和检察建议书要严格按照规定的程序制作，并以检察机关的名义发出，而不能由承办案件的检察人员自行发出。

3. 明确规定监督对象的义务

如果说，在我们国家这样一种社会文化和法律传统的背景下，一个专门的法律监督机关对于依法治国方略的实现是不可须臾舍弃的；如果说，法律监督对于维护法律的统一正确实施是必不可少的，那么，强化法律监督的根本措施之一，就是在立法中明确规定被监督者的义务。特别是在规定检察机关有权进行法律监督的场合，法律应当同时明确规定有关机关或个人相应的义务以及不接受法律监督所必须承担的不利的法律后果。如果仍然是只规定检察机关法律监督的职权而不同时规定监督对象的相应义务，法律监督难以发挥应有作用的状况，就难以改变。

监督对象的相应义务，包括三个方面：

一是实施一定行为或者提供一定帮助的义务。当法律监督机关需要调查违法情况是否存在时，被监督者应当有义务如实、及时地提供监督者所需要的资料和情况。

二是启动再审查机制的义务。当法律监督机关指出被监督机关所作出的决定、裁判违法时，被监督机关应当有义务启动审查程序，对自己或自己的下级已经作出的决定、裁判依照法定程序进行审查并重新作出决定或裁判。

三是追究责任的义务。当法律监督机关向被监督机关提供有关单位或个人违反法律的情况时，有关机关应当有义务在其职权范围内依照法律或纪律规定对有关单位或个人及时进行追究或处分。

（二）检察机关的问题

检察机关的问题，即如何提高检察机关整体能力的问题。整体能力，主要是指检察机关作为一个系统、检察院作为一个单位所具有的集体决策的能力，以及在系统或单位内部科学组织和充分利用内部资源，最大化地发挥其所拥有的人力物力财力来行使其法律赋予的权力的能力。

整体能力的高低取决于以下几个因素：

1. 人员配备

检察机关是由一定数量的人员组成的，法律监督权的行使最终也是要通过检察机关中有关人员的行为来实现的。因此，检察机关的人员配备如何，是决定其监督能力的首要因素。人员配备首先是检察机关领导班子的配备。领导班子既是行使法律监督权的决策集体，也是带头履行法律监督职责的人员。一个检察院，领导班子配备得如何，直接关系到这个检察院履行法律监督职责的能力，直接关系到监督的水平和质量。其次是检察官的配备。检察官是履行法律监督职责的实践主体。检察官的整体素质高，检察机关法律监督的能力就强，反之就弱。

2. 经费装备

法律监督首先是发现违法，而发现违法离不开先进的技术装备和经费投入。没有精良的技术装备和必不可少的经费投入，就难以及时有效地发现违法，法律监督也就难以有效地进行。

3. 组织管理

人员的科学管理与调配、经费装备的合理使用，是提高监督能力的重要方面。特别是对于具有"一体化"特征的检察机关来说，组织管理的能力如何，人员和经费装备的配备是否能够满足法律监督的需要，是决定检察机关整体的法律监督能力高低的关键。

4. 决策机制

在中国，法律监督权不是赋予检察官个人的权力，而是赋予检察院的权力。检察院作为一个集合体，要履行法律监督职责，就必须对重大事项实行集体决策。因此决策机制是否科学，能否真正发挥集体的作用，就是反映监督能力的一个重要方面。

（三）个人能力方面的问题

个人能力方面的问题，即检察机关的每个个体如何提高自身的能力的问题。个体能力主要是指检察官个人所具有的知识、经验以及发现和证明违法的能力。法律监督，既是检察院的权力，也是检察官的职责。检察官个人能力的强弱，对于法律监督的效果具有一定的影响。特别是在一些具体案件中，检察官个人的能力，对于案件的成败，往往具有决定性的影响。

提高检察机关的侦查能力，绝不仅仅是一个法律规定的问题。检察机关自身侦查水平的提高同样是一个不容忽视的极为重要的方面。从目前的实际情况看，检察机关在侦查职务犯罪案件的过程中，也存在着一些影响侦查能力提高的问题。如有的侦查人员，对于刑法规定的职务犯罪构成要件把握不准，自认为已经查清了并能够证明有罪的案件，所收集的证据材料，有时并没有证明认定犯罪所必需的要件，以致影响案件的有罪判决率；有时侦查指挥中突破口选择不当，贻误突破案件的时机；重视讯问犯罪嫌疑人和询问证人侦查手段的运用，特别是重视在羁押状态下讯问犯罪嫌疑人，而不够重视检查、鉴定等侦查手段的运用，搜集提取物证的能力比较弱；在充分发挥现有的侦查力量，形成侦查合力方面，还有待进一步加强。这种状况，在一定程度上影响了职务犯罪案件侦查的成功率，导致自侦案件成案率低、撤案率高、不诉率高、有罪判决率不高、实刑判决率不高的现象难以改变。

检察官个人的能力，涉及两个方面：

首先，在选任环节上，通过严格执行检察官的任职资格，防止不符合条件的人员担任检察官，以保障担任检察官的人员具有履行职责所需要的基本能力，如较高的政治素养和文化素养、系统的法律知识等。

其次，对于已经担任检察官的人员，要强调坚持法律知识的学习和更新、侦查技能的训练和提高、运用证据证明违法意识的培养和能力的提高、实践经验的总结，以便不断提高其自身的专业技能，尤其是发现、审查和运用证据处理复杂案件的能力。

因此，除了呼吁完善立法，赋予检察机关直接运用技术侦查手段的权力之外，检察机关采取积极有效的措施，努力提高自身的侦查能力，也是增强侦查能力的一个不容忽视的方面。建议检察机关加强专业技术和技能的培训，不断提高侦查人员的法律水平、扩展知识面特别是对权力运作过程的了解，增强职务犯罪侦查的实战能力。

论依法独立行使
检察权的宪法原则

　　十五大政治报告在谈到推进司法改革的任务时明确提出，要通过改革"从制度上保证司法机关依法独立公正地行使审判权和检察权"；十六大政治报告中再次提出：要"从制度上保证审判机关和检察机关依法独立公正地行使审判权和检察权"。中央之所以如此重视从制度上保证司法机关依法独立公正地行使审判权和检察权，是因为司法权的独立行使是实现公平和正义的基本前提。没有独立性，司法的目的和任务就难以实现，至少是缺乏制度性保障。

　　一、依法独立行使检察权是法律监督的一个根本原则[1]

　　1954 年 9 月 20 日第一届全国人民代表大会通过的《中华人民共和国宪法》第 83 条规定："地方各级人民检察院独立行使职权，不受地方国家机关的干涉。"1982 年 12 月 4 日第五届全国人民代表大会通过的《中华人民共和国宪法》第 131 条再次专门规定："人民检察院依照法律规定独立行使检察权，不

　　　[1]　原标题为"依法独立行使检察权，是我国宪法规定的检察机关履行法律监督职责的一个根本原则"。

受行政机关、社会团体和个人的干涉。"这些规定，以根本大法的形式，确立了人民检察院依法独立行使检察权的宪法原则。

为了强调检察机关依法独立行使检察权的重要性，1954 年《人民检察院组织法》和 1979 年颁布、1982 年修订的《人民检察院组织法》，1979 年颁布、1996 年修订的《刑事诉讼法》和 1995 年颁布、2002 年修订的《检察官法》都重申了依法独立行使检察权的宪法原则。

按照宪法的规定，并结合人民检察院组织法的有关规定，依法独立行使检察权的原则，应当包括以下几个方面的内容：

1. 检察权是国家权力中一个相对独立的组成部分

按照我国宪法的规定，检察权是从统一的国家权力中分离出来的一个相对独立的国家权力。检察权不同于人民代表大会所享有的统一的国家权力，不具有国家权力的终极性，是从人民代表大会享有的统一的国家权力中派生出来的法律监督权。检察权不同于国家行政机关所享有的行政权，不具有处理国家行政事务的职能，是一种以维护国家法律的统一正确实施为目的的国家权力。检察权不同于审判权，不具有终极性实体裁判的性质，是一种以追诉为特征的程序性权力。检察权是一种与行政权、审判权并行的、相互独立而又同属于国家权力的一种分权力。检察权的范围是由法律规定的。并且，法律赋予检察机关的权力，只能由检察机关来行使，其他任何国家机关不能代替检察机关行使检察权。

2. 检察权的行使要符合法律的规定

关于检察权的范围和行使检察权的程序，以及检察机关在行使检察权的过程中必须遵循的法律原则，全国人民代表大会在其通过的《人民检察院组织法》《刑事诉讼法》《民事诉讼法》和《行政诉讼法》等法律中已经作出了明确的规定。检察机关只能根据宪法和法律的授权行使检察权，检察机关不能自行确定检察权的范围，不能在宪法和法律规定的权限范围外行使检察权。检察机关在行使检察权的时候，应当严格遵守法律的程序性和实体性规定，严格依法行使法律赋予自己的权力，既不能在法律规定的范围之外任意行使检察权，也不能在法律规定的范围内违法行使检察权。

3. 检察权要独立行使

检察机关在行使检察权的时候，应当依照法律的规定，独立自主地采取行动并依法独立作出决定。按照 1954 年宪法的规定，地方各级检察机关在依法行使检察权的时候，只服从上级人民检察院和最高人民检察院的领导，不受地方各级、各类国家机关的干涉。1982 年宪法规定，地方各级人民检察院检察长由同级人民代表大会选举产生，向同级人民代表大会及其常务委员会负责，因此宪法规定，人民检察院依法独立行使检察权，不受行政机关、团体和个人的干涉。这就意味着，地方各级人民检察院要受同级人民代表大会及其常务委员会的监督和同级地方党委的领导。但是这种监督和领导主要是人事管理和政治领导，而不是对检察机关行使检察权的具体活动的领导。地方各级检察机关在具体行使检察权的时候，仍然要依照法律的实体性和程序性规定，独立自主地对具体案件采取行动和作出决定，并服从上级人民检察院和最高人民检察院的领导。

4. 依法独立行使检察权，并不是不要党的领导，也不是不要人大的监督

我国宪法总纲中明确规定："中国各族人民将继续在中国共产党领导下，在马克思列宁主义、毛泽东思想指引下，坚持人民民主专政，坚持社会主义道路，不断完善社会主义的各项

制度，发展社会主义民主，健全社会主义法制……"因此坚持党的领导是我国宪法确立的一项根本性原则，一切国家权力包括检察权的行使必须在中国共产党的领导下进行，这是依法独立行使检察权的基本前提和根本保证。另外，依法独立行使检察权还必须接受人大监督。因为我国宪法第 2 条明确规定："中华人民共和国的一切权力属于人民。人民行使国家权力的机关是全国人民代表大会和地方各级人民代表大会"；第 3 条进一步规定："国家行政机关、审判机关、检察机关都由人民代表大会产生，对它负责，受它监督"。在我国，检察权是从人民代表大会统一行使的国家权力中派生出来的一种国家权力，检察权的行使理所当然地要受人民代表大会的监督，检察机关理所当然地要向人民代表大会负责。因此，检察机关在行使检察权的时候必须要坚定不移地服从党的领导和人大的监督，这既是由我国根本政治制度所决定的，也是防止检察权的滥用所必需的。问题是如何确定党的领导和人大监督的范围和方式。由于中国共产党是执政党，党的领导应当是政治领导和人事控制，而不应当是包办代替各个职能部门行使职权。因此党对检察机关的领导，并不是要代替或指挥检察机关行使检察权，而是为检察机关依法独立行使检察权提供政治保障。人大在中国是国家权力机关，人大对检察机关的监督也应当是权力监督，而不是对检察机关办理的具体案件的监督。因此，从理论上讲，党的领导和人大监督与检察机关依法独立行使检察权应该是并行不悖的。党的领导和人大监督并不妨碍检察机关依法独立行使检察权；检察机关在依法独立行使检察权的同时，必须服从党的领导，自觉接受人大监督。

为了保持检察机关的独立性，我国宪法将检察机关作为宪政体制中一个独立的国家机关来设置，使其既不同于国家权力机关，也不隶属国家行政机关或审判机关。检察机关在国家政权组织形式中的独立地位，是其依法独立行使检察权最基本的制度保障。

二、依法独立行使检察权的必要性

之所以要把检察机关作为国家结构中一个独立的机关来设置，之所以要强调检察机关依法独立行使检察权，是因为检察权能否独立行使，对于现实检察权行使的宗旨具有特别重要的意义，亦是一个国家法治程度的重要标志。

1. 依法独立行使检察权，是由检察权自身的特殊性决定的

《宪法》第129条规定："中华人民共和国人民检察院是国家的法律监督机关。"这一规定，明确无误地表明了检察机关在中国的法律地位，同时也意味着检察机关所依法行使的检察权具有法律监督的性质。检察权所具有的法律监督性质，不仅使检察权区别于其他任何一种国家权力，而且决定了检察权的行使必须具有独立性。这是因为：

第一，独立性是有效监督的先决条件。监督主体要对监督对象进行有效的监督，它就必须独立于监督对象。如果彼此处在一个荣辱与共、利益相关的共同体内，那么，一方面，监督主体与监督对象的共同上级就有可能为了共同的利益而干预监督主体对监督对象的监督，而监督主体又必须服从这种干预；另一方面，共同体所具有的亲和力也会支配监督主体的决定，使其对监督对象网开一面。因此，监督主体如果不具有独立性，就不可能对监督对象进行有效的监督。

第二，独立性是法律监督依法进行的基本保障。法律监督的目的是维护国家法制的统一正确实施，因此法律监督的活动即检察权的行使，必须严格依法进行。如果维护法律实施的活动本身都不能严格依照法律的规定进行，就没有理由要求其他

主体遵守法律，也无法保证行使检察权的活动能够有效地维护法律的实施。而严格依法行使检察权就意味着检察权的行使只服从法律而不屈从来自外界的任何压力和干预。这就要求检察权相对于其他国家权力具有独立性。因为检察机关只有能够独立地行使检察权，才有可能严格依法办事。在行使检察权的活动中，检察机关如果没有独立性，就不能要求它、它自己也不可能做到排除任何干预，只服从法律。如果检察权的行使要受其他权力的控制或干预，或者要服从其他主体的意志或要求，那么，法律之外的因素就可能影响检察权的行使，严格依法就可能成为一句空话。

第三，独立性是维护公平和正义的根本要求。检察权作为国家的法律监督权，要对违反法律的行为进行追诉。而一种行为是否违反法律，或者监督对象是否具有违反法律的情况，只有根据对证据的分析和对事实情况的判断才能认定，据此作出的决定才可能具有客观性和公正性。但是如果作出这种判断的主体本身不具有独立性，它在作出判断的时候要看别人的脸色、听别人的声音甚至要揣测别人的好恶，那就不可能完全根据事实来作出判断和决定。如是，检察权的行使，就很难保证其客观公正性，对监督对象的处理也就没有公平可言。因此，独立性是检察权作为法律监督权其自身的逻辑规定，是保证检察权依法公正行使的必然要求。

2. 依法独立行使检察权，也是由中国国情所决定的

1999 年 3 月 15 日第九届全国人民代表大会第二次会议通过的宪法修正案明确地将"依法治国，建设社会主义法治国家"写进了宪法，从而以根本大法的形式确认了依法治国的基本国策。所谓依法治国，从根本上讲，就是要依照法律来管理国家事务。因此，依法治国要求一切国家权力都必须依法行

使，一切社会活动主体都必须严格遵守法律。但是中国目前还不能说是一个法治国家，要实现依法治国，还需要经历一个漫长的艰难的同蔑视法律、违反法律的观念和行为作斗争的过程。而在这个过程中，履行法律监督职责的检察机关肩负着非常沉重的使命。完成这种使命需要一定的条件，其中检察权的独立行使是最基本的条件。

首先，依法治国的要求与人治传统之间的冲突决定了检察权的行使必须具有独立性。我国几千年来一直是一个权力本位的国家，人治传统深深地扎根于权力运作的过程和国民意识之中。一方面，人们把权力看作是法律的本源，把法律视为当权者手中的工具。与法律相比，人们更崇尚个人手中的权力及其影响力，特别是有权的人，总希望法律服从自己手中的权力，而不愿意让自己手中的权力受到法律的约束，以致试图用权力干涉法律实施的现象时常发生。另一方面，人们对权力的期望值远远高于对法律的期望值。许多人认为有权的人无所不能。在这种社会心态下，不论是行政管理人员、执法人员，还是普通老百姓；不论是文化程度较高的知识分子，还是文化程度较低的工人、农民和其他劳动者，在个人行为触犯法律的时候，总是试图通过"关系"找个有权的人"说说情"，以阻止司法机关的依法追究。这种社会实现，使有权的人更加意识到权力的重要，以为有了权就可以不受法律的约束；使没有权力的人或者权力较小的人更加仰慕他人手中的权力，乐于屈从权力而不是屈从法律。检察权要对违反法律的行为特别是运用国家权力违反法律的行为进行监督，就必须独立于其他国家权力，不受其他国家机关中掌握权力的任何个人或组织的干涉。只有这样，检察权的行使才有可能在一个缺乏法治传统而人治观念和势力还比较强的国度里不辱使命。如果检察权的行使要受其他各种权力的支配或制约，那么监督法律实施的职能就只能是形同虚设。

其次，法制统一与地方利益之间的矛盾决定了检察权必须独立于地方权力。中国是一个单一制国家，全国人民代表大会制定的法律在全国范围内具有一体遵行的效力。正是为了保证法律在全国范围内的统一正确实施，国家才把检察权从统一的国家权力中独立出来作为一种专门的国家权力由检察机关统一行使。但是从另一方面看，由于国家实行地方财政与中央财政"分灶吃饭"的政策，特别是在市场经济条件下，地方上的利益与国家的整体利益，既有一致性的一面，又有相对独立性的一面。地方利益的独立性决定了它与国家法律的统一要求之间必然会出现矛盾和冲突。而当这种矛盾和冲突出现的时候，难免会有某些地方上的领导人为了地方利益而干涉法律的实施包括干涉对涉及地方利益的违法行为的法律监督。如果检察权不能独立于地方权力，它在对违反法律的行为进行法律监督的时候就无力抗拒地方权力的干涉，就无法保证检察权行使的合法性和公正性，就无法完成法律监督的使命。因此，在实行统一法制的国家，为了维护法制的统一，就必须防止地方权力对检察权的干涉，而检察权独立于地方权力是保证检察权不受干涉的起码要求。不能保证检察权独立于地方权力，就没有理由要求检察机关担负起法律监督的使命。

新中国成立前后，在彻底废除旧法统、建立人民司法的过程中，《中央人民政府最高人民检察署试行组织条例》即于新中国正式成立两个月之后颁布施行。该条例明确规定，全国各级人民检察署均独立行使职权，不受地方机关干涉，只服从最高人民检察署的指挥。这表明，检察权的独立行使是维护国家法制统一的迫切需要。在依法治国、建设社会主义法治国家的进程中，这种需要不但丝毫没有减损，而且更加迫切。

因此，强调检察机关依法独立行使检察权，并从制度上加以保障，既是历史选择的客观必然，也是现实选择的理性要求。

当然，独立只是营造了一种消除司法腐败、保障司法公正、提高司法效率所必需的前提条件和必要环境，并不意味着只要独立了，司法腐败就自然而然地消除了，司法公正也就一蹴而就地实现了。但是没有独立，就不可能落实依法独立行使检察权的宪法原则，这是毫无疑问的。

三、依法独立行使检察权的制度性障碍

我国宪法虽然确立了检察机关依法独立行使检察权的原则，并且明文规定"最高人民检察院领导地方各级人民检察院和专门人民检察院的工作，上级人民检察院领导下级人民检察院的工作"，但是我国的一系列制度和做法包括宪法本身关于检察机关领导体制的规定，都还存在着某些不利于检察机关依法独立行使检察权的因素。这些制度性因素，从根本上妨碍了检察权的独立行使，使检察机关难以胜任法律监督的使命。

从检察机关恢复重建以来的实际情况看，妨碍检察权独立行使的制度性因素，主要是检察权的地方化。其主要表现是：

1. 检察机关的人事不独立

按照《宪法》第 101、102 条的规定，地方各级人民代表大会不仅有权选举和罢免本级人民检察院检察长，而且有权监督本级人民检察院的工作。人民检察院组织法和检察官法也规定：地方各级人民检察院检察长由地方各级人民代表大会选举和罢免，副检察长、检察委员会委员和检察员由本院检察长提请本级人民代表大会常务委员会任免。与这种选举、罢免和任免权相适应，本级党委对于本级检察机关的人事安排具有提名

权。这种提名权不仅包括提出选举、罢免和任免的检察人员名单的权力，而且包括对检察人员调动工作的权力。同级党委和人大对检察机关人员命运的实际控制权。这种隶属关系，使检察机关在行使检察权的时候，不得不服从地方领导的决定和意见。

2. 检察机关的经费不独立

我国目前实行的财政制度使地方各级检察机关的经费主要依靠地方财政供给，并且这种供给的额度和时间没有明确的标准和必要的保障。特别是财政状况本身就不好的地方，检察人员的工资经常都不能按时发放，检察机关的办案经费和办公经费更是没有保障，检察人员的住房问题难以解决。这种财政供给制度使地方各级检察机关不得不主动地去讨好地方行政部门的主要领导，自觉不自觉地要按照地方行政部门领导的意图办案，以致检察机关不得不办理一些与地方行政领导有关的"关系案""人情案"。至于一些涉及地方经济利益的案件，检察机关难免要从为本地经济发展"保驾护航"的需要出发来办理。

3. 检察官的身份不独立

检察人员是构成检察院的主体，因而也是行使检察权的主体。检察人员的身份独立是独立行使检察权的基本前提。但是从我国目前检察机关的人事管理制度上看，无论是普通的检察人员还是检察机关的领导干部，其主体身份都不具有独立性。从能否进入检察院，到能否晋升，甚至到能否继续待在检察院，都取决于地方党委的组织部门（自然也取决于地方党委的主要领导）。这种人事管理制度，使一般检察人员不敢得罪检察长，而检察长又不敢得罪地方领导。检察机关在行使检察权的过程中，一旦遇到地方领导要干预的情况，几乎没有人敢不按照地方领导的意见办案，而无论这种意见是否正确。

关于检察官的身份保障，检察官法虽然规定，"非因法定事由、非经法定程序，不被免职、降职、辞退或者处分"，但是检察官法没有规定检察官包括检察长非因法定事由不得调离，而由于检察机关的人事权掌握在同级地方权力机关，地方领导任意调离检察官的可能性就无法避免，检察官的职业就面临着没有保障的威胁。

四、依法独立行使检察权的改革思路

针对目前存在的实际情况，落实宪法原则，保障检察机关依法独立行使检察权，应当从以下几个方面的改革入手：

1. 改革检察机关的领导体制和检察官选任制度

关于检察机关领导体制和检察官选任制度的改革，我认为，理想的方案是：修改宪法关于县以上人民代表大会选举本级检察长的规定，改为全国人民代表大会选举任命最高人民检察院检察长，最高人民检察院检察长任命地方各级人民检察院检察长和检察员；在最高人民检察院设党委，统一领导全国各级检察机关的工作。人民检察院依法独立行使检察权，只服从法律，不受地方国家机关、团体和个人的干涉。最高人民检察院向全国人民代表大会负责，地方各级人民检察院向其上级检察机关负责。当然这种方案在实行时可能遇到的阻力特别是来自地方上的阻力比较大，目前实行或许会有一定的难度。

如果从可行性出发，我认为，至少应当实行由省级人民代表大会选举产生本省各级人民检察院的检察长，并统一任命检察员。实行检察长和检察员在全省范围内定期交流制度。与之相联系，县、地级人民检察院在编制、人员和经费方面，与本级政府脱钩，编制、人员由省级人民政府统一管理。省级人民检察院检察长、副检察长、检察委员会委员，在提交省级人民代表大会选举或者任命之前，应当报请最高人民检察院进行资格审查；省级人民检察院检察长在省级人民代表大会选举之后，应当由最高人民检察院检察长提请全国人民代表大会或其常委会任命；省以下各级人民检察院的检察长、副检察长、检察员，在提交省级人民代表大会罢免之前，应当征求最高人民检察院的意见。

之所以提出这样的改革方案，主要是考虑到我国目前地、县级人大选举检察长的规定，难以保障按照检察官法规定的条件选任检察长和检察员。由于地县级人大选举时，通常只能是在本县范围内推选候选人，能够选择候选人的范围非常有限（至于从其他地方推荐来的候选人，由于本地人大代表并不了解其实际情况，所以选举只能是走过场）。没有符合检察官法规定的任职资格的人选时，就不得不从不具备检察官任职资格的人员中选举检察长、任命检察员。这种状况，难以保证选举产生的检察长和任命的检察员符合检察官法的规定。

2. 改革检察官管理制度

检察官的管理，应当按照检察官法的规定进行。

（1）重新审查现有检察人员的资格，符合检察官法规定条件的，由有权任命的机关统一任命检察官；对于不完全符合检察官任职资格而又没有达到退休年龄的现任检察员，可以允许其继续担任检察员职务，并允许其脱产学习以达到检察官法规定的任职资格，或者提前退休。

（2）检察官一经任命，非因法定事由、非经法定程序，不得免职、降职、辞退或者处分，也不得调离检察官工作岗位（与法官交流、内部交流的除外）。

（3）提高检察官待遇。初级检察官的待遇应当高于科级行政人员，中级检察官的待遇应当高于处级行政人员，高级检察官的待遇应当高于局级行政人员。

（4）通过修改人民检察院组织法，明确规定各级检察官的职权范围。在自己的职权范围内，检察官对于自己所负责的案件具有独立作出决定的权力，但是上级检察官或检察长有明确指令时，下级检察官应当服从。

3. 改革检察机关的经费供给制度

宪法中独立设立检察机关的目的是监督法律的正确实施，维护国家法制统一，因此检察机关的经费应当全部由国家统一解决。检察机关的经费应当由最高人民检察院统一预算并报请全国人民代表大会或人大常委会审议通过后，国家财政予以保障。只有这样，才能使检察机关挺起腰板履行法律监督职能，而无须顾及自己的"饭碗"。如果不能从根本上解决检察机关的办案、办公和检察人员的福利待遇等经费问题，独立行使检察权的宪法原则就必然要打折扣。

如果说，由于国家财政经济困难无法承担全国各级检察机关的经费，一方面可以考虑采取减少检察机关编制的做法压缩经费，但是这样做可能不利于检察职能的充分发挥；另一方面可以考虑由省级财政统一解决本省检察机关的经费（省级财政确有困难的，中央财政给予补贴），其中首先应当包括检察人员的工资福利，其次再是检察机关的办案、办公经费。因为办案经费不足时，检察机关可以少办案件，而人员经费没有保障时，检察机关就不可能严格依法办案。

（原载《中国司法》2004 年第 1 期）

论宽严相济刑事司法政策与法律监督[*]

　　宽严相济的刑事司法政策在《中共中央关于构建社会主义和谐社会若干重大问题的决定》中被确立为我国刑事司法政策之后，就成为我国刑事法学界和实务界的一个热点话题，出现了不同的观点和认识。检察机关作为国家的法律监督机关，既是刑事法律的实施主体，也是对刑事法律实施情况进行监督的法律监督者，因此，检察机关在实施宽严相济刑事司法政策过程中，如何理解和正确处理宽严相济刑事司法政策与法律监督之间的关系，就成为当前需要研究的重要问题。

一、宽严相济刑事司法政策的定位与内涵

　　宽严相济刑事司法政策提出后，对我国整个刑事司法活动都具有指导作用，要正确贯彻该政策，就必须首先确定宽严相济刑事司法政策在我国刑事政策中的地位及其内涵。

（一）宽严相济刑事司法政策的定位

　　在我国，一直实行惩办与宽大相结合的刑事政策，因而要

---

　　* 本文为中国法学会 2008 年度重点课题"贯彻宽严相济刑事政策与履行法律监督职责研究"结项报告，与邓思清合作完成。

准确将宽严相济刑事司法政策进行定位，就必须正确区分"宽严相济"与"惩办与宽大相结合"之间的关系。众所周知，惩办与宽大相结合的政策产生较早，1932年3月13日中共中央执行委员会发布的第六号训令中就规定，对反革命罪犯的处理政策是"分别阶级成分，分别首要与附和"。1934年颁布的《中华苏维埃共和国惩治反革命条例》中进一步规定：对危害人民的重大反革命分子应当从重判处刑罚直至判处死刑，对胁从、坦白、自首、立功的分子，可以减轻或者免除刑事处分。1940年12月，毛泽东同志在《论政策》一文中强调，要坚决地镇压那些坚决的汉奸分子和反共分子，但是决不可多杀人，决不可牵涉任何无辜的人；对于反动派中的动摇分子胁从分子应有宽大的处理。新中国成立以后，我们国家在《惩治反革命条例》《惩治贪污条例》中，以及在"三反""五反"等运动中都坚持和强调惩办与宽大相结合的政策。1979年《刑法》明确了刑法的指导思想之一是惩办与宽大相结合的刑事政策。1997年刑法修订没有规定该政策。宽严相济的刑事司法政策是最近中央确立的一项刑事政策，如2004年12月7日在全国政法工作会议上，中共中央政治局常委、中央政法委员会书记罗干同志指出："要认真贯彻宽严相济的刑事司法政策。对严重危害社会治安的犯罪活动必须严厉打击，决不手软。对具有法定从宽条件的应依法从宽处理。"[1]

现在，关于宽严相济与惩办与宽大相结合之间的关系如何界定，学术界有三种观点：[2]

---

[1] 《为全面建设小康社会创造和谐稳定的社会环境和公正高效的法治环境》，参见依法治市综合网：载 http://www.yfzs.gov.cn/gb/info/gcdx/2005-03/05/1940395903.html.

[2] 参见张智辉：《宽严相济刑事政策的司法适用》，载《国家检察官学院学报》2007年第6期。

1. 宽严相济的刑事司法政策与惩办与宽大相结合的刑事政策是相同的。[1] 认为宽严相济是对惩办与宽大相结合政策的基本精神是一致的，都是强调区别对待，重罪重罚，轻罪轻罚。两者只有表述方式上的不同，实质精神是一致的。前者比较通俗和口语化，后者比较简洁和书面化，两者只不过是对同一刑事政策的两种表述而已。

2. 宽严相济的刑事司法政策是惩办与宽大相结合刑事政策的新发展。[2] 即认为惩办与宽大相结合的刑事政策在新的时期必然具有新的和更为丰富的内容，"宽严相济"与"惩办与宽大相结合"是互为依存、一脉相承的。"宽严相济"刑事司法政策并非是对"惩办与宽大相结合"刑事政策简单的名词置换，而是我们处在新时期，面对刑事案件数量急剧增加，就刑事法律如何保持社会良好运行状态所作的新思考、提出的新理念，其背后有着积极的时代意义与实务价值。也就是说，宽严相济是对惩办与宽大相结合的历史传承与超越，从镇压与宽大相结合，到惩办与宽大相结合，再到宽严相济，反映了我国刑事政策的演进。其中有的认为，惩办与宽大相结合政策已经过时了，所以现在中央提出宽严相济，这实际上是取代了我们长期坚持的惩办与宽大相结合的刑事政策。有的认为，惩办与宽大相结合的刑事政策与改革开放以来实行的严打政策有矛盾，并且刑法已取消了惩办与宽大相结合的刑事政策，这说明该政策不能成为我国在新形势下的刑事政策，而宽严相济刑事司法政策是在继承原刑事政策的基础上，适应构建和谐社会的需要，是对原刑事政策的丰富和发展。

---

〔1〕 在四川绵阳召开的"宽严相济的刑事政策与和谐社会构建"研讨会上，有学者提出了该观点。

〔2〕 张小虎：《惩办与宽大相结合刑事政策的时代精神》，载《江海学刊》2007年第1期。

3. 宽严相济的刑事司法政策不同于惩办与宽大相结合的刑事政策。[1] 认为这是两个不同的刑事政策，提出的角度和针对的问题是不同的。一是表达方式不同。位序上的变化在规范学上有着特殊的意义。惩办在前，强调的重点在惩办上，而宽在前的重点在宽上。二是侧重点不同。前者强调的是犯罪化、重刑化和监禁化；后者强调的是非犯罪化、轻刑化和非监禁化。三是司法倾向不同。受"惩办"重心的影响，前者在刑事司法中对具体案件的处理带有明显的倾向性，即"可捕可不捕的捕"，"可诉可不诉的诉"，"可判可不判的判"。后者则相反。并且前者中的宽大，针对的只是少数犯罪。四是关注重点不同。前者是在社会治安恶化的背景下提出的，具有工具论的烙印。后者是在构建和谐社会的背景下提出的，是对刑法工具论的扬弃。

我们认为，这两个政策之间具有内在的联系：惩办与宽大相结合是我们国家的基本刑事政策，宽严相济是该政策在刑事司法领域的具体运用，二者的基本精神是相同的。惩办与宽大相结合的精神实质是分清不同情况，实行区别对待，惩办少数，改造教育多数。按照这个政策，刑法针对不同情况作一系列区别对待的规定，体现了有宽有严、宽严相济的内容。只不过是惩办与宽大相结合不仅对刑事司法工作具有指导意义，而且对刑事立法工作也具有指导意义，而宽严相济作为一个司法政策，主要适用于司法领域。不能用宽严相济来否定或者取代惩办与宽大相结合的基本刑事政策。

（二）宽严相济刑事司法政策的内涵

关于宽严相济刑事司法政策的内涵，目前学术界有四种观

---

[1] 黄京平：《宽严相济刑事政策的时代含义及实现方式》，载《法学杂志》2006 年第 4 期。

点：第一种观点认为宽严相济的刑事司法政策就是"轻轻重重"的刑事政策。所谓"轻轻重重"，即"'轻轻'就是对轻微犯罪的处理比以往更轻，即轻者更轻。'重重'就是对严重犯罪的处理比以往更重，即重者更重。"[1] "轻轻重重"的刑事政策是美国二十世纪六十年代提出的刑事政策，主要体现为从重打击严重刑事犯罪，从轻处理轻微刑事犯罪。八十年代以后北欧国家也出现了"轻轻重重"的刑事政策。但美国的"轻轻重重"的刑事政策以重为主，针对社会治安特别混乱，犯罪特别严重这样一种社会状况提出的，是要集中精力从重打击严重刑事犯罪，对轻微犯罪采取辩诉交易等其他方式快速处理。北欧国家提出"轻轻重重"的刑事政策，是以轻为主，针对社会犯罪比较缓和的态势，更多地强调保障人权与刑罚的轻刑化。我国提出宽严相济刑事司法政策以后，有学者就直接用"轻轻重重"来定义我国的宽严相济刑事司法政策。[2] 第二种观点认为宽严相济的刑事司法政策主要精神是宽。[3] 即认为宽严相济的刑事司法政策是在对过去严打政策反思的基础上提出来的，并且是在构建和谐社会的大背景下提出的，而且也适应了轻刑化的国际潮流，是一种以宽为价值取向的刑事政策。同时，惩办与宽大相结合与宽严相济相比较，惩办与宽大相结合，首先讲惩办，然后是宽大；宽严相济首先讲宽，然后是严，这个语序上的变化反映了思维方式的变化，体现出政策重心的转移，所以宽严相济刑事司法政策主要精神是从轻、从

---

〔1〕 储槐植：《刑事一体化与关系刑法论》，北京大学出版社 1997 年版，第 169 页。

〔2〕 参见侯宏林：《刑事政策的价值分析》，中国政法大学出版社 2005 年版，第 284—287 页。

〔3〕 参见吴宗宪：《解读宽严相济的刑事政策》，载《中国人民公安大学学报》2007 年第 1 期；王明坤：《新形势下对严打刑事政策的评论——鉴于宽严相济刑事政策的提出》，载《法制与社会》2003 年第 2 期；等等。

宽。第三种观点认为宽严相济刑事司法政策是以严为基础的政策[1] 即认为宽与严是对立统一、不可分割的两个方面，任何时候都不能只讲宽不讲严。事实上，宽严相济的刑事司法政策并不是对"严打"的取代，更不是对"严打"的否定，而是将"严打"纳入宽严相济刑事司法政策的框架中。从这个意义上说，"严打"政策并不是与宽严相济刑事司法政策并列的另一个刑事政策，而是包含在宽严相济刑事司法政策之中的体现宽严相济的严厉性的内容。只有在宽严相济的框架中坚持"严打"方针，以严是基础，为前提，才能在严厉打击刑事犯罪的情况下，有效地保护人民，也才有可能促使犯罪分子中的多数人走坦白从宽的道路，在这样一个社会稳定的前提下，讲宽才有基础，离开了严打，就谈不上宽，所以我们讲宽严相济刑事司法政策，要以严打为基础，以社会稳定为出发点。第四种观点认为宽严相济重在相济[2] 即认为宽严相济不能简单地归结为从严打击重刑犯罪、从轻处理轻微刑事犯罪，关键是如何协调宽严，如何宽严结合，宽严平衡。既不能宽大无边或严厉过苛，也不能时宽时严，宽严失当。

我们认为，宽严相济的刑事司法政策，从其字面意义上来说，就是"从宽"和"从严"相结合的一种刑事司法政策。从刑事司法意义上来说，就是对严重犯罪要从严打击、对轻微犯罪要从宽处理的一种刑事司法政策。具体来讲，宽严相济的刑事司法政策，是指国家要求司法机关在对刑事案件进行侦查、起诉和审判等司法活动中，根据案件的具体情况，对犯罪嫌疑人、被告人和犯罪人依法予以从宽或者从严的一种刑事政

---

[1] 董治良：《宽严相济刑事政策的确切含义及其蕴涵》，载《人民法院报》2007 年 5 月 29 日。

[2] 陈兴良：《宽严相济刑事政策研究》，载《法学杂志》2006 年第 2 期。

策。宽严相济的刑事司法政策既包括对严重犯罪要从严打击，又包括对轻微犯罪要从宽处理；既有对实体方面的要求，又有对程序方面的要求；既适用于普通刑事犯罪案件，也适用于职务犯罪案件；既包括对严重犯罪和轻微犯罪宽严相济，也包括对一般犯罪宽严相济。就检察机关来说，贯彻宽严相济的刑事司法政策，就是要根据社会治安形势和犯罪人的不同情况，在依法履行法律监督职能中实行区别对待，注重宽与严的有机统一，该严则严，当宽则宽，宽严互补，宽严有度，对严重犯罪依法从严打击，对轻微犯罪依法从宽处理，对严重犯罪中的从宽情节和轻微犯罪中的从严情节也要依法分别予以宽严体现，对犯罪的实体处理和适用诉讼程序都要体现宽严相济的精神。由此可见，宽严相济刑事司法政策中的宽与严是一个事物的两个方面，二者相辅相成，共同构成一个有机的统一整体。具体来说，宽严相济刑事司法政策包括以下几方面的内涵：

1. 该严则严，当宽则宽

根据刑法规定，对应当从严处罚的犯罪要严厉打击，对应当或可以从宽的犯罪要从宽处理。这层含义的实质就是区别对待。从严包括严格和严厉，即该作为犯罪处理的一定要作为犯罪处理，该受到刑罚处罚的一定要受到刑罚处罚，该判处较重刑罚的一定要判处较重的刑罚。从严具体体现在以下两个方面：一是实体上依法从重处罚。所谓"依法从重处罚"，是指依法对严重影响社会稳定的犯罪和犯罪人，在法律规定的范围内予以严厉打击和从重惩处；对于具有从严情节的犯罪，应当从严处罚，即在相对确定的法定刑的范围内适用较重的刑种或较长的刑期。但是，从重处罚不是严打时强调的那种"顶格判处"，而是要根据案件的具体情况，在刑法规定的法定幅度内考虑从重。二是程序上依法从严处理。所谓"依法从严处理"，是指在执行法定程序时要严肃认真，认定时要从严掌握，在处理时要从重从快处理，如依法适用较严重的强制措施，或者在法定期限以内对适用对象及时审查、及时起诉等，以达到及时有效地追究犯罪、证实犯罪、打击犯罪的效果。

从宽处理，也不是放纵犯罪、一概不予追究，而是要在查清案件基本事实的基础上，从宽掌握认定犯罪的标准，从宽适用不起诉，并在被告人认罪的基础上简化案件的办理程序，从轻判处刑罚。从宽处理具体包括两方面的内容：一是实体上的从宽。即对于依法应当或者可以从轻、减轻或者免除处罚的被告人，予以从轻、减轻或免除处罚，以体现刑罚的轻缓化。比如对于未成年人或老年人犯罪、初犯、偶犯和过失犯等，应当从宽处罚，从宽在司法上包括非犯罪化、非刑罚化和各种从宽处理措施。二是程序上的从宽。即在刑事诉讼程序中尽可能地从宽对待犯罪嫌疑人或被告人，尽量保护其合法权利，包括可捕可不捕的不捕，可诉可不诉的不诉，尽量简化诉讼程序或者适用简易程序等。比如对主观恶性较小、未成年人或老年人犯罪、初犯、偶犯和过失犯，要慎用逮捕措施和起诉，坚持可捕可不捕的不捕、可诉可不诉的不诉原则，尽量简化诉讼程序或者适用简易程序，切实保护犯罪嫌疑人或被告人的合法权利。

2. 严中有宽，宽中有严

宽严相济刑事司法政策的这层含义讲的是合理适用法律，即要根据案件的具体情况，合理地区分行为人的责任大小。也就是说，宽严相济刑事司法政策中的宽和严是相对的，所谓"宽"不是绝对的宽，所谓"严"也不是绝对的严。在从严时，不能不考虑应当重罚的犯罪分子也可能有从轻处罚的情节；在从宽时，不能不考虑应当轻罚的犯罪分子可能有从重处罚的情节。例如即使是重罪，如果行为人的责任较小或者具有从轻处罚的情节，也要在刑法规定的范围内从宽处理；即使是轻罪，如果行为人的责任较大或者情节比较恶劣，也要在刑法规定的范围内从严处理。因此，宽与严是对立统一不可分割的两个方面，在刑事诉讼过程中，既要考虑从宽，又要考虑从严；既不能过分强调从严而忽视从宽，又不能过分从宽而忽视从严或代替从严；既不能宽大无边或严厉过苛，也不能宽严失当，而要宽严适当，宽严并重。因此，我们在贯彻宽严相济的刑事司法政策时，必须防止和克服片面强调某一方面，忽视另一方面的错误倾向。单纯地从严或者从宽不是这一刑事司法政策所要求的目的，只有这两方面的有机结合，做到宽中有严，严中有宽，才能正确全面贯彻宽严相济的刑事司法政策，也才能发挥该刑事司法政策的应作用。

3. 宽严并用，宽严有度

宽严相济刑事司法政策的这层含义讲的是平衡执法，即在整个司法活动中要保持刑法和刑诉法适用的均衡性，不能顾此失彼，而要兼顾不同的方面，全面适度地执行刑法和刑诉法。众所周知，法律是刑事司法政策不可逾越的藩篱，从宽和从严要有一定的标准和界限，宽和严的标准和界限就是法律，即宽严不能超过法律允许的界限，无限的宽和严都是错误的。对于刑事犯罪来说，依法该从严的要从严，依法该从宽的要敢于从宽，但是，无论从严还是从宽，都必须于法有据，宽严适度。也就是说，从宽不是法外施恩，从严也不是无限加重，而是要严格按照刑法、刑事诉讼法以及相关刑事法律的规定，在法律允许的范围内，根据具体的案件情况来公正合理地惩罚犯罪。

总之，宽严相济刑事司法政策的实质是区别对待，即要按照罪刑法定、罪刑相适应的原则和案件的具体情况，注意将轻罪与重罪相区别；将情节一般、情节严重与情节特别严重相区别；将尚未造成后果、后果不严重与后果严重相区别；将过失犯与故意犯相区别；将未成年、盲、聋、哑、精神病、孕妇等特殊犯与一般犯相区别；将从犯、初犯、偶犯与主犯、累犯、惯犯相区别；将坦白、自首、立功与抗拒相区别。做到区别对待，该严则严，当宽则宽，宽严结合，打击少数，教育改造多数。贯彻宽严相济的刑事司法政策，既要有力打击和震慑犯罪，维护法律的严肃性，又要有效加强保护，尽可能减少社会对抗，化消极因素为积极因素，实现法律效果和社会效果的统一。

二、法律监督与宽严相济刑事司法政策之间的关系

宽严相济刑事司法政策作为适用于刑事司法活动的一项政策，要明确该政策与法律监督之间的关系，就需要界定检察机关法律监督与检察职能的关系。关于法律监督与检察职能的关系，我国目前法学界有三种观点：第一种观点认为，法律监督与检察是两个不同的并列概念。[1] 第二种观点认为法律监督与检察职能是统一的，即是一个事物的两个方面。[2] 第三种观点认为法律监督和检察职能是两个不同的交叉概念。[3] 我们认为，在我国，法律监督与检察职能虽然是两个不同的概念，但二者是一体的，检察职能是从检察机关履行职能的角度来讲的，而法律监督则是检察职能所体现出来的一种属性。也就是

---

〔1〕 傅宽芝：《人民检察院的检察与法律监督》，载《人民检察》2008 年第 17 期；郝银钟：《"评检诉合一"诉讼机制》，载《法制日报》2006 年 8 月 3 日；等等。

〔2〕 张智辉：《法律监督三辨析》，载《中国法学》2003 年第 5 期；邓思清：《再谈公诉与法律监督》，载《人民检察》2006 年第 17 期；等等。

〔3〕 孙国华主编：《法理学教程》，中国人民大学出版社 1994 年版，第 523 页；钟海让：《法律监督论》，法律出版社 1993 年版，第 11 页；马新福主编：《法理学》，吉林大学出版社 1995 年版，第 369 页；等等。

说，从国家权能的角度看，检察机关履行法律规定的检察职能，由于我国宪法将检察机关定位为法律监督机关，因而检察机关履行的一切职能都具有法律监督的性质，都是法律监督的表现形式。即检察职能是法律监督的具体体现和表现形式，法律监督则是检察职能的本质和属性，二者是一个事物的两个方面，是共生的关系。明确了法律监督与检察职能是一体的关系，我们认为，法律监督与宽严相济刑事司法政策之间的关系主要体现以下三方面：

（一）法律监督与宽严相济刑事司法政策二者具有契合性

法律监督与宽严相济刑事司法政策二者具有契合性，是指检察机关在刑事司法过程中行使法律监督权时与宽严相济刑事司法政策的要求具有统一性、协调性和一致性。法律监督与宽严相济刑事司法政策的这种契合性是由以下因素决定的：

一是检察机关享有自由裁量权。在我国，检察机关与法院一样，都是国家的司法机关。按照司法裁量权的原理，检察机关在行使法律监督权过程中，依法享有一定的自由裁量权。所谓"自由裁量权"，是指酌情作出决定的权力，并且这种决定在当时情况下应当是正义、公正、正确和合理的。法律常常授予法官以权力或责任，使其在某种情况下可以行使法官自由裁量权。有时是根据情势所需，有时则仅仅是在规定的限度内行使之。[1] 而宽严相济刑事司法政策的核心是"区别对待"，要求司法机关在办案过程中，应当根据案件的不同情况，选择予以"从宽"或"从严"处理，显然，检察机关在刑事诉讼中享有一定的自由裁量权与宽严相济刑事司法政策的要求具有契合性。

---

〔1〕 ［英］戴维·M. 沃克：《牛津法律大辞典》，光明出版社 1988 年版，第 261 页。

二是检察机关是唯一经历刑事诉讼全过程的机关。根据我国法律规定，刑事诉讼包括立案、侦查、审查起诉、审判和刑罚执行五个诉讼阶段，这五个诉讼阶段检察机关都有权参与，与公安机关、法院相比，检察机关是唯一参与整个刑事诉讼过程的机关。而宽严相济刑事司法政策作为新时期的一项刑事政策，它适用于整个刑事诉讼过程，因此从适用范围来看，法律监督与宽严相济刑事司法政策也具有契合性。

三是检察机关负有监督刑事诉讼活动其他机关的职责。检察机关作为我国的法律监督机关，负有维护国家法律统一实施的职责，因而检察机关参与刑事诉讼活动，有责任和义务监督公安机关、人民法院的诉讼活动，保证它们严格执行法律。而宽严相济刑事司法政策是适用于参与刑事诉讼活动所有机关（包括公安机关、检察机关和法院）的一项政策，该政策要求各机关在刑事司法过程中合理采取"从宽"和"从严"。检察机关在刑事诉讼活动中行使法律监督，也是为了保证公安机关、人民法院对案件进行合理的"从宽"或"从严"，防止滥用权力，出现司法不公现象，因此，从对参与刑事诉讼的各机关的要求上讲，法律监督与宽严相济刑事司法政策也具有内在的契合性。

（二）宽严相济刑事司法政策对法律监督具有指导作用

宽严相济刑事司法政策对法律监督具有指导作用，是法律监督与宽严相济刑事司法政策关系的一个重要方面。宽严相济刑事司法政策对法律监督的指导作用，具体表现在以下几方面：

首先，宽严相济刑事司法政策可以指导检察机关及时打击各种刑事犯罪特别是严重犯罪，以维护社会稳定。在我国，要实现党中央构建社会主义和谐社会的要求，就必须全力维护社会稳定，而刑事犯罪特别是严重犯罪是对社会秩序的严重破坏，因此在刑事司法活动中，对于应该"从严"打击的各种犯罪，检察机关应当按照贯彻宽严相济刑事司法政策的要求，积极采取各种法律监督措施，做到不遗漏任何犯罪，保证严格依法从严追究犯罪人的法律责任。可见，检察机关在履行法律监督严厉打击各种刑事犯罪特别是严重犯罪的过程中，宽严相济刑事司法政策对其具有重要的指导作用。

其次，宽严相济刑事司法政策对法律监督在树立法律权威方面具有指导作用。依法治国是我国追求的治国方式，而要实现依法治国，就必须树立法律的权威。而要树立法律的权威，最关键的是要做到司法公正。司法公正包括实体公正和程序公正两方面内容。在刑事司法活动中，要做到司法公正，不仅要保证案件的实体处理是公正的，而且要保证诉讼程序也具有公正性。也就是说，要使犯罪人得到的刑事处罚与其犯罪行为相适应，在刑事诉讼中得到的对待要与其人身危险性相适应。我国法律赋予检察机关以法律监督职责，其目的就要求检察机关通过行使法律监督，保证在刑事诉讼活动中实现司法公正，以树立法律权威。而宽严相济的刑事司法政策也要求，各司法机关在刑事诉讼活动中要根据刑事案件的具体情况，严格按照法律的规定，该严则严，当宽则宽，宽严相济。检察机关在法律监督过程中，正确贯彻宽严相济的刑事司法政策，就可以保证司法公正的实现，从而可以树立法律的权威。由此可见，宽严相济刑事司法政策在树立法律权威方面，对检察机关的法律监督也具有重要指导作用。

最后，宽严相济刑事司法政策对实现法律监督中的人权保障也具有指导作用。重视人权保障是现代刑事诉讼的突出特征，为此，现代各国刑事诉讼法对赋予当事人特别是犯罪嫌人、被告人广泛的诉讼权利。如沉默权、律师在场权、会见权、获得保释权、申请司法审查权，等等。但是，从司法实践看，对犯罪嫌疑人、被告人诉讼权利造成威胁的是国家权力的滥用，因此，要在刑事诉讼中有效保护人权，就必须防止国家权力的滥用。我国法律赋予检察机关以法律监督，其重要目的就是要监督公安机关、人民法院正确行使权力，防止法律所赋予的权力被滥用，这就是法律监督保障人权的体现。而适用于刑事诉讼活动的宽严相济刑事司法政策，强调区别对待、宽严相济。其中，区别对待某些一般或轻微犯罪，或者未成年人、老年人、盲聋哑人等犯罪，尽可能地采取非犯罪化处理或者简化诉讼程序，坚持"可捕可不捕的不捕、可诉可不诉的不诉"的原则，可以有效地减少刑罚的负面效应，切实保障人权。宽严相济可以克服"严打"政策可能导致的刑讯逼供、超期羁押等侵犯人权现象的发生。因此，检察机关要在法律监督中有效地保障人权，宽严相济刑事司法政策对其无疑具有重要的指导作用。

（三）法律监督是落实宽严相济刑事司法政策的重要方式

宽严相济刑事司法政策作为我国当前的一项刑事政策，其所包含的"该严则严、当宽则宽，严中有宽、宽中有严，宽严并用、宽严有度"的内容要在我国刑事司法活动得以实现，就必须借助于我国刑事司法活动中的各个机关，通过其司法职能来体现。也就是说，我国参与刑事司法活动的各个机关是落实宽严相济刑事司法政策的具体载体，只有通过它们的具体刑事司法活动，才能实现宽严相济刑事司法政策的要求。在我国刑事司法活动中，公安机关、检察机关和人民法院都是重要的参与主体，它们都可以通过法律赋予的职权来落实宽严相济刑事司法政策。其中，检察机关由于是参与刑事司法活动全过程的唯一机关，并负有监督整个刑事司法活动的职责，因而检察机关是落实宽严相济刑事司法政策的重要机关，其法律监督就成为落实宽严相济刑事司法政策的重要方式。具体来说，检察机关可以通过强化法律监督，加大对贪污贿赂等职务犯罪的查处力度，通过重点查办党政领导干部职务犯罪案件，贪污贿赂数额巨大的犯罪案件，司法不公背后的司法腐败案件，国家机关工作人员滥用职权、玩忽职守导致发生重特大安全生产事故或造成国有资产严重流失的犯罪案件，以及利用职权实施的非法拘禁、刑讯逼供等侵犯公民人身权利、民主权利的犯罪案件，形成一定的办案规模并提高大案要案比例，始终保持对腐败分子的震慑态势，从而可以贯彻落实宽严相济刑事司法政策中"从严"的要求。同时，检察机关也可以通过强化法律监督，对不同的犯罪实行区别对待，对某些一般或轻微犯罪，或者未成年人、老年人、盲聋哑人等犯罪，原则上不批准逮捕并监督公安机关尽可能地不采取少采取其他强制措施，在审查起诉阶段，可不起诉的尽量不起诉，对这些轻微犯罪案件，要尽量简化诉讼程序，从而可以贯彻落实宽严相济刑事司法政策中"从宽"的要求。由此可见，检察机关的法律监督是落实宽严相济刑事司法政策的重要方式。

三、法律监督中贯彻宽严相济刑事司法政策的情况及存在的问题

宽严相济刑事司法政策作为当前我国刑事司法活动的一项重要政策，对我国整个刑事司法工作具有重要的指导意义。检察机关作为我国刑事司法工作中的重要参与者，在履行法律监督职能中积极贯彻宽严相济刑事司法政策，取得了一定的成绩，但也存在一些问题，需要进一步加以完善。

（一）法律监督中贯彻宽严相济刑事司法政策的情况

为了在法律监督工作中全面贯彻宽严相济的刑事司法政策，各级检察机关十分重视，并积极采取各种有效措施，取得了良好的社会效果。具体来说，检察机关在法律监督工作中采取了以下措施：

1. 制定司法解释

为了保证在全国各级检察机关贯彻落实宽严相济的刑事司法政策，最高人民检察院制定了一系列司法解释，如《关于在检察工作中贯彻宽严相济刑事司法政策的若干意见》《关于依法快速办理轻微刑事案件的意见》《人民检察院办理未成年人刑事案件的规定》等。这些司法解释要求各级检察机关在贯彻宽严相济的刑事司法政策时，应当坚持以下四项原则：一是全面把握。宽严相济刑事司法政策中的宽与严是一个有机统一的整体，二者相辅相成，必须全面理解，全面把握，全面落实。既要防止只讲严而忽视宽，又要防止只讲宽而忽视严，防止一个倾向掩盖另一个倾向。在对严重犯罪依法严厉打击的同时，对犯罪分子依法能争取的尽量争取，能挽救的尽量挽救，能从宽处理的尽量从宽处理，最大限度地化消极因素为积极因素，为构建社会主义和谐社会服务。二是区别对待。宽严相济刑事司法政策的核心是区别对待，检察机关在贯彻宽严相济的刑事司法政策时，应当综合考虑犯罪的社会危害性（包括犯罪侵害的客体、情节、手段、后果等）、犯罪人的主观恶性（包括犯罪时的主观方面、犯罪后的态度、平时表现等）以及案件的社会影响，根据不同时期、不同地区犯罪与社会治安的形势，具体情况具体分析，区别对待，该严则严，当宽则宽，以体现该刑事司法政策的本质精神。三是严格依法。贯彻宽严相济的刑事司法政策，必须坚持罪刑法定、罪刑相适应、法律面前人人平等原则，做到宽要有节，严要有度，宽和严都必须严格依照法律，在法律范围内进行，即宽严合法，于法有据，实现政策指导与严格执法的有机统一。四是注重效果。贯彻宽严相济的刑事司法政策，应当做到惩治犯罪与保障人权的有机统一，法律效果与社会效果的有机统一，保护犯罪嫌疑人、被告人的合法权利与保护被害人的合法权益的有机统一，特殊预防与一般预防的有机统一，执法办案与化解矛盾的有机统一，最大限度地化解矛盾，减少对抗，促进社会和谐稳定。同时，司法解释还对检察机关在履行各项法律监督职能（职务犯罪侦查、审查批捕、审查起诉、诉讼监督等）中如何贯彻宽严相济刑事司法政策，提出了明确的要求，保证了在法律监督工作中全面贯彻落实宽严相济刑事司法政策。

2. 进行改革试点

宽严相济刑事司法政策要转化为法律制度，需要进行改革试点工作。为了将宽严相济刑事司法政策的内容纳入有关法律制度，更好地做好法律监督工作，各地检察机关积极进行改革试点工作，如北京市朝阳区人民检察院，江苏省无锡市人民检察院，江苏省、浙江省各级人民检察院等，积极进行刑事和解的改革试点工作。又如最高人民检察院检察理论研究所在全国八个基层人民检察院进行了认罪轻案程序改革试点工作，即北京市东城区人民检察院、北京市石景山区人民检察院、河北省承德市承德县人民检察院、江西省上饶市婺源县人民检察院、重庆市合川区人民检察院、浙江省绍兴市上虞市人民检察院、江苏省无锡市惠山区人民检察院、江苏省苏州市吴中区人民检察院。这些改革试点工作正在各地顺利进行，已受到社会各界的赞赏和肯定，取得了较好的法律效果和社会效果。各级检察机关进行刑事和解的改革试点工作，其目的在于探索处理轻伤害犯罪案件、交通肇事等过失犯罪案件、民事纠纷引发的故意毁坏财物犯罪案件的有关程序和机制改革问题，建立刑事和解制度，以达到被害人与加害人之间互谅互让，最大限度地满足被害人的赔偿要求，减少双方的对抗，恢复加害人与被害者之间的和睦关系，消除社会不稳定因素，促进社会和谐。进行认罪轻案程序改革试点工作，主要目的是在现行认罪案件简化审的基础上，探索进一步简化认罪案件诉讼程序的可能性，建立认罪案件快速处理程序，以实现"简者更简，繁者更繁"的刑事诉讼程序改革的目标。

3. 开展理论探索

在党中央确认宽严相济刑事司法政策后，为了贯彻落实这一政策，各级检察机关的领导和研究人员积极开展对宽严相济刑事司法政策的理论研究和探索，取得了许多有影响的研究成果。例如最高人民检察院研究室陈国庆主任发表的《检察机关贯彻"宽严相济"刑事政策的实践要求与制度完善》（载《人民检察》2006 年第 12 期）、最高人民检察院检察理论研究所张智辉所长的《宽严相济刑事政策的司法适用》（载《国家检察官学院学报》2007 年第 6 期）、黑龙江省人民检察院姜伟检察长发表的《宽严相济刑事政策的辩证关系》（载《中国刑事法杂志》2007 年第 6 期）、浙江省人民检察院庄建南副检察长发表的《宽严相济刑事政策与检察工作》（载《国家检察官学院学报》2006 年第 4 期）等。这些著作和论文，对宽严相济刑事司法政策产生的背景、重要意义、内涵、与其他政策的关系、如何贯彻执行等问题，进行了广泛深入的研究。这些理论研究不仅提高了对宽严相济刑事司法政策重要性的认识，而且加深了对宽严相济刑事司法政策内涵的理解。但是，对有些问题也存在一定的分歧，如宽严相济刑事司法政策的内涵、宽严相济刑事司法政策与惩办与宽大相结合刑事政策的关系等，这些都需要进一步研究。

（二）法律监督中贯彻宽严相济刑事司法政策存在的问题

为了在法律监督工作中贯彻宽严相济刑事司法政策，检察机关虽然采取了一些措施，取得了一定的效果，但是，从司法实践看，尚存在以下问题：

1. 缺乏可执行的法律制度

检察机关贯彻宽严相济刑事司法政策必须严格依法，即在现行法律范围内贯彻宽严相济刑事司法政策，否则，就会出现破坏法制的现象。但是，在司法实践中，由于现行法律规定的局限性，检察机关在具体贯彻宽严相济刑事司法政策时，难以找到可遵照执行的法律制度，例如在处理在校大学生盗窃犯罪案件时，往往遇到对其提起公诉会觉得不公平，不起诉又不符合法律规定的两难处境，由于缺乏暂缓起诉制度，因而难以有效落实宽严相济刑事司法政策，导致案件处理的不公正或违反法律。又如在处理认罪的轻微刑事案件时（如轻微盗窃、伤害等案件），由于现行的认罪案件简化审程序主要是简化了审判阶段的诉讼程序，没有简化其他诉讼程序特别是侦查程序，导致这类案件与其他案件一样按照统一的侦查程序来处理，无法得到快速处理，出现处理程序的不公正现象。在实践中，这类缺乏可执行的法律制度的现象很多，影响了宽严相济刑事司法政策的全面贯彻落实。

2. 各地执法不统一

为了贯彻落实宽严相济刑事司法政策，一些地方检察机关与法院、公安机关等联合制定各种规定、意见或办法，以明确宽严相济刑事司法政策的有关内容。这种做法虽然有助于贯彻落实宽严相济刑事司法政策，但由于各地的规定不完全一致，有的可能突破现行的法律规定，因而导致执法的不统一。不仅制定规定的地方执法与没有制定规定的地方执法不统一，而且制定规定的各地执法也不统一。这种执法的不统一，不仅违背了宽严相济刑事司法政策的宗旨，而且严重地破坏了国家法制的统一性，造成国家司法的不公正。

3. 执法中出现一些违法现象

在司法实践中，有一些地方司法机关，由于没有正确理解宽严相济刑事司法政策的精神，片面追求贯彻宽严相济刑事司法政策的社会效果，在执法过程中，往往出现一些违法现象，比如对较重的伤害案件，只要被害人获得赔偿后，就对被告人作出不起诉决定；又如对贿赂犯罪案件，只要行贿人交代了行贿事实，不管行贿数额多大，都作撤销追究或不起诉处理等。有的司法人员受人情关系、金钱的影响，甚至借贯彻宽严相济刑事司法政策之名，滥用职权，违法办案，出现司法腐败现象。

四、完善宽严相济刑事司法政策的具体建议

宽严相济作为我国的刑事司法政策，对所有参与刑事诉讼程序的国家机关都具有重要的指导意义。要在刑事司法活动中贯彻、落实宽严相济的刑事司法政策，除了各机关和人员应当充分认识该政策的重要性和基本内涵外，更为重要的是要将该政策转化为具体可操作的制度或机制，保证司法机关在执行宽严相济刑事司法政策时"有法可依"，这不仅是正确落实政策的要求，更是依法治国的必然要求。因此，就检察机关的法律监督来说，要正确贯彻落实宽严相济刑事司法政策，防止某些司法人员任意行使自由裁量权，滥用从宽、从严政策，出现司法不公和司法腐败现象，应当从宽、严两个方面建立和完善有关制度。

（一）建立和完善"从宽"的有关制度

从宽是宽严相济刑事司法政策的一个重要方面，检察机关在法律监督过程中，要保证能够依法"从宽"，应当建立和完善以下制度：

1. 对未成年人、在校大学生等轻微犯罪进行非犯罪化处理

未成年人犯罪作为一个特殊的犯罪群体，其身心尚未成熟，对事物的认识能力和感知程度较差，社会经验不足，可塑性强，容易受不良风气的影响走向违法犯罪的道路。如果对那些主观恶性不大，手段也不残忍、犯罪性质不严重的初犯或偶犯的未成年人定罪科刑，会在一定程度上加重其逆反心理，加大教育改造的难度。同时，也会给其心灵造成创伤，甚至可能导致其再次犯罪。在校大学生是国家的宝贵财富，培养一名大学生需要耗费大量人力、物力、财力，社会成本很高，而且在校大学生正在受教育阶段，如果因为一次情节较轻的犯罪而对其简单地科处刑罚，就会断送其大学生涯，减少国家的财富，也会使培养大学生的费用白白浪费。因此，为了贯彻落实宽严相济的刑事司法政策，应当对未成年人和在校大学生，以及80岁以上的老人，给予特别的保护和爱护。我国《未成年人保护法》对未成年人的保护提出了要求，我国也素有尊老爱幼的文化传统，同时非刑罚化已成为当代国际刑法改革的主题。[1] 基于上述各种因素，建议我国刑法在修改时，对未成年人、在校大学生等轻微犯罪进行非犯罪化处理。

---

〔1〕 梁根林：《非刑罚化——当代刑法改革的主题》，载《现代法学》2000年第6期。

2. 建立暂缓起诉制度

暂缓起诉制度，是指某些已经达到提起公诉标准的犯罪行为，基于犯罪嫌疑人的自身状况、悔罪表现以及诉讼经济的考虑，通过设定一定的暂缓起诉期间暂时不提起公诉，在暂缓起诉期间终结时再根据犯罪嫌疑人的表现等情况作出最后处理决定的一种诉讼制度。由于我国现行刑事诉讼法只规定了起诉、不起诉两种制度，难以适应错综复杂的案件情况，因此在这两种制度之间建立暂缓起诉制度，一方面有利于保护犯罪嫌疑人，为其提供免受羁押或被刑事追诉的条件；另一方面可以防止刑罚的滥用和不适当的扩张，体现人文主义的关怀，具有预防、挽救、教育、感化、打击并举的作用，同时也是诉讼经济化的选择。暂缓起诉制度作为一种介于起诉、不起诉制度之间的中间制度，实体上体现了刑罚的经济思想，程序上体现了起诉便宜主义。在具体构建暂缓起诉制度时，可以从犯罪性质、犯罪情节、犯罪嫌疑人的年龄、悔罪表现等方面规定其适用条件。就犯罪性质来说，暂缓起诉只适用于轻罪刑事案件，不适用较重的刑事案件；就犯罪情节来说，暂缓起诉只适用于犯罪情节较轻，具有犯罪中止、自首、立功等情节；就犯罪嫌疑人的个人情况来说，暂缓起诉只适用于平时表现良好，未受过刑事处罚，系初犯、偶犯，能如实供述自己的罪行，有悔罪表现的犯罪嫌疑人。

3. 扩大相对不起诉的范围

根据我国刑事诉讼法规定，不起诉可分为绝对不起诉、相对不起诉和证据不足不起诉三种，并且法律对这三种不起诉的适用条件和范围，都作了明确的规定，以适应不同的案件情况。因此，我国建立的不起诉制度有利于节约诉讼成本，提高诉讼效率。但是，从司法实践看，我国法律规定的不起诉制度其适用范围过于狭窄，难以满足社会的需要。具体来说，主要体现在以下几方面：（1）"没有犯罪事实存在，或犯罪事实并非犯罪嫌疑人所为的"情况没有纳入绝对不起诉的范围。这种情况显然符合绝对不起诉的内涵，但由于刑事诉讼法第15条没有对其作出明确规定，致使实践中有不同的做法[1]，影响了司法的统一。（2）没有将"犯罪行为较轻"纳入相对不起诉的范围。我国目前只将"犯罪情节轻微"纳入了相对不起诉，但国外检察官一般对犯罪较轻的案件，有权决定不起诉，这有利于充分发挥不起诉在实现个别公正、提高诉讼效率等方面的作用。我国法律没有将"犯罪行为较轻"作为相对不起诉的条件，显然限制了不起诉的适用范围。（3）没有将其他一些情况纳入不起诉的范围。从国外情况看，检察机关或检察官的不起诉范围十分广泛，例如检察官可以出于政治原因、国家利益和公共利益、犯罪嫌疑人的特殊情况等，对案件作出不起诉处理。我国对于这些情况没有明确规定，限制了不起诉的范围。因此，为了体现宽严相济刑事司法政策从宽的一面，建议将上述内容纳入不起诉的范围，以完善我国的不起诉制度。

4. 完善被告人认罪案件的简化程序

对被告人认罪的案件进行简化程序，既能实现繁简分流，节约司法资源、提高诉讼效率，缓解司法机关"案多人少"的

---

〔1〕 对于"没有犯罪事实存在，或犯罪事实并非犯罪嫌疑人所为的"案件，司法实践中有两种观点和做法：一种观点认为，对于这类案件，应当作绝对不起诉处理，终止刑事诉讼。其理由有二：一是目前我国法律规定的绝对不起诉，是指依法不应追究刑事责任，或犯罪嫌疑人的行为虽然造成了危害后果，但从法律上讲不认为是犯罪的情形，而没有犯罪事实，或犯罪事实并非犯罪嫌疑人所为的情况，符合绝对不起诉的要求，是绝对不起诉的一种特殊情况。二是如果检察机关对这类案件不及时处理，而是退回公安机关作撤案处理，就会拖延诉讼，造成对无辜者的超期羁押，侵犯公民的合法权益。另一种观点认为，对于这类案件，不宜由人民检察院作不起诉决定，而应当退回公安机关依法撤销案件。因为对这类案件作不起诉处理，目前缺乏法律依据。正是由于目前对这个问题存在两种观点，实践中就有两种不同的做法。

突出矛盾，又能减少刑事程序对被告人的不良影响，有利于被告人权利的保障，因此最高人民法院、最高人民检察院和公安部于 2003 年 3 月 15 日联合发布了《关于适用普通程序审理"被告人认罪案件"的若干意见（试行）》和《关于适用简易程序审理公诉案件的若干意见》。这两个《意见》对被告人认罪的案件，实行简化的审理程序和简易程序，体现了宽严相济刑事司法政策的要求。但是，从司法实践看，该规定对具体办案程序的简化十分有限，难以起到"分流案件"的作用。因此，应当借鉴国外辩诉交易制度的合理因素，进一步简化被告人认罪案件的诉讼程序。具体建议是：（1）扩大被告人认罪案件程序简化的范围。即将被告人认罪案件的简化程序从审查起诉、审判扩大到侦查程序，简化不必要的侦查手续、讯问（询问）有关人员的次数，尽量减少适用或不适用各种强制措施等。（2）扩大简化程序的案件范围。即将被告人认罪案件简化程序的案件范围从轻微犯罪案件扩大到所有被告人认罪的案件。（3）进一步简化审查起诉和审判程序。即借鉴国外辩诉交易制度中的答辩协议的内容，建立我国控辩双方的答辩笔录制度，并赋予答辩笔录相应的约束力，以减少控辩双方反悔的可能性，并可以简化法院认定有关证据的诉讼程序，从而进一步简化诉讼程序。

5. 建立刑事和解制度

刑事和解制度，是指在犯罪发生后，经有关机关或调停人从中进行调解，促使被害人与加害人之间互谅互让，达成赔偿协议，从而减轻对加害人刑事处罚的一种制度。这是近年来我国为构建和谐社会而试行的一种制度，其目的是恢复被加害人所破坏的社会关系、弥补被害人所受到的伤害、恢复加害人与被害者之间的和睦关系，并使加害人改过自新、复归社会。[1]从世界范围看，英、法、德等国家已存在制度化的刑事和解制度，适用范围限于轻微刑事案件，司法机关对合法的和解结果予以认可，并以此作为终止刑事追诉、刑事审判的依据和减刑缓刑的选择要件。[2] 刑事和解制度对于维护被害人权益、促进社会和谐起到了良好的作用。对因邻里纠纷、同事矛盾、同学打闹、夫妻口角、亲属争执等引发的轻伤害犯罪，从有利于缓和矛盾、化解纠纷出发，积极进行刑事和解，效果十分显著。如 2004 年 5 月 24 日浙江省公检法三机关联合出台了《关于当前办理轻伤犯罪案件适用法律若干问题的意见》，在轻伤犯罪案件的处理上适用刑事和解的做法，受到了社会各界的一致好评。此外，对于其他一些轻微刑事案件，如交通肇事等过失犯罪案件、民事纠纷引发的故意毁坏财物犯罪案件，也可尝试进行刑事和解。由此可见，在加害人犯罪情节轻微，真诚悔罪，向被害人（或其近亲属）承认错误、表达歉意，得到被害方的谅解、宽恕，并在调停人（可以是公安机关、检察机关或人民调解委员会）的主持下与被害方达成书面赔偿协议的情况下，公安机关可以撤销案件、检察机关可以不捕、不诉，或者建议法院从轻、减轻处罚或判处缓刑。因此，在实践经验不断积累的基础上，在我国刑事司法中建立完善的刑事和解制度，对贯彻宽严相济的刑事司法政策具有积极作用。

（二）建立和完善"从严"的有关制度

从严是宽严相济刑事司法政策的另一个重要方面，检察机关在法律监督过程中，要保证能够依法"从严"，应当建立和

---

〔1〕 刘凌梅：《西方国家刑事和解理论与实践介评》，载《现代法学》2001 年第 1 期。

〔2〕 马静华、罗宁：《西方刑事和解制度考略》，载《福建公安高等专科学校学报》2006 年第1 期。

完善以下制度：

1. 完善刑法的有关规定

宽严相济刑事司法政策中的从严一面要求，对严重危害社会的犯罪行为和犯罪情节严重的行为人，要依法从严惩处。就犯罪行为来说，"从严"的适用对象是严重危害社会的犯罪行为，主要包括严重危及公民人身、财产安全的暴力犯罪（如杀人、强奸、抢劫、绑架等犯罪）；聚众性犯罪（如武装叛乱、聚众扰乱社会秩序、聚众冲击国家机关等犯罪）；危害公共安全的犯罪（如放火、爆炸、投毒等犯罪）；有组织犯罪（如恐怖组织犯罪、黑社会性质组织犯罪、邪教组织犯罪等）；贪污贿赂犯罪等。就犯罪行为人来说，"从严"的适用对象是犯罪情节严重的行为人，主要包括累犯、惯犯、职务犯等。因此，要贯彻宽严相济刑事司法政策中从严的一面，就应当完善有关刑法规定，加大对严重犯罪和犯罪情节严重的行为人的处罚力度，例如对于贪污贿赂犯罪，要加大对犯罪数额在 10 万元以上犯罪人的处罚力度，以体现"从严治吏"的精神；又如对于巨额财产来源不明罪，也应当提高其法定刑，防止本是贪污贿赂的犯罪人因拒不交代而得到从轻处罚、或司法人员徇私等现象的发生，以体现刑罚的公正性。

2. 完善有关刑事诉讼程序

根据"不同情况不同对待"司法公正的基本要求，在对轻微刑事犯罪案件进行简化诉讼程序的同时，要不断完善处理严重犯罪案件的诉讼程序，以保证该诉讼程序与严重犯罪案件的复杂程度相适应。按照这一原则，应当从以下几方面完善我国处理严重犯罪案件的刑事诉讼程序：（1）完善逮捕的有关规定。即从逮捕条件和逮捕程序两方面进行完善。就逮捕条件来说，要提高我国逮捕条件中"可能判处刑罚"的条件，即将现行"可能判处徒刑以上刑罚"提高到"可能判处三年以上刑罚"。就逮捕程序来说，应当进入听证制度的有关内容，即要在审查逮捕过程中听取犯罪嫌疑人及其律师的意见。（2）完善强制性侦查措施的司法审查制度。即除逮捕需要经过检察机关审查批准外，对其他强制性侦查措施，如拘留、监视居住、取保候审、搜查、扣押等措施，公安机关在采取这些强制性侦查措施时，必须经检察机关审查批准。（3）完善侦查程序的期限。即要明确区分轻微犯罪案件的侦查期限和严重犯罪案件的侦查期限，轻微犯罪案件的侦查期限应当限制在1个月以内，严重犯罪案件的侦查期限一般为6个月，如果案件十分复杂的，经过严格的审批后可延长3个月，如果案件特别复杂的，经过严格的审批可再延长3个月。（4）完善审查起诉和审判的有关程序。就审查起诉的程序来说，可以将审查起诉的期限规定为3个月，增加起诉书的内容，可以实行全部案卷移送制度等。就审判程序来说，可以将审判的期限规定为3个月，实行陪审制度，增加判决书的内容等。

3. 赋予严重犯罪嫌疑人、被告人更多的诉讼权利

为了防止对被告人错误判处严重的刑罚，除了完善有关刑事诉讼程序，使程序更加复杂外，还应当赋予严重犯罪嫌疑人、被告人更多的诉讼权利，以增强其防御能力。具体来说，建议增加严重犯罪嫌疑人、被告人以下诉讼权利：（1）沉默权。即犯罪嫌疑人对侦查人员的讯问，有保持沉默的权利。这是世界许多国家都规定的一项权利，我国可以借鉴。（2）律师在场权。即犯罪嫌疑人在侦查人员讯问时，享有要求律师在场的权利。这是辩护权的一项重要内容，我国也应当予以规定。（3）调查取证权。即犯罪嫌疑人、被告人及其律师在刑事诉讼过程中，享有自行调查收集有关证据材料的权利。这是对抗制

诉讼中犯罪嫌疑人、被告人及其律师应当享有的一项权利。（4）要求检查身体的权利。即在整个刑事诉讼过程中，犯罪嫌疑人、被告人享有随时要求检查身体的权利。这一权利可以及时固定有关证据，防止刑讯逼供的发生。（5）获得律师帮助的权利。即犯罪嫌疑人、被告人因经济等原因不能聘请律师的，享有获得律师援助的权利。这是有效保障充分实现辩护权的一项权利，也是对抗制诉讼的必然要求。

刑罚执行监督断想

在参加最高人民检察院和《人民检察》杂志社共同举办的"刑罚执行监督与纠防超期羁押机制有奖征文"评选过程中，对刑罚执行监督问题产生了一些不成熟的想法。借《人民检察》之邀，提出来请大家指正。

一、检察机关应当高度重视刑罚执行监督

对刑罚执行活动进行监督是检察机关法律监督权的重要组成部分。检察机关的法律监督权，核心内容是追诉犯罪的权力。而追诉犯罪的功能最终要通过刑罚的执行来实现。对犯罪分子所判处的刑罚能否依法得到有效的执行，直接关系到检察机关追诉犯罪的目标能否实现。因此检察机关应当密切注视刑罚执行的情况，以避免公安机关、检察机关千辛万苦地把犯罪分子绳之以法，而最后在刑罚执行过程中出现不了了之的状况。

重视刑罚执行监督，首先要加强监所检察机构的建设，选派精兵强将充实监所检察队伍，理顺监所检察的体制，同时也应当在现有条件下尽可能地保障监所检察机构的经费和装备，使之能够胜任监所检察工作的需要。

二、刑罚执行监督机制需要进一步完善

检察机关现行的刑罚执行监督机制还不够完善。除了监所检察体制本身存在的不统一、不协调等问题之外，从监督权对刑罚执行的覆盖面上看，也存在着某些明显的漏洞。比如，对财产刑执行情况的监督，对无期徒刑、有期徒刑交付执行情况的监督，对服刑罪犯监外执行情况的监督，可以说目前还是空档，检察机关没有哪个业务部门具体负责这方面的监督。又如，在管理体制上，检察机关对刑法中规定的五种主刑和三种附加刑以及非刑罚处罚方式的执行，目前还缺乏统一协调的监督机制。这些问题，都需要通过检察机关工作机制改革甚至国家司法体制和诉讼制度改革来实现。

三、完善对减刑、假释、保外就医的程序控制权

在大陆法系国家，刑罚的执行通常都是在检察机关的指挥下进行的。例如，《法国刑事诉讼法典》第 707 条规定："裁判决定最终确定之后，依检察院的申请执行之"；第 709 条规定："共和国检察官与检察长有权直接要求公共力量协助，以保证判决执行"。《德国刑事诉讼法典》第 451 条（执行机关）规定："（一）刑罚的执行，由作为执行机关的检察院依据书记处书记员发放的、附有可执行性证书和经过核实的判决主文副本付诸实施。（二）区检察官只有权对州司法管理部门委托执行的刑罚付诸实施。（三）执行机关的检察院可以接受其他州法院的刑罚执行庭所委托的检察院任务。它也可以将自己的任务移交给负责该法院事务的检察院，以符合受有罪判决人的利益，经刑罚执行庭所在地检察院同意为限。"《日本刑事诉讼法》第 472 条规定："裁判的执行，由与作出该项裁判的法院相对应的检察厅的检察官指挥。但

在第 70 条第 1 款[1]但书规定的场合、第 108 条第 1 款[2]但书规定的场合以及其他在性质上应当由法院或者法官指挥的场合，不在此限。上诉的裁判或者因撤回上诉而执行下级法院的裁判时，由与上诉法院相对应的检察厅的检察官指挥。但诉讼记录在下级法院或者在与该法院相对应的检察厅时，由与该法院相对应的检察厅的检察官指挥。"《韩国刑事诉讼法》第 460 条也作了与日本刑事诉讼法完全相同的规定。贯穿这些规定的基本原理就是：检察机关作为国家的追诉机关，其追诉犯罪的目的是通过刑罚的执行最终实现的，所以检察机关应当具有控制刑罚执行的权力。

在我国，减刑、假释是由监狱直接向法院提出并由法院裁判的，而暂予监外执行的决定则是由监狱管理部门直接作出的。对于减刑、假释、监外执行的裁定、决定，检察机关只能事后监督。而在实践中，法院和监狱管理部门的裁定或者决定一经作出就发生效力，等检察机关在事后监督中发现确有错误或不当并提出纠正意见时，由于罪犯已经被释放而不在监狱的控制之下，要想纠正错误裁定和决定，把已经假释或监外执行的罪犯收回监狱执行刑罚，往往十分困难。监督的效果难以实现。在日本，刑罚执行过程中出现的类似于我国法律中可以适用"暂予监外执行"的情况，是由检察机关决定停止执行自由刑的。如《日本刑事诉讼法》第 482 条规定："对于受惩役、监禁或者拘留宣判的人，具有下列情形之一的，可以依据与作

---

〔1〕《日本刑事诉讼法》第 70 条第 1 款："拘传证或者羁押证，根据检察官的指挥，由检察事务官或者司法警察职员执行。但情况紧急时，审判长、受命法官或者地方法院、家庭法院或简易法院的法官，可以指挥执行。"

〔2〕《日本刑事诉讼法》第 108 条第 1 款："查封证或者搜查证，根据检察官的指挥，由检察事务官或者司法警察职员执行。但法院为保护被告人而有必要时，审判长可以命令法院书记官或者司法警察职员执行。"

出刑罚宣判的法院相对应的检察厅的检察官或者受刑罚宣判人现在地的管辖地方检察厅的检察官的指挥而停止执行刑罚：一、因执行刑罚而显著损害健康时，或者有不能保全其生命的危险时；二、年龄在 70 岁以上时；三、怀孕 150 日以上时；四、分娩后没有经过 60 日时；五、因执行刑罚有可能产生不能恢复的不利情况时；六、祖父母或者父母年龄在 70 岁以上，或者患重病或残废，而没有其他保护他们的亲属时；七、子或者孙年幼，而没有其他保护他们的亲属时；八、有其他重大事由时。"

鉴于我国刑罚执行监督中出现的问题，借鉴他国的经验，我们国家应当把减刑、假释、暂予监外执行的提起权交由检察机关行使。具体讲就是：执行刑罚的监狱根据刑罚执行中出现的实际情况提出减刑、假释或者暂予监外执行的意见，由监所检察机关依法进行审查，监所检察机关认为应当减刑、假释或者暂予监外执行时，由监所检察机关向法院或者省以上监狱管理部门提出，再由法院或者省以上监狱管理部门依照其职权范围作出裁定或者决定。这种构想，不仅可以消除检察机关在减刑、监所、监外执行环节中法律监督的尴尬，而且增加一个控制环节可以大大减少这些方面近年来出现的一系列问题，有利于刑罚的执行。

（原载《人民检察》2006 年第 4 期）

法律监督机关自觉接受
监督的内容及其途径*

　　人民检察院作为国家的法律监督机关，其基本职能是监督国家法律在全国范围内的统一正确地实施。在履行法律监督职能的过程中，检察机关的活动又受到来自各个方面的监督，这种监督对于保障检察机关正确履行自己的职责，切实担负起法律监督的重任具有极为重要的意义。本文仅就法律监督机关接受监督的问题做以初步的研讨。

一、法律监督机关应当自觉接受监督

　　法律监督机关在自己的职能活动中应当自觉接受来自各个方面的监督，这是社会主义民主与法制建设的必然要求，也是由检察机关的性质和任务决定的保持自身清正廉洁的现实需要。

（一）法律监督机关接受监督的理论依据

　　早在二百多年前，资产阶级启蒙思想家孟德斯鸠就曾深刻地指出："一切有权力的人都容易滥用权力，这是万古不变的

　　＊　本文获 1999 年全国检察机关精神文明建设"金鼎奖"文章类三等奖。

一条经验——从事物的性质来说，要防止滥用权力，就必须以权力制约权力。"（《论法的精神》上册，第154页）在启蒙思想家们的提示下，权力制衡理论成为资产阶级国家制度建立的理论基础。马克思、恩格斯在创立无产阶级专政学说的过程中，吸收了权力制衡学说的合理内核，认为无产阶级在夺取政权以后，必须建立社会监督机制，以保证国家工作人员真正成为社会的公仆，成为人民的勤务员。列宁发展了马克思主义的监督理论，强调要建立完善的监督体系，重视人民群众对各种滥用权力行为的揭发和控告。毛泽东同志也十分重视对权力的监督制约，他指出："只有让人民来监督政府，政府才不敢松懈。只有人人起来负责，才能不致人亡政息。"（1945年毛泽东在延安和民主人士黄炎培先生的谈话，转引自《人民日报》1989年10月9日）毛泽东的监督制约理论的突出特点是发动群众，人人监督政府。邓小平同志创造性地发展了马克思主义的权力监督制约理论，反复精辟地论述了权力必须接受来自各个方面监督的重要意义。1957年，他在《共产党要接受监督》一文中就提出了共产党如何接受监督的问题；1987年，他在《我们干的事业是全新的事业》一文中强调指出："我们坚持共产党的领导，当然也要有监督，有制约。"（《邓小平文选》第三卷，第256页）

权力的行使之所以需要有监督，是因为权力本身是一种支配他人意志和行为的力量。任何权力都意味着权力的行使者对权力行使对象的支配。这种支配可以给社会、给他人带来利益，也可能给社会、给他人造成侵害。正所谓任何权力都有"善"与"恶"的两重性。当权力被正确行使的时候，就会产生"善"的效果；当权力被滥用的时候，就会产生"恶"的效果。如何在权力的使用中抑恶扬善，仅靠个人的品质做保证是非常脆弱的，可靠和有效的方法就是按照国家权力监督制约思想，对权力的行使加以监督制约，以完备的监督制约机制来保护好人运用权力办好事并使坏人无法利用权力干坏事，从而保障国家权力的行使成为经济发展、社会进步的支配力量。

检察机关作为国家的专门的法律监督机关，享有广泛的法律监督权（即检察权），而这种法律监督权又是国家权力的重要组成部分，具有权力的一般特性，因而也具有防止滥用的必要。检察机关在履行法律监督职能的过程中，应当自觉接受来自各个方面的监督，正是这种必要性的内在要求。

（二）法律监督机关接受监督的法律依据

在我国，法律监督机关也要接受监督，不仅从理论上讲是应当的，而且从法律上看也是必须的。

1. 我国《宪法》规定："中华人民共和国的一切权力属于人民"（第2条），国家各级权力机关都要"对人民负责，受人民监督"（第3条）。人民监督国家权力机关——全国人民代表大会和地方各级人民代表大会，其本身就包含了监督由人民代表大会产生并对它负责的检察机关的活动。《人民检察院组织法》第7条规定："人民检察院在工作中必须坚持实事求是，贯彻执行群众路线，倾听群众意见，接受群众监督"。

2. 《宪法》第3条第3款规定："国家行政机关、审判机关、检察机关都由人民代表大会产生，对它负责，受它监督。"第62条规定："全国人民代表大会行使下列职权：……（二）监督宪法的实施；……（八）选举最高人民检察院检察长"。第63条规定："全国人民代表大会有权罢免下列人员：……（五）最高人民检察院检察长"。第67条规定："全国人民代表大会行使下列职权：（一）解释宪法，监督宪法的实施；……（六）监督国务院。中央军事委员会。最高人民法院和最高人民检察院的工作；……（十二）根据最高人民检察院检察长的提请，任免最高人民检察院副检察长、检察员、检察委员会委员和军事检察院检察长，并且批准省、自治区、直辖市的人民检察院检察长的任免"。第 133 条规定："最高人民检察院对全国人民代表大会和全国人民代表大会常务委员会负责。地方各级人民检察院对产生它的国家权力机关和上级人民检察院负责。"《人民检察院组织法》第 10 条也规定："最高人民检察院对全国人民代表大会和全国人民代表大会常务委员会负责并报告工作。地方各级人民检察院对本级人民代表大会和本级人民代表大会常务委员会负责并报告工作。"这些规定都意味着人民检察院必须接受全国和地方各级人民代表大会及其常务委员会的监督，对它负责。

3.《宪法》规定："中华人民共和国是工人阶级领导的，以工农联盟为基础的人民民主专政的社会主义国家"。工人阶级的领导是通过自己的先锋队组织——中国共产党实现的。中国共产党作为中国的执政党在全国各项事业中居于领导核心的地位。正如现行宪法序言中指出："中国新民主主义革命的胜利和社会主义事业的成就，都是中国共产党领导中国各族人民，在马克思列宁主义、毛泽东思想的指引下，坚持真理，修正错误，战胜许多艰难险阻而取得的。……中国各族人民将继续在中国共产党领导下，在马克思列宁主义，毛泽东思想指引下，坚持人民民主专政，坚持社会主义道路，不断完善社会主义的各项制度，发展社会主义民主，健全社会主义法制"。中国共产党在我们国家的领导地位，决定了它对作为国家法律监督机关的检察机关的领导权和监督权。检察机关的工作离不开党的领导和监督。

4.《宪法》第 132 条和《人民检察院组织法》第 10 条都

规定："最高人民检察院领导地方各级人民检察院和专门人民检察院的工作，上级人民检察院领导下级人民检察院的工作。"检察系统内部上下级之间的这种由宪法和法律规定的领导关系本身也意味着上级检察院对下级检察院的工作具有指导和监督的权力，地方各级人民检察院和专门人民检察院要接受最高人民检察院的监督，下级人民检察院要接受上级人民检察院的监督。

5.《宪法》第 135 条规定："人民法院。人民检察院和公安机关办理刑事案件，应当分工负责，互相配合，互相制约，以保证准确有效地执行法律。"

经 1996 年 3 月 17 日第八届全国人民代表大会第四次会议修改后的《中华人民共和国刑事诉讼法》第 7 条也做了相同的规定。公、检、法三机关互相制约，在一定意义上说，也是互相监督。检察机关在刑事诉讼中的职能活动，其本身也必然要受到人民法院和公安机关的监督制约。

上述规定表明，法律规定的法律监督权绝不是不受监督的权力，人民检察院的活动也从来都不是不受任何监督。相反，按照宪法和法律的规定，人民检察院作为国家的法律监督机关，在独立行使法律监督权的同时，必须接受人民群众的监督，必须接受全国和地方各级人民代表大会及其常务委员会的监督，必须接受党的监督，必须接受上级检察机关的监督，必须接受人民法院和公安机关的监督。所有这些监督，是人民检察院正确履行宪法和法律赋予的法律监督职能的法律保障。

（三）法律监督机关应当接受监督的实践依据

从人民检察院的实际状况看，强调法律监督机关自觉接受来自各个方面的监督，具有重大的现实意义。

首先，从检察机关的性质和任务看，检察机关的活动具有相对的自主性，具有一定的决定权，如无监督，就可能被滥用。按照宪法和法律的规定，检察机关作为国家的法律监督机关，享有广泛的法律监督权。它不仅有权监督公安机关、国家安全机关的侦查活动，有权监督人民法院的审判活动，有权监督监狱、看守所执行刑罚的活动，而且有权直接对国家工作人员的贪污贿赂犯罪、国家机关工作人员的渎职犯罪、国家机关工作人员利用职权实施的某些侵犯公民人身权利和民主权利的犯罪进行立案侦查。全国各级检察机关根据宪法和法律赋予的权力，严格执法，狠抓办案，认真履行法律监督职责，取得了举世瞩目的成绩。但是也有人担心：检察机关监督别人，谁来监督检察机关。这种担心并非完全没有道理。因为其他机关毕竟不是专门的法律监督机关，它们对检察机关的监督制约毕竟没有检察机关对其他机关的监督那么广泛、有力。从法律上看，检察机关受到的监督相对于其他机关要弱一些。所以检察机关更应当强调自觉地接受各个方面的监督，自觉地严格要求自己，以保障法律监督权的正确行使。

其次，从检察机关的活动特点来看，检察机关和检察干警所面对的主要是社会的阴暗面，其中很大部分是手中拥有一定权力、具有一定社会阅历和政治经验的贪污贿赂等经济犯罪分子。这些人的腐败现象对检察干警具有极大的腐蚀作用。另外，检察机关在办理案件的过程中享有一定的自主权，特别是检察机关的自侦部门，活动的自由度较大。如果缺乏严密的监督，很容易被犯罪分子拉拢腐蚀，出现违法违纪的现象。

最后，从检察机关的执法状况看，在社会上的腐败现象影响下，检察机关也并非一块"净土"。在检察机关和检察干警之中，滥用职权、违法乱纪，甚至参与犯罪的事件时有发生。有的检察机关滥用职权，插手经济纠纷，甚至充当地方保护主义的帮手；有的检察干警在办案过程中违反纪律，接受吃请，泄露案情，办"关系案""人情案"，甚至收受贿赂，枉法办案；有的检察干警办案作风蛮横，以权压人，故意刁难欺辱案件当事人，甚至利用检察干警的身份或办案的机会进行犯罪活动。所有这些，都严重地损害了检察机关和检察干警在人民群众心目中的形象，严重危害了国家法律监督权的有效行使。

上述情况表明，法律监督机关要切实履行宪法和法律赋予的法律监督权，必须加强自身队伍建设，首先必须自己做到严格依法办事，自觉地遵守宪法和法律。而要做到这一点，单纯依靠干警的自觉性或政治思想教育是远远不够的，必须把自我约束与外部监督有机地结合起来，以外部监督促队伍建设。因此可以说，自觉接受来自各个方面的监督，是检察机关保持清正廉洁的有效途径，也是解决当前检察机关存在的执法不严问题的迫切需要和重要措施。

二、法律监督机关接受监督的类型

我国宪法和法律规定法律监督机关必须接受监督，在实践中，检察机关除了自觉接受党的领导、人大的监督之外，还受政协、人民群众、社会舆论及政法各部门和检察机关内部的监督与制约，基本上形成了多层次、全方位的监督格局。

检察机关接受监督的途径，按照不同的标准，可以分为以下几种：

（一）内部监督与外部监督

根据监督主体的不同，可以把检察机关接受的监督分为内部监督和外部监督。

内部监督是指来自同一系统不同部门的监督。其特点是监督主体与监督客体同属一个法律监督系统，但是按照职责和分工的不同，监督主体对监督客体具有监察、督导的权力。按照法律规定，人民检察院实际接受的内部监督主要有四个方面：

1. 最高人民检察院对地方各级人民检察院和专门人民检察院的监督

宪法和人民检察院组织法都规定，最高人民检察院领导地方各级人民检察院和专门人民检察院的工作。这在实际上就赋予了最高人民检察院督促检查、监督指导地方各级人民检察院和专门人民检察院的工作。纠正其违法和不当行为的权力。因为，从字面上讲，"监督"一词，在英文中是 supervision。super 的本意为"在上"，vision 的本意为"看"。从字面上直译过来，监督就是上级对下级的督察、督导；在中文中，"监督"一词最早见于《后汉书·荀彧传》中的"古之遣将，上设监督之重，下建副二之任，所以尊严国命，谋而鲜过者也"。显然，这里的监督是指对派出去打仗的将军进行督察、督导而设的官吏。从实践中看，最高人民检察院对地方各级人民检察院和专门人民检察院的工作进行了全面的指导督察，其中包括对检察系统各项重大工作的安排部署和检查督促，对检察队伍建设各项规定的监督实施，对办案工作的具体指导和督促检查，对有案不办的督促和对办错案件的纠正，对办案作风的监督和对办案中违法乱纪现象的批评纠正，以及对有关人员的处理等。

2. 上级人民检察院对下级人民检察院的监督

宪法和人民检察院组织法都规定，上级人民检察院领导下级人民检察院的工作，地方各级人民检察院向上级人民检察院负责。这种组织关系同最高人民检察院与地方各级人民检察院和专门人民检察院的关系一样，意味着上级人民检察院对下级人民检察院具有监督指导的权力。

3. 同一检察机关内部的监察部门对其他部门的监督

在全国各级人民检察机关内部，都设有纪检监察部门。人民检察院纪检监察部门的基本职能就是依照国家有关法律法规和政策，对检察机关及所属部门、单位和检察人员执行和违反国家法律、法规、政策和上级检察机关的决定、规定、指示以及违反纪律的情况和行为进行监督监察，其中包括对检察机关和检察人员贯彻执行国家法律、法规、政策和上级检察机关的决定、规定、指示的情况实行内部监督；受理对检察机关和检察人员违反纪律行为的检举、控告；调查处理检察人员违反纪律的案件；审理违纪案件等。

4. 同一检察机关内部不同部门的相互监督与制约

由于每一检察机关内部都分为若干个不同的职能部门，每一个职能部门都有自己相对独立的职能和各自不同的任务，在办案过程中分别处于不同的环节，因而各个部门相互之间具有监督制约的作用。例如检察机关自己侦查的案件，其内部的监督制约，首先表现在举报部门与自侦部门之间，举报部门受理案件线索后及时转给自侦部门，自侦部门审查后须将是否立案的查处结果及时反馈给举报部门，由举报部门对其查处情况进行跟踪审查和登记；其次表现在批捕部门和自侦部门之间，自侦部门认为需要逮捕犯罪嫌疑人的，必须移送批捕部门提请批准逮捕，而不能自己决定逮捕，批捕部门不仅对自侦部门提请批准逮捕的犯罪嫌疑人进行审查以决定是否批准逮捕，而且有权对可能构成犯罪需要逮捕而自侦部门没有提请逮捕的犯罪嫌疑人进行追捕从而避免漏捕；再次表现在起诉部门与自侦部门之间，对自侦部门侦查终结移送起诉的案件，必须由起诉部门进行审查，起诉部门审查案件，决定是否起诉，只根据案件的客观事实和犯罪情节，不受自侦部门定罪定性意见的限制，对于在审查中发现已构成犯罪但未移送审查起诉的犯罪嫌疑人，起诉部门可以追诉；最后还表现在控申部门与刑检部门之间，控申部门对自侦案件中当事人和发案单位不服检察机关有关决定的申诉进行复查，监督自侦部门和刑检部门是否依法办案，纠正办案中的违法行为或不当决定，防止和堵塞法律监督权的滥用和误用。

外部监督是指来自检察机关以外各个方面的监督。外部监督的特点是监督主体与监督客体之间没有组织上的隶属关系，监督主体具有"旁观者清"的功能。对于检察机关来说，外部监督主要是来自全国和地方各级人民代表大会及其常务委员会的监督，来自党中央和地方各级党委的监督，来自人民群众包括案件当事人的监督，来自社会舆论的监督等。此外，按照"人民法院、人民检察院和公安机关办理刑事案件，应当分工负责，互相配合，互相制约"的原则，人民法院和公安机关对人民检察院的制约，从某种意义上说，也是一种监督。按照刑事诉讼法的规定，公安机关对人民检察院不批准逮捕的决定，认为有错误时，可以要求复议；如果意见不被接受，可以向上一级人民检察院提请复核。上级人民检察院应当立即复核，并将是否变更的决定通知下级人民检察院和公安机关执行。公安机关对人民检察院不起诉的决定，认为有错误时，也可以要求复议，如果意见不被接受，可以向上一级人民检察院提请复核。按照现行刑事诉讼法的规定，人民法院对于人民检察院提请公诉的案件，认为事实不清、证据不足的，可以退回人民检察院补充侦查；对于不需要判刑的，可以要求人民检察院撤回起诉。这实际上正是对人民检察院办案情况的监督检查。律师作为国家的法律工作者，在办案过程中，对检察机关的活动也具有监督作用。他们根据自己在接触案件当事人和检察机关办案人员时发现的情况，随时可以就检察机关和检察人员的违法行为提出批评意见甚至指控，直接监督检察机关是否依法办案。

（二）国家监督与社会监督

国家监督是指来自国家机关的监督。这种监督的特点是监督主体拥有一定的权力，在依法实行监督的过程中，可以运用国家权力直接作出各种处理决定，被监督者必须服从。在我国，对法律监督机关的国家监督主要是全国和地方各级人民代表大会及其常务委员会的监督，同时也包括作为执政党的中国共产党中央和地方各级委员会对法律监督机关的监督。此外，国家监察机关对法律监督机关的行政活动和作为国家工作人员的检察干警的违法违纪行为进行监督，也属于国家监督的一个方面。

社会监督是指来自社会各界的监督。这种监督的特点是监督主体和监督范围十分广泛，但是监督主体对监督客体没有直接的处分决定权。在我国，社会监督主要包括人民群众的监督，案件当事人的监督，新闻舆论的监督，政协和民主党派的监督等。这种监督既是"中华人民共和国的一切权力属于人民"的宪法原则的具体体现，也是保障法律监督机关正确行使法律监督权的重要措施。

（三）程序内的监督与程序外的监督

程序内的监督是指案件进入诉讼程序以后对检察机关是否依法办案、是否严格履行法律监督职责所进行的监督。公安机关立案侦查的刑事案件和检察机关自行侦查的刑事案件，以及检察机关在民事审判监督和行政审判监督中受理的抗诉案件，在立案之后，检察机关开展的与案件有关的一切活动，都要严格依照法律规定的程序进行，从而受到法律的监督。这种监督可以是来自其他办案机关的监督，也可以是来自案件当事人或发案单位的监督，还可以是来自社会各界的监督。进入程序后的活动，由于程序内的每个阶段、每个环节都有法律的明文规定，因而容易受到监督；一旦有滥用、误用权力的行为，容易被发现、被纠正。所以这种监督比较有效。

程序外的监督是指对检察机关没有进入诉讼程序的活动所进行的监督。没有进入诉讼程序的活动，由于没有具体明确的法律规定，监督起来比较困难。但是由于其他法律法令政策规章条例的规定，没有进入诉讼程序的活动并不是无法监督。例如对于检察机关的腐败现象和检察干警以权谋私的行为，对于办案作风和遵守办案纪律的情况，对于检察机关是否认真履行职责和检察干警的工作责任心等，党中央和地方各级党委、上级检察机关和各级检察机关的领导都有权进行监督。目前，人民群众对检察机关在办理自侦案件过程中该立案的不立案、对人民群众提供的举报线索不认真追查等问题提出的批评，实际上正是对检察机关诉讼外的活动所进行的监督。

三、法律监督机关接受监督的主要内容

法律监督机关接受监督的内容是十分广泛的。从理论上说，法律监督机关的一切活动都应当受到监督。从实际情况看，检察机关应当接受的监督主要有以下四个方面：

（一）是否切实履行法律监督职责

人民检察院是国家专门的法律监督机关。作为法律监督机关，人民检察院的基本职责就是监督法律的实施，保障法律在全国范围内的统一正确地实施。检察机关没有肩负起法律监督的职责就是最大的失职。因此，对法律监督机关的监督以及法律监督机关应当接受的监督，首先是是否切实履行了法律监督的职责，是否严格地依照法律进行监督，有无放弃法律监督权的现象。

（二）在履行法律监督职责过程中有无违反法律的情况

人民检察院接受监督的重点是在履行法律监督职责的职能活动中有无违反法律、滥用法律监督权的情况。法律监督权是国家权力的重要组成部分，它对监督客体具有一定的强制作用。为了防止法律监督权的滥用，有必要对法律监督权的行使进行严格的监督。检察机关履行法律监督权的各个环节、各项活动，都要受到监督，其中重点应当是：检察机关及其工作人员是否利用法律监督权牟取私利，是否滥用法律监督权侵害案件当事人的合法权益，是否在办理案件的过程中违反实体的和程序的法律规定。

（三）在职能活动之外有无违反法律政策的情况

人民检察院是国家机关之一，它除了法律监督的职能活动之外还要进行其他一系列活动。在这些活动中有无违反国家法律政策规章条例的情况，也应当受到监督。例如检察机关在系统内部的行政管理中、在本单位的财务管理中、在与其他部门的相互交往等活动中，有无违反有关规定的情况，应当受到党的纪律检查部门和国家监察机关的监督。

（四）工作人员有无违法乱纪的情况

法律监督机关的职能活动是通过其内部的工作人员进行的，所以其工作人员的活动自然在接受监督之列。法律监督机关的工作人员即检察干警在办案过程中有无滥用权力，以权谋私的行为，有无办"关系案""人情案"的情况，以及有无其他各种违法乱纪的行为，都是接受监督的重要内容。

此外，检察机关及其工作人员的办案作风、职业道德等，也是接受监督的内容。

四、人民检察院自觉接受监督的主要做法

全国各级人民检察院在认真履行法律监督职责的同时，自觉接受来自各个方面的监督，不断加强自身队伍建设，从严纠正检察机关存在的问题，努力保持法律监督权的正确行使，在接受监督方面积累了许多成功的经验。其中最主要的有以下几点：

（一）坚持党的领导，自觉接受中央和地方各级党委的监督

中国共产党是领导我国各项事业的核心力量，坚持党的领导既是我国检察机关长期形成的优良传统，也是具有中国特色的检察制度最根本的标志。长期以来，全国各级检察机关自觉地把自己置于党的领导之下，主动接受党的监督，保障了检察机关各项任务的完成。

1. 认真贯彻党的路线方针政策，严格执行党的决议

党的十一届三中全会以来的路线方针政策，给我国经济发展、社会进步注入了无限的生机与活力，也使检察机关获得了新生。全国各级检察机关重建以来，坚决拥护和贯彻党的改革开放政策，始终与党中央在政治上、思想上和行动上保持高度的一致，把为改革开放，为社会主义市场经济建设保驾护航作为自己的重要任务，认真查处破坏社会主义经济的犯罪；党中央提出反腐败斗争的重大决策之后，全国各级检察机关立即行动，把反腐败作为自己的工作重心，认真查办贪污贿赂大案要案；党中央提出依法治国的方针后，全国各级检察机关坚持严格依法办事，认真履行法律监督职责，在推进社会主义民主法制建设方面作出了积极的努力。党中央作出的每一重大决策，最高人民检察院都认真研究贯彻措施，及时发出通知要求全国各级检察机关具体落实。每次中共中央召开代表大会或其他重要会议之后，全国检察系统都积极组织干警认真学习领会会议

精神，自觉贯彻执行党的路线方针政策，用以指导检察工作，贯彻落实党中央提出的各项工作部署，严格执行中共中央的有关规定。

2. 经常向中央和地方各级党委请示汇报重大工作部署，主动争取和接受党的领导和支持

全国各级检察机关每遇重大工作部署，都要首先向中央或地方同级党委汇报，听取党委指示、意见和要求，争取党委领导，接受党委监督。例如，四川省人民检察院经常主动向省委汇报反腐败查办大案要案工作的情况，自觉接受省委的领导和监督。四川省委书记谢世杰、副书记宋宝瑞、蒲海清，多次听取检察机关的汇报，指示全省各级党委要坚决支持检察机关查办大案要案的工作，为检察机关查办大案要案排除阻力，做检察机关查办大案要案的坚强后盾。此外，全国各级检察机关都自觉接受中央政法委员会和地方各级政法委员会的领导，主动请示、汇报工作，接受监督指导。

3. 自觉接受中央及地方各级党的纪律检查委员会的监督检查，认真查处和纠正检察机关和检察干警的违法违纪行为

全国各级检察机关自觉遵守党的纪律和各项规定，接受党的纪律检查部门的监督检查，并把自觉遵守党的纪律和各项规定作为加强检察队伍建设的重要内容常抓不懈，坚持用党的纪律约束党员干警。由于全国检察系统绝大多数干警都是共产党员，检察机关在队伍建设方面，特别重视健全党的组织生活，经常对党员干警进行党的纪律教育，自觉地用党的纪律约束党员干警。对于党员干警中出现的违纪违法行为和带有倾向性的问题，首先向党的纪律检查部门报告，征求纪律检查部门的处理意见和解决办法。

4. 认真办理中央和地方各级党委领导同志交办的案件，不断接受党委对检察工作的具体领导

对于中央和地方各级党委及其领导同志交给检察机关办理的案件，最高人民检察院和地方各级人民检察院都十分重视，认真研究，按照职能划分，指定专门部门或人员负责，严格依法查处，并将查处结果及时报告党委，接受党委的监督检查。

5. 按照党管干部的原则，全面地向党组织汇报检察干部的政治思想和工作情况，认真接受党的组织部门对检察干部的考察。

6. 开展党内批评与自我批评，自觉接受党内监督

全国各级检察机关内部，都有党的组织，检察机关不断健全党内民主生活，经常开展党内批评与自我批评，坚持党内的组织监督，保证了党的政治路线和思想路线在检察系统的贯彻执行。

（二）努力维护国家权力机关的权威，主动接受人大监督

最高人民检察院和地方各级人民检察院十分重视自觉接受全国和地方各级人民代表大会及其常务委员会的监督，把自觉接受人大监督作为保障严格执法和加强自身队伍建设的重要措施来抓，取得了显著的效果。

1993 年最高人民检察院作出了《关于检察机关接受人民代表大会及其常务委员会监督若干问题的规定》，其中指出：检察机关既要依法独立行使检察权，也要自觉接受国家权力机关的监督，以保证正确有效地履行法律监督职能。各级检察机关要增强自觉接受人民代表大会及其常务委员会监督的意识，牢固树立尊重国家权力机关和人大代表的观念，正确处理依法独立行使检察权与接受国家权力机关监督的关系，自觉地把检察

工作置于国家权力机关的监督之下。

该规定要求：（1）建立健全报告制度。各级人民检察院应依法定期向同级人民代表大会及其常务委员会报告工作，接受对工作报告的审议，充分尊重审议意见。检察机关的工作计划和年度总结、重要工作部署、工作中采取的重大措施、上级检察机关的重要指示精神、查处大案要案情况、执法情况及队伍建设情况和其他重大事项，应专题向同级人大常委会报告或通报。（2）认真接受人大常委会的执法检查。（3）最高人民检察院作司法解释时，应认真听取全国人大常委会及有关专门委员会的意见。（4）检察委员会在讨论决定重大问题时，如果检察长不同意多数人的意见，应报请本级人民代表大会常务委员会决定。对人大常委会的决定，必须认真贯彻执行，并及时把执行情况报告人大常委会。（5）认真办理人大交办的事项。（6）对人大代表的议案和建议、批评、意见应积极负责地办理。一般应在三个月内办结，并答复人大代表。在人大代表大会期间，人大代表对检察机关提出的质询，检察机关应认真答复。（7）加强与本地人大代表的联系。地方各级人民检察院对本地的各级人大代表，要定期或不定期地邀请他们视察工作，或接受人大常委会组织的代表评议，并提供便利条件，虚心听取他们对检查工作的建议、批评和意见，耐心解答人大代表提出的问题。

1995年3月27日，最高人民检察院再次发出《关于进一步加强与各级人民代表大会代表联系的通知》，针对个别基层检察院对人大代表在代表大会闭会期间的活动重视不够，存在不尊重代表权利、不积极配合代表履行职务的现象，要求各级检察机关积极、主动接受国家权力机关的监督，不断改进检察工作，坚持严格执法，正确履行法律监督职责。其中规定：

（1） 主动加强与本地各级人大代表的联系。各级人民检察院要根据情况，每年主动提请本级人大常委会或邀请本地各级人大代表审议，视察或评议检察工作。（2） 热情接待人大代表的视察、调查或评议。（3） 对代表在代表大会闭会期间向本级人大常委会提出的对检察工作的建议、批评和意见，要按照《全国人民代表大会和地方各级人民代表大会组织法》关于办理代表大会会议期间提出建议、批评和意见的规定和要求，做到事事有着落，件件有答复。（4） 代表依法执行职务，就检察工作中的重要问题提出约见本级或下级检察院有关负责人时，被约见的有关检察院负责人应当热情接待，虚心听取意见，诚恳地回答代表提出的问题。（5） 对于代表转递的群众来信和有关案件的控告、申诉，要及时受理。

按照最高人民检察院的指示，地方各级人民检察院采取了一系列措施，不断增强接受人大监督的自觉性。其中包括：

1. 定期向人大汇报工作，接受审议和监督

全国各级检察机关除每年一次向人民代表大会报告工作，接受审议，认真听取和充分尊重人民代表的审议意见和批评建议之外，还把定期不定期地向人大及其常委会汇报检察工作的计划，反贪污贿赂斗争、严惩严重刑事犯罪活动、执法监督等重大工作部署作为制度，长期坚持，并就上级检察机关的重要指示和重大安排、大案要案的查处情况等及时向同级人大及其常委会做专题报告，为人大监督检察机关的活动提供条件。

2. 主动配合人大及其常委会的执法检查，按照人大意见认真制定整改措施

每年，全国各级人民代表大会及其常务委员会都要组织执法检查，并且检查的重点通常都有检察机关。全国各级检察机

关十分重视人大的执法检查工作，积极主动地予以配合，如实汇报情况，虚心听取人大的批评、意见和建议，按照人大的要求，努力改正检察机关在执法过程中出现的问题。例如，1995年西安市人民检察院为了配合市人大评议检察院的工作，先后三次召开动员大会，周密部署安排接受评议的活动；向879名不参评的市人大代表、政协委员、市劳动模范发了征求意见信；由市检察院正副检察长出面，征求了13个区县人大常委会的意见；各业务处也同时向对口单位征求了意见；全市各级检察院还集中时间分阶段对近年来上级领导机关交办的案件处理情况、赃款赃物的收缴情况、群众举报检察干警违法乱纪案件线索进行了全面自查，并将自查情况如实地向参加评议的人大代表作了汇报。由于检察机关的积极配合，人大代表评议检察院工作的活动得以顺利进行。对人大代表在评议中提出的检察工作建议，市人民检察院认真研究改进措施，对人大代表提出质询的29起涉及检察干警违法违纪线索，市人民检察院组织专人进行了认真调查和重新审查，并将调查和审查结果逐案逐事向人大代表作了汇报。

通过接受人大的工作评议和执法检查，及时发现和解决了检察机关在履行法律监督职责过程中出现的问题，有力地促进了检察机关严格执法、依法独立行使检察权的工作，同时也有力地推动了检察机关的队伍建设。四川省重庆市人民检察院、江苏省无锡市北塘区人民检察院都把接受人大的评议和执法检查作为提高执法水平。加强检察队伍自身建设的动力，加强组织领导，层层统一认识，积极配合，主动征求意见，认真做好自查工作，借机使全体检察干警受到一次实际而生动的社会主义民主法制教育和纪律作风整顿。

3. 重视向人大及其常委会述职，配合各级人大及其常委会做好检察干部的选举和任免工作

全国人民代表大会选举和罢免最高人民检察院检察长，全国人民代表大会常务委员会任免最高人民检察院副检察长、检察员、检察委员会委员和军事检察院检察长；地方各级人民代表大会选举和罢免本级人民检察院检察长，地方各级人民代表大会常务委员会任免本级人民检察院副检察长、检察员和检察委员会委员，是全国和地方各级人大监督检察院工作的重要内容。近年来，许多地方的人大在选举和任免检察机关干部的时候，要求被选举和任免的候选人向同级人大常委会述职。检察机关把向人大述职作为接受人大监督的有效途径，积极动员检察干警高度重视。认真做好述职工作，如实汇报自己的思想和工作情况，广泛听取和征求人大代表的意见，改进工作，使检察干警的活动置于人大的有效监督之下。各级检察机关也积极慎重地向人大常委会推荐优秀干部，主动为人大选举和任免检察干部提供良好条件，保障了人大选举和任免检察干部工作的顺利进行。

4. 认真听取人大代表的批评和建议，积极办理人大有关检察工作的议案和人大交办的案件

全国各级检察机关对全国和地方各级人大及其常委会有关检察工作的议案和要求，对人大代表对检察机关和检察干警的批评、意见和质询，对人大及其常委会交办的案件，都能够虚心听取，认真研究，及时办理和反馈信息；不能及时办结的，也能及时将进展情况和原因向人大常委会汇报，保证把人大对检察机关的具体监督落在实处。据陕西省人民检察院统计，仅陕西省省级检察院 1991 年至 1995 年受理全国和省人大交办的案件就有 121 件。全国许多检察机关都制定了处理人大交办案

件的具体规定，把办理人大交办案件作为接受人大监督的重要途径。

5. 建立与人大代表的联系制度，经常听取人大代表对检察工作的建议

按照最高人民检察院的要求，全国许多地方的检察机关建立了与人大代表的广泛联系，经常邀请人大代表视察检察院的工作，主动介绍反贪污贿赂和严打斗争等主要检察工作，耐心解答人大代表关心的问题，虚心听取人大代表对检察工作的批评意见和建议，密切了检察机关与人大代表之间的关系，保证检察机关的各项工作始终置于人大代表的监督之下。

（三）加强上级检察机关对下级检察机关的领导，严格要求和监督各级检察机关依法办事

按照宪法和人民检察院组织法的规定，最高人民检察院领导地方各级人民检察院和专门人民检察院的工作，上级人民检察院领导下级人民检察院的工作。检察机关上下级之间的这种领导关系本身就意味着最高人民检察院和上级人民检察院有权监督指导下级人民检察院的工作，有权督促下级人民检察院严格依法办事。自检察机关重建以来，最高人民检察院不断加强对地方各级检察机关和专门检察机关的领导，严格规范检察机关和检察干警的活动，及时纠正检察工作中出现的各种带有倾向性的问题，在保障全国各级检察机关切实履行法律监督职责方面发挥了重要的作用。例如，1990年底，最高人民检察院发现少数基层检察院超越案件管辖范围，直接受理了一些不属于检察机关管辖的诈骗、投机倒把案件，有的甚至直接插手经济纠纷，为一方当事人追款讨债，便及时发出通报（于1991年1月10日），点名批评了出现问题的单位，指出这种行为的危害性和违法性，要求各级检察机关接到通报后，立即认真检查本

地区有无类似情况发生，发现问题要采取有力措施加以纠正，并要求上级检察机关加强监督检查，对这类问题要发现一件纠正一件，并在查明情况后给予通报批评，同时要注意发挥群众监督和舆论监督的作用，对那些情节严重、社会影响恶劣或已造成严重后果的要严肃追查有关人员的责任。1992 年 3 月 9 日，最高人民检察院针对个别检察院违反规定在直接侦查的案件中使用收审手段的做法，再次发出通知，要求各级检察机关坚决禁止使用收审手段。1993 年，中共中央办公厅、国务院办公厅发出关于严禁党政机关及其工作人员在公务活动中接受和赠送礼金、有价证券的通知后，最高人民检察院及时发出了关于贯彻执行这一通知的通知，要求各级检察机关和全体检察人员在执法活动和公务活动中严以律己，严格执行通知精神，不得以任何名义和变相形式接受礼金和有价证券，如有违反要严加查处并追究有关领导的责任。1993 年 7 月 2 日，最高人民检察院又针对调查中发现的个别基层检察机关的少数检察人员利用职权违背法律政策规定，乱收费、乱罚款的行为发出通知，严肃指出这种行为是新形势下拜金主义等腐败现象在检察队伍中的反映，是与国家法律监督机关的性质格格不入的，必须坚决制止和纠正，并要求各级检察机关的纪检监察部门加强监督检查，对坚持不改的要严肃查处，情节严重的要追究领导者的责任。1995 年 3 月 30 日，最高人民检察院作出关于检察人员不准接受可能影响公正执法的宴请和不准参加用公款支付的营业性歌厅、舞厅、夜总会等娱乐活动的规定，并要求各级检察机关的纪检监察部门认真履行职责，加强检查监督，保证本规定的贯彻执行。1995 年 6 月 7 日，最高人民检察院又针对少数检察机关不执行上级检察机关的正确决定，对上级的指示、决定和批复敷衍搪塞，故意拖延甚至顶着不办，对上级的禁令和规章制度置若罔闻的现象发出了关于坚决纠正有令不行、有禁不止行为的通知，要求各级检察机关切实把服从上级指示、执行上级决定作为贯彻民主集中制原则的重要内容加以落实，要加强对全体检察人员特别是领导干部的政治纪律、组织纪律、工作纪律教育，增强检察队伍的凝聚力。上级检察机关要切实负起责任，全面加强对下级检察机关各项工作的领导，加强监督检查；下级检察机关要自觉接受上级检察机关的领导，该请示的要请示，该报告的要报告，对上级检察院的指示和决定必须不折不扣地贯彻执行。据统计，仅 1995 年，最高人民检察院就先后三次派人下基层检察院调查研究，对自身反腐败工作面对面地予以指导；12 次派人下基层检察院查办或督办案件，帮助基层排除干扰和阻力；下发 16 份指导性文件，编发 14 期简报和 6 份经验材料。全国各省市自治区的检察院和检察分院也都经常监督检查基层检察院的工作，发现问题，及时纠正，有力地保证了检察机关"严格执法、狠抓办案"方针的贯彻执行和各项工作的顺利进行。

（四）建立健全内部监督制约机制，不断加强自身队伍建设

检察机关内部的监督制约机制，包括两个方面：一是检察机关的纪检监察部门对检察机关及所属部门、单位和检察人员执行和违反国家法律法规政策和上级检察机关的决定规定、指示以及违反检察纪律的情况和行为所进行的监督检查；二是检察机关内部各部门在履行法律监督职责的活动中按照职能分工所形成的互相监督制约。

全国各级检察机关的纪检监察部门在检察机关的自身监督中发挥了极为重要的作用。这主要表现在以下几个方面：（1）坚持思想教育，深入开展检察机关自身的反腐败工作。近年来，检察机关的纪检监察部门把深入开展自身的反腐败工作

作为自己的工作重心，认真学习党中央关于反腐败的一系列文件和规定，坚持开展反腐倡廉的思想教育，并把开展领导干部的廉洁自律作为工作的重点。最高人民检察院的领导在各种会议上反复强调，监督别人执法首先自己要严格执法，检察机关各级领导干部一定要提高认识，以身作则，严格自律，用自己的模范行动为广大干警树立好的榜样。福建省人民检察院检察长郑义正反复强调，从严治检首先必须从严治长，各级领导务必做到自重、自省、自警、自勉，管好自己，管好配偶、子女和身边工作人员，为干警做出表率。有的检察机关坚持开展廉洁执法教育，不断强化检察干警的职业道德意识，提高检察干警的职业道德感和责任感。有的检察机关制定了一系列自身廉洁自律的规定，纪检监察部门用以约束和检查检察机关及其工作人员的行为。（2）经常开展执法检查，切实纠正行业不正之风。全国各级检察机关的纪检监察部门在检察机关及其工作人员自查自纠的基础上，经常组织执法检查，检查检察机关自身的执法情况，发现问题及时纠正。根据最高人民检察院的部署，全国各级检察机关的纪检监察部门先后对检察机关和检察人员中一度出现的插手经济纠纷的不正之风，利用检察职能在办案中接受当事人或发案单位吃请的不正之风，在办案中要特权、逞威风，不文明办案的不正之风，乱配乱用枪支的不正之风以及利用检察权徇私舞弊的现象，进行了严肃认真的检查，对其中发现的问题进行了坚决有力的纠正。（3）认真查处自身的违法违纪案件，从严处理检察干警的违法违纪行为。全国各级检察机关的纪检监察部门都把调查处理检察人员违法违纪的案件作为自己的基本职责，尽职尽责地处理人民群众的检举控告，通过各种线索查处检察人员的违法违纪行为。仅1995年，全国各级检察机关纪检监察部门就查处检察人员违法违纪的

768 人，已查结处理的 566 人中，给予党纪处分的 183 人（其中开除党籍的 45 人），给予政纪处分的 366 人（其中开除公职的 24 人），被追究刑事责任的 69 人（其中判刑的 26 人，免诉的 15 人），因违法违纪被清理出检察机关的 34 人。严肃处理检察人员的违法违纪案件，不仅严明了检察机关的纪律，纯洁了检察队伍，维护了检察机关的声誉和形象，而且也保障了检察机关正确地履行法律监督职责。

成都市、咸阳市检察机关的纪检监察部门，还针对检察机关的违法违纪行为容易发生在自侦部门的特点，对自侦案件进行个案跟踪考察。它们遵照张思卿检察长关于"结合办案环节，开展监督，从调查取证等办案环节抓起"的指示，结合自侦案件的特点，对重大案件从初查开始就随案进行考察，对检察机关的侦查人员在初查阶段、侦查阶段和结案阶段的活动进行跟踪调查，通过审查办案人员填写的自侦案件执纪执法登记表，到发案单位了解情况，个别走访案件当事人等方法，考察办案人员执法执纪情况和办案作风，发现问题，及时纠正，有效地保障了自侦案件的办案质量和检察人员的廉洁自律。

检察机关内部监督制约的另一方面，是通过不同职能部门的划分进行相互监督和制约。目前，全国各级检察机关陆续改变了自侦案件"一竿子插到底"的状况，不仅侦查、批捕、起诉分别由不同的职能部门负责，而且这些部门分别由不同的检察长领导，避免了自侦案件一个检察长说了算的情况。

此外，许多检察机关还狠抓制度建设，建立健全各项规章制度，如《检察机关和领导干部党风廉政建设责任制》《检察机关干警廉政纪律六条规定》《文明办案制度》《赃款赃物保管移送制度》《案件备查制度》等，使检察干警执法办事有章可循，同时在一定范围内向社会公开办事制度，自觉接受社会各界的监督。

（五）认真处理人民来信来访和控告申诉，自觉接受人民群众的监督

全国各级检察机关都专门设立控告申诉部门，热情接待人民群众来信来访，认真处理群众举报和当事人的控告申诉，从中发现和纠正检察机关和检察人员的不当决定和违法违纪行为。

接受人民群众的监督，除了通过人民代表大会和人民代表反映人民群众的意见和要求之外，主要有三种方式：一是处理人民群众的举报，在根据举报线索查处经济犯罪、渎职犯罪和侵犯公民人身权利民主权利犯罪的同时，注意从中发现和收集检察机关和检察人员违法犯罪的线索，认真纠正检察机关的违法行为和不当决定，严肃查处检察人员违法犯罪的案件。每年，全国各级检察机关都接受和查处大量的举报线索，其中虽然主要是社会上的违法犯罪行为，但也有相当一部分是检察机关和检察人员的违法违纪行为，查处这类案件，是接受人民群众监督的一个重要方面。二是受理案件当事人的控告申诉，复查和纠正检察机关的不当决定和错误做法。据四川省人民检察院的统计，四川省各级人民检察院每年受理的控告申诉案件都有 5 万余件。对于这些控告申诉案件检察机关指定专人负责审查，属于检察机关管辖范围的，控告申诉部门积极组织人员或协同有关部门或交给其他部门进行复查，基本上做到了事事有着落，件件有回音。三是虚心听取律师的批评建议及时纠正检察机关的违法违纪行为和不当决定，不断提高办案水平。律师既是国家的法律工作者，也是有关案件当事人的代言人。他们在办案过程中能够运用自己的法律知识敏锐地发现检察机关和检察人员的违法违纪行为和不当决定，他们就检察机关对具体

案件所做的决定和对有关犯罪嫌疑人的指控提出的反驳和不同看法，对检察机关和检察人员的工作提出的批评建议和控告，既是代表案件当事人对检察机关的监督，也是作为国家的法律工作者对检察机关和检察人员的监督制约。所以，对于律师的意见和批评，各级检察机关都十分重视，认真对待。

（六）认真接受民主党派和社会舆论的监督，不断改进检察工作

1990 年以来，为了贯彻落实中共中央《关于坚持和完善中国共产党领导的多党合作和政治协商制度的意见》，全国各级检察机关进一步增强了接受政协和民主党派的民主监督的自觉性，除了主动向政协会议和各界代表人士座谈会通报检察机关的主要工作情况，认真办理政协委员有关检察工作的提案，邀请政协委员到检察机关视察、检查工作，交换意见、沟通情况、接受批评，不断加强民主监督的力度之外，许多检察院都主动从政协委员中聘请了特邀检察员，请政协委员直接参与检察机关的工作。这些特邀检察员直接参与检察机关有关执行法律政策和检察工作中重大问题的研究咨询，及时反映和传递人民群众的检举控告和申诉材料，亲自参加一些重大疑难案件的调查、复查或审查，及时不断地检查监督检察机关的工作和检察人员的行为。各级检察机关的领导都十分重视和支持特邀检察员的工作，虚心听取和认真研究特邀检察员提出的批评建议，有效地发挥了政协和民主党派对检察工作的监督作用。

此外，全国各级检察机关都十分重视社会舆论特别是新闻媒介的监督，注意发挥舆论监督对检察工作的促进作用。对于全国各种新闻媒介中反映出的有关检察机关和检察人员的问题，有关检察机关及其上级检察机关都十分重视，认真调查研究所反映的情况，及时纠正检察机关的错误或不当的决定，严

肃查处有关检察人员的违法违纪行为；遇有新闻媒介反映的情况不实时，有关检察机关也能在耐心做好解释工作的同时，从中总结经验教训，引以为戒。

检察机关通过不断地自觉接受上述各个方面的监督，有效地保障了检察机关和检察干警自身的廉洁廉政建设，保证了检察机关法律监督职责的正确行使，使检察机关在维护国家法律正确统一的实施，惩治贪污贿赂犯罪，严厉打击严重刑事犯罪等项工作中发挥了自己应有的作用。

五、人民检察院在接受监督方面存在的问题及改进意见

人民检察院在自觉接受来自各个方面的监督的过程中做了大量的工作，取得了显著的成绩，但是离党和人民的要求还有一定的差距，还存在着许多不足和缺陷，还有待于进一步改进。

据我们调查，人民检察院在接受监督中存在的问题主要是：

（一）接受监督的意识不够强

一些检察机关和检察干警虽然在工作中自觉不自觉地接受了来自各个方面的监督，但是接受监督的意识并不强。这主要表现在以下几个方面：（1）有的检察机关事实上接受了监督但是意识不到自己是在受监督，向人大报告工作很少汇报检察机关接受监督的情况，部署和总结工作很少讲接受监督的问题。（2）有的检察人员以法律监督者自居，不愿受监督。有的检察人员甚至包括一些领导干部不能正确认识监督与被监督的关系，认为，我们的职能是监督别人执行法律而不是受别人监督。有的则认为，在国家机关各部门中，我们检察机关是最廉洁的，别人没有资格监督我们。（3）有的检察人员存在逆反心理，认为检察机关既要惩治经济犯罪，查处侵权渎职案件，又要同严重刑事犯罪作斗争，任务繁重，工作中接受方方面面的监督，会束缚手脚，难以开展工作；有的甚至把监督与干扰混为一谈，认为现在监督头绪多实际上是办案干扰大，检察机关要独立办案，就要排除干扰，不受别人的左右，于是对各种监督也统统拒之门外，不愿理睬。（4）有的检察机关和检察人员办了错案或出现了违法违纪行为，强调客观原因多，接受监督从自身检查的少。

（二）看重眼前利益，放弃严格执法

在市场经济的大潮中，个别检察机关和检察人员受拜金主义的影响，看重眼前利益，明知是正确的监督，也不愿纠正错误的做法。其表现是：（1）一些基层检察院，为了解决办案经费的不足，动用发案单位的财物，或者为了解决干警的待遇和困难，放弃原则，屈从于某些实权人物的压力，违法办案。当上级检察机关督促纠正或人民群众提出批评时，个别检察院的领导拒不接受监督，明知不对，也不愿纠正自己的错误做法，并美其名曰"忍辱负众"。（2）遇有上级检察机关或同级人大督办而地方党委或政府领导不让或不愿办的案件，一些基层检察院宁肯违法失职也不肯接受上级和人大的监督。有的检察长说，上级和人大的监督虽然重要，但是"得罪"了无所谓；地方党委和政府领导管人管财，不敢"得罪"，不然干警的办案经费就没有保障甚至连干警的工资都没有保障。所以，来自各个方面的监督没有矛盾则已，一旦有了矛盾，接受谁的监督，往往取决于谁对自己的利益影响最大，而不是取决于谁的监督更正确。

（三）纠错机制不够健全，接受监督的措施不够有力

一些检察机关纠错机制不够健全，对于来自各个方面的监督，缺乏有力的纠正措施。（1）有的检察机关规定所有交办案

件、人大质询和意见、来信来访和控告申诉，一律由控告申诉部门受理。控告申诉部门再按照内容分发各有关部门处理。但是一些检察人员甚至包括个别领导干部往往认为控告申诉部门受理的都是一些案件当事人缠讼的案件，因而常常不予重视。有的反映意见明明正确，也没有人去认真研究解决。特别是涉及检察机关办错案件的情况，有关人员往往因不愿得罪原办案人员和原审批领导而不认真复查案件，以种种借口搪塞监督主体。（2）有的检察机关对来自各个方面的监督意见，分别由各个相关的职能部门受理，但是对这些监督意见的处理情况没有人监督检查，以致有的监督意见检察机关收到多年，无人过问，更无处理结果。（3）有的检察机关只重视处理监督主体交办和督办的具体案件，忽视研究解决监督主体对涉及检察机关队伍建设、工作方向和存在问题的批评建议，把接受监督简单地视为处理监督主体交办和督办的案件。

检察机关在接受监督方面之所以存在上述问题，我们分析，其原因主要是：

（1）一些检察机关和领导干部长期以来只强调依法履行法律监督职责，只强调监督其他主体是否依法办事，以办理具体案件的数量和质量来衡量工作成绩，忽视了在检察机关开展监督权也要受制约，监督者也要接受监督的法制教育，以致在一些检察干警中形成了片面的监督意识，把法律监督权作为特权，只愿监督别人，不愿接受别人的监督。

（2）受社会上的不正之风影响，放松了政治思想教育和世界观的改造。一些检察机关，政治思想工作薄弱，对干警缺乏经常性的思想政治教育，对执法中反映出的问题缺乏严格有效的整改措施，以致对人民群众和人大代表乃至上级检察机关的监督意见置若罔闻。个别检察干警放松思想改造，在办案中要威风、搞特权，甚至以权谋私，更不愿接受监督。

（3）受经济利益驱动，认钱不认监督。有的检察机关为了解决办案经费的不足和干警的福利待遇，放弃原则，明知不对而为之，谁出钱就为谁办事，因而不愿受监督，更难以按照别人的监督意见纠正自己的错误做法。当然，有些基层检察院确实存在着办案经费不足的实际困难，迫使其不得不千方百计地想办法搞钱。但是开辟经费来源应当合法进行，不能在正当途径之外靠违法违纪的方法谋取小单位的利益。

（4）监督质量不高，影响了接受监督的自觉性。目前，各级人大都十分重视监督工作，但有的人大令出多门，人大的各个机构有时就同一案件向检察机关提出质询并且各自意见又不一致，使检察机关难以适从；有的人大代表根据道听途说向检察机关提出质询，指责检察机关的工作；有的地方人大只重视个案监督，缺乏宏观监督和职能监督，并且有时涉及的案件是检察机关正在办理不便公开答复的案件；有的党委领导和政府领导在尚未完全了解案情的情况下，听到一方当事人的一面之词，便指示检察机关某某案要如何如何办，不能如何如何办，使检察机关无法独立行使法律监督权；有的案件当事人自己不懂法，总认为检察机关的处理不公平，反复上访，批评检察机关和办案人员。所有这些，都在一定程度上影响了检察机关和检察干警接受监督的自觉性。

（5）虽然宪法和人民检察院组织法都规定，检察机关上下级之间是领导关系，但是最高人民检察院和上级人民检察院对下级人民检察院的领导，只是政治上、业务上的领导，既不能保障下级检察机关领导班子的稳定，也不能保障下级检察院的办案经费，致使下级检察院在许多方面不得不受制于地方上的各种因素，不得不考虑如何平衡和处理地方上的各种关系。这样做的结果，势必影响到检察机关自觉接受监督和严格依法办事。

针对检察机关在接受监督方面存在的上述问题，我们认为，要保障"严格执法，狠抓办案"方针的切实贯彻，首先必须抓好自身队伍建设，把整个检察工作置于党和上级的领导，人大、政协和广大人民群众的监督之下。为此，应当加强以下几个方面的工作：

1. 培养权力制衡意识，增强监督者接受监督的自觉性

各级检察机关应当经常组织检察干警学习宪法和法律，正确认识法律监督权在国家权力体系中的地位，树立一切权力属于人民、法律监督权的行使必须接受人民及其代表机构的监督的思想，不断增强检察机关和检察人员接受来自各个方面的监督的自觉性。在此基础上，要引导检察机关的广大干警特别是各级领导干部正确区分监督与干扰的界限，正确处理不同类型监督之间的关系，克服抵触情绪，既要坚决排除干扰，又要自觉接受来自各个方面的监督。监督与干扰的区别应当说是比较明显的，这主要表现在三个方面，即形式、内容和目的。从形式上看，监督是通过正当途径提出的，其中包括法定程序、组织形式，以及在监督者的权限范围内提出的，而干扰是在法定程序之外，采取非组织的形式或不正当的方式，或者滥用职权提出的；从内容上看，监督通常是就检察机关的工作情况进行审议，对检察机关的工作部署或重大活动提出建设性的意见，或者对检察机关的不当或错误决定和检察人员的违法违纪行为提出批评意见，而干扰往往是对检察机关正在办理的个别案件提出具体处理意见，要求检察机关按照其意志在法律规定之外办理，或者在具体案件办结之后，要求检察机关改变已经作出的符合法律规定的决定，或者指责办案人员的合法行为；从其

目的上看，监督是帮助检察机关改进工作和作风，纠正不当的和错误的决定，督促检察机关更好地履行法律监督职责，而干扰的目的往往是要求检察机关放弃法律监督的职责，不立案、侦查、逮捕或起诉某个犯罪嫌疑人，或者在法律规定的范围之外对某个具体的案件当事人作出处理。

正确区分监督与干扰，是增强检察机关和检察人员接受监督自觉性的重要方面。上级检察机关以及各级检察机关的领导在教育全体检察人员自觉接受监督的同时，应当为下级检察机关和所有检察人员排除干扰依法办案的行为撑腰鼓气，帮助他们在排除干扰依法办案中增强接受监督的自觉性。此外，各级检察机关都要教育全体检察人员特别是各级检察机关的领导同志正确对待批评意见。对于人大领导和党委领导就个别具体案件作出的指示、批评，即使不符合程序规定或与案件事实有出入，也应当看作是对检察机关的关心和爱护，认真听取和研究。检察机关的各级领导应当主动向人大和党委领导如实汇报情况，争取有关领导的谅解和对检察工作的支持。

培养自觉接受监督的意识，还必须经常对检察干警进行敬业勤业和严格执法的教育。在履行法律监督职责的过程中，既要以高度的政治责任心和认真负责的工作态度对待自己的本职工作，严格按照法律的实体性和程序性规定办理案件，又要虚心听取别人的批评意见，自觉接受来自各个方面的监督，认真纠正行业不正之风和工作中的错误。要不断克服把严格执法与接受监督对立起来的思想。那种认为严格执法就可以不接受监督或接受监督就难以严格执法的认识和想法，不仅在理论上是错误的，而且在实践上也是站不住脚的。因为任何人、任何机关都无法担保自己的执法活动永远正确、没有差错；任何人、任何机关都不可能完全依靠自己来发现和纠正自身的问题而不需要来自外部的监督、批评和帮助。接受监督特别是接受来自党委的、国家权力机关的、上级领导机关的和人民群众的监督，应该说是严格执法的保障，是及时发现和纠正执法过程中出现的问题、保障执法活动严格依法进行的重要措施。各级检察机关、全体检察人员都应当把接受监督作为履行法律监督职能、加强自身建设的保障措施，自觉接受来自各个方面的监督，不断克服缺点、纠正错误，在维护国家法律统一正确的实施中更好地发挥自己应有的作用。

2. 加强制度建设，健全监督者被监督的法律机制

近年来，中纪委、中央政法委和最高人民检察院陆续制定了一系列廉政和监督制约方面的规章制度，各级人民检察院也结合自己的实际制定了一些内部监督制约方面和办案责任制方面的规定和制度。这些规章制度有力地保障了检察机关"严格执法，狠抓办案"方针的贯彻。但是也应当看到，现有的规章制度对于改善检察机关在接受监督方面的无序状态是不够的。克服检察机关在接受监督方面存在的问题，应当进一步完善有关的规章制度，其中包括各类监督的受理程序、汇报落实制度、监督检查制度、有关部门的职责权限和错案追究制度等。通过制度建设及其贯彻落实，保障各类监督在检察机关和检察干警中受到应有的重视，充分发挥各类监督在促进检察机关各项工作和检察队伍建设中的重要作用。

在制度建设方面，我们认为有两点应当重点强调：一是应当建立检察委员会定期研究监督意见的制度。目前，各级检察委员会主要是研究重大工作部署和具体案件，而没有或很少把接受监督的问题提上议事日程。为了自觉接受来自各个方面的监督，各级检察机关的检察委员会，应当定期了解和研究社会各界对检察机关和检察人员的监督意见，从中分析发现在一定

时间内带有倾向性的问题，以便改进工作，加强队伍建设。二是对来自外部的监督意见应当建立复合审查制度。目前，全国各级检察机关对于社会各界提供的举报线索和控告申诉材料，都是统统交由控告申诉部门统一归口管理，由控告申诉部门决定是否受理以及交由哪个部门处理。其中大量的举报线索和控告申诉材料都是在控告申诉部门就被否定的。这些被否定的线索中是否有涉及检察机关和检察人员的，不得而知。我们建议，举报线索和控告申诉中凡是涉及检察机关和检察人员的，都应当在控告申诉部门受理的基础上，交由纪检监察部门复核，双方共同决定（意见不一致时交由检察委员会决定）如何处理，以避免有关涉及检察机关和检察人员的举报线索和控告申诉材料在受理过程中被随意排除和否定。

在制度建设方面，除了建设来自各个方面的监督的制度之外，还应当注意接受监督的制度与其他制度的协调问题，例如检察机关接受监督的制度与内部的、外部的监督制度本身，接受监督方面的制度与检察机关的其他工作制度，上下级领导关系的保障制度等，应当相互协调和配套，避免出现相互矛盾和扯皮的状况。

3. 坚决纠正有令不行、有禁不止的现象，严肃处理违法违纪行为，保障各类监督的有效性

对于国家权力机关和上级领导机关的监督，各级检察机关不仅应当虚心听取，而且应当按照监督意见认真研究整改措施，特别是对决定中指出的有关检察机关的不当或错误决定或者有关检察人员的违法违纪行为，应当坚决纠正，严肃处理，以保障监督的有效性。对于正确的监督意见，置若罔闻或应付堵塞，坚持错误的，上级纪律监察部门应当采取有力措施，认真查处。

　　此外，上级检察机关也应当经常倾听下级检察机关的意见，了解和帮助解决下级检察机关在办案中遇到的实际困难，协调下级检察机关在接受监督中遇到的具体问题，保障来自各个方面的监督在检察机关的各项工作中发挥其应有的作用。

　　（原载《检察理论研究》1996 年第 5、第 6 期）

试论检察事业的科学发展

　　检察机关学习实践科学发展观，应当把着力点放在检察事业的科学发展上。科学发展观的第一要义是发展。尽管科学发展观的提出和强调的重点是经济发展，但是，包括检察事业在内的各项社会主义建设事业的发展，都是科学发展观的题中应有之义。正如胡锦涛总书记在十六届三中全会第二次全体会议上的讲话中指出的："经济发展又是同政治发展、文化发展紧密联系的……忽视社会主义民主法制建设，忽视社会主义精神文明建设，忽视各项社会事业的发展，忽视资源环境保护，经济建设是难以搞上去的，即使一时搞上去了最终也可能要付出沉重的代价。"检察事业是中国特色社会主义事业中的重要组成部分，检察事业的科学发展，本身就是我国经济社会全面发展的重要环节。检察事业的科学发展也是检察机关的政治责任。检察机关的本职工作是做好检察工作，为经济社会发展提供公平正义的法治环境。因此，检察机关学习实践科学发展观，就要立足检察职能，按照科学发展观的要求，促进检察事业的全面协调可持续发展。

一、在传承中发展

　　发展是由小到大、由简单到复杂、由低级到高级的变化。

470

发展总是并且只能是在原有的基础上进行的。因此必然存在一个如何对待原有的东西的问题。没有传承，就谈不上发展。检察工作的科学发展，首先是要传承现有的检察制度，继承和发扬现有检察制度中一切合理的有利于进一步发展的符合中国特色社会主义检察制度本质要求的成分。

应当看到，新中国的检察制度，经过了新民主主义革命时期根据地检察机关的探索，新中国成立后三十年风风雨雨的艰难创建，特别是恢复重建三十年来的平稳发展，已经奠定了坚实而雄厚的基础。一是确立了中国特色社会主义检察制度。在总结我国社会主义民主法制建设正反两个方面经验教训的基础上，我国宪法明确规定：中华人民共和国设立最高人民检察院、地方各级人民检察院和军事检察院等专门人民检察院，中华人民共和国人民检察院是国家的法律监督机关，人民检察院依照法律规定独立行使检察权，不受行政机关、社会团体和个人的干涉。根据宪法的规定，全国人民代表大会及其常务委员会制定的法律赋予了检察机关许多具体的职权，使检察机关能够按照法律的规定履行法律监督职责，从而形成了独具中国特色的社会主义检察制度。二是建立了完整的检察机关组织体系。经过三十年来的恢复重建，从最高人民检察院到地方各级人民检察院，形成了完整的组织体系，内部机构设置相对固定，职能分工比较明确，基本设施基本齐全。特别是三十年来检察机关培养造就了一大批具有法律专业知识和检察工作实际经验的检察队伍，能够担负起法律赋予检察机关的各项职责。三是积累了丰富的检察工作实践经验。检察机关在履行宪法和法律赋予的职责，依法打击刑事犯罪活动，查办和预防职务犯罪，开展对诉讼活动的法律监督，维护改革发展稳定大局、维护人民群众根本利益、保障改革开放和社会主义现代化建设顺利进行的实践过程中，积累了做好检察工作的丰富经验。曹建明检察长在今年 7 月召开的全国检察长座谈会上，将这些经验概括为"五个必须坚持"，即必须坚持党对检察工作的领导，确保正确的政治方向；必须坚持检察机关依法独立行使职权与自觉接受各级人大和人民群众的监督相结合，确保严格公正文明执法；必须坚持检察机关的宪法定位，确保国家法律监督机关的职能得到充分发挥；必须坚持把人民满意作为检察工作的根本标准，确保人民群众对检察机关的新要求新期待不断得到满足；必须坚持用社会主义法治理念武装检察人员的头脑，确保检察队伍建设不断得到加强。这些制度、组织和经验，构成了中国特色社会主义检察事业的基石，也是中国特色社会主义检察事业进一步发展的宝贵财富和基本条件。实现检察事业的科学发展，既要珍视这个基础，也要充分利用这些条件，站在现有的基础上，谋划检察事业的科学发展。因此，在学习实践科学发展观的过程中，认真梳理和对待检察事业发展的已有成果，对于未来的发展，具有重要的意义。

传承也意味着面对历史遗留下来的现实问题。应当看到，我国检察事业在以往的发展中，虽有成功的经验，但还存在某些问题和不足。特别是受社会发展阶段和认识水平的限制，某些制约着检察事业科学发展的主客观方面的因素，不仅客观存在，而且一时还难以消除。我们在传承现有的有益的条件的同时，应当清醒地意识到检察事业发展中的各种不利因素，科学地分析这些因素中哪些是经过努力可以改变或改善的，哪些是一时还难以排除的，从而科学地实事求是地谋划检察事业发展的蓝图。

二、在创新中发展

胡锦涛总书记指出：全面落实科学发展观，最根本的是要靠深化改革、靠体制创新，以改革的新突破、开放的新局面来赢得各项事业的新发展。改革是发展的动力，也是发展的手段和保障。改革就是要创新，要用新的理论、新的观念、新的方法解决发展中遇到的问题。检察机关学习实践科学发展观，就要坚持改革的精神，通过检察体制和工作机制改革，解决检察事业发展中不符合科学发展观的突出问题，促进检察事业在创新中发展。

1. 法律监督手段创新

检察机关是国家的法律监督机关，强化法律监督，维护公平正义，既是检察工作的主题，也是人民群众对检察机关的期盼。特别是在当前，有的国家机关工作人员滥用职权，玩忽职守，导致严重危害人民群众生命和财产安全的重大、特大责任事故发生，有的国家工作人员索贿受贿，挪用公款，严重妨害了国家法律的正确实施，执法不公、司法腐败的现象还在一定程度上存在，人民群众殷切盼望检察机关充分发挥法律监督职能，在维护社会的公平正义、保障法律正确实施方面作出应有的贡献。但是检察机关自身在一定程度上还存在着不敢监督，不善监督和监督不到位的问题。

解决与人民群众的新要求新期盼不相适应的问题，出路在于创新法律监督的手段。因为宪法在规定检察机关是国家的法律监督机关的同时，通过国家的基本法律已经赋予了检察机关一系列法律监督的职权。如何有效地行使这些职权，是检察机关能否充分发挥职能作用的关键。过去，我们在实践中探索出了一些行之有效的监督方法，但是随着情况的变化和犯罪手段的发展，传统的监督手段有的未必还能适用，有的则需要新的措施新的途径才能充分履行职责。例如法律赋予检察机关对职务犯罪进行立案和侦查的职权，如何创新侦查手段，提高查办职务犯罪的能力，就需要在发现案件线索、调整侦查思维、提高取证技术方面进行创新，改变坐等案件线索，以获取犯罪嫌疑人供述为主要侦查手段等传统做法，增加职务犯罪侦查的技术含量。又如，法律规定检察机关可以对 42 种渎职侵权犯罪案件进行立案侦查，但是十多年来，检察机关查办的这类案件无论是在种类上还是在数量上都是很有限的，最终使犯罪的国家机关工作人员受到刑罚处罚的就更为有限了。如何创新渎职侵权犯罪案件的侦查手段，有效地证实国家机关工作人员在重大责任事故中的渎职行为及其与损害结果之间的因果关系，及时追究渎职犯罪的刑事责任，是需要我们认真研究的。再如，检察机关如何切实履行好对刑事诉讼、民事审判和行政诉讼和刑罚执行活动的法律监督职责，改变重配合轻监督的传统，真正发挥法律监督的功能，也是需要我们在创新监督手段上下功夫的。

2. 考评机制创新

考评是管理的重要手段。考评指标的设计、考评方法的安排以及考评工作的具体实施，都直接体现着管理的科学性。因此，在学习实践科学发展观的过程中，有必要认真反思检察机关的考评办法，在创新考评机制上下功夫。

检察机关目前实行的考评机制，可以说在一定程度上反映了检察工作的实际，符合检察机关的特点，对于督促地方各级检察院认真履行法律监督职责，注重办案，保障办案质量，对于保障和发挥检察人员的工作积极性，起到了较好的引导和导向作用。但是也要看到，现行的考评办法还存在着某些不完全符合科学发展观要求的、不符合甚至违反检察工作规律的地方。首先，从总体上看，检察机关的考评是按"条条"进行的，每个业务部门有自己的考评指标，但是缺乏上级院对下级院检察工作的综合考评指标。这种考评办法，便于上级院及时了解下级院专项工作的情况，及时进行督促指导，但也在一定程度上人为地割裂了办案环节，造成各业务部门之间考评指标的冲突，容易导致检察业务管理的不科学。其次，从考评指标上看，有的指标设计不够科学。例如，凡是法院判无罪的案件都认定检察机关批捕错误和起诉错误，就不符合诉讼的基本规律。因为逮捕的目的往往是进一步开展侦查取证活动，批准逮捕以后侦查取证工作进展的情况是批捕时无法预料的；起诉时认为证据确实充分，但是在法庭审理过程中证据发生变化也是检察人员所无法预料的。完全按照以后发生的办案人员无法预料的因素考核前一个环节的工作，应该说是缺乏科学性的。最后，从考评的方法上看，只考评当年的办案情况，而不对以往办案情况进行持续性考察，容易导致一些单位在年底前突击立案，年后再撤案的现象。有的单位则根据当年考评的需要决定办案的进度，或突击立案、突击结案，或有案不立、压案缓办。这些都是与科学发展观的要求不相适应的考评办法。如何在学习实践科学发展观的过程中，通过考评机制创新，改革以往考评中存在的问题，以便加强检察工作的科学管理水平，是我们需要认真反思的。

3. 用人制度创新

科学发展观的核心是以人为本。检察机关学习实践科学发展观，要着力解决对人民群众的感情问题，牢固树立执法为民的观念，把维护人民群众的根本利益作为检察机关的出发点和落脚点。同时也要看到，以人为本，就是要以实现人的全面发展为目标。这里的人，既包括一般意义上的人民群众，也包括检察机关的工作人员。检察机关在强调执法为民的同时，也要着力做好检察人员的全面发展和人力资源的开发利用工作，解决自身在用人方面存在的问题。目前，检察机关完全按照党政机关干部的标准和模式管理检察人员，难以反映检察工作的专业特点和内在需要，不利于检察人员向高素质专业化的方向发展，也难以满足检察工作的客观需求。例如，检察人员晋升法律职务，首先要看行政级别是否达到与拟任法律职务相对应的等级，同时要受行政级别职数的限制，而不是完全根据检察机关的实际需要以及拟任人员的法律政策水平和办案能力来晋升。检察机关选拔任命领导职务完全按照党政领导干部任职的程序和条件进行，注重其人际关系和交往能力，而对其实际的检察业务水平和办案情况则很少考察，甚至无从考察。检察人员退休，完全按照党政机关干部的年龄标准实行"一刀切"，而没有顾及检察工作的实际需要和本人的业务水平，以至于我们从二十世纪九十年代就提出的建设高素质专业化检察队伍的目标难以实现。

学习实践科学发展观，能否通过用人机制的创新，建立符合检察工作实际需要和专业特点的用人制度，突出检察人员的专业水平和办案业绩，为检察队伍的专业化建设创造条件，是需要我们认真研究的。特别是在基层检察院建设中，我们能否通过减少行政管理和后勤人员的编制而将有限的人员编制名额尽可能多地用在业务岗位上，能否在延长检察业务骨干退休年龄或者返聘其继续工作的同时让长期没有办案、不能独立办案的老同志提前离开检察业务岗位，以便空出编制引进法律大学毕业生，能否对基层检察院引进的法律本科以上的大学生给予一定的"安家费"让他们安心在基层检察院工作。这些问题，既是检察队伍建设中落实"以人为本"的思想需要机制创新的问题，也是关系到检察事业可持续发展的一个重大而紧迫的问题。

4. 培训模式创新

大力加强检察机关法律监督能力建设，全面提升检察队伍执法办案的综合素质和专业技能，是检察工作创新发展、可持续发展的基本途径。但是如何建立具有检察机关特色的教育培训机制，提高教育培训的实际效果，着力培育检察工作需要的检察业务人才，是检察改革的一个重要课题。目前，检察机关在教育培训的内容方面，依然是重视一般政治理论和法律知识的培训，而不够重视检察业务专业技能的培训；在培训的形式方面，依然是采用一般法学教育的方法，以专家授课、学员听讲为主要形式；在培训的体制方面，依然是以各省市自治区的检察官学院自己的师资队伍自行培训为主。这种培训模式，虽然对于传授法律知识、扩大检察官的视野是很有帮助的，并且在以往的检察官培训中发挥了很好的作用。但是应当看到，随着检察官队伍素质的提高，各地自己的师资队伍越来越难以适应受训检察人员的需要，而检察工作的发展对高素质专业化检察队伍的需要越来越迫切，检察官培训也急需由一般法律知识传授向专业技能培训转化。这对师资队伍提出了更高的要求，仅仅依靠各单位自己的教学力量是难以胜任的。因此，创新培训模式，更新培训内容，改革培训方法，是检察官教育培训面临的新课题。能否集中培养一支全国性的检察业务师资队伍，实现资源互享，充分利用专业师资的教学优势来解决全国各省市自治区检察机关检察业务专业技能培训师资奇缺的问题，能否改革传统的教学模式，开展互动式教学、研讨式教学，注重教育培训的实际效果，是我们在大规模教育培训来临之前需要认真研究的课题。

5. 理论创新和观念创新

改革，最根本的是观念的转变。因循守旧、墨守成规，就谈不上创新发展。检察机关在某些方面存在的不完全符合科学发展观的问题，在很大程度上都与我们的思想观念有关。检察机关在创新中发展，首先要在更新观念和理论创新上有新的突破。如满足现状、自我陶醉的思想，片面狭隘、部门本位主义的思想，强调客观、埋怨上级或他人、缺乏主体性和创新精神，等等，都在一定程度上影响了检察工作的创新发展。学习实践科学发展观，首先要在深刻反思的基础上革除与科学发展观的要求不相适应的思想观念，打破传统的思维定式和政绩观，按照科学发展观的精神审视现存的制度、做法和传统，在坚持符合科学发展、符合检察工作规律的东西的基础上，逐渐消除与不符合科学发展观要求的制度、做法和传统相联系的思想观念。只有解放思想，勇于创新，才有可能在检察工作创新发展中有所改革、有所作为。

当然，创新不是追逐时尚的标新立异，而是在对存在问题的理性认识的基础上，根据事物发展的内在规律和根本要求，实事求是地解决问题。因此，检察工作的创新发展，离不开检察理论的创新。对于任何改革的举措，都应当进行深入地认真地理论研究，充分考虑其利弊得失，在理性权衡的基础上、在充分论证的前提下提出并付诸实施。为此，检察机关在出台新的改革举措之前，应当组织有关人员包括理论研究人员进行深入的调查研究和充分论证，使每一项改革举措都有坚实的理论支撑。

三、在协调中发展

协调发展是科学发展观的重要内容。胡锦涛总书记多次指出："树立和落实科学发展观，必须在经济发展的基础上，推动社会全面进步和人的全面发展，促进社会主义物质文明、政治文明、精神文明协调发展。""实现区域协调发展，是贯彻全国一盘棋思想的必然要求，是发挥各个区域的优势、增强全国发展合力的现实需要，也是维护民族团结、边疆稳定和实现国家长治久安的需要。"检察机关学习实践科学发展观，应当认真研究解决检察事业的协调发展问题。

从检察机关的实际情况看，检察工作在某些方面还存在着不协调的问题，有必要在学习实践科学发展观的过程中认真思考和研究解决。例如，在机构设置方面，全国检察机关虽然经过三十年的恢复重建，具有了覆盖全国的各级人民检察院，但是至今，检察机关没有系统的内设机构名目，省级检察院与最高检察院内设机构的名称和数量不统一，各个省级检察院之间内设机构的名称和数量不统一。在同类地区，规模大致相同的基层检察院之间也存在着内设机构的名称和数量不统一的问题。这个问题，不仅影响检察机关对外的整体形象，更重要的是影响检察机关上下级之间的科学管理和协调发展。这种情况也表明我们对检察工作规律性的认识还不够深刻，对检察工作的需求还缺乏理性的思考。

又如，在管理机制方面，检察机关作为一个执法机关应当重点强化对案件的管理，但是我们目前还没有形成对案件的系统化管理机制。一个案件到了检察院，不是由一个部门进行统计和跟踪督办，而是由不同的部门分别登记，并按年度上报。自侦部门每年所立的案件，最后的处理结果如何，上级检察院根本无法掌握。自侦部门的办案统计数字与公诉部门所统计的自侦案件数字之间往往存在着差异，并且这种差异，没有哪个部门能够说清楚。其他办案统计数字也同样是由一个办案部门独立统计、办公室汇总上报，其间的差异既没有哪个部门去核实，也没有哪个部门能够协调处理。这个问题，在一定程度上反映了检察机关内设机构在案件办理过程中各自为战的状况，不利于在同一个检察院内部协调解决办案中存在的问题。另一个更为严重的不协调问题是检察机关的网络建设。目前全国各级各个检察院都有或者都在研制本院的网络软件，除了造成巨大的资源浪费之外，相互之间不能兼容协调的问题十分突出，以致难以运用到案件管理中，也无法形成全国性的案件查询系统。

再如，在资源利用方面，全国各级检察机关几乎都存在着资源不足与资源闲置并存的问题。就人力资源而言，几乎每个检察院都有一些人整天忙得团团转，加班加点地在工作，而一些人却闲得没事干，有的内设机构领工资时有十多个人，领导派活什么时候都是只有四五个甚至两三个人能派得动，有的单位一个十多人的业务处室一年办不了一两个案件。这些闲人既不能让其提前离岗，也不能减少其待遇，给其他干事的人造成了严重的心理不平衡感。就物质资源而言，许多检察院都感到经费紧张、资源奇缺，但是不少检察院充斥巨资建设网络、购置设备，建成了现代化的自动化办公系统，而单位的办公用纸却没有因此而减少，办公所花费的人力资源同样没有因此而减少。全国各级检察院，几乎每一个内设机构，除了有厅长副厅长、处长副处长、科长副科长之外，都有一个办公室或者综合科，甚至有的院一个十多人的处室综合科就有五六个人。这既造成了资源的浪费，也使检察机关内部管理的统一性被人为地分割开来，容易出现各自为政的局面。这些问题，在一定程度上反映了检察机关内部统筹规划、协调发展的程度还不够。

解决检察工作协调发展的问题，最有效的方法是推行检察一体化的工作机制。检察一体化是指检察机关在行使检察权的过程中形成的整体统筹、上下一体、指挥灵敏、协作配合，统一行使检察权的运作机制。检察一体化反映了检察工作的基本规律，是许多国家检察机关普遍遵循的原则。实行检察一体化，有利于检察机关上下级之间、同级之间在工作上相互配合，协调一致，有利于同一个检察院内部各个部门之间在工作上统筹安排，相互配合，同一个部门内部，各个检察官之间协同作战，形成合力。特别是在检察资源的利用方面，检察一体化有利于统筹安排检察机关人力物力财力资源的配置和制度安排，使有限的资源得到最大限度地利用，有利于检察工作的整体推进和协调发展。学习实践科学发展观，就应当按照检察一体化的工作思路，认真思考和统筹解决检察工作中存在的不够协调的问题，促进检察事业的全面协调可持续发展。

（原载《人民检察》2009 年第 4 期）

论检察事业的可持续发展[*]

检察机关是一个公共权力机关，作为公共权力机关，它的可持续发展应该具备三个要素：第一个是要有权；第二个是要有权力运作的机制；第三个是要有使用权力的人。所以检察机关要保持可持续发展首先就需要有明确的职责范围，要有能够履行这个职责所必须的权力。这个权是检察机关首先要关心的问题。第二个问题涉及权力的运作，权力运作机制既要保证权力的充分行使，又要防止权力的滥用，所以权力的运作机制也是保障检察机关可持续发展的必要的因素。第三个是人才建设。检察机关要保证可持续发展就必须有一定数量的高素质的专业化的检察官队伍。所以我想从正确定位检察机关的职权，从改革完善检察机关的管理机制，从人才发展战略这三个方面来谈我对检察机关可持续发展的看法。

一、正确定位，充分行使法律监督权

宪法将检察机关定位为国家的法律监督机关，这个定位是基于中国国情的一个选择，也是建设社会主义法治国家的一个

---

* 本文为作者 2003 年在首届全国检察长论坛上的发言。原题为《检察机关可持续发展的三大要素》。

必要保障，也是检察机关在依法治国，建设社会主义法治国家进程中扮演的一个角色。法律监督是检察机关不可须臾舍弃的一个历史使命。检察机关只有切实地履行法律监督职责才能保证检察机关的可持续发展。现在有人认为检察机关就是公诉机关，不该对审判机关进行监督。检察机关也有些人认为，法律监督是一个出力不讨好的事情，两头受气，监督多了不行，不监督也不行，还不如不搞监督，就搞公诉和自侦。我认为这两种观点是妨碍或有害于检察机关可持续发展的势头。

我认为，检察机关应当突出法律监督的特色，只有突出法律监督的特色，检察机关才能在依法治国的过程中充分发挥作用。为什么这么说呢？有三个理由：

第一，在我们国家的权力架构中，是实行全国人民代表大会之下的"一府两院"，这是我国的特色。而检察机关之所以在"一府两院"中立足，能够作为其中的一员而存在，就是因为它是法律监督机关，如果仅仅是公诉机关的话，那么检察机关就没有资格在"一府两院"中立足。所以在检察机关可持续发展的议题下，这是一个非常尖锐，非常突出的问题。从国外的情况来看，如果检察机关仅仅是公诉机关，就不能在国家权力结构中有独立的突出的地位。这是一个关系到检察机关发展的一个重大问题。

第二，我们国家还不能说是一个法治国家，因为刚刚开始提出建设法治国家。我们离一个法治国家还有一个很遥远的距离，还有一段很长的路要走。具体来说，我们的法律执行状况还不是按照法治国家的机制来运行的。在这个过程中我们国家存在着很多与法治国家要求格格不入的地方，这就要求我们在推进依法治国的进程中要遵循法律，去正确地实施法律，包括督促执法机关和执法人员严格地执行法律，不然，我们依法治国，建设社会主义法治国家就是一句空话。那么谁来做这个工作呢？我认为在目前的中国，检察机关是最合适的，最能胜任这个职责的。至少没有其他国家机关比检察机关更适于担当起法律监督的重任，这是我的看法。

第三，法律监督本身并不是强加给检察机关的权力，而是检察权本身所具有的性质。法律监督和检察权之间有什么关系呢？两者间有内在的联系。这种联系正是把检察机关定位为法律监督机关的非常重要的依据。为什么这么说呢？我有几个理由：首先，现有的检察制度，大家都知道是起源于法国和英国，历史渊源就在于维护法制的统一。法国和英国设立检察官制度的时候，都是在封建秩序状态下出现的。在封建秩序状态下，国王为了扩大自己的权力，在法国它首先设立检察官，英国是建立大陪审团制度，决定案件要不要向法院起诉。也就是说由一个代表公共权力的机构来决定是否提起公诉，这个制度是现代检察制度的起源。这个起源，从历史上看，它不只是为了维护法制的统一，削弱封建司法权，同时也是为了保障国王的法律在全国各地的贯彻实施。其次，公诉权在现代法制中的意义就在于通过追诉犯罪来制裁违反法律的行为，来保障法律的正确实施。最近我写了篇《论公诉权的法治意义》（《人民检察》2003 年第 8 期），我在文中讲到了公诉和自诉有很大的区别，区别就在于检察机关提起公诉不是代表检察机关自己，不是为了个人利益参与诉讼，而是代表国家，是为了维护法律的尊严，为了对违反法律的行为进行追究。那么追究违反法律的行为最终会起到什么作用呢？它最终会维护法律的尊严，维护法律的实施，包括对执法人员、执法机关违反法律的行为进行追诉，它都是为了维护法律的正确实施。因此说公诉本身就具有法律监督的性质，一点也不是强词夺理。在法国，检察官除了进行公诉外，还有监督法庭遵守法律职能，对违反法律的行为有权提出纠正意见。关于上诉问题，刑事诉讼法中明确写着，检察官是为法律利益而上诉，它和当事人的上诉完全不一样，它是代表国家，为了维护法律的正确实施而提出上诉的。所以说，这种公诉它本身具有监督的职能。这种职能在英美法系可能比较弱一点，因为英美法系实行的是当事人主义，监督的职能比较弱。而在大陆法系实行国家追诉，所以大陆法系国家的检察机关都有权实施监督，而且都强调重视这种职能的行使。在这些国家公诉兼具法律监督的性质。在我们国家，检察机关在公诉权之外，还被赋予了其他一些法律监督职责，以保证检察机关运用国家权力来监督法律的实施。为什么会有这么多的权力，这是中国的特殊国情决定的。

我曾问过一名美国学者，法官贪污怎么判，他反问我一句，这法官有没有神经病？因为在美国，法官如果没有神经病是不会贪污的。日本检察官非常自豪地说，从 1945 年到 1997 年日本历史上没有一个法官、检察官因为贪污、受贿被起诉的。在中国，裁判不公问题、司法腐败问题是社会热点问题，那这个问题靠法院自身能否解决？有的人认为司法独立了，这个问题就解决了，现在司法腐败就是因为司法不独立。那么我就提出假设司法独立，完全独立，我们这些问题会不会解决呢？我认为是不可能解决的，至少是不可能在短期内解决。这就是我们现状存在的原因。人情世故在中国深深扎根，作为一项权力救济措施，我们的检察机关对审判机关实行监督，对审判不公的案件进行抗诉，这实际上是我们中国的国情使然，并不是我们要损害法官的权威。

在相当长的时期内，检察机关应把自己作为法律监督机关来建设，发挥作用。而且法律监督的任务很重，检察机关的各项改革，检察机关的发展方向应该对自己有个正确的定位，明确目标，就是要强化法律监督，通过一项项的改革围绕这个目标进行，少走弯路。

检察机关应该有哪些职权呢？这也是需要好好研究的问题。我认为首先还是要谈一下公诉权，但仅有这个方面的权力还不够，还必须有为了发现违法而运用侦查手段的权力。关于侦查权过去有不少说法，我认为侦查是一种手段，不具有独立权力的品格，公安、检察、海关、安全机关等都可以用。给了侦查权是不是就意味着有了法律监督的性质呢？不是的。它是一种手段，为了某种目的使用的手段。侦查作为一种发现违法犯罪的手段，对于检察机关履行法律监督职能是必不可少的。没有侦查手段，就难以及时有效地发现违法现象的存在，就难以完成法律监督的任务。

另外，我们说到法律监督，赋予检察机关的是在诉讼过程中的监督权，那么在诉讼过程之外，检察机关还要不要，或者说还应不应该具有监督权，这是一个可以探讨、可以研究的问题。我认为在我们国家目前的法治状态下，要担负起法律监督的职责除了对诉讼活动进行监督之外，应该在诉讼之外有一点拓展。但这种拓展不是我们自己去随意进行的，法律监督和其他监督不同，它是用法律规定的手段对特定对象实施的能产生法律效益的监督。这种监督不能任意地去扩大使用权，不能任意地去进行。检察机关作为法律监督机关还有许多不相适应的地方。

二、完善管理机制，保障法律监督权的有效行使

检察机关的管理通常包括三个方面：第一个是对案件的管理；第二个是人事管理；第三个是事务管理。

在目前的管理中我认为存在一个问题，就是人事管理、事务管理冲击案件管理。我们检察机关的行政化色彩浓厚，在一定程度上影响了检察机关专业特色的体现，就影响了检察业务建设。所以我认为在未来发展中要强调突出检察机关作为法律监督机关的特色，按照检察业务建设的机制、规律来建立一个比较完善的案件管理机制，通过案件管理机制来带动其他方面的管理。其他方面的管理就应当为案件管理服务，而不是专门想着怎么样把人管死。我们检察院能否形成一套比较完善的案件管理机制，我们检察长关注的重心不是在协调各种关系，而是把重心放在怎么样办好案件上，我们检察官能把精力集中在办案上，这时候我们检察权的行使就能好起来。据我所知，很多地方检察官大部分精力不是放在办案上，而是放在其他的方面，包括内部关系、外部关系，各种应酬、各种事务，相当一部分精力花在检察业务之外的事务上去了。

三、重视人才发展战略，建立一支高素质、专业化的检察官队伍

法治的进程、社会的发展，特别是社会文明程度的提高，可以说对检察官提出了更高的要求。我们检察机关面临人才危机，特别是在今后几年，西部地区，特别是在边远贫困地区，人才危机是一个非常大的问题。法官、检察官实行司法考试后，现在在我们相当一部分地区到目前为止一个符合检察官法定条件的检察官都没有。用不了五年，现在的检察官退休了，新的检察官进不来，有人说再过五年、十年，我们检察院就没有一个人可以当检察官了。这种状况我相信随着经济的发展会有所改善，但在相当长的时期内，还会成为制约检察事业发展的突出问题。其实在沿海地区，在经济发达的地区，我们不怕招不到人，但是，人进来了以后，是不是就能适应检察工作的要求，是不是就能保障充分行使检察权，保障检察权不被滥用，这是一个很值得思考的问题。

人员必须有一定的法律素养，同时作为检察官必须有一定的经验，经验在检察工作中具有重要的地位，但是我们在实践中恰恰不重视人员的经验。这几年机构改革中提前退休了一大批经验丰富的检察官，我就觉得非常可惜。一些很有经验的检察官，在年富力强的时候提前离了岗，这对检察机关是一个很大的损失。

还有一个问题是观念问题，因为人的问题很大程度上取决于人的观念问题。我们国家现在的执法观念，我认为不能体现法治国家的要求。我们要建立法治国家，我们就要按照法治国家的要求来逐渐改变、改进我们的思维方式。我们现在办案中还是强调打击犯罪，强调保护人权特别是犯罪嫌疑人、被告人的合法权益还不够，强调保护律师的权益也还不够。而且现在对检察官的评价标准还不一，到底这个检察官是能办案好，还是听话、能处理各种关系好，这是一个非常突出的问题。现在对检察官的管理模式还不完全适应检察工作的需要，就是说，应该建立一种案件质量考核体系来考核检察官，而不是像现在这样，通过民主测评、公示来考核检察官，只有对人的评价改变了，大家的注意力才会集中在办理案件上、集中到检察业务上。要不然的话，大家就会想着怎样把和领导的关系处理好、和同事之间的关系处理好，民主测评大家投我票，年终考核我怎样才能通过。只有得分高，我才能评先进、评优秀。这涉及方方面面，而检察业务在其中占的比例是非常小的。这种状况如果持续下去的话，检察机关作为法律监督机关，它的特色，它的主业就始终凸显不出来了。

我认为，检察机关要实现可持续发展，就必须要解决好这三个问题。如果这三个问题不能得到有效的解决的话，那么可持续发展就很难实现。有人说经费问题也是一个很大的制约，但我相信经费问题比较容易解决，而人员问题、管理机制问题、职权问题要难解决一点。

（原载《检察事业可持续发展》，
中国检察出版社 2004 年版）

附录：
有关检察学的
成果索引

一、著作类

（一）独著

1. 《检察权研究》，中国检察出版社 2007 年版（2008 年获最高人民检察院 2007 年度检察基础理论研究优秀成果特等奖；同年获"中国法学优秀成果奖"三等奖）。

2. 《论检察》，中国检察出版社 2013 年版。

（二）主编

1. 《检察官作用与准则比较研究》（主编之一），中国检察出版社 2001 年版。

2. 《初任检察官培训教材》（主编），中国检察出版社 2004 年版。

3. 《中国检察制度论纲》（副主编之一），人民出版社 2004 年版。

4. 《检察论丛》（第 5 卷）（主编之一），法律出版社 2002 年版。

5. 《检察论丛》（第 6 卷）（主编之一），法律出版社 2003 年版。

6. 《中国检察》（第 1 卷）（主编），中国检察出版社 2003 年版。

7. 《中国检察》（第 2 卷）（主编），中国检察出版社 2003 年版。

8. 《中国检察》（第 3 卷）（主编），中国检察出版社 2004 年版。

9. 《中国检察》（第 4 卷）（主编），中国检察出版社 2004 年版。

10. 《中国检察》（第 5 卷）（主编），中国检察出版社 2004 年版。

11. 《检察论丛》（第 7 卷）（副主编之一），法律出版社 2004 年版。

12. 《检察论丛》（第 8 卷）（副主编之一），法律出版社 2004 年版。

13. 《中国检察》（第 6 卷）（主编），北京大学出版社 2004 年版。

14. 《中国检察》（第 7 卷）（主编），北京大学出版社 2004 年版。

15. 《中国检察》（第 8 卷）（主编），北京大学出版社 2005 年版。

16. 《中国检察》（第 9 卷）（主编），北京大学出版社 2005 年版。

17. 《中国检察》（第 10 卷）（主编），北京大学出版社 2006 年版。

18. 《中国检察》（第 11 卷）（主编），北京大学出版社 2006 年版。

19. 《中国检察》（第 12 卷）（主编），北京大学出版社 2007 年版。

20. 《中国检察》（第 13 卷）（主编），北京大学出版社 2007 年版。

21. 《中国检察》（第 14 卷）（主编），北京大学出版社 2007 年版。

22. 《中国检察》（第 15 卷）（主编），北京大学出版社 2007 年版。

23. 《中国检察》（第 16 卷）（主编），北京大学出版社 2008 年版。

24. 《中国检察》（第 17 卷）（主编），中国检察出版社 2008 年版。

25. 《中国检察》（第 18 卷）（主编），中国检察出版社 2009 年版。

26. 《中国检察》（第 19 卷）（主编），中国检察出版社 2010 年版。

27. 《中国检察》（第 20 卷）（主编），中国检察出版社 2011 年版。

28. 《检察制度和检察理论的创新与发展》（主编），中国方正出版社 2009 年版。

29. 《中国特色社会主义检察制度》（副主编之一），中国检察出版社 2009 年版。

30. 《检察学》（主编之一），中国检察出版社 2010 年版。

31. 《检察权优化配置研究》（主编），中国检察出版社 2014 年版。

32. 《检察官人权知识读本》（主编），湖南大学出版社 2016 年版。

二、文章类

1. 《论检察权的法律保障》，载《检察日报》1996 年 10 月 8 日（1997 年获"检察理论与实践征文"二等奖）。

2. 《法律监督机关接受监督的内容及其途径》（合写），载《检察理论研究》1996 年第 5、6 期（1999 年获全国检察机关精神文明建设"金鼎奖"文章类三等奖）。

3. 《论检察权的性质》，载《检察日报》2000 年 3 月 9 日。

4. 《再论检察权的性质》，载《检察日报》2000 年 10 月 11 日。

5. 《"法律监督"辨析》，载《人民检察》2000 年第 5 期。

6. 《2000 年检察理论研究综述》，载《人民检察》2001 年第 1 期。

7. 《论检察业务中的领导关系》，载《检察日报》2001 年 9 月 25 日。

8. 《2001 年检察理论研究综述》，载《检察日报》2001 年 12 月 25 日。

9. 《领导指令书面化之必要性》，载《检察日报》2002 年 1 月 25 日第 3 版。

10. 《2001 年检察理论研究综述》（合写），载《国家检察官学院学报》2002 年第 2 期。

11. 《现代检察制度的法理基础》（合写），载《国家检察官学院学报》2002 年第 4 期（人大复印报刊资料《诉讼法学·司法制度》2003 年第 2 期转载）。

12. 《改革检察管理机制刍议》，载《检察日报》2002 年 8 月 9 日第 3 版。

13. 《2002 年：探求"入世"后检察改革与司法公正》，载《检察日报》2002 年 12 月 30 日第 3 版。

14. 《法律监督机关设置的价值合理性》，载《法学家》2002 年第 5 期。

15. 《检察官法定位检察职能》，载《人民日报》2002 年 12 月 4 日第 11 版。

16. 《以理论创新推动检察改革》，载《检察日报》2002 年 12 月 26 日第 3 版。

17. 《加入 WTO 与检察工作》（以中国检察理论研究所的名义发表），载《加入 WTO 与我国政法工作》，长安出版社 2002 年版。

18. 《检察机关职权研究》（与刘立宪等合写），载《检察论丛》第二卷，法律出版社 2002 年版。

19. 《2002 年检察理论研究综述》（合写），载《国家检察官学院学报》2003 年第 2 期（人大复印报刊资料《诉讼法学·司法制度》2002 年第 9 期转载）。

20. 《法律监督三辨析》，载《中国法学》2003 年 5 期（2006 年被最高人民检察院评为第四届全国检察机关精神文明建设"金鼎奖"一等奖）。

21. 《发现违法》，载《法制日报》2004 年 3 月 4 日。

22. 《检察改革的目标设计》，载《法制日报》2004 年 2 月 5 日。

23. 《检察制度的起源与发展》，载《检察日报》2004 年 2 月 10 日。

24. 《中国检察制度的特色》，载《检察日报》2004 年 2 月 12 日。

25. 《检察权与法律监督》，载《检察日报》2004 年 2 月 16 日。

26. 《检察权的基本内容》，载《检察日报》2004 年 2 月 18 日。

27. 《法律监督的强制性》，载《法制日报》2004 年 2 月 26 日。

28. 《论依法独立行使检察权的宪法原则》，载《中国司法》2004 年第 1 期。

29. 《监督者应当提高监督能力》，载《法制日报》2004 年 3 月 11 日。

30. 《遵循客观性义务，确保公平正义》，载《检察日报》2004 年 5 月 19 日。

31. 《论人大监督与检察机关监督》，载《法制日报》2004 年 6 月 10 日。

32. 《检察事业可持续发展的三大要素》，载《检察事业可持续发展》，中国检察出版社 2004 年版。

33. 《论人大监督与检察机关监督的异同》，载《法制日报》2005 年 1 月 27 日第 9 版。

34. 《加强理论研究是提高队伍素质的捷径》，载《检察日报》2005 年 7 月 4 日第 4 版。

35. 《论法律监督的法律基础》，载《法制日报》2005 年 11 月 17 日第 9 版。

36. 《中国法治视野中的法律监督》，载《中国法律》2005 年第 2 期。

37. 《审查逮捕：需要理论阐述更需要实证研究》，载《检察日报》2006 年 4 月 9 日（《疑难罪案的审查逮捕·序》，贺恒扬著，中国检察出版社 2006 年出版）。

38. 《刍议国家统一司法考试与检法机关用人制度的衔接》，载《中国司法》2006 年第 1 期。

39. 《论检察机关的调查权》，载《国家检察官学院学报》2006 年第 1 期（人大复印报刊资料《诉讼法学》2006 年第 6 期转载）。

40. 《论中国刑事检察职能的完善》（合写），载《中国法律》2006 年第 3 期。

41. 《法律监督说理的价值功能》，载《人民检察》2006 年第 20 期。

42. 《三个环节提高视听资料公信力》，载《检察日报》2006 年 5 月 12 日第 9 版。

43. 《检察理论研究回顾与展望》，载《人民检察》2006 年第 13 期。

44. 《常识错误还是混淆视听》（署名"武功"），载《检察日本》2006 年 8 月 11 日第 3 版。

45. 《刑罚执行监督断想》，载《人民检察》2006 年第 4 期。

46. 《提高办案质量与执法水平的切入点》，载《检察日报》2006 年 10 月 13 日第 3 版。

47. 《检察学的学科性质与理论体系》（合写），载《人民检察》2007 年第 15 期。

48. 《论检察机关的建议权》，载《西南政法大学学报》2007 年第 2 期。

49. 《论检察权的构造》，载《国家检察官学院学报》2007 年第 4 期。

50. 《试论检察一体化的基本特征》，载《人民检察》2007 年第 8 期。

51. 《坚持理论创新　繁荣检察理论》，载《中国检察》（第 13 卷），北京大学出版社 2007 年版。

52. 《检察事业的科学发展：传承、创新、协调》，载《检察日报》2008 年 11 月 24 日第 3 版。

53. 《试论检察事业的科学发展》，载《人民检察》2009 年第 4 期。

54. 《中国特色检察制度的理论探索——检察基础理论研究 30 年述评》，载《中国法学》2009 年第 3 期（《新华文摘》2009 年第 6 期转载）。

55. 《"两型社会"建设检察保障的基本原则及其实现途径》，载《人民检察》（湖南版）2009 年第 5 期。

56. 刘金林：《新中国检察理论研究 60 年发展历程回眸——访最高人民检察院检察理论研究所所长张智辉》，载《检察日报》2009 年 9 月 28 日第 3 版。

57. 《如何构建科学合理的检察业务考评机制》（三人谈），载《人民检察》2009 年第 5 期。

58. 《回首检察理论研究六十年》，载《人民检察》2009 年第 20 期。

59. 《法律监督职能与三项重点工作关系》，载《检察日报》2010 年 5 月 10 日（最高人民检察院编《领导参阅件》2010 年第 6 期转发）。

60. 《围绕中心工作与检察改革展开基础理论研究》（合写），载《检察日报》2010 年 12 月 29 日。

61. 《探索"检察"真谛 促进制度建设》（合写），载《国家检察官学院学报》2011 年第 1 期。

62. 《论检察委员会的职权范围》，载《人民检察》2011 年第 12 期。

63.《应当重视检察机关内设机构改革》，载《检察日报》2011 年 8 月 19 日第 3 版。

64.《检委会正确决策的程序保障》，载《法学》2011 年第 10 期（《人大报刊复印资料·诉讼法学、司法制度》2012 年第 4 期全文转载）。

65.《强化法律监督保障法律实施》，《首届"中国法律实施"高端论坛论文选编》，中国行为法学会 2011 年印。

66.《试论诉讼监督的范围》，载《法学杂志》2011 年第 10 期。

67.《国家权力视野下的职务犯罪侦查权》，载《检察日报》2012 年 8 月 16 日（《职务犯罪侦查权研究·序》，张兆松著，浙江大学出版社 2011 年版）。

68.《抓好改革项目落实，努力攻克难点重点》，载《人民检察》2013 年第 1 期。

69.《优化检察权的实践探索》，载《民主与法制》2013 年第 8 期。

70.《积极稳步推进检察改革》，载《人民检察》2014 年第 1 期。

71.《对严重行政违法行为实施法律监督——访最高人民检察院司法体制改革领导小组办公室主任张智辉》，载《人民日报》2014 年 1 月 22 日第 17 版（民主政治周刊）。

72.《检察侦查权的回顾、反思与重构》，载《国家检察官学院学报》2018 年第 3 期。

图书在版编目（CIP）数据

刑事法研究. 第五卷，检察学 / 张智辉著. —北京：中国检察出版社，2019.10

ISBN 978 - 7 - 5102 - 1285 - 7

Ⅰ. ①刑⋯ Ⅱ. ①张⋯ Ⅲ. ①刑法 - 中国 - 文集②检察学 - 中国 - 文集
Ⅳ. ①D924. 04 - 53②D926. 304 - 53

中国版本图书馆 CIP 数据核字（2019）第 092967 号

刑事法研究（第五卷·检察学）

张智辉　著

出版发行：中国检察出版社

社　　址：北京市石景山区香山南路 109 号 （100144）

网　　址：中国检察出版社 （www. zgjccbs. com）

编辑电话：(010)86423750

发行电话：(010)86423726　86423727　86423728
　　　　　(010)86423730　68650016

经　　销：新华书店

印　　刷：鑫艺佳利（天津）印刷有限公司

开　　本：710 mm ×960 mm　16 开

印　　张：32. 5

字　　数：375 千字

版　　次：2019 年 10 月第一版　　2019 年 10 月第一次印刷

书　　号：ISBN 978 - 7 - 5102 - 1285 - 7

定　　价：108. 00 元